Friedhelm Kron-Klees

Familien wach begleiten
Von der Probleminszenierung zur Lösungsfindung

W0190768

Lambertus

Bibliografische Information der Deutschen Bibliothek

Die Deutsche Nationalbibliothek verzeichnet diese Publikation in
der Deutschen Nationalbibliografie; detaillierte bibliografische
Daten sind im Internet über http://d-nb.ddb.de abrufbar.

3., überarbeitete und erweiterte Auflage 2008
Alle Rechte vorbehalten
© 2008 Lambertus-Verlag, Freiburg im Breisgau
Umschlaggestaltung: Nathalie Kupfermann, Bollschweil
Herstellung: Druckerei F.X. Stückle, Ettenheim
ISBN 978-3-7841-1793-5

Inhalt

Vorwort

In diesem Buch werde ich mein systemisches Wahrnehmungs- und Handlungskonzept für Sozialarbeit mit stark belasteten Familien darstellen, mit Familien, in denen Kinder unter großer materieller, körperlicher und auch seelischer Not leiden, deren Eltern aber nicht in der Lage oder bereit scheinen, sich vor allem mit dem immateriellen Teil ihrer Schwierigkeiten an Hilfseinrichtungen zu wenden, um einen Bedarf an Hilfe zu artikulieren.

Diese Familien leben in der Regel am unteren Rand der Gesellschaft. Ihre Mitglieder erscheinen in ihren Lebenstüchtigkeiten extrem eingeschränkt: Ihre wirtschaftliche Existenzsicherung durch Arbeit ist oft nicht gewährleistet. Viele stehen in keinem geregelten Arbeitsverhältnis und leben als Hartz-IV-Empfänger unter erschwerten Umständen auch unterhalb der Armutsgrenze. Ihre körperliche und seelische Gesundheit sind oft eingeschränkt. Formen der Sucht, körperliche und psychische Krankheiten sowie Mängel an Hygiene mögen ihr Erscheinungsbild bestimmen. Das familiäre Zusammenleben ist in vielen Fällen durch große Distanz oder auch Gewalt und Ausbeutung bestimmt. In vielen Fällen sind es Restfamilien Alleinerziehender oder komplex neu zusammengesetzte Stieffamilien, so genannte Patchwork-Familien. Eine die Familie stützende Einbindung in das soziale Umfeld ist selten gegeben.

Die Formen des familiären Zusammenlebens behindern die Entfaltungsmöglichkeiten der Kinder erheblich. In vielen Fällen kann eine Gefährdung des Kindeswohls wahrgenommen oder befürchtet werden, was dann die Frage nach dem Kindesschutz aufwirft.

In diesen Familien erkenne ich das spezifische Klientel der Öffentlichen Jugendhilfe (Jugendämter), spezifisch, weil für die Hilfeleistung in diesen Familien letztendlich die Jugendämter zuständig sind.

Die Not der Kinder in diesen Familien wird in der Regel von außen wahrgenommen und der Einsatz von Hilfe entsprechend von außen angestoßen.

Innerhalb der betroffenen Familien begegnen die von außen kommenden Personen einem hohen Maß an Sprachlosigkeit, was die Schwierigkeiten im familiären Zusammenleben betrifft. Es ist eine nahezu paradoxe Situation: Die Familien leben in seelischer Not, geben aber diesbezüglich keinen verbal formulierten Hilfeauftrag. Dennoch machen sie durch das Zeigen ihrer Not auf sich aufmerksam, insbesondere wenn ihre Kinder (oft schwerwiegende) Leidens-Symptome zeigen.

Viele dieser Familien sind den Behörden einschließlich den Jugendämtern bereits über mehrere Generationen hinweg bekannt und haben wiederum selbst mit den Behörden mehrfach Erfahrungen gemacht, die sie oft zu Recht als diskriminierend erlebt haben mögen.

Bis 1990 arbeiteten die Jugendämter nach dem „Jugendwohlfahrtsgesetz" (JWG), das seinem Grundtenor im Vergleich zu dem seit 1990 in Kraft getretenen „Kinder- und Jugendhilfegesetz" (KJHG) weitgehend von obrigkeitsstaatlichen Denk- und Handlungsmustern bestimmt war. Das heißt, dass sich die Arbeit nach dem JWG im Wesentlichen an Defiziten orientierte.

Die Arbeit nach dem KJHG hat dagegen einen klaren lösungs- und ressourcenorientierten Ansatz. Seine Wirkungsgeschichte ist sehr kurz und kann noch nicht in das kollektive Gedächtnis der breiten Öffentlichkeit eingegangen sein.

So erlebe ich noch heute in breiten Bevölkerungskreisen die Vorstellung über die Aufgaben der Jugendämter in Hinblick auf die stark belasteten Familien mit Denkmustern durchwirkt, nach denen sie die Aufgabe hätten, bei Problemsituationen in familiäres Geschehen kontrollierend einzugreifen. Selbst bei MitarbeiterInnen der Öffentlichen Jugendhilfe erlebe ich immer wieder die Zählebigkeit dieses alten Ansatzes.

Diese Einstellung schließt auch Personen ein, die ich zum erweiterten Kreis der Fachöffentlichkeit zählen möchte, nämlich LehrerInnen, ErzieherInnen, ÄrztInnen, TherapeutInnen etc. Auch dort werden die Institutionen der Hilfen, die sich mit den stark belasteten Familien zu befassen haben immer wieder mit den Etiketten „Kontroll-Instanz" oder „Zwangs-Kontext" versehen, wenn nicht gar abgewertet. Diesem weit verbreiteten Kontroll-Gedanken setze ich bewusst mein Konzept des „wachen Begleitens" entgegen, um der Hilfe eine Grundhaltung und Arbeitsmethoden zu ermöglichen, von denen ich denke, dass sie für alle Beteiligten förderlicher sind als jedes Konzept des kontrollierenden Eingreifens.

Im Umgang mit der Sprachlosigkeit dieser Familien sehe ich die besondere Herausforderung an ein systemisch begründetes Konzept der Arbeit mit diesen Familien.

In der systemisch-konstruktivistischen Theorie hat die Reflexion über Sprache als wesentliche, den Menschen definierende Fähigkeit und Wirklichkeiten schaffende Kompetenz einen herausragenden Stellenwert (z.B. Maturana/Varela 1987, S. 223ff.). Im Rückgriff auf die sprachliche Kompetenz beschäftigt sich auch die Theorie von systemischer Therapie und Beratung mit der Frage, welchen verbal formulierten Auftrag KundInnen ihren TherapeutInnen für ihre therapeutische oder beratende Arbeit geben (von Schlippe/Schweitzer 1997, S. 148ff.). Diese Fragestellung setzt voraus, dass Menschen, die Hilfe in Anspruch nehmen wollen, in der Lage sind, ihren diesbezüglichen Auftrag verbal zu artikulieren.

Die stark belasteten Familien bedienen sich, wie bereits gesagt, jedoch nicht der sprachlichen Ausdrucksform in ihrer Mitteilung von Not und Hilfebedarf. Sie bedienen sich der Symptom-Sprache, in der ich eine archaische, vorsprachliche Form der Mitteilung von Not erkenne. Diese Familien *zeigen* ihre Not (und das am wirkungsvollsten an ihren Kindern) und wenden sich damit nach außen, wohl in der unausgesprochenen Hoffnung und Erwartung, richtig verstanden und behandelt zu werden.

Nach meiner Sicht verbindet sich die hierauf beruhende Hilfe nicht mit einem verbal formulierten Auftrag, wohl aber mit den Botschaften, die durch die gezeigten Symptome verschlüsselt zum Ausdruck kommen.

Nicht das Wort gibt den Auftrag, sondern das Symptom (Kron-Klees 1994, S. 27ff.).

Als ehemaliger Supervisor, Berater und Fortbildner von SozialarbeiterInnen des Allgemeinen Sozialen Dienstes und von MitarbeiterInnen der Ambulanten Hilfen beim Jugendamt des Stadtverbandes Saarbrücken (seit dem 01.01.08 „Regionalverband Saarbrücken") war es für mich eine besondere Herausforderung, der Frage nachzugehen, ob und inwieweit auf diesen Grundlagen ein Zugang zu diesen schwierigen, hoch sensiblen und belasteten Familien gefunden werden kann.

Es ging darum, die Wahrnehmungs- und Handlungskonzepte in systemischer Richtung zu erweitern und Hilfeformen zu entwickeln, die den betroffenen Familien nicht mit mittelschichtorientierten Normvorstellungen von Formen familiären Zusammenlebens begegnen und ihnen gegenüber nicht „Normenmissbrauch" praktizieren, um ein Wort der schottischen Sozialarbeiterin Mary McCarthy aufzugreifen (McCarthy 1996).

Meine erkenntnisleitende Frage war und ist, wie die Chance begünstigt werden kann, dass ich mich an diese oft auch sehr misstrauischen Familien ankoppeln kann, um sie bei ihren Bewegungen auf dem Rangierbahnhof ihres Lebens (Kron-Klees 1994, S. 29ff.) in der Hoffnung begleiten zu können, dass sie sich zusätzlich zu ihrem bisherigen Repertoire an Handlungsmöglichkeiten eine größere Wahl an hilfreichen Weichenstellungen erschließen mögen.

Einen zentralen Stellenwert nimmt dabei mein Konzept der Entwicklung der kognitiv-emotionalen Kompetenz ein. Mit diesem Konzept habe ich ein Erklärungsmodell entwickelt, das mir hilft, das oft nicht oder nur schwer nachvollziehbare Handeln der Familienmitglieder, insbesondere derer, die in Erziehungsverantwortung stehen, besser einzuordnen, um im Endeffekt angemessener mit den Betroffenen umgehen zu können.

Eine weitere Grundlage für die Möglichkeiten des Ankoppelns an diese Familien bildet meine im Laufe der Arbeit entstandene Wahrnehmung, dass es zwischen der Entwicklung der aktuellen Lebenstüchtigkeiten, die im Verlauf der individuellen Lebensläufe erworben wurden, einen Zusammenhang zu geben scheint mit belastenden Verarbeitungsprozessen schwerer schicksalhafter Ereignisse im Verlauf der Familiengeschichte, die möglicherweise mehrere Generationen übergreifen mag.

Deshalb hat für mich das Herausarbeiten der Geschichten hinter den aktuellen Ereignissen eine besondere Bedeutung, um einen Zugang zu den „guten Gründen" für die jetzige Situation in den Familien und für das jetzige Verhalten der betroffenen Personen zu ergründen und auf diese Weise einen Zugang zu den in ihnen versteckten Ressourcen zu erschließen.

Mit der Einbeziehung dieser Sichtweisen erweitere ich den häufig praktizierten Arbeitsansatz bei der Arbeit mit den stark belasteten Familien, insofern der sich vorrangig auf die Entwicklung von Lebenstüchtigkeiten in pragmatischer Sicht konzentriert: Auf die Verbesserung der Haushaltsführung, der Gesundheitsvorsorge, der schulischen Förderung der Kinder etc. Das Ereichen dieser Ziele erweist sich in meiner Wahrnehmung jedoch als instabil, wenn nicht gleichzeitig die betroffenen Menschen ihre Einstellung zu sich selbst verändern.

Aus systemtheoretischer Sicht heißt das, dass sich Lösungen auf der reinen Verhaltensebene (Lösungen 1. Ordnung) erst durch die Verbindung mit Lösungen auf der Ebene der Einstellungen der Betroffenen zu sich selbst (Lösungen 2. Ordnung) (Watzlawick/Weakland/Fisch 1975, S. 99ff.) zu stabilisieren vermögen.

Wenn ich in diesem Buch mein Konzept der Arbeit mit den benannten Familien anhand von Formen Ambulanter Hilfen darlege, die im Kinder- und Jugendhilfegesetz begrifflich mit „Erziehungsbeistandschaft" (EB) und „Sozialpädagogischer Familienhilfe" (SPFH) belegt sind, sehe ich in ihm kein Konzept speziell dieser Hilfeformen. Die Wahl der

14

Hilfeformen dieses Buches basiert ausschließlich auf meiner besonderen Erfahrung mit diesen Hilfen.

Das von mir hier vorgestellte Konzept sehe ich als Grundlegung auch für andere Hilfeformen wie zum Beispiel den Stationären Hilfen und allen anderen Formen von Therapie und Beratung.

Hier nun einige Hinweise zum Aufbau dieses Buches:

Die Einleitung geht ausführlich, von der Kindeswohlgrenze her argumentierend, auf den rechtlichen Kontext der Hilfen für das besonders belastete Klientel der Öffentlichen Jugendhilfe ein.

Dabei wird die Fragestellung im Vordergrund stehen, ob und wie aus einer systemisch-konstruktivistischen Erkenntniskritik heraus ein konsequent hilfeorientiertes Wahrnehmungs- und Handlungskonzept der Jugendamts-Aufgaben formuliert werden kann.

Mein Konzept des „wachen Begleitens" als Aufgabe sozialer Arbeit im Jugendamts-Kontext wird hierbei als Alternative zu herkömmlichen Kontrollvorstellungen in den Mittelpunkt gerückt.

Es folgen die beiden Hauptteile, die der Veranschaulichung meines Wahrnehmungs- und Handlungskonzeptes der Hilfen in stark belasteten Familien dienen sollen. Hierbei greife ich auf die methodischen Schritte zurück, die ich in meinem ersten Buch zu diesem Themenkomplex ausführlich dargelegt habe (Kron-Klees 1994, S. 34ff.): Der *Vorab-Ja-Haltung* als einer positiven Grundeinstellung den KlientInnen gegenüber, der *Verwirrung* als Möglichkeit behutsamer Lockerungen festgehaltener Balancen, der Arbeit mit *Drei-Schritt-Fragen* als Methode des öffnenden Zugehens auf die Personen, dem Setzen *schlummernder Impulse* als Möglichkeit, langfristig die Vielfalt steigernde Wirkungen zu initiieren und dem *Humor* als wohlmeinender Mischung von Ernst und Distanz zum Geschehen.

Der erste Hauptteil stellt den Verlauf einer Sozialpädagogischen Familienhilfe dar, der zweite den Verlauf einer Erziehungsbeistandschaft, die in die Form Betreuten Wohnens übergeht.

Die exemplarisch ausgewählten Fallgeschichten beruhen weitgehend auf authentischem Material. Sowohl die familiengeschichtlichen Hintergründe als auch die Verläufe der Hilfen entsprechen tatsächlichen Gegebenheiten.

Um die Anonymität zu wahren, habe ich selbstverständlich alle Namen geändert, auch habe ich Geburtsdaten wie familiäre Konstellationen (z.B. Zahl der Kinder) abgewandelt.

Die beiden Geschichten werde ich in erzählerischer sowie in dramatischer (dialogischer) Form ausbreiten, wobei ich Beratungsgespräche mit den professionellen MitarbeiterInnen in Gruppen- als auch Einzelberatung einbeziehe.

Die dialogischen Szenen sind keine wörtlichen Mitschriften real stattgefundener Gespräche, sondern sie sind „Dichtung" als Demonstration der Vorstellung eines systemisch orientierten Vorgehens im Rahmen der Arbeit mit stark belasteten Familien, die von sich aus kein therapeutisches Setting aufsuchen würden.

Die Wiedergabe der Fallentwicklung und der in ihr eingeschlossenen Beratungen werde ich durch 21 theoretische Exkurse ergänzen, die das jeweilige Handeln der HelferInnen und die ihnen zugrunde liegende Konzeption erläutern, wobei ich auf die beiden Exkurse über meine Theorien der Entwicklung der kognitiv-emotionalen Kompetenz im Kindes- und Jugendalter (s. S. 97ff.) und der weiteren Entwicklung der kognitiv-emotionalen Kompetenz im Erwachsenenalter (s. S. 296ff.) besonders hinweisen möchte.

Der letzte Exkurs über die „guten Gründe", keine Hilfe anzunehmen, soll auf die Grenzen in den Möglichkeiten der Hilfen hinweisen und darauf, dass ich hier kein Erfolgsrezept vorlege, sondern ein Konzept, dass die Chancen begünstigen mag, dass das Handeln der Mitarbeiter der Kinder- und Jugendhilfe als Hilfe erlebt und angenommen werden kann.

In einer abschließenden Reflexion werde ich Fragen der Ethik im Handeln der Öffentlichen Jugendhilfe aufgreifen. Dabei erhebe ich nicht den Anspruch, neue ethische Konzeptionen zu entwickeln. Vielmehr werde ich untersuchen, welche gegenwärtigen Konzeptionen von Ethik sich mit einem systemisch-konstruktivistischen Denkmodell Sozialer Arbeit verbinden lassen.

(Eine Anmerkung zum Schluss: Das KJHG ordnet die Kinder- und Jugendhilfe als Buch VIII des Sozialgesetzbuchs (SGB) den Dienstleistungsgesetzen der Bundesrepublik zu. In der Fachliteratur hat sich inzwischen weitgehend die Abkürzung SGB VIII durchgesetzt, die auch im weiteren Verlauf dieses Buches Anwendung finden wird.)

Einleitung: Rechtlicher Kontext und systemische Sicht der Arbeit mit stark belasteten Familien

In der systemischen Konzeption von Hilfen (Therapie, Beratung, Sozialarbeit) spielt die Berücksichtigung der Kontexte eines Hilfeprozesses eine zentrale Rolle.

Um mich dem Thema der Kontexte zu nähern, werde ich einige Gedanken zum „Hilfesystem" allgemein und dem „Hilfesystem" im Rahmen der Öffentlichen Jugendhilfe im Besonderen voran stellen: Vorerst gibt es Systeme, die für sich existieren: zum Beispiel Familiensysteme beziehungsweise familiäre Systeme oder auch einzelne Personen, die ihr Eigenleben führen. Dann gibt es die „Helfersysteme", therapeutische Praxen und Einrichtungen im weitesten Sinne, Beratungsstellen, Jugendämter und viele andere mehr. Erst wenn durch das Ansprechen eines Hilfebedarfs seitens eines familiären Systems oder einer Person ein Kontakt zwischen diesem System und dem Helfersystem oder einem Teil von ihm zustande kommt, entsteht ein „klinisches System" oder ein „Hilfesystem" ganz eigener Prägung, nämlich der, dass hier ein neuer Zusammenhang von Wechselwirkungsprozessen initiiert wird zwischen denen, die um Hilfe nachsuchen beziehungsweise die einen Hilfebedarf signalisieren und denen, die sich als Fachkräfte für Hilfen bereit gehalten haben und nun in Anspruch genommen werden.

Jede Begegnung der jeweils spezifischen Teile der „Hilfesysteme" bildet automatisch je einen spezifischen Kontext, auf den jeder Teil durch Interaktion spezifisch reagiert.

Jeder Teilbereich des „klinischen Systems" oder des „Hilfesystems" ist mit für ihn spezifischen Perspektiven der Wahrnehmung (z.B. des familiären Geschehens) verknüpft. Das heißt, die Mitglieder einer Familie erleben das familiäre Geschehen aus jeweils unterschiedlichen Perspektiven: Eltern aus ihrer Perspektive, Väter wiederum partiell anders als Mütter, Kinder aus ihren jeweiligen Perspektiven wieder anders als ihre Eltern usw. Wiederum erleben HelferInnen das familiäre Geschehen aus ihren spezifischen Perspektiven anders als die Mitglieder einer Familie. Und sobald sie involviert werden, erleben Familienrichter das familiäre Geschehen aus wiederum eigenen, ihnen spezifischen Perspektiven. Was also beim Entstehen eines „Hilfesystems" automatisch zusammenkommt, ist eine sich stark ausdifferenzierende Perspektivenvielfalt.

Wie ich noch etwas später aus systemischer Sicht darlegen werde, ist es die Aufgabe der am „Hilfesystem" professionell Beteiligten, nämlich der Helfer und Helferinnen, diese Perspektivenvielfalt als Grundlage ihres Helfens zu berücksichtigen.

Im Zusammenhang mit der Jugendhilfe gibt es über das SGB VIII und andere gesetzliche Regelungen einen speziellen, nämlich einen juristischen Kontext. Dieser juristische Kontext ist jedoch nach meiner Erfahrung selbst in weiten Teilen der Helfersysteme wenig bekannt. Insbesondere scheint er mir in der Fachliteratur über Sozialarbeit nicht oder nur ansatzweise aus der systemischen Perspektive reflektiert zu sein, insbesondere wenig in Hinblick auf die Arbeit mit den im Vorwort charakterisierten hoch belasteten Familien. Wie ich es noch in späteren Passagen dieser Einleitung ausführen werde, erachte ich systemisches Denken für den Zugang zu Grundlagen des SGB VIII für besonders förderlich. Bei Wolf Ritscher lese ich dazu: „Mit einer systemischen Brille entdeckt man in den Paragraphen des KJHG eine Vielzahl von Perspektiven, die aus einem Lehrbuch für die systemische Soziale Arbeit stammen könnten" (Ritscher 2005, S. 22).

In dieser Einleitung zu meiner Darstellung von zwei Beispielen der Arbeit in hoch belasteten Familien und den mit ihnen zu entwickelnden konzeptionellen Vorstellungen, werde ich aus der Perspektive der Kindeswohlgrenze meine systemisch geprägte Sicht des rechtlichen Kontextes der Hilfen darlegen. Dies halte ich für geboten, da ich mich mit diesem Buch über die MitarbeiterInnen der Öffentlichen Jugendhilfe hinaus an eine übergreifende Fachöffentlichkeit wende und da alle therapeutisch oder beraterisch Arbeitenden jederzeit mit Familien in Berührung kommen können, in denen es mehr oder weniger ausgeprägte Elemente der Kindeswohlgefährdung gibt und wo eine Zusammenarbeit mit dem Jugendamt als zuständiger Fachbehörde sinnvoll und förderlich sein kann.

Öffentliche Jugendhilfe als kundenorientierte soziale Dienstleistung

Das SGB VIII stellt das Recht des Kindes auf Erziehung an den Anfang, wobei es als Erziehungsziel das Menschenbild unseres Rechtsdenkens und zugleich auch die Definition des Kindeswohls in allgemeiner Form umreisst: „Jeder junge Mensch hat ein Recht auf Förderung seiner Entwicklung und auf Erziehung zu einer eigenverantwortlichen und gemeinschaftsfähigen Persönlichkeit" (§ 1 (1) SGB VIII).

Dieses Recht des Kindes auf Erziehung definiert nach meinem Verständnis des SGB VIII *primär Kinder und Jugendliche* als KundInnen beziehungsweise AdressatInnen der Öffentlichen Jugendhilfe, bei denen die Verwirklichung ihres oben zitierten Rechts auf Förderung und Erziehung nicht gewährleistet ist, die also entweder eines Schutzes vor Gefahren für ihr Wohl bedürfen oder deren Eltern zum Umsetzen ihrer Elternpflichten und -rechte Beratung oder Unterstützung benötigen (§ 1 (3, 2) SGB VIII).

So sind umgekehrt *sekundär die Eltern* dieser Kinder und Jugendlichen KundInnen der Öffentlichen Jugendhilfe, denen sie Leistungen zur Förderung der Erziehung anzubieten hat, damit „Mütter, Väter und andere Erziehungsberechtigte ihre Erziehungsverantwortung besser wahrnehmen können" (§ 16 (1) SGB VIII).

Das KJHG ist als Buch VIII des Sozialgesetzbuches Bestandteil der Leistungsgesetze der Bundesrepublik Deutschland. Es definiert somit Leistungen, die die Öffentliche Hand den BürgerInnen zu gewähren hat. Die wiederum haben das Recht, diese Leistungen bei Bedarf in Anspruch zu nehmen.

Dem gemäß haben Kinder und Jugendliche das Recht, „sich in allen Angelegenheiten der Erziehung und Entwicklung an das Jugendamt zu wenden". Sie „können ohne Kenntnis der Personensorgeberechtigten beraten werden, wenn die Beratung aufgrund einer Not- und Konfliktlage erforderlich ist und solange durch die Mitteilung an den Personensorgeberechtigten der Beratungszweck vereitelt würde" (§ 8 (2, 3) SGB VIII).

Grundsätzlich sind „Kinder und Jugendliche (…) entsprechend ihrem Entwicklungsstand an allen sie betreffenden Entscheidungen der öffentlichen Jugendhilfe zu beteiligen" (§ 8 (1) SGB VIII).

Auch Eltern können beim Jugendamt ihren Anspruch auf Hilfe zur Erziehung geltend machen, „wenn eine dem Wohl des Kindes oder des Jugendlichen entsprechende Erziehung nicht gewährleistet ist und die Hilfe für seine Entwicklung geeignet und notwendig ist." (§ 17 (1) SGB VIII).

In der Fachliteratur zur Auseinandersetzung über die Bedeutung des SGB VIII wird von einem „kundenorientierten Dienstleistungsverständnis" gesprochen (Faltermeier 1995, S. 42), wobei mit dem Dienstleistungsbegriff die „Subjektstellung der Leistungsberechtigten und -empfänger dokumentiert" werde (Merchel 1996a, S. 99, ähnlich auch Wiesner 1995, S. 99).

Udo Maas hebt hervor, das SGB VIII habe „erstmals in der Geschichte der Sozialgesetzgebung sozialpädagogisches Handeln als gesetzlichen Leistungsanspruch normiert" (Maas 1995, S. 387). Er betont, dass durch die Neuregelung der Jugendhilfe im SGB VIII „Erziehung nicht mehr nur im familiären und schulischen Bereich auf rechtliche Regeln trifft, sondern dass sie auch als Bestandteil sozialstaatlicher Dienstleistungen rechtsstaatlichen Regeln unterworfen ist" (ebda).

Reinhard Wiesner, an der Textfassung des SGB VIII federführend beteiligt, spricht von einem „Perspektivenwechsel der Jugendhilfe" (Wiesner 1991, S. 345) und schreibt: „Zentrales Motiv für die Arbeit der Jugendhilfe ist das Wohl des Kindes und die Achtung und Stärkung der elterlichen Erziehungsverantwortung, nicht die Aufrechterhaltung der öffentlichen Sicherheit und Ordnung" (ebda, S. 346). Und: Das SGB VIII verstehe „Jugendhilfe nicht mehr als fürsorgliche Bevormundung, Eingriff und soziale Kontrolle, sondern als eine nicht diskriminierende soziale Dienstleistung" (Ders. 1995, S. 98).

Er geht davon aus, dass die Diskussion zum SGB VIII „Auswirkungen auf fachliche Standards der Jugendhilfe" haben werde und dass die „diesem Gesetz zugrunde liegende Philosophie (...) noch längst nicht überall in das Erscheinungsbild der Ämter und in die jeweiligen Handlungskonzepte umgesetzt worden" sei (ebda).

Auch Joachim Merchel geht davon aus, dass das SGB VIII eine „fachliche und organisatorische Erneuerung der Erziehungshilfe (und damit des Jugendamtes und im Gefolge der Jugendhilfe insgesamt)" verlange (Merchel 1996a, S. 98).

Das Kundenverständnis des SGB VIII basiert, wie die gesamte Gesetzgebung der Bundesrepublik als einem freien demokratischen Rechtsstaat, auf der Fiktion mündiger BürgerInnen, die erkennen, was sie brauchen, und die wissen, was sie wo unter welchen Bedingungen bekommen können.

Das SGB VIII geht also von KundInnen aus, die selbst erkennen, dass sie Hilfe für das Gelingen ihres familiären Zusammenlebens benötigen und die die Stellen von sich aus aufsuchen, von denen sie wissen oder erwarten, dass sie die angemessene Hilfe dort auch bekommen können.

Diese KundInnen gibt es durchaus auch im Zusammenhang mit der Jugendhilfe oder der Hilfe zur Erziehung. Sie gehen in familientherapeutische Praxen. Sie suchen Erziehungsberatungsstellen oder andere Beratungsdienste in Freier Trägerschaft unterschiedlicher Prägung auf. Sie kommen auch zum Jugendamt, wenn sie von dessen Hilfsmöglichkeiten erfahren haben.

Diese Situation sehe ich jedoch nicht als die für die Öffentliche Jugendhilfe spezifische an, weil sie eher die Realität von Beratungsstellen in Freier Trägerschaft charakterisiert als die Realität eines Jugendamtes.

Die spezifische Kundschaft der Öffentlichen Jugendhilfe erkenne ich in dem Personenkreis beziehungsweise Familien, die ich bereits im Vorwort kurz als die gekennzeichnet habe, die sich aufgrund extremer Belastungen zwar in großer Not befinden, diese Not und den entsprechenden Bedarf an Hilfe aber nicht in Form eines Hilfeersuchens verbal zum Ausdruck zu bringen vermögen und in vorsprachlicher Form auf ihre Not und ihren Hilfebedarf durch das Zeigen schwerwiegender Symptome aufmerksam machen.

KINDESWOHLGRENZE, STAATLICHES WÄCHTERAMT UND EINGRIFF IN ELTERNRECHTE

An dieser Stelle werde ich den Aspekt der so genannten „Kindeswohlgrenze" einschieben, die im Bürgerlichen Gesetzbuch (BGB) anhand von zwei Faktoren definiert wird:

Erstens, wenn „das körperliche, geistige oder seelische Wohl des Kindes (...) gefährdet" wird, und zweitens, wenn „die Eltern nicht gewillt oder in der Lage" sind, „die Gefahr abzuwenden". Sind beide Faktoren gegeben, „so hat das Familiengericht die Maßnahmen zu treffen, die zur Abwendung der Gefahr erforderlich sind" (§ 1666 (1) BGB).

In der Arbeit mit hoch belasteten Familien steht in den meisten Fällen die Frage nach dem Kindeswohl im Vordergrund, oft auch die Frage, inwiefern die Kindeswohlgrenze erreicht oder gar überschritten sei.

Öffentliche Jugendhilfe erfährt von derartigen Familien in der Regel über Dritte, von NachbarInnen, Verwandten, ÄrztInnen, ErzieherInnen, LehrerInnen oder gar der Polizei, die auf die Not von Kindern anhand körperlicher und/oder im Verhalten liegender Symptome schließen.

Diese Personen können sich an das Jugendamt als der für die Entwicklung von Hilfen im familiären Zusammenleben zuständigen Fachbehörde wenden, um dort auf die Notsituation von Kindern oder Jugendlichen und damit verbunden von Familien aufmerksam zu machen.

In diesem Schritt erkenne ich keine Denunziation, wie es manche Menschen aus alter Erfahrung sehen mögen. Ich verstehe unter diesem Handeln die Ausübung dessen, was im Grundgesetz der Bundesrepublik Deutschland im Zusammenhang mit den Rechten und Pflichten von

Eltern als das „Wächteramt der staatlichen Gemeinschaft" verankert ist, indem es dort heißt: „Pflege und Erziehung der Kinder sind das natürliche Recht der Eltern und die zuvörderst ihnen obliegende Pflicht. *Über ihre Betätigung wacht die staatliche Gemeinschaft"* (Art. 6 (2) GG, Hervorhebung d. d. Autor).

Nach meiner Sicht gehört es zu den zentralen Aufgaben der SozialarbeiterInnen der Öffentlichen Jugendhilfe, Mitteilungen über die mögliche Gefährdung von Kindeswohl so aufzugreifen, dass aus der Mitteilung Hilfe wird (Kron-Klees 1996). Weiter unten werde ich mein diesbezügliches Handlungskonzept ausführlich darstellen.

Mit der Kindeswohlgrenze verbindet sich auch die Frage nach der Notwendigkeit des Eingriffes in Elternrechte, dessen Rechtsgrundlage in dem oben zitierten § 1666 (1) BGB definiert ist.

In dem am 24. April 2008 verabschiedeten „Gesetz zur Erleichterung familiengerichtlicher Maßnahmen bei Gefährdung des Kindeswohls" werden die „zur Abwendung der Gefahr erforderlichen Maßnahmen" in Form von Ge- und Verboten u.a. wie folgt spezifiziert:

„Zu den gerichtlichen Maßnahmen (...) gehören insbesondere 1. Gebote, öffentliche Hilfen wie zum Bespiel Leistungen der Kinder- und Jugendhilfe und der Gesundheitsfürsorge in Anspruch zu nehmen, 2. Gebote, für die Einhaltung der Schulpflicht zu sorgen, 3. Verbote, vorübergehend oder auf unbestimmte Zeit die Familienwohnung oder eine andere Wohnung zu nutzen, sich in einem bestimmtetn Umkreis der Wohnung aufzuhalten oder zu bestimmende andere Orte aufzusuchen, an denen sich das Kind regelmäßig aufhält, 4. Verbote, Verbindung zum Kind aufzunehmen oder ein Zusammentreffen mit dem Kind herbeizuführen, 5. die Ersetzung von Erklärungen des Inhabers der elterlichen Sorge, 6. die teilweise oder vollständige Entziehung der elterlichen Sorge" (§ 1666 (3) BGB)).

Hiermit sind im Sinne des Kinderschutzes Ge- und Verbote konkretversiert, die das Familiengericht auch vorher schon hat aussprechen können, die jetzt aber einen höheren Grad von Verbindlichkeit haben. Das Familiengericht hat somit eine erweiterte Kompetenz, „erforderliche Maßnahmen" zu treffen, es hat aber nicht die Kompetenz, die geeigneten Hilfen im Sinne des SGB VIII zu bestimmen. Die Entscheidung für die als geeignet erachtete Hilfeform liegt allein in der fachlichen Kompetenz der MitarbeiterInnen der Sozialen Dienste beim Jugendamt und ist mit den betroffenen Personen zu erarbeiten.

Im weitest gehenden Fall hat das Familiengericht die Aufgabe, durch den Entzug der elterlichen Sorge oder von Teilbereichen derselben die Voraussetzung zu schaffen, dass das Jugendamt auch gegen den Willen von Eltern eine für die betroffenen Kinder oder Jugendlichen erforderlich erachtete Hilfe einzurichten.

Eine m.E. wesentliche Änderung in der Verantwortlichkeit der Familiengerichte sehe ich in dem Zusatz zum 3. Absatz des § 1696 BGB, der lautet: „Sieht das Familiengericht von Maßnahmen nach dem § 1666 (…) ab, soll es seine Entscheidung in angemessenem Zeitabstand, in der Regel nach drei Monaten, überprüfen." Das bedeutet, dass das Familiengericht von sich aus der Frage nachgehen muss, ob der möglichen Gefährdung des Kindeswohls auch ohne sein konkretes Einwirken begegnet werden konnte.

In diesem Zusammenhang möchte ich darauf hinweisen, dass der Begriff der Gefährdung juristisch eng gefasst ist als „eine *gegenwärtige*, in einem solchen Maße vorhandene Gefahr, dass sich bei der weiteren Entwicklung eine erhebliche Schädigung mit ziemlicher Sicherheit voraussehen lässt" (Urteil 1996a, S. 115. Hervorhebung d.d. Autor). Es geht also nicht um eine Gefährdungssituation, die als ein in der Zukunft mögliches Geschehen prognostiziert wird. Die Gefährdungssituation ist auch nicht gegeben, wenn Eltern bei anderen Kindern schon einmal versagt haben (ebda; s. auch Proksch 1994, S 34). Die Gefährdung muss akut sein.

Zwar kann ein vom Familiengericht entschiedener Einzug der elterlichen Sorge dazu führen, dass ein Kind auch gegen den Willen seiner Eltern aufgrund seiner Gefährdung und bereits vorhandenen Schädigung zum Schutze vor einer weiteren Gefährdung und Schädigung einer gesonderten, vielleicht sogar heilpädagogisch orientierten Stationären Hilfe zugeführt wird. Meine Erfahrung sagt mir jedoch, dass fremde ErzieherInnen oder TherapeutInnen von Kindern kaum eine Chance auf Dauer (über den Zeitraum der Unterbringung hinaus) erhalten, wenn diese Hilfe nicht mit der inneren Zustimmung der Eltern erfolgt.

Das bedeutet, dass auch weiterhin mit den Eltern zu arbeiten ist, wenn auf dem Wege des Entzuges des Sorgerechts durch das Familiengericht eine von der Familie getrennte Form der Hilfe (Erziehung in einer Tagesgruppe, Vollzeitpflege, Heimerziehung oder sonstige betreute Wohnform, intensive sozialpädagogische Einzelbetreuung – §§ 32 bis 35 SGB VIII) für die Kinder oder Jugendlichen gegen den Willen der Eltern eingerichtet wurde. Dies formuliert wiederum der § 37 SGB VIII ausdrücklich, der die „Zusammenarbeit bei Hilfen außerhalb der eigenen Familie" regelt und in dem es heißt: „Durch Beratung und Unterstützung sollen die Erziehungsbedingungen in der Herkunftsfamilie innerhalb eines im Hinblick auf die Entwicklung des Kindes oder Jugendlichen vertretbaren Zeitraums so weit verbessert werden, dass sie das Kind oder den Jugendlichen wieder selbst erziehen kann" (§ 37 (1), 2. Satz, SGB VIII).

Auch wenn dies nicht gelingen sollte, ist auch weiterhin zusammen mit den Erziehungsberechtigten an der Entscheidung für die weitere Hilfe zu arbeiten. " Ist eine nachhaltige Verbesserung der Erziehungsbedingungen in der Herkunftsfamilie innerhalb diese Zeitraums nicht erreichbar, so soll mit den beteiligten Personen eine andere, dem Wohl des Kindes oder des Jugendlichen förderliche und auf Dauer angelegte Lebensperspektive erarbeitet werden" (§ 37 (1, 4. Satz), SGB VIII).

Auch der Familienrichter oder die Familienrichterin haben gemäß dem „Gesetz über die Angelegenheiten der freiwilligen Gerichtsbarkeit" in Verfahren, die das Sorgerecht gemäß §§ 1666 und 1666a BGB betreffen, „die Eltern stets persönlich anzuhören"(§ 50a (1, 3. Satz), FGG). Der dem FGG hinzugefügte § 50e besagt, dass das Familiengericht Verfahren wegen einer Gefährdung des Kindeswohls vorrangig und beschleunigt durchzuführen hat und „das persönliche Erscheinen der Beteiligten anordnen" soll. Der § 50f (1) gibt vor, dass in Verfahren nach den §§ 1666 und 1666a des BGB das Gericht „mit den Eltern und in geeigneten Fällen auch mit dem Kind erörtern" soll, „wie einer möglichen Gefährdung begegnet werden kann, insbesondere durch öffentliche Hilfen, und welche Folgen die Nichtannahme notwendiger Hilfen haben kann." Das Jugendamt ist in den Verfahren anzuhören und zu beteiligen.

In diesem Zusammenhang erkenne ich die Konsequenz, dass .in Fällen gerichtlicher Verfahren um das Kindeswohl und das Sorgerecht der Umgang mit den Eltern so zu erfolgen hat, dass die Chance besteht, dass sie ihre Verantwortung für ihr Tun ihren Kindern und sich selbst gegenüber annehmen. Letztendlich muss den Eltern vermittelt werden, dass es in ihrer Verantwortung liegt, sich ihren Kindern gegenüber so zu verhalten, dass ihnen ihr Recht auf die Ausübung ihrer elterlichen Sorge weiterhin zugestanden werden kann oder dass ihnen ihr Sorgerecht ganz oder begrenzt entzogen werden muss. Dies gilt auch für Fälle, in denen Eltern das Sorgerecht entzogen worden ist, da gemäß § 37 (1, 2. Satz) SGB VIII die Option offen gehalten werden muss, dass Eltern auch nach dem Entzug ihrer elterlichen Sorge in ihre Erziehungsverantwortung hineinwachsen können, was zu einer neuen Entscheidung des Familiengerichts führen wird.

Letztendlich gestaltet die Jugendhilfe so gut wie das Familiengericht familiäres Schicksal, sowohl das von Eltern als auch das der Kinder und Jugendlichen, die von derartigen Entscheidungen betroffen sind.

Jugendhilfe kann nicht bestimmen und kontrollieren, wie Eltern und ihre Kinder auf Dauer derartige Einwirkungen in das familiäre Geschehen verarbeiten. Schließlich werden auch diese Einwirkungen Teil der Biografie und für den Rest des Lebens der Betroffenen Wirkung zeigen. Aufgabe aller am Hilfesystem Beteiligten ist es, durch die Art ihres Umgangs mit den Betroffenen die Chance zu begünstigen, dass die Wirkung eher zum Wohl aller Beteiligten sein mag.

Spiros Simitis schrieb schon 1982, dass „Gefährdung" nichts anderes sei, „als Aufforderung an den Staat, den Beteiligten die Mittel zur Verfügung zu stellen, um mit ihren Problemen selbst fertig zu werden" (Simitis 1982, S. 179).

HILFEPLAN UND ADRESSATENBETEILIGUNG

Diese Überlegungen leiten nun unmittelbar in die nun Folgenden über, die sich auf den Umgang der MitarbeiterInnen der Jugendhilfe und den betroffenen Familien beziehen:

Das SGB VIII verlangt von den MitarbeiterInnen des Jugendamtes eine besondere Art der Beziehungsaufnahme mit ihren KundInnen und betont deren Eigenverantwortlichkeit bei der gemeinsamen Entwicklung eines Hilfekonzeptes, wenn es heißt: „Die Entscheidung über die im Einzelfall angezeigte Hilfeart soll (...) im Zusammenwirken mehrerer Fachkräfte getroffen werden. Als Grundlage für die Ausgestaltung der Hilfe sollen sie *zusammen mit dem Personensorgeberechtigten und dem Kind oder dem Jugendlichen* einen Hilfeplan aufstellen" (§ 36 (2) SGB VIII, Hervorhebung d. d. Autor).

Dieses Konzept des Zusammenwirkens mehrerer Fachkräfte und einer Beteiligung der Adressaten der Hilfen an der Entwicklung eines für die Familie geeigneten und annehmbaren Hilfekonzeptes unterscheidet sich von einem Vorgehen, bei dem eine Fachkraft glauben könnte, aufgrund von erhobenen Daten eher selbstherrlich eine Diagnose erstellen und die dazu passende „richtige Maßnahme" bestimmen und dann auch durchsetzen zu können oder gar zu müssen.

Der § 36 (2) SGB VIII ist in diesem Zusammenhang für mich von hoher erkenntniskritischer Relevanz. Um dies zu verdeutlichen, möchte ich noch einmal auf den bereits zitierten § 1666 (1) BGB zurückgreifen, in dem es in Bezug auf die Kindeswohlgrenze heißt, „wenn die Eltern nicht gewillt oder in der Lage *sind*, die Gefahr abzuwenden" (Hervorhebung d. d. Autor).

Meine Frage ist: Wie komme ich zu der Feststellung: „Die Eltern *sind* (...)" oder „die Eltern *sind nicht* (...)"?

Derartige Aussagen erheben den Anspruch auf eine Wahrheitsfeststellung, der aus systemischem Verständnis nur das Ergebnis von wechselseitigen Wahrnehmungs- und Austauschprozessen aller am Verfahren beteiligten Personen sein kann.

Nach systemischem Verständnis sind Aussagen über was auch immer abhängig von der Perspektive, aus der ich dieses „Was auch immer" betrachte. Es gibt unendlich viele mögliche Perspektiven, aus denen ich dieses „Was auch immer" betrachten kann. Grundsätzlich gibt es unendlich viele und keine falschen Perspektiven, aus denen ich etwas beobachten kann. Und da die Antworten von den Perspektiven abhängig sind, gibt es auch keine falschen Antworten.

Um familiäres Geschehen auch nur annähernd plausibel erfassen zu können, bedarf es der Perspektiven aller am Prozess des Erfassens Beteiligten. Erst das Zusammenkommen von HelferInnen und den in diesem Buch gemeinten stark belasteten Familien begründet ein Hilfesystem. HelferInnen sind Teil dieses Systems und stehen nicht als Beobachter außerhalb des Geschehens des zu beobachtenden familiären Geschehens.

In der Wahrnehmung familiären Geschehens geht es um die Perspektivenvielfalt, zu der die betroffenen Mitglieder der Familie wesentlich Teile beitragen. Ohne deren Beitrag kann familiäres Geschehen nicht erfasst und können hilfreiche Konzepte nicht entwickelt werden.

Die bereits zitierten gesetzlichen Vorgaben nach §§ 36 (2) und 37 (1) SGB VIII sowie § 50f (1) FGG kann ich nur in diesem Sinne verstehen.

In diesem Sinne verstehe ich auch Joachim Merchel, wenn er in Bezug auf den § 36 (2) SGB VIII schreibt, dass die „Leistungsadressaten (...) als Subjekte in Aushandlungsprozessen, nicht als Objekte von Kontroll- und darin eingebundenen Hilfevorgängen zu behandeln" seien (Merchel 1996a, S. 99) und dass diejenige Hilfe die richtige sei, die im Sinne der Adressatenbeteiligung und des Zusammenwirkens mehrerer Fachkräfte durch das richtige Verfahren zustande komme (ebda, S. 100).

Auf die Schwierigkeiten dieses Findungsweges weist Udo Maas hin, wenn er betont, dass die Adressatenbeteiligung nicht bedeute, dass die Leistungsadressaten letztendlich darüber bestimmen und alleine entscheiden könnten, welche Hilfe ihnen zusteht (Maas 1996, S. 114). Das Jugendamt sei in dem Prozess der gemeinsamen Suche nach dem geeigneten Hilfekonzept Fachbehörde, allerdings nicht in dem Sinn, dass es über die Leistungsadressaten verfügen könne. Dennoch müsse es den Anspruch auf Hilfe, den tatsächlichen Hilfebedarf und die Angemessenheit der Hilfe fachlich beurteilen. „Fachliches und von den Betroffenen subjektiv Gewolltes werden aufeinander abgestimmt, wobei das Jugendamt verantwortlich bleibt für die fachliche Vertretbarkeit des Ergebnisses" (ebda, S. 116).

Die Gestaltung dieses Abstimmungsprozesses stellt an die MitarbeiterInnen der Öffentlichen Jugendhilfe wie auch an alle sozialarbeiterisch, beratend oder therapeutisch Tätigen höchste Anforderungen.

Dies gilt insbesondere für die Arbeit mit den stark belasteten Familien, aus deren Perspektive dieses Buch geschrieben ist:

Wie kann mit diesen Familien ein Auftrag erarbeitet werden, wenn sie (zumindest vorerst) gar nicht in der Lage sind, ihren Bedarf an Hilfe verbal zum Ausdruck zu bringen?

Wie kann ein Auftrag einer Familie erarbeitet werden, wenn sie aufgrund einer Mitteilung von außen aufgesucht wurde?

Wie können sich in dieser Situation SozialarbeiterInnen mit den gezeigten Symptomen so verbinden, dass die in ihnen verborgenen Botschaften entschlüsselt und zur Grundlage eines Hilfeansatzes werden?

Wie ist damit umzugehen, wenn die Botschaft des Symptoms seitens der Betroffenen im Vorsprachlichen bleibt?

Was bedeutet in diesem Zusammenhang „Adressatenbeteiligung", das Zusammenwirken mit den Personensorgeberechtigten, aber auch und vor allem mit den betroffenen Kindern oder Jugendlichen?

Eine Gefahr sehe ich in derartigen Konstellationen darin, dass die Personen, die diesen Familien von außen begegnen, ihre Macht und Fachkompetenz in der Weise einzusetzen geneigt sein könnten, dass sie diese Familien auch ohne ihr Mitwirken beurteilen müssten, um festzustellen, welches die Ursachen ihrer Not und welches die richtigen Hilfen zu deren Behebung seien.

Was Max van Trommel in Bezug auf das therapeutische System von TherapeutIn und KlientIn schreibt, gilt auch für das Hilfssystem von SozialarbeiterInnen der Öffentlichen Jugendhilfe und ihren jeweiligen KundInnen: „Wenn ein Therapeut ‚weiß‘, was der Klient braucht oder tun sollte, so platziert er sich außerhalb des therapeutischen Systems" (van Trommel 1995, S. 266). Er schafft damit selbst eine paradoxe Situation und blockiert die Möglichkeit eines wechselseitigen Austausch- und Wirkungsprozesses, den van Trommel das Schaffen von „Raum für die Existenz des anderen" in sich selbst nennt (ebda). Übrig bleibe die Ausübung von Macht über andere.

Auch die Überlegungen von Harlene Anderson und Harald Goolishian bezüglich des Dialoges zwischen TherapeutIn und KlientIn als einem Prozess wechselseitig erfahrener und geschaffener Bedeutungen (Anderson/Goolishian 1992, S. 177) finde ich auf die Arbeit Öffentlicher Jugendhilfe im Sinne des SGB VIII übertragbar.

Beide schlagen vor, dass TherapeutInnen ihr Expertentum durch eine „*nicht-wissende* Position" wahrnehmen als dem „Mittel, mit dessen Hilfe der Therapeut auf dem Weg zum Verstehen bleibt" (ebda, S. 182).

Das „Nicht-Wissen" bezieht sich auf alle Bedingungen, Verarbeitungsprozesse und Geschichten, die KlientInnen beziehungsweise KundInnen dorthin geführt haben, wo sie während der Begegnung gerade stehen. Das *nicht-wissende Fragen* nach Anderson und Goolishian „ist nicht einfach das Befragen des Klienten oder das Sammeln von Informationen, um die eigenen Hypothesen gültig zu machen" (ebda, S. 183). Aus der Haltung des Nicht-Wissens fragende SozialarbeiterInnen beherrschen ihre KlientInnen nicht durch ihr Expertenwissen, sondern sie werden lernend von dem Expertenwissen der KlientInnen durch deren Situation geführt. „Dies steht im Gegensatz zu (...) Fragen, die getrieben werden von einer theoretischen Methode bezüglich Veränderung, normativer Gesundheit oder Notwendigkeiten für Interventionen" (ebda).

Auch die Sicht von Jürgen Hargens zu einer Grundlegung eines helfenden Zugangs zu den KundInnen erlebe ich für meine Darstellung der Grundlagen des Vorgehens in der Öffentlichen Jugendhilfe anregend und stützend. In dieser Sichtweise werden die KundInnen als die für ihre Welt Kundigen erlebt, bei denen sich HelferInnen kundig machen. Hargens rät, darauf zu achten, „*welche Kompetenzen und Ressourcen – welche Kundigkeit – unsere Gegenüber* mit einbringen, selbst wenn diese Kundigkeit nicht auf den ersten Blick erkennbar scheint" (Hargens 1993a, S. 18).

Die drei hier zitierten Positionen helfen mir bei der Selbstevaluation Öffentlicher Jugendhilfe, eine mentale Haltung einzunehmen und Methoden der Gesprächsführung anzuwenden, die mich vor dem Glauben bewahren, den Erfolg oder Misserfolg meines Handelns am Erreichen von mir für andere gesteckter Ziele messen zu müssen.

Macht und Fachkompetenz von SozialarbeiterInnen, BeraterInnen und TherapeutInnen können nach meiner Überzeugung nicht dazu dienen, anderen Personen zu sagen, unter welcher Not sie leiden und welche Form der Hilfe sie zur Überwindung dieser Not brauchen.

Macht und Fachkompetenz dienen in dem hier aufgezeigten Sinn allein der Gestaltung einer Begegnung und Gespräches als Bedingung der Möglichkeit des gemeinsam getragenen Wahrnehmungsprozesses von Not und Hilfebedarf.

Exkurs über die Bedeutung von Theorien für Praxis im systemischen Kontext

Ich sehe Außenstehende und Fachkräfte immer wieder in der Gefahr, ihren Vorstellungen, Bildern oder Theorien (ich benutze diese Worte hier weitgehend synonym) über förderliche Formen familiären Zusammenlebens oder über Lösungsmöglichkeiten beim Überwinden von Schwierigkeiten eine höhere Bedeutung bei-zumessen als denen der betroffenen Familien und ihrer Mitglieder.

Gemäß dem dieser Abhandlung zugrunde liegenden systemisch-kons-truktivistischen Denkansatz muss ich jedoch alle Positionen hinterfra-gen, die Wahrheitsaussagen in Form von Beschreibungen oder Prog-nosen über Systeme (z.B. Familien) und ihre Mitglieder beinhalten.

Grundsätzlich gehe ich davon aus, dass Wahrnehmen und Handeln zu wesentlichen Teilen theoriegeleitet sind, auch wenn dies nur in Ausnahmefällen bewusst ist. Aktionen und Reaktionen auf die Umwelt sind von Bildern beziehungsweise Theorien bestimmt, die sich die Handelnden von ihrer Umwelt auf der Basis ihrer spezifi-schen Verarbeitung von Erfahrungen im Laufe ihres Lebens im Austausch mit anderen Personen gebildet haben (Bauer 2004, S. 36ff.). Das Herausarbeiten von Bildern und Theorien erachte ich als notwendige Leistung, um durch Reduzierung von Komplexität handlungsfähig zu sein.

Dieser Prozess der Wirklichkeitsaneignung, der in der Sprache der Systemtheorie unter den Begriffen der *Selbstbezüglichkeit* bezie-hungsweise *Selbstreferenz* subsumiert wird, entzieht allen Vorstel-lungen den Boden, die davon ausgehen, dass z.B. SozialarbeiterInnen und andere HelferInnen objektive Aussagen über KlientInnen und deren Familien machen könnten. „Weil wir uns als lebende und psy-chische Systeme ausschließlich auf unsere eigenen Zustände (…)

beziehen können, ist alles, was wir wahrnehmen und für objektiv gegeben halten, eine durch uns konstituierte Einheit. In dieser Hinsicht ergibt sich die Paradoxie, dass ‚objektive' Erkenntnis nur subjektiv sein kann" (Kleve 1996, S. 12).

In diesem Zusammenhang erachte ich es als hilfreich, der Frage nachzugehen, welche Bedeutung Vorstellungen, Bildern oder Theorien für die Praxis in einem systemischen Kontext beigemessen werden können. Bei diesen Überlegungen werde ich mich zuerst auf Gedanken von Andreas Manteufel und Günter Schiepek beziehen, mit denen ich mich weitestgehend identifiziere (Manteufel/Schiepek 1995).

Theorien machen nach diesen Überlegungen *idealisierende Annahmen* (ebda, S. 326), sie *geben keine Wirklichkeit wieder* und *sind nicht normativ zu verstehen.*

Manteufel und Schiepek entwickeln fünf Funktionen von Theorien, die ich hier verkürzt wiedergeben möchte:

„1. Theorien strukturieren die Kommunikation über Praxis, machen Praxis verstehbar, vermittelbar und schaffen ein Gefühl von Transparenz. Mit Hilfe der Sprache und den Annahmen einer Theorie kann es gelingen, die Prozesse der Praxis zu beschreiben, zu abstrahieren und idealisierend zu vereinfachen. (...)

2. Theoretische Modelle *reduzieren Komplexität*, (...) Über Abstraktionen und Idealisierung werden Nuancen und Unterschiede eliminiert, komplexe Vorgänge unter ein oder wenige Prinzipien subsumiert. Andere Aspekte dagegen werden akzentuiert und damit Unterschiede eingeführt, die für den Modellbenutzer einen Unterschied machen. (...)

3. (...) Theorien erweisen sich unter Umständen als *heuristisch fruchtbar*, indem sie zur Entwicklung handlungsorientierender Konzepte (...) anregen" (ebda, S. 329).

4. Theorien ermöglichen, „sich diskursiv über praktisches Handeln und Entscheidungen auseinander zu setzen, (...)

5. Theorie eröffnet Kommunikationsmöglichkeiten durch das Schaffen konsensbildender Sprachen" (ebda, S. 330).

In diesem Sinne möchte ich betonen, dass alle meine theoretischen Gedanken und Modelle, die ich in diesem Buch vorstelle, keinen

Anspruch auf Wahrheit erheben und nicht normativ zu verstehen sind, auch wenn manche meiner Sätze so klingen mögen. Entscheidend für mich ist das Erleben der Wirkung der auf den Grundannahmen basierenden Sätze und Handlungsweisen.

Oder, um mit den Worten Paul Watzlawicks zu sprechen: „Nicht um Wahrheit geht es (...), sondern um *Wirksamkeit*" (Watzlawick 1987, S. 71f).

In meinem beruflichen Handeln sehe ich mich dazu verpflichtet, meine Bilder beziehungsweise Theorien von mir selbst und meinem Auftrag sowie von den Menschen und ihren Situationen auf ihre Wirkung hin zu überprüfen, ob sie dazu geeignet sind, den Menschen, mit denen ich arbeite, Chancen zu begünstigen, für sich und ihr familiäres Zusammenleben förderlichere Lösungen zu entwickeln als die, die Anlass für ihre Begegnung mit mir waren.

Ich erfinde also Annahmen, Bilder und Theorien, die mein Handeln strukturieren und die mir eine Sprache bieten, die mir hilft, über mein Handeln zu kommunizieren. Ich überprüfe diese Bilder, ob sie helfen, einen Zugang zu den betroffenen Personen und deren Zugang zu verbesserten Lösungen zu begünstigen (Kron-Klees 2005a).

KINDERSCHUTZ UND KINDESWOHL

Es gibt tragischerweise Situationen, in denen es für Kinder lebensrettend ist oder sein kann, sie vor ihren Eltern zu Schutz beziehungsweise sie gegen deren Willen in Obhut zu nehmen. Erschütternde Beispiele haben in den letzten Jahren die Öffentlichkeit, aber auch die Jugendhilfe aufgerüttelt, wo Hilfe zu spät kam oder nicht nah genug am Kind war, wie etwa in den Fällen von Jessica in Hamburg, die im März 2005 verdurstet aufgefunden wurde, oder von Kevin in Bremen, der im Oktober 2006 tot im Kühlschrank seines „Ziehvaters" aufgefunden wurde sowie von Lea-Sophie im November 2007, die in Stettin bei ihren Eltern verhungerte und verdurstete, gerade zu der Zeit, in der ich an diesem Abschnitt arbeite.

Wenn auch in der durchschnittlichen Jugendamtspraxis derartige Situationen (zum Glück) eher selten vorkommen, so wurde nach diesen und anderen für Kinder tödlich ausgegangenen Beispielen die Diskussion um einen wirksamen Kinder- und Jugendschutz intensiviert. (Dokumente der Diskussion zu diesem Thema lassen sich im Internet nachlesen – ich werde hier nicht ausführlich auf sie eingehen.)

Die Frage, ob das SGB VIII nicht den Schutz der Kinder vernachlässige, hat dieses Gesetz von Anfang an begleitet (S. z.B. Bringewat 1997, ders. 2000). (Auch auf diese Diskussion werde ich hier nicht weiter eingehen.)

Aus der Perspektive des SGB VIII scheint mir jedoch der Schutz von Kindern vor der Bedrohung ihres Wohls durchaus gewährleistet. Der Schutzauftrag ist bereits in § 1 (3) SGB VIII verankert, in dem es heißt: „Jugendhilfe soll (. . .) Kinder und Jugendliche vor Gefahren für ihr Wohl schützen".

§ 42 (3) SGB VIII spezifiziert dies: „Das Jugendamt ist verpflichtet, ein Kind oder einen Jugendlichen in seine Obhut zu nehmen, wenn eine dringende Gefahr für das Wohl des Kindes oder des Jugendlichen die Inobhutnahme erfordert." Sind Eltern oder andere Erziehungsberechtigte mit der Inobhutnahme oder auch der Herausnahme eines Kindes oder Jugendlichen nicht einverstanden, liegen aber die Voraussetzungen des § 1666 BGB vor, „(. . .) so hat das Jugendamt unverzüglich eine Entscheidung des Familiengerichts herbeizuführen" (§ 43 SGB VIII).

Zur Mitwirkung des Jugendamtes in gerichtlichen Verfahren beim Familiengericht heißt es weiterhin: „Hält das Jugendamt zur Anwendung einer Gefährdung des Wohls des Kindes oder des Jugendlichen das Tätigwerden des Gerichts für erforderlich, so hat es das Gericht anzurufen" (§ 50 (3) SGB VIII). Um den Schutzauftrag des SGB VIII weiter zu präzisieren wurde im Jahre 2005 der § 8a in das Gesetz eingefügt, der im Zusammenhang mit der Kindeswohlgrenze ausführt: „Hält das Jugendamt das Tätigwerden des Familiengerichts für erforderlich, so hat es das Gericht anzurufen; (. . .) Besteht eine dringende Gefahr und kann die Entscheidung des Gerichts nicht abgewartet werden, so ist das Jugendamt verpflichtet, das Kind oder den Jugendlichen in Obhut zu nehmen" (§ 8a (3) SGB VIII).

Auch aus der Perspektive der „primären Kunden" des Gesetzes zur „Kinder- und Jugendhilfe", nämlich der Kinder und Jugendlichen selbst, ist das Jugendamt „(. . .) verpflichtet, ein Kind oder einen Jugendlichen in seine Obhut zu nehmen, wenn das Kind oder der Jugendliche um Obhut bittet" (§ 42 (2), 1. Satz SGB VIII).

„Die Bitte der Minderjährigen um Inobhutnahme bedarf weder der Form noch der Erlaubnis des oder der Personensorge- und Erziehungsberechtigten." Es „genügt ein für das Kind oder den Jugendlichen subjektiv bestehendes Schutzbedürfnis" (Proksch 1994, S 33).

Kinder und Jugendliche haben also das Recht, von sich aus das Hilfesystem zu aktivieren, indem sie selbst um Jugendhilfe nachfragen.

Nach der Rechtslogik des SGB VIII steht der Schutz-Auftrag (§ 1 (3, 3) SGB VIII) jedoch hinter dem Förder-Auftrag: „Jugendhilfe soll (. . .) Eltern und andere Erziehungsberechtigte bei der Erziehung beraten und unterstützen (§ 1 (3, 2) SGB VIII).

Die Reihenfolge von Sätzen im Gesetzestext definiert auch deren Rangfolge.

Den diesbezüglichen Grundgedanken des SGB VIII verstehe darin, dass der beste Schutz von Kindeswohl in der Förderung der Elternkompetenz zu sehen sei, die somit dem Schutzgedanken übergeordnet ist.

Diese grundsätzliche Orientierung erkenne ich u.a. als Folge der Erläuterungen des Bundesverfassungsgerichts zu einem Urteil aus dem Jahre 1982, die folgende grundsätzliche Klarstellungen enthält: „(. . .) die primäre Zuständigkeit der Eltern beruht auf der Erwägung, dass die Interessen des Kindes in aller Regel am besten von den Eltern wahrgenommen werden." – „Nicht jedes Versagen oder jede Nachlässigkeit berechtigt ein Eingreifen des Staates in die Erziehung" – „Die Möglichkeit, dass ein Kind durch den Entschluss seiner Eltern wirkliche oder vermeintliche Nachteile erleidet, muss in Kauf genommen werden" (Zeitschrift für Familienrecht 2002). Die hierauf basierende gesetzliche Rangfolge bestimmt auch die weitere Vorgehensweise für den Fall, dass das Jugendamt ein Kind oder einen Jugendlichen auf dessen Bitten in Obhut genommen hat. So hat „Das Jugendamt (. . .) den Personensorge- oder Erziehungsberechtigten unverzüglich von der Inobhutnahme zu unterrichten" Auf die Inobhutnahme muss also sofort die Rückkoppelung an die Erziehungsberechtigten (in der Regel an die Eltern) erfolgen, das heißt in der Logik der Kinder- und Jugendhilfe nach dem SGB VIII, dass das Jugendamt das Hilfesystem in der Weise komplettiert, dass es die Erziehungsberechtigten einbezieht.

Dabei ist davon auszugehen, dass die MitarbeiterInnen des Jugendamtes mit den Betroffenen, mit den Eltern und mit den Kindern und Jugendlichen die Gründe für den Wunsch der Kinder oder Jugendlichen, in Obhut genommen zu werden, erörtern und mit den Betroffenen über Hilfen sprechen werden, die zu einem besseren Zusammenleben führen mögen. Dies kann im Sinne des SGB VIII nur dann sinnvoll geschehen, wenn alle am Hilfesystem Beteiligten ihre Perspektiven der Wahrnehmung der familiären Situation zusammentragen und ihre jeweiligen Lösungsvorstellungen entwickeln.

Aber: „Widerspricht der Personensorge- oder Erziehungsberechtigte der Inobhutnahme, so hat das Jugendamt 1. das Kind oder den Jugendlichen dem Personensorge- oder Erziehungsberechtigten zu übergeben oder 2. eine Entscheidung des Familiengerichts über die erforderlichen Maßnahmen zum Wohl des Kindes oder des Jugendlichen herbeizuführen" (§ 42 (2), 3. Satz SGB VIII).

Hier ist die Rangfolge für die Möglichkeiten einer Weichenstellung klar vorgegeben: Ein Kind oder ein Jugendlicher hat um Obhut gebeten, das Jugendamt musste dem Begehren nachkommen, muss aber die Erziehungsberechtigten von diesem Schritt informieren. Die Pflicht oder das Recht der Eltern, ihre Kinder zu erziehen, hat also Vorrang, das Jugendamt kann Hilfe anbieten, die Eltern haben die Freiheit, Hilfen einschließlich der Inobhutnahme in Anspruch zu nehmen (Wiesner 2004, S. 165). Lehnen sie die Inobhutnahme jedoch ab, muss das Jugendamt abschätzen, ob die Gründe für den Wunsch des Kindes oder Jugendlichen auf deren tatsächliche Gefährdung im Sinne des § 1666 BGB hinweisen. Ist dies nicht der Fall, muss es das Kind oder den Jugendlichen seinen Erziehungsberechtigten wieder übergeben und eine mögliche Beeinträchtigung unterhalb der Schwelle des § 1666 BGB (u. U. schweren Herzens) in Kauf nehmen. Scheint die entsprechende Gefährdung aber gegeben, hat das Jugendamt das Familiengericht als weiteren Teil des Hilfesystems einzubeziehen, das dann wiederum aus seiner Perspektive entscheidet, ob es durch den Entzug des Sorgerechts die Voraussetzungen schafft, dass das Jugendamt eine Hilfe für das Kind oder der Jugendlichen in Form der Inobhutnahme auch gegen den Willen der Eltern einrichtet.

Das heißt auch hier, dass der Kindesschutz im Sinne eines Schutzes vor den Eltern durch Inobhutnahme keineswegs aufgegeben wurde, aber hinter dem Elternrecht und der möglichen Förderung der Elternkompetenz rangiert (Wiesner 2004, S. 163).

In ihren Überlegungen zum Thema Kindesschutz schreiben Insoo Kim Berg und Susan Kelly: „Der beste Schutz für Kinder kommt normalerweise von Eltern, wenn ihnen geholfen wird, besser in der Lage zu sein, angemessen für ihre Kinder zu sorgen." Sie zeigen sich davon überzeugt, „dass es im ‚besten Interesse' des Kindes ist, wenn man versucht, das Kind in der Familie zu halten und wenn man die Sicherheit in der Familie unterstützt" (Berg/Kelly 2001, S. 22).

Auch nach § 8a (1) rangiert bei Verdacht auf Kindeswohlgefährdung das Angebot von Hilfen zur Erziehung gesetzeslogisch vor der möglichen Herausnahme eines Kindes oder Jugendlichen aus dem Haushalt seiner Familie, die, wie oben zitiert, erst im 3. Abschnitt des § 8a SGB VIII vorgegeben wird.

Absatz 3 des neuen § 1666 BGB greift diese Reihen- und Rangfolge ebenfalls auf, in dem das Familiengericht „Gebote, öffentliche Hilfen wie zum Beispiel Leistungen der Kinder- und Jugendhilfe (…) in Anspruch zu nehmen" an vorderster Stelle in Erwägung ziehen muss, erst an letzter, im Gesetzestext an 6. Stelle, quasi als ultima ratio, erfolgt „die teilweise oder vollständige Entziehung der elterlichen Sorge."

Was die Öffentlichkeit immer wieder in diesem Zusammenhang erschüttert, sind schwere Straftaten wie im schlimmsten Falle Kindstötung und/oder Vernachlässigung mit Todesfolge. Die Frage ist, wie solche Straftaten verhindert werden können oder wie solchen Straftaten vorgebeugt werden kann und welche Rolle dabei die Jugendhilfe hat. Ich denke, dass die Jugendhilfe Straftaten nicht verhindern, aber dazu beitragen kann, in einzelnen Fällen derartigen Taten vorzubeugen. Dazu würde aber gehören, dass die Jugendhilfe frühzeitig von Situationen erfährt, in denen Kinder bedroht sind.

Die in diesem Zusammenhang bundesweit stattfindende Debatte darüber, die Vorsorge-Untersuchungen (U1 nach der Geburt bis U9 für Kinder im Alter von 5 bis 5 1/2 Jahren) hat durchaus ihren Sinn in diesem Sinne, wobei davon auszugehen ist, dass dadurch zwar das Netz der Wahrnehmung enger geknüpft wird, was aber in einzelnen Fällen den Tod durch Versagen oder Verschulden von Eltern nicht aus der Welt schaffen wird.

Auch die Einführung des § 8a ins SGB VIII soll die Wachsamkeit gegenüber möglicher Kindeswohlgefährdung erhöhen, wenn es im 2. Absatz heißt: „In Vereinbarungen mit den Trägern von Einrichtungen und Diensten, die Leistungen nach diesem Buch erbringen, ist sicherzustellen, dass deren Fachkräfte den Schutzauftrag (…) wahrnehmen und bei der Abschätzung des Gefährdungsrisikos eine insoweit erfahrenen Fachkraft hinzuziehen." Diese „insoweit erfahrene Fachkraft" (ein denkbar unscharfer und vielfältig zu deutender Begriff, er wird z.Z. bundesweit sehr unterschiedlich ausgelegt und umgesetzt) hat nach meiner Sicht die Aufgabe, die Fachkräfte der Einrichtungen Freier Träger (z.B. MitarbeiterInnen von Kindertageseinrichtungen) bei der Abschätzung des Gefährdungsrisikos zu beraten und zu unterstützen, nicht aber über die Fachkräfte der Einrichtungen hinweg zu entscheiden oder gar die „Fallarbeit" selbst zu übernehmen.

Der weitere Verlauf dieses Absatzes greift wieder die oben dargestellte Rang- und Reihenfolge auf, wenn die Fachkräfte der Einrichtungen der Freien Träger vorerst „bei den (…) Erziehungsberechtigten auf die Inanspruchnahme von Hilfen hinwirken" sollen, „wenn sie diese für erforderlich halten" und erst in zweiter Position „das Jugendamt informieren, falls die angenommenen Hilfen nicht ausreichend erscheinen, um die Gefährdung anzuwenden." Merkwürdigerweise steht in diesem Gesetzestext nicht, dass Letztere umso mehr gelten muss, wenn die vorgeschlagenen Hilfen gar nicht erst angenommen werden.

Die erhoffte absolute Sicherheit für Kinder wird es tragischer Weise aller Voraussicht nach auch bei allem Bemühen nicht geben, die Wachsamkeit und die Verpflichtung wie auch die Bereitschaft zu erhöhen und zu stützen oder auch gesetzlich zu verankern, Wahrnehmungen von Verdachtsmomenten bezüglich einer Kindeswohlgefährdung aufzugreifen und letztendlich dem Jugendamt als Zentrum der fachlichen Zuständigkeit für derartige Situationen mitzuteilen (Wiesner 2004, S. 164).

In extrem zugespitzten Situationen sind Polizei und somit die Strafverfolgungsbehörden in der Regel vor dem Jugendamt in der Familie, wobei das Eingreifen der Polizei mit der Wahrnehmung ihrer Funktionen eine Dynamik auslösen kann, die einen Zugang der Öffentlichen Jugendhilfe mit ihren Ansätzen erschwert, wenn nicht gar unmöglich macht.

Beide, SGB VIII und StGB, formulieren wichtige Regeln gesellschaftlichen Zusammenlebens, sie liegen aber unter grundsätzlich verschiedenen Prämissen. Das SGB VIII in kein Gesetz, dass Strafen für bestimmte Taten definiert, sondern das Formen der Hilfe für Kinder und ihr Wohl umreißt. Auch die so genannte Herausnahme als Maßnahme auf der Grundlage des § 1666 BGB verstehe ich als Hilfe für die betroffenen Kinder und letztlich auch für deren Eltern.

KINDESWOHL UND ELTERNWOHL

Überall dort, wo Kinder vor ihren Eltern oder Erziehungsberechtigten in Schutz genommen werden müssen, erlebe ich es für das Wohl der Kinder als nicht förderlich, wenn sich dieser Schutz *vor* den Eltern *gegen* die Eltern richtet.

Kinder wollen, dass sich ihre Eltern ihnen gegenüber wohl verhalten. Sie haben ein Recht auf das Wohlverhalten ihrer Eltern ihnen gegenüber. Aber Kinder wollen ihre Eltern für ein Verhalten ihnen gegenüber nicht bestraft erleben, auch wenn dieses Verhalten nicht zu ihrem Wohle war.

Nach meiner Wahrnehmung erleben sich Kinder, vor allem bis zum Alter von 13 oder 14 Jahren aus ihrer Kindperspektive selber als Ursache für das Verhalten der Eltern ihnen gegenüber, und das zu Recht, schließlich sind sie Auslöser des Verhaltens ihrer Eltern ihnen gegenüber.

Ich sehe deshalb immer die Gefahr, dass sie bei einer Bestrafung ihrer Eltern wegen deren Verhalten ihnen gegenüber schwere Schuldgefühle entwickeln, die mitunter schädlicher für ihre Entwicklung sein können, als die Folgen selbst schwerer Übergriffe seitens der Eltern.

Aus der Perspektive der Kinder sind ihre Eltern ihre besten Eltern. Sie haben keine anderen und somit bessere Eltern. Diese Eltern vor den Kindern zu entwerten, würde bedeuten, die Kinder zu entwerten.

Aus der Außenperspektive gesehen haben Kinder ein Recht auf gute Eltern. Sie wollen, dass ihre Eltern gute Eltern sind, und sie wollen, dass den Eltern dort geholfen wird, wo sie keine guten Eltern sind.

Joseph Goldstein und seine KollegInnen warnen aus ähnlichen Überlegungen heraus, „das Vertrauen des Kindes in seine Eltern zu erschüttern" (Goldstein/Freud/Solnit/Goldstein 1988, S. 117). Sie betonen die Notwendigkeit des Respekts vor der Bedeutung der Eltern im Kind, wenn sie sagen, dass es dem Wohl des Kindes diene, „wenn alle beruflich Beteiligten anerkennen, dass sie weder einzeln noch zusammen die Eltern – auch nicht durchschnittliche, unvollkommene Eltern – darstellen oder ersetzen" (ebda, S. 118).

Auch Wilhelm Rotthaus warnt ausdrücklich davor, als HelferIn gegenüber den Kindern in die Position der „besseren Eltern" treten zu wollen (Rotthaus 1995).

Das Kindeswohl ist nach meiner Sicht eng mit der Loyalität der Kinder zu ihren Eltern verbunden. In der Respektierung dieser Loyalität sehe ich einen wichtigen Anteil der Arbeit zugunsten des Kindeswohls.

Im Laufe meiner Arbeit verfestigte sich meine Überzeugung, dass sich aus der Sicht der Kinder Kindeswohl über Elternwohl definiert. Kindeswohl umfasst „systemisch immer auch Eltern- und Familienwohl" (Ritscher 2005, S. 28). Kindern geht es gut, wenn Eltern ihr Elternwohl verwirklichen. Kindern geht es eher schlecht, wenn Eltern ihr Elternwohl vernachlässigen.

Dieses Erleben der Kinder veranlasst mich, Eltern nicht in Fragen ihres Elternrechtes oder ihrer Elternpflichten, sondern sie in Fragen ihres Wohles als Eltern anzusprechen.

Diese Überlegungen sind nach meiner Erfahrung besonders hilfreich bei der so genannten „Herausnahme" von Kindern aus ihrer Familie. Für mich ist es kein bloßes Spiel mit Worten, wenn ich nicht von „Herausnahme" spreche, sondern davon, die Kinder an einen „guten Ort" zu bringen, wo sie im notwendigen Fall die erforderlich scheinende Hilfe für ihre Genesung und für ihre weitere förderliche Entwicklung bekommen können, die sie bei ihren Eltern (zumindest im erforderlichen Zeitraum) nicht erwarten können.

Hier spreche ich das Elternwohl unmittelbar an, wenn ich die Eltern frage, wann es ihnen als Eltern, als Vater und/oder Mutter, besser geht: Wenn sie wissen, dass ihre Kinder an einem „guten Ort" sind, oder wenn sie spüren, dass sie ihnen nicht das geben können, was sie für ihr Wohlergehen benötigen.

Nach meiner Erfahrung wirkt diese Wortwahl in zweierlei Richtung: auf der einen Seite mag sie deutlich machen, welche Verantwortung für die MitarbeiterInnen der Öffentlichen Jugendhilfe bei der Wahl des Ortes liegt, an den das Kind gebracht werden soll. Auf der anderen Seite mag sie bei den Eltern die Bereitschaft erhöhen, dem „guten Ort" auf Dauer ihre Wertschätzung zu geben. „Herausnahme" wird viel eher als Akt eines feindlichen Eingriffs erlebt.

Dies entspricht auch dem Rechtsverständnis, wie es sich in Urteilen des Bundesverfassungsgerichtes niedergeschlagen hat, nach dem Eltern- und Sorge*recht* nur *im Dienste der Kinder* in dem Sinne verstanden werden kann, „dass die Ausübung der elterlichen Sorge ausschließlich orientiert sein muss an der Verwirklichung der Grundrechte des Kindes. Die Eltern sind daher nur Sachwalter der Grundrechte des Kindes" (Kunz 1986, S. 189). Sorgerecht ist dienendes Recht.

Im Ansprechen des Elternwohls statt der Elternpflicht und des Elternrechts sehe ich die Chance, dass Eltern sich eher von mir verstanden fühlen und dass ich leichter einen Zugang zu ihnen finden mag, der ihnen hilft, selbst einen Zugang zu den Quellen ihrer Not, Verzweiflung und Desorientierung zu erhalten, um im Prozess der Hilfe förderlichere Formen des familiären Zusammenlebens zu entwickeln als die, deretwegen um Hilfe gerufen wurde.

Diesen engen Zusammenhang von Elternwohl und Kindeswohl lese ich auch aus den Worten von Ivan Boszormenyi-Nagy: „Langfristig ist der seelischen Gesundheit der Eltern am besten gedient, wenn diese im Interesse ihrer Kinder und Enkelkinder ihr Bestes geben" (Boszormenyi-Nagy 1987, S. 57). An anderer Stelle schreibt er: „Sobald die Familienmitglieder mehr Verantwortung für ihr Handeln übernehmen, gewinnt jeder einzelne von ihnen auch mehr Raum für inneres Wachstum und Selbstverwirklichung" (ders. 1981, S. 180).

In diesem Sinne empfiehlt er, Eltern immer als „potentiell verantwortliche" Eltern anzusprechen (ders. 1987, S. 64). Und was er zum innerfamiliären Verhältnis von Macht und Verantwortung zwischen Mann und Frau schreibt, möchte ich besonders nachdrücklich auf die Situation zwischen Eltern und Kind anwenden: „Je größer die Machtvorteile, desto höher ist die Verantwortung" (ders. 1977, S. 5).

Diese Überlegungen möchte ich mit einem Zitat von Spiros Simitis, in meinen Augen einem der Vordenker des SGB VIII, abschließen. „‚Gefährdungen' lassen sich nur verstehen und verhindern, wenn von Anfang an die gesamte Familie einbezogen wird. Den Eltern muss (…) genauso geholfen werden wie dem Kind" (Simitis 1982, S. 179).

Waches Begleiten statt Kontrolle

In Hinblick auf die Kindeswohlgrenze begegnet mir in der Fachliteratur und in Gesprächen mit Praktikern immer wieder die Auffassung, dass ein „zweifellos vorhandener Herrschafts-, Kontroll- und Zwangscharakter Sozialer Arbeit" zum „Kernbereich psychosozialen Handelns" gehöre (exemplarisch Pfeiffer-Schaupp 1995, S. 114).

In ihrer pauschalisierten Form gerät diese Aussage zumindest für die Jugendhilfe nach meiner Überzeugung in einen spürbaren Gegensatz zu ihren Grundlagen, wie sie im SGB VIII vorgegeben worden sind.

Doch auch in der derzeitigen Auseinandersetzung um die Grundlagen des SGB VIII und seine Auswirkungen auf die Praxis der Jugendhilfe gibt es durchaus widersprüchliche Aussagen. So zitierte ich bereits Joachim Merchel, der im Zusammenhang mit dem § 36 SGB VIII schreibt, dass die KundInnen der Jugendhilfe als deren Leistungsadressaten „nicht als Objekte von Kontroll- und darin eingebundenen Hilfevorgängen zu behandeln" seien (Merchel 1996a, S. 99). Bezüglich der von ihm angenommenen „strukturellen Ambivalenz der Erziehungshilfe zwischen Hilfe und Eingriff/Kontrolle" sagt er jedoch: „Auch die Dienstleistungsorientierung des KJHG kann dieses Spannungsfeld innerhalb der Jugendhilfe letztlich nicht auflösen" (ebda, S. 106). Es verbindet dies vor allem mit dem Auftrag der Jugendhilfe, „Kinder und Jugendliche vor Gefahren für ihr Wohl zu schützen" (§ 1(3) SGB VIII).

Der Topos dieser Ambivalenz von Hilfe und Kontrolle Sozialer Arbeit hat eine lange Tradition, auf die ich hier nicht weiter eingehen werde. Ich halte ihn in seiner undifferenzierten Art nicht mehr für vertretbar.

Vor allem für die auf dem SGB VIII basierenden Jugendhilfe als einem wichtigen Bereich von Sozialarbeit überhaupt und insbesondere in Bezug auf die Aufgabenstellung der Öffentlichen Jugendhilfe mit ihrem spezifischen Klientel, halte ich es für wichtig, für die Weiterentwicklung der Jugendhilfe eine Differenzierung des Kontrollansatzes vorzunehmen. So erlebe ich es klärend, zwischen Kontrollaufgaben im Sinne einer Überprüfung der Berechtigung von Leistungsansprüchen und der Angemessenheit von Hilfen nach dem SGB VIII auf der einen Seite und Kontrollaufgaben im Sinne der Definition von Zielen im Bereich von Verhaltensänderungen auf der anderen Seite zu unterscheiden.

Während ich der ersten Variante ihre Berechtigung nicht absprechen will, führt die zweite sowohl SozialarbeiterInnen als auch KlientInnen in einen „ganz besonderen Schlamassel", wie Gregory Bateson es nennt (Bateson 1969b, S. 621).

Diese kritische Bemerkung Batesons bezieht sich auf die Vorstellung, TherapeutInnen könnten Menschen nach ihren Vorstellungen verändern und den Veränderungsprozess kontrollierend steuern. Er nennt diese Vorstellung einen „erkenntnistheoretischen Schwachsinn", der „unausweichlich zu verschiedenen Arten von Katastrophen" führe (ebda, S. 625).

Den „Schlamassel" erlebe ich bei SozialarbeiterInnen in ihrem beklagten Leiden, wenn sie sich in der Doppelrolle erleben, auf der einen Seite Menschen nach eigenen Vorstellungen oder den von außen an sie gerichteten Vorstellungen helfen zu wollen, und auf der anderen Seite zu glauben, die von ihnen konzipierte Hilfe auch durchsetzen zu müssen.

Den „Schlamassel" von KlientInnen erlebe ich in den Berichten, aus denen deutlich wird, dass sie diese Doppelbödigkeit der HelferInnen spüren, mit ihr nicht klar kommen und sich gegen sie versperren.

Peter Lüssi spricht hier vom „*Kontrollparadox* (...)*: Gerade weil diese Personen wissen, dass sie nun beaufsichtigt werden, und gerade weil sie verpflichtet sind, Auskunft und Einblick zu geben, entziehen sie sich dem Sozialarbeiter" (Lüssi 1992, S. 133). Heiko Kleve schreibt in Anlehnung daran: „Da Sozialarbeit eben keine objektive Beobachtungsperspektive gegenüber ihren KlientInnen einnehmen kann, sondern kommunikativ mit diesen gekoppelt, verstrickt bleibt, sozusagen immer teilnehmend beobachtet, kann ein als notwendig erachtetes Kontrollieren mehr Schaden anrichten, als es die Hilfe zu unterstützen vermag. (...) So bewirkt eine sozialarbeiterische Kontrolle gerade das, was sie zu verhindern suchte, nämlich die Ablehnung von Hilfe bei Selbst- und Fremdgefährdungen von unter sozialen Problemen leidenden Menschen" (Kleve 2000, S. 111).

Peter Lüssi schreibt, dass die Kontrollmöglichkeiten beziehungsweise die Kontrollmacht der Sozialarbeit jedoch „gewaltig" überschätzt werden, auch und gerade bei „Pflichtklienten". „Wenn der Sozialarbeiter sich nicht das Vertrauen des Pflichtklienten erwirbt, vermag er ihn tatsächlich (...) nur wenig zu kontrollieren" (Lüssi 1992, S. 133).

Die „Katastrophe" der SozialarbeiterInnen erlebe ich in der dann oft leidvoll erfahrenen Ohnmacht im Scheitern noch so gut gemeinter Absichten bis hin zum so genannten „Burnout-Sydrom", zumal es der Intention und dem Selbstverständnis der SozialarbeiterInnen entspricht, „soziale Kontrolle immer als Schutz und Hilfe für den betroffenen Menschen auszuüben, niemals zu dessen Bestrafung, Beherrschung oder gar Unterdrückung" (Lüssi 1992, S. 133).

Die „Katastrophen" für die KlientInnen können sehr folgenschwer sein, wenn ihnen allein das Scheitern der „guten Absichten" als Böswilligkeit oder Uneinsichtigkeit angelastet wird und diese Form der Begegnung etwa in eine gewaltsame Herausnahme von Kindern aus ihren Familien mündet.

Auf entsprechende Erfahrungen scheint Marie-Luise Conen hinzuweisen, wenn sie das Konzept der aufsuchenden Familientherapie gegenüber dem häufig anzutreffenden Kontrollansatz von MitarbeiterInnen der Jugendämter abhebt (Conen 1996, S. 183).

Von seinem Wesen her sehe ich einen Kontrollansatz in der Jugendhilfe stark an Defiziten orientiert und eine Defizitorientierung steht „dem Aufbau einer therapeutischen/beraterischen Beziehung (...) entgegen" (Suess/Zimmermann 2001, S. 264).

Paul F. Dell schreibt hierzu: „Kontrolle gestattet den Einsatz von Macht (beim Trachten nach Kontrolle): (...) Macht (...) führt zu Selbstgerechtigkeit. (...) Kontrolle schafft Zerstörung" (Dell 1986, S. 61).

Es gehört für mich zu den Selbstverständlichkeiten systemischen Denkens, dass es nicht möglich ist, Menschen nach Vorstellungen von außen ändern zu können. Dies gilt auch für die Arbeit mit KlientInnen der Öffentlichen Jugendhilfe und entspricht voll und ganz meiner Lesart des SGB VIII.

Auf Sozialarbeit der Öffentlichen Jugendhilfe übertragen, heißt das, dass sie weder aus erkenntnistheoretischer, noch aus juristischer (SGB VIII), noch aus ethischer, noch aus pragmatischer Sicht die Aufgabe haben kann, zum Beispiel im Zusammenhang mit der Sicherung von Kindeswohl, Menschen oder Systeme (Familien) nach eigenen oder gesellschaftlich anerkannteren Normvorstellungen ändern zu sollen, beziehungsweise sie veranlassen zu sollen, sich entsprechend zu ändern, und diesen Veränderungsprozess kontrollieren zu müssen und dies auch zu können (Kron-Klees 1997).

Auch Spiros Simitis warnt davor, dass die „staatliche Administration" (Jugendamt, Familiengericht) über den Begriff vom „Kindeswohl" dazu neigen könnte, „den Familienmitgliedern das von ihr für richtig gehaltenen Verhalten vorzuschreiben. Das ‚Kindeswohl' wird so zum Einfallstor einer immer offenkundigeren Außensteuerung" (Simitis 1988, S. 196).

Grundsätzlich denke ich, dass wir für ein neues, alternatives Denken auch eine andere Sprache entwickeln müssen. Um das Wort „Kontrolle" aus seinem gängigen Gebrauch im Rahmen von Sozialarbeit heraus zu nehmen, bedarf es meines Erachtens eines neuen Begriffes, der es ersetzt. Hierfür schlage ich den Ausdruck „wach begleiten" vor, den ich im Folgenden genauer begründen werde.

Als Alternative für den Kontrollansatz biete ich meine Vorstellung von Sozialer Arbeit als einem Prozess „wachen Begleitens" an, um aus dem Schlamassel herauszuhelfen, der sowohl für die SozialarbeiterInnen als auch für deren KlientInnen entsteht, wenn geglaubt wird, Familien in Not mit einem Hilfe- *und* einem Kontrollauftrag begegnen zu müssen.

„Wach" sein heißt in Anspielung an das im Grundgesetz formulierte „Wächteramt" für mich, im Austausch mit allen Mitgliedern einer betroffenen Familie genau hinzuschauen, wie es in der Familie um das Wohl der Kinder sowie auch um das Wohl der Eltern gestellt ist. Dabei ist es von großer Bedeutung, dass die professionell Handelnden Sorge dafür tragen, dass auch alle in Frage kommenden perspektivischen Zugänge zu einem familiären Geschehen zusammenkommen, das heißt, dass alle beteiligten Personen mit ihren jeweiligen Perspektiven bei der Suche nach Lösungsmöglichkeiten ihren Beitrag leisten. Das bedeutet auch, dass kleinere Kinder, die sich in diesem Sinne nicht verbal äußern können, in Augenschein genommen werden müssen, um deren nonverbalen Beitrag in Erfahrung zu bringen. Wenn Letzteres ausbleibt, weil irgendwelchen Aussagen anderer, zum Beispiel der Eltern, geglaubt wird, erfüllt dies vor allem bei dem leisesten Verdacht auf Kindeswohlgefährdung nicht meine Vorstellung „wachen" Vorgehens.

Wiederholt wird mir entgegen gehalten, dass das von mir geforderte genaue, das heißt „wache" Hinschauen nichts anderes sei als die herkömmliche Kontrolle. Dies stimmt für mich nur äußerlich. Entscheidend ist für mich die Haltung, von der das Handeln ausgeht und die dann das professionelle Handeln bestimmt.

Mit dem Wort „Kontrolle" verbinde ich eine Haltung, die einer Vorstellung der Beziehung zwischen professionell Helfenden und ihren KlientInnen entspricht, die den Subjekt/Objekt-Charakter dieser Begegnung betont. Ich halte sie für ein obrigkeitsstaatliches Relikt, das für mich mit der Philosophie des SGB VIII nicht vereinbar ist.

Was leistet „Kontrolle"? Ich kann „kontrollieren", ob in der Familie genügend Essensvorräte für die Kinder vorhanden sind. Ich kann „kontrollieren", ob die Kinder zu den Voruntersuchungen gebracht wurden. Ich kann „kontrollieren", ob die körperliche Gesundheit und Pflege der Kinder den Ansprüchen genügen.

Aber was mache ich, wenn meine „Kontrolle" ergibt, dass das alles oder andere bedeutende Faktoren nicht erfüllt sind? Nach derartigen Wahrnehmungen beginnt schließlich erst die Arbeit an den Lösungen bei der Bewältigung der erkennbaren Schwierigkeiten. Statt mein erforderliches professionelles Handeln als „Kontrolle" zu definieren, begreife ich es als „waches Hinschauen", das bereits im Austausch mit den Betroffenen, vor allem den verantwortlich Betroffenen geschieht und unmittelbar hinüber führt zum Prozess der Lösungsfindung, den ich als einen Prozess des „wachen Begleitens" verstehe, den ich nicht loslösen kann vom Wechselprozess aller am Geschehen Beteiligten.

Die Worte „wach begleiten" betonen für mich eine Haltung, die einer Vorstellung der Beziehung zwischen professionell Helfenden und ihren KlientInnen entspricht, die den Subjekt/Subjekt-Charakter dieser Begegnung betont, wie er m.E. im § 36(2) SGB VIII durch die „Adressatenbeteiligung" gefordert wird.

„Begleiten" erfolgt für mich aus dem Bewusstsein, dass jede Begegnung mit Menschen als eine beiderseitige Kontextveränderung einen wechselseitigen Rückkoppelungsprozess von Wahrnehmungen, Bedeutungsgebungen und Handlungsimpulsen zur Folge hat.

Das Spezifische des „wachen Begleitens" sehe ich darin, dass sich professionell Helfende und betroffene Familien, die in sozialen Schwierigkeiten stecken, in einen u. U. mühsamen Prozess der Wechselwirkung begeben, an dessen Ende Lösungen gefunden sind, die der Familie ein förderlicheres Zusammenleben ermöglichen.

Zukunftsorientierung und Hoffnung der Hilfen nach dem SGB VIII

Eines der wichtigsten Merkmale des SGB VIII erkenne ich darin, dass die Leistungen des SGB VIII, insbesondere die Hilfen zur Erziehung, immaterieller Art und, was besonders wichtig ist, zukunftsorientiert sind. Sie sollen eine Wirkung für die Zukunft des jeweiligen familiären Zusammenlebens zugunsten von einem Mehr an Kindeswohl haben.

Im gemäß dem SGB VIII zentralen Handeln steckt immer ein Hoffnungsanteil, eine Erwartung, deren Erfüllung ungewiss ist.

Joachim Merchel schreibt im Zusammenhang von psychosozialen Prognosen von einer „relativ hohen Irrtumswahrscheinlichkeit" (Merchel 1996b, S. 219).

Öffentliche Jugendhilfe insbesondere und die Öffentlichkeit allgemein werden immer damit leben müssen, dass bei Hilfen zur Erziehung keine Erfolgsgarantien für ihr Wirken gegeben werden können. Wie in der Begründung zum ersten Revisionsurteil zum „Osnabrücker Prozess" vom Osnabrücker Landgericht herausgearbeitet wurde, ist vom SGB VIII keine Garantenpflicht über den Erfolg pädagogisch/therapeutischer Hilfen abzuleiten (Urteil 1996a, S. 119).

Diese Überzeugung teile ich, obwohl ich weiß, dass in der nächsten Instanz genau dieser Punkt der Urteilsbegründung noch einmal im Zusammenhang mit der Verpflichtung des Jugendamtes die Frage zur Schutzgewährung gestellt (Urteil 1996b, S. 143) aber in keinem weiterführenden Verfahren wieder aufgegriffen wurde.

Reinhard Wiesner schreibt hierzu: „Ein Staat, der die elterliche Erziehungsverantwortung ernst nimmt, kann nicht die Garantie dafür bieten, dass Kinder und Jugendliche in jeder Lebenslage für ihr Wohl geschützt werden. Ein Staat, der einen uneingeschränkten Schutz des Kindes verspricht, kann dies nur um den Preis einer lückenlosen Überwachung individueller Privatheit" (Wiesner 1997, S. 212). Ganz abgesehen davon, dass dies gar nicht einmal leistbar wäre, ließen die Grundrechte unserer Verfassung dies auch nicht zu.

Diese Überlegungen schmälern in meinem Verständnis den Schutzgedanken keineswegs. Sie machen jedoch auf Grenzen seiner Durchführbarkeit aufmerksam.

Öffentliche Jugendhilfe muss sich um die Erfüllung ihres Auftrages bemühen, Hilfe für Familien in familiärer Not zu sein. Sie kann auf diese Weise die Chancen begünstigen, dass Familien zu besseren Lösungen ihres Zusammenlebens finden als die, die die Hilfe in die Familie geholt haben.

Wie es in dem bereits zitierten Urteil des Landgerichtes Osnabrück heißt, ist Sozialarbeit „nicht auf kurzfristige Erfolge ausgerichtet. Nicht die kurzfristige Verhinderung einer Schädigung der Kinder ist das Ziel der Jugendhilfe, sondern ein langfristig angelegter Beistand auf dem Wege der Eltern, den elterlichen Erziehungsauftrag selbstständig wahrzunehmen" (Urteil 1996a, S. 124).

Dass die staatlichen Behörden, insbesondere die Jugendämter, die diesen Auftrag zu erfüllen haben, zur Erfüllung dieses Auftrags auch materiell und personell ausreichend ausgestattet sein müssen, sollte eine Selbstverständlichkeit sein.

1. Hauptteil: Familie A.

Anfang August 1992 erfolgt der Anruf einer Frau bei der für ihren Wohnbezirk zuständigen Sozialarbeiterin des ASD beim Jugendamt.

Sie berichtet, sie mache sich große Sorgen um ihre beiden Urenkel Antje und Thomas. Sie würden von deren Mutter, ihrer eigenen Enkeltochter, nur sehr unzureichend versorgt und seien in ihrer Entwicklung erheblich zurückgeblieben. Ihre Enkeltochter Helga sei apathisch und depressiv, sie liege oft bis mittags im Bett. Wenn sie aufgestanden sei, sitze sie, in sich gekehrt, in der Küche, rauche eine Zigarette nach der anderen und trinke große Mengen starken Kaffees. Jetzt sei sie wieder schwanger, was sie noch mehr überfordere.

Helgas Mann sei selbst zwar schwierig, habe aber Recht, wenn er seiner Frau vorwerfe, sich nicht ausreichend um den Haushalt und die Kinder zu kümmern.

Die Sozialarbeiterin fragt nach dem Alter der Kinder und erfährt, dass Antje 4 Jahre und Thomas 2 Jahre alt sind.

Der Sozialarbeiterin fällt als außergewöhnlich auf, dass hier eine Urgroßmutter Verantwortung wahrnimmt und Hilfe in ihre Familie holt, weil sie ihre Urenkel von ihren Eltern nicht in ausreichend erscheinender Weise versorgt erlebt.

Sozialarbeiterin (SAin): Entschuldigen Sie, wenn ich Sie hier unterbreche. *(Pause)* Ich möchte Ihnen sagen: Ich bin stark von Ihnen beeindruckt. Mich berührt, dass Sie in Ihrer Rolle als Urgroßmutter bei mir anrufen, um mir die Sorgen um Ihre Urenkel mitzuteilen. *(Pause)* Ich denke: Es ist keine leichte Situation, wenn Sie sich in Ihrem Alter noch in der Verantwortung für Ihre Urenkel erleben müssen.
Urgroßmutter (UGM) (hörbar tief durchatmend): Ja, da haben Sie Recht. Aber was tut man nicht alles.

Auf Anfrage erfährt die Sozialarbeiterin, dass die Eltern der Kinder wissen, dass die Urgroßmutter beim Jugendamt anrufen werde.

SAin: Vielen Dank, dass Sie bereit sind, Ihre Sorgen um das Wohl Ihrer Urenkel mir als Vertreterin der zuständigen Hilfeeinrichtung mitzuteilen. (*Pause*) Ich möchte Ihnen noch einige Fragen stellen, da Sie im Augenblick für mich die sind, die die bessere Nähe zu der Familie Ihrer Enkeltochter hat (*Pause*): Wie erleben Sie die Situation von Antje und Thomas? Sind sie in ihrer Gesundheit oder gar Existenz derart bedroht, dass es notwendig ist, die Familie sofort aufzusuchen? Oder habe ich Zeit, meinen Kontakt mit ihr gut vorzubereiten.

UGM: Also, lebensgefährlich bedroht sind die Kinder nicht, wenn Sie das meinen. Auch glaube nicht, dass sie geschlagen werden. Aber es muss dringend etwas geschehen.

SAin: Ich versichere Ihnen, dass ich so schnell wie möglich Kontakt mit Ihrer Enkeltochter und ihrer Familie aufnehmen werde. Ich nehme Ihre Sorgen sehr ernst. (*Pause*) Mir ist wichtig, von Ihnen gehört zu haben, dass die Kinder wohl nicht körperlich durch Schläge misshandelt werden. Es geht wohl eher um die Gefahr der Kindesvernachlässigung, was ja auch sehr bedrohlich sein kann. (*Pause*) Aber noch einmal: Ich wiederhole meinen Dank für Ihr verantwortungsvolles Tun, den ich auch im Namen der Kinder aussprechen möchte, im Grunde auch im Namen der Eltern. (*Pause*) Ich werde sehen, wie es den Kindern geht und mit den Eltern schauen, welche Hilfe angemessen erscheint. Da Sie zur Familie gehören, werden Sie davon erfahren. Aber Sie wissen sicherlich selber, dass eine Veränderung Zeit braucht. Was sich in Jahren entwickelt hat, ist nicht in kurzer Zeit zu beheben. Noch eins: Darf ich mich auf Sie berufen, wenn ich mich an die Eltern wende?

UGM: Ja, das können Sie tun.

Exkurs über den Umgang mit Wahrnehmungen, Mitteilungen und Hilfen

In der Einleitung habe ich die Mitteilung einer Wahrnehmung von Familien und Kindern in psychosozialer Not als besonderen Auslöser der Kontaktaufnahme zu Familien in Krisen bereits erwähnt und darauf hingewiesen, dass ich diese Mitteilung als die im Artikel 6 Absatz 2 des Grundgesetzes der Bundesrepublik Deutschland geforderte Ausübung des „Wächteramtes der staatlichen Gemeinschaft" ansehe, in dessen Auftrag Öffentliche Jugendhilfe handelt.

An dieser Stelle möchte ich noch einmal meinen Gedanken hervorheben, dass wir für die Entwicklung neuen und alternativen Denkens auch andere sprachliche Ausdruckformen entwickeln müssen.

Bis vor geraumer Zeit habe ich selbst in dem in diesem Exkurs behandelten Zusammenhang von „Fremdmeldungen" gesprochen. Inzwischen wurde mir deutlich, dass dieses Wort zumindest nach meinem Wortverständnis einen obrigkeitsstaatlichen Beigeschmack hat, den ich vermeiden möchte.

Hinter dem, was herkömmlich eine „Fremdmeldung" genannt wird, verbirgt sich bereits ein längerer Prozess, an dessen vorläufigem Ende die Installierung eines Hilfesystems stehen kann. Die erste Stufe dieses Prozesses sehe ich darin, dass jemand (Nachbarn, Verwandte oder Bekannte, MitarbeiterInnen von Kindestageseinrichtungen, Ärzte, LehrerInnen etc.) wahrnehmen, dass sich eine Familie mit Kindern in psychosozialer Not befindet, durch die die Kinder in ihrem Wohl gefährdet sein können. Den zweiten Schritt sehe ich darin, dass die wahrnehmende Person ihre Wahrnehmung an die zuständige Fachbehörde, das Jugendamt mitteilt.

Die Anteile dieses Wortes „Mitteilung" erlebe ich als besonders aufschlussreich: Die Wahrnehmung beruht auf Teilnahme, das heißt, dass die wahrnehmende Person durch ihre Wahrnehmung Teil des Geschehens wird. Durch die Mitteilung wird auch der Adressat der Mitteilung zum Teil des Geschehens.

Durch die Mitteilung werden das Familiensystem und das Helfersystem zum Hilfesystem verknüpft, und zumindest für den Zeitraum der Mitteilung ist die mitteilende Person Teil des Hilfesystems.

Systemisch gesehen wird auf diese Weise die Teilhabe aller, die an diesem Vorgang beteiligt sind, mit dem wahrgenommenen Geschehen in einer Familie begründet.

An dieser Stelle möchte ich einige Anmerkungen machen, wie nach meiner Erfahrung ein bestimmter Umgang mit den mitteilenden Personen hilfreich sein kann für eine mögliche Kontaktaufnahme mit der betroffenen Familie.

Das Zentrum dieses Umgangs sehe ich darin, dass die MitarbeiterInnen des Jugendamts beim Empfangen einer derartigen Mitteilung diese ausdrücklich als staatlich legitimierten Akt des Ausdrucks von Sorge und Verantwortung für das Geschehen in Familien anerkennen und würdigen, insbesondere im Hinblick auf die Not von Kindern und deren Schutz.

Dieses Anerkennen führt in vielen Fällen schnell zur Klarheit darüber, ob die Mitteilung wirklich aus echter Sorge um ein Kind (oder mehrere) erfolgt, oder ob sie den Zweck hat, einen Zwist mit der gemeldeten Familie durch Anschwärzen beim Jugendamt zu verlagern oder zu steigern. Personen, deren Motivation weniger die Sorge um Kinder ist als die, einen Streit zu verlagern, ziehen sich nach meiner Erfahrung bei einer Würdigung ihres Handelns zurück oder brechen den Kontakt ab.

Eine weitere Wirkung dieser Würdigung sehe ich in der Möglichkeit, die Nähe der mitteilenden Person zu der betroffenen Familie als Brücke zu ihr zu nutzen. Es hat sich als hilfreich erwiesen, mit den Mitteilenden über Details der Wahrnehmung zu sprechen: Wie ist die augenblickliche Situation einzuschätzen? Ist ein Kind im Augenblick derart in Gefahr, dass die Familie sofort aufgesucht werden müsste? Scheint polizeilicher Schutz für die SozialarbeiterInnen geraten, wenn sie die Familie aufsuchen? Haben die SozialarbeiterInnen trotz der Not des Kindes Zeit, die Kontaktaufnahme mit der Familie vorzubereiten?

Am Schluss sollte immer der Dank für die Mitteilung stehen, auch im Namen der gemeldeten Familie und vor allem der Kinder, da die Mitteilung eine Voraussetzung dafür war, dass der Familie und den Kindern geholfen werden kann. Den Mitteilenden soll versichert werden, dass das Jugendamt in diesem Sinne handeln wird. Allerdings sollte auch darauf hingewiesen werden, dass ein dauerhaftes Beheben der Schwierigkeiten in der Familie Zeit in Anspruch nehmen wird.

All diese Formen können auch dann angewandt werden, wenn die mitteilende Person anonym bleiben will. Der Wunsch nach Anonymität der mitteilenden Person dem Jugendamt gegenüber wird oft nach der Würdigung des Mitteilens aufgegeben. Der Wunsch auf Anonymität gegenüber den Betroffenen sollte auf jeden Fall respektiert werden.

Ich halte es für erstrebenswert, dass durch einen guten Umgang mit dem Vorgang des Wahrnehmens und Mitteilens seitens des Helfersystems eine Kultur dieses hoch sensiblen Vorgangs entwickelt wird. Dazu gehört, dass das öffentliche Vertrauen in das Helfersystem, insbesondere in die Jugendämter durch deren Umgang mit Familien in schwierigen Lebenssituationen wächst. Dies ist aus dreierlei Gründen schwierig: Einerseits ist das Verhaltensrepertoire von MitarbeiterInnen an Jugendämtern noch häufig durch eine Art

Eingriffsmentalität bestimmt, die eher dem alten Jugendwohlfahrtsgesetz als dem SGB VIII entspricht. Nach meiner Erfahrung denken und handeln viele MitarbeiterInnen von Jugendämtern immer noch stärker problemorientiert als lösungsorientiert. Andererseits ist die mediale Darstellung von Jugendämtern häufig noch von überholten Bildern und der Unkenntnis über die rechtlichen Grundlagen ihres Handelns getragen, und drittens dauert es vielleicht Generationen, bis sich das kollektive Gedächtnis in der Weise ändert, dass Jugendämter eben nicht mehr als Eingriffsbehörden gelten, sondern als öffentliche Hilfeeinrichtungen, die dem Wohl familiären Zusammenlebens und dem Schutz von Kindern dienen.

Letztendlich wird ein erheblicher Teil der Vorbeugung von das Kindeswohl schädigenden innerfamiliären Verhaltens davon abhängen, ob es gelingt, eine verbesserte Wahrnehmungs- und Mitteilungskultur der staatlichen Gemeinschaft zu entwickeln.

Die Sozialarbeiterin schreibt am nächsten Tag folgenden Brief an die El... ... Antje und Thomas:

S...
...

...llgemeinen
...Sie.
...sich als Ihre

...Urenkel Antje
...er Lage seien,
...nd Ihres Haus-

...Thomas stark zu-
...nd ihrer altersge-

...worden, nachdem

...Frau, dass Sie sich
...en Ihrer Frau oft un-
...n und Ihrer Frau häu-

Ihr... ...ern zu helfen.

Ich nehme die Sorgen Ihrer Großmutter ernst, zumal ich nicht den Eindruck gewann, dass sie Ihnen gegenüber etwa feindlich eingestellt sei.

Sie sagte mir, dass Sie von ihrer Absicht wüssten, sich mit ihren Sorgen um Ihre Kinder an das Jugendamt wenden zu wollen.

Ich gehe davon aus, dass auch Sie sich Sorgen um das Wohlergehen Ihrer Kinder machen. Auf dieser Basis spreche ich Sie als die sorgeberechtigten Eltern mit diesem Schreiben an.

Jetzt haben Sie bis hierhin gelesen und ich frage Sie: Was löst dieser Brief eines Jugendamtes bei Ihnen aus? Macht er Ihnen Druck? Noch mehr Druck zu dem, den Sie ohnehin haben? Erhöht er Ihre Not? Macht er Sie vielleicht wütend? Lässt er Sie verzweifeln? Oder lässt er Sie eher gleichgültig? Macht er Sie nachdenklich? Vielleicht fühlen Sie auch Erleichterung und hoffen im Stillen auf Hilfe?

Aufgrund des Ernstes der Eindrücke, die mir Ihre Großmutter mitteilte, bin ich gehalten, Sie in einem Gespräch selber kennen zu lernen und auch Kontakt zu Ihren Kindern aufzunehmen. Ich möchte von Ihnen selbst erfahren, wie Sie die Situation in Ihrer Familie erleben und wie Sie die Sorgen Ihrer Großmutter begründen und welche Hilfe Ihnen gegebenenfalls angemessen erscheint.

Wie ist es Ihnen lieber? Wollen Sie mich in meinem Büro aufsuchen? Oder soll ich zu Ihnen in Ihre Wohnung kommen? Wünschen Sie einen neutralen Ort für unsere Begegnung? Teilen Sie mir bitte in der kommenden Woche mit, was Ihnen lieber ist, damit wir so schnell wie möglich einen ersten Termin vereinbaren können.

Mit freundlichen Grüßen

Exkurs zum ersten schriftlichen Kontakt mit Familien, über die und deren Kinder eher außen Stehende sich Sorgen machen, was dem Jugendamt mitgeteilt wurde

Wenn von außen auf eine Familie aufmerksam gemacht wird, handelt es sich mit größter Wahrscheinlichkeit um eine Familie in Not. MitarbeiterInnen eines Jugendamtes suchen derartige Familien auf, um Wege und Mittel zu finden, die die Not der Familie lindern mögen.

Im Erleben der Familie aber ist das Hinzukommen des Jugendamtes mit großer Sicherheit vorerst eine Steigerung ihrer Not. Das heißt: Das Jugendamt produziert zuerst einmal neue Not.

Um die Möglichkeiten der Kontaktaufnahme zu erleichtern, halte ich für wichtig, diese selbst produzierte Not abzufangen. Dies geschieht nach meiner Sicht am leichtesten, indem die Not zu Beginn einer ersten Begegnung angesprochen wird, unabhängig davon, ob die Familie persönlich aufgesucht oder ob sie angeschrieben wird.

Hier habe ich dies am Beispiel eines schriftlichen Erstkontaktes aufgezeigt, indem ich dem Brief folgenden Aufbau gegeben habe: Zu Beginn stellt sich die absendende Person vor und geht direkt auf den Anlass des Schreibens ein. Es folgt eine genaue Auflistung der von der meldenden Person genannten Wahrnehmungen.

Dabei verklammere ich die verschiedenen Passagen des Briefes mit dem Wort *Sorge:* Die Sorge der mitteilenden Person mache ich zu meiner Sorge, die ich wiederum mit der Sorge der Eltern als meinen sorgeberechtigten AnsprechpartnerInnen verbinde.

Danach gehe ich auf die von mir angenommene Not ein, die mein Brief erzeugt, indem ich eine Palette möglicher Reaktionen aufzeige. In diese Palette lasse ich auch die mögliche Erwartung auf Hilfe einfließen.

Zuletzt betone ich noch einmal meine Absicht, mit den Eltern zu sprechen und alle Familienmitglieder kennen zu lernen, und lasse sie entscheiden, an welchem Ort dieses Gespräch stattfinden soll.

Meine Erfahrung lehrt mich, dass derartige Briefe die Chance begünstigen, die Tür zu den Familien zu öffnen. Ich vermute, dass sie Signale enthalten, die die Betroffenen erleben lassen, dass sie in ihrer Situation ernst genommen und nicht verurteilt oder bevormundet werden.

Fünf Tage nach Abgang des Briefes ruft der Vater bei der Sozialarbeiterin an und erklärt sich mit einem Hausbesuch einverstanden. Er sagt, die Sozialarbeiterin habe auf diese Weise besser die Gelegenheit, sich den richtigen Eindruck von seiner Frau und seinen Kindern zu machen.

Die Sozialarbeiterin wird zur vereinbarten Zeit freundlich von Herrn A. an der Haustür empfangen und, nachdem sie sich vorgestellt hat, in die Küche geleitet. Die Küchenfenster sind geschlossen. Der Sozialarbeiterin schlägt starker Zigarettenrauch entgegen.

Frau A. sitzt auf der vorderen Ecke einer Sitzbank und zeigt sich zurückhaltend, eher beschämt. Ein kleiner Junge, vermutlich Thomas, sitzt auf ihrem Schoß.

Die Mutter ist mager und wirkt verhärmt. Sie hat schulterlanges, fettigsträhniges Haar und trägt einen knallig-roten Jogging-Anzug. Sie hält eine Zigarette in der linken Hand, während sie mit der rechten ihren Sohn hält. Wenn sie spricht, ist zu erkennen, dass ihre Zähne ungepflegt sind.

Der Vater stellt seine beiden Kinder Antje und Thomas vor, indem er auf sie weist und ihre Namen nennt.

Er wirkt älter als seine Frau und ist schmal und drahtig. Er hat pomadig zurückgekämmtes Haar in Schulterlänge und einen Schnurrbart. Er trägt einen braunen Cordanzug mit einem dunkelroten Hemd.

Die Kinder Antje und Thomas wirken gepflegt und ausreichend ernährt. Sie scheinen herausgeputzt, als wolle die Familie einen Sonntagsspaziergang machen.

Der Sozialarbeiterin gegenüber verhalten sich Antje und Thomas zurückhaltend. Thomas versteckt sein Gesicht an der Brust seiner Mutter. Antje sitzt unter dem Küchentisch und schaut die Sozialarbeiterin ohne erkennbare Gefühlsregung an.

Die enge Küche ist aufgeräumt, sie wirkt auf die Sozialarbeiterin aber kahl und ungemütlich. Die Tapeten sind zum Teil beschädigt und insgesamt schmutzig. Ein großer Küchentisch steht rechts in der Ecke gegenüber der Tür mit einer Eckbank an den Wänden, drei Stühle am Tisch. Rechts direkt neben der Tür ein Sofa. Zwischen Tisch und Sofa zwei kleinere Fenster. Die kurzen Gardinen sind schmuddelig. Die Heizungskörper unter dem Fenster sind schmutzig-grau. Auf der gegenüberliegenden Seite zwei ältere Küchenschränke. In der hinteren linken Ecke eine Waschmaschine. Daneben um die Ecke eine Spüle, ein Herd, ein Kühlschrank. Um den Herd herum sind an der ungekachelten Wand viele große Fettflecken auf der Tapete. Hängeschränke über dem Kühlschrank und der Waschmaschine. Auf dem Sofa liegt eine Decke. Neben dem Sofa auf der Fensterseite ein kleiner Tisch, auf dem ein Fernseher steht. Der Fernseher ist abgeschaltet. Der Fußboden besteht aus einem abgetretenen grau-braunen Linolbelag. Vor dem Sofa liegt ein kleiner Flickenteppich.

Nachdem sich die Sozialarbeiterin der Mutter und den Kindern vorgestellt hat, bietet ihr der Vater einen Platz am Tisch an. Er selbst setzt sich auf den zweiten freien Stuhl am Tisch.

Der Vater beginnt, die Sozialarbeiterin mit Vorwürfen gegen seine Frau zu überschütten. Die Sozialarbeiterin hört ihm geduldig zu und wartet ab, bis er sich nach etwa drei Minuten selber beruhigt.

SAin (*ruhig zum Vater*): Ich denke, dass es wichtige Dinge sind, die Sie mir erzählen. Wir werden auf jeden Fall darauf zurückkommen. Ich möchte aber vorher ein anderes Thema ansprechen. (*Pause. An beide Eltern gerichtet*): Sie wissen, dass ich heute zu Ihnen komme, weil Ihre Großmutter beziehungsweise die Urgroßmutter Ihrer Kinder bei mir angerufen hat, um mir ihre Sorgen bezüglich ihrer Urenkel mitzuteilen.
Vater (V) (*nickt*).
Mutter (M) (*schweigt, zeigt keine Regung, raucht einen tiefen Zug*).

SAin: Ihre Großmutter sagte mir, Sie hätten von deren Anruf gewusst. Waren Sie damit auch einverstanden?
V: Ich schon. Meine Frau? Ich glaube nicht.
M (*zeigt keine Regung und fingert an ihrer Zigarette*).

SAin: Nun bin ich, wie Sie wissen, vom Jugendamt. (*Pause*) Viele Menschen erleben das Jugendamt als Bedrohung. (*Pause*) Ich weiß nicht, wie es Ihnen geht? Haben Sie schon Erfahrungen mit dem Jugendamt gemacht?

Die Sozialarbeiterin erfährt, dass die Eltern bis jetzt selbst noch nichts mit dem Jugendamt zu tun gehabt haben. Sie wissen aber, dass das Jugendamt in ihrer Nachbarschaft in zwei Familien Hilfe leistet. Die Familien würde regelmäßig von Betreuern aufgesucht, die mit den Kindern etwas unternehmen und die zudem bei den Schulaufgaben helfen.

Exkurs zur Eröffnung des ersten persönlichen Kontaktes

Ich gehe davon aus, dass eine Erstbegegnung mit dem Jugendamt für viele KlientInnen stressgeladen ist, vor allem dann, wenn MitarbeiterInnen eines Jugendamtes aufgrund einer Mitteilung von außen den Kontakt aufgenommen haben. Das führt oft zu starkem Agieren oder Agitieren seitens der Betroffenen.

In der vorgestellten Situation mag sich dies einerseits im Wortschwall des Vaters sowie andererseits im Schweigen der Mutter und der Kinder niedergeschlagen haben.

Sinnvoll erscheint mir, einem Wortschwall in Ruhe zu begegnen. Nach meiner Erfahrung ebbt der nach etwa drei bis fünf Minuten von alleine ab.

Daraufhin sollte nach meiner Überzeugung der „Überweisungskontext" angesprochen werden, der zu dieser Begegnung geführt hat, sowie die Erfahrungen, die die betroffenen Personen bereits mit dem Jugendamt gemacht haben.

Im vorgestellten Fall war allen Beteiligten bekannt, wie es zu dem Hausbesuch gekommen ist. Neu war, dass nach der Bewertung der Mitteilung gefragt wurde.

Die Frage nach bisherigen Erfahrungen mit dem Jugendamt scheint mir besonders wichtig. Hier können die SozialarbeiterInnen viel über die Einstellungen der Betroffenen dem Jugendamt gegenüber erfahren. Bei als schlecht erlebten Erfahrungen kann bereits indirekt abgespürt werden, welche Art des Umgangs die Familien nicht wünschen, beziehungsweise was die SozialarbeiterInnen tun müssen, um selber keinen förderlichen Zugang zu den Familien zu bekommen.

Auf keinen Fall sollten sich SozialarbeiterInnen auf einen Streit über die Bedeutung einlassen, die die Betroffenen dem Jugendamt geben. Das würde die Chance wahrscheinlich erschweren, dass die Familie sich auf neue Erfahrungen mit dem Jugendamt einlassen könnte.

Das Vorschalten dieser Themen kann den SozialarbeiterInnen helfen, sich nicht von dem Anfangsstress der Begegnung anstecken oder mitreißen zu lassen. Den Betroffenen mag es den Eindruck vermitteln, mit jemandem zu tun zu haben, der oder die das Geschehen in der Hand hat, fachkundig und in der Lage ist, auf sie und ihre Belange einzugehen.

Die Sozialarbeiterin leitet das Gespräch daraufhin in Richtung der Gründe, warum sie gekommen ist:

SAin: Sie wissen, dass ich hier bin, weil Ihre Großmutter bei mir angerufen und mir gesagt hat, dass Ihre Familie, insbesondere Ihre Kinder Hilfe bräuchten. (*Pause*) Aber jetzt möchte ich Sie Herr A. und Sie Frau A. selber fragen, wie Sie zu dieser Aussage stehen.

Antje (*geht zum Sofa, zieht eine Puppe unter der Decke hervor und setzt sich mit der Puppe vor das Sofa. In der Folge beschäftigt sie sich mit der Puppe, indem sie sie abwechselnd an sich drückt und vor sich hält. Sie bewegt ihre Lippen, als würde sie stumm mit der Puppe sprechen*).

M (zieht an einer Zigarette): Was soll ich sagen? (*Raucht mehrere Züge und schaut einige Male zu ihrem Mann und wieder weg.*) Mein Mann weiß doch immer alles besser. (*Raucht die Zigarette zu Ende. Steht auf und trägt den schlafenden Thomas auf das Sofa. Deckt ihn mit einer Decke zu. Schaut kurz zu Antje. Kommt zurück an den Tisch. Steckt sich eine neue Zigarette an. Raucht zwei Züge*).

V (zur Sozialarbeiterin): Ich sage meiner Frau immer wieder, dass sie ihre Aufgaben als Hausfrau und Mutter zu erledigen hat. Das ist doch wohl mein Recht. Oder wie Sehen Sie das? Meine Frau kann doch schließlich nicht alles so hängen lassen!

M (zieht langsam an der Zigarette. Sehr eingesunken und leise zur Sozialarbeiterin): Das sehe ich ja ein. (*Mit bittendem, auch vorwurfsvollem Ton zu ihrem Mann*): Aber Du könntest mir ja auch helfen. Du machst doch alles nur viel schlimmer. (*Zur Sozialarbeiterin*): Wissen Sie, dauernd macht er mir Vorwürfe. *(Zieht mehrere hastige Züge)* Da braucht nur etwas rumliegen, wenn er nach hause kommt, und schon dreht er durch.

Antje (legt ihre Puppe beiseite und stützt ihre Ellenbogen auf die Knie, hält den Kopf zwischen beiden Händen).

Die Eltern geraten daraufhin schnell in einen Streit über die Erziehungsaufgaben gegenüber den Kindern sowie über die Verantwortung für Ordnung und Unordnung in der Wohnung. Je lauter dabei der Vater wird, desto schweigsamer werden Mutter und Kinder.

SAin: Ich möchte an dieser Stelle noch eine andere Frage stellen: Wie geht es Ihren Kindern? Wie ich sehe, scheinen beide über Ihren Streit einzuschlafen, als ginge er sie nichts an. Üblicherweise erlebe ich Kinder beim Streit von ihren Eltern eher lebendig, laut und störend. Ihre beiden haben aber offenbar das Talent, im richtigen Moment abzuschalten. Vielleicht erleben sie Ihren Streit ermüdend. (*Pause*) Wie steht es denn aus Ihrer Sicht um die Entwicklung Ihrer Kinder?

Beide Eltern reagieren auf diese Frage verwirrt und ratlos, als ob sie mit ihr nichts anzufangen wüssten. Sie geraten in Streit über die Frage, wer mit den Kindern zum Spielplatz oder mit Antje zum Kindergarten gehen müsse. Die Kinder selbst scheinen über diesen Streit in Vergessenheit zu geraten.

SAin: Ich will noch einmal auf Ihre Kinder zu sprechen kommen: Wenn ich die sehe, scheinen sie an körperlicher Pflege, an Ernährung und an Kleidung zu bekommen, was sie brauchen.

V: Dafür sorge ich schon, dass alles da ist, das können Sie glauben!
M (*heftig*): Du tust gerade, als machte ich nichts!
V (*spöttisch, herablassend*): Ich möchte mal wissen, was wäre, wenn ich nicht immer wieder darauf achten würde, dass die Kinder ordentlich zu essen kriegen?
M (*den Ton Ihres Mannes nachahmend*): Du kochst ja jeden Tag!
V (*wütend, verächtlich*): Phh! Das wäre ja noch schöner! (*Nimmt einen Zug aus seiner Zigarette*) Aber sei doch mal ehrlich: was wäre, wenn ich nicht dauernd was sagen würde?
M: Was dann wäre? (*Zieht einige hastige Züge*) Vielleicht wäre alles besser. (*Sinkt wieder in sich zusammen. Zieht mehrere Male an ihrer Zigarette. Leise*): Was soll's. Hat doch keinen Sinn.
V (*zur Sozialarbeiterin*): So ist das immer. Ich kann sagen was ich will.

Nach etwa 50 Minuten entscheidet sich die Sozialarbeiterin, dieses erste Gespräch mit der Familie zu Ende zu führen.

SAin: Ich bin jetzt fast eine Stunde bei Ihnen und erlebe, dass es gut war, dass Ihre Großmutter bei mir angerufen hat. Bevor ich gehe, möchte ich Ihnen meinen ersten Eindruck von Ihrer familiären Situation ausführlich wiedergeben und Sie bitten, mir eine Weile zuzuhören. (*Pause*) Glauben Sie, dass das geht?
V: Reden Sie nur!
M (*nickt*).

SAin: Ich bitte Sie um etwas Geduld. (*Pause*) Wenn ich mit Ihnen als den Eltern von Antje und Thomas beginne, erkenne ich, dass Sie durchaus um Ihre Kinder bemüht sind. (*Pause*) Elternschaft gehört zum Schwersten. (*Etwas längere Pause*).

V (nickt und schaut auf seine Frau).
M (atmet kurz tief ein und aus und nickt).

SAin: Elternschaft gehört zum Schwersten. (*Pause*) Oft ist Elternschaft umso schwerer, je schwieriger auch die Kindheit der Eltern war. (*Pause*) Ich weiß noch nichts davon, wie Ihre jeweilige Kindheit verlief. (*Pause*) So wenig es Ihnen zur Zeit zu gelingen scheint, im Sinne guter Elternschaft zusammenzuwirken – so spüre ich doch, dass Sie beide gute Eltern sein wollen. Darauf werde ich aufbauen. (*Pause*) Wie gesagt: Elternschaft gehört zum Schwersten und alle Kinder bringen ihre Eltern an die Grenze, wie sie sich selbst als Eltern nicht gerne erleben. (*Pause*) Ich erlebe Sie als Eltern in Not, aber so, dass Sie Ihre Not in Ihrem Streit nicht zu erkennen scheinen. (*Pause*) Nun, ich habe noch gar kein Bild davon, wie es zu ihrer scheinbar festgefahrenen Situation gekommen ist. Ich weiß auch nicht, ob S i e eine Vorstellung davon haben. Aber – da bin ich sicher – wenn Sie ihre festgefahrene Situation überwinden wollen, dann brauchen Sie dazu Hilfe. Einen Auftrag hierfür haben Sie mir noch nicht gegeben. Ich spüre nur, dass es Ihnen nicht gut geht. Ich erlebe Sie, Herr A., unzufrieden mit Ihrer Frau. Und ich erlebe Sie, Frau A., unzufrieden mit Ihrem Mann und mit sich selbst. (*Pause*) Ich denke: Sie wissen im Grunde Ihres Herzens, dass Ihr Streit über die Erziehung Ihrer Kinder nicht zu deren Wohl ist. Darüber brauche ich nicht mit Ihnen zu reden. (*Pause*) Können Sie mir noch weiter zuhören?
V: Ja.
M (nickt).

SAin: Nun zu Ihren Kindern: Ich erkenne, dass sie genährt, gut gekleidet und gepflegt sind. In dieser Richtung scheinen sie mir in keiner Weise vernachlässigt oder bedroht. Dennoch erlebe ich, dass es ihnen nicht gut geht. Sie fallen mir dadurch auf, dass sie gar nicht auffallen. Als wäre ihre natürliche und altersgemäße Lebendigkeit unter dem Streit der Eltern erstickt. Sie schlafen ein oder träumen sich weg. (*Pause*) Sehen Sie das?
V (schaut zu den Kindern und dann zur Sozialarbeiterin. Hebt hilflos wirkend die Schultern).
M (schaut nach unten).

SAin: Ich denke, auch Ihre Kinder brauchen Hilfe. Aber auch von denen bekomme ich nur einen indirekten Auftrag. Antje und Thomas ziehen sich zurück und machen dadurch auf ihre eigene Not, aber auch auf Ihre Not als Eltern aufmerksam. (*Pause*) Wie gesagt: Ich habe noch keine Vorstellung davon, wie es zu Ihrer Situation gekommen ist. Ich halte sie aber für so gravierend, dass ich mich entscheide, mit Ihnen noch weitere

Termine zu vereinbaren, in deren Verlauf deutlicher werden kann, wie Sie Ihre Lage erleben und welche Hilfe angemessen sein könnte, dass Sie neue Lösungen für Ihr familiäres Zusammenleben finden können. Lösungen, die Ihren Kindern ermöglichen, ihre Lebendigkeit zu finden oder wieder zu finden. Lösungen, bei denen Sie sich auch als Eltern wohler fühlen können.

Exkurs über Grundlagen des Ankoppelns an Familien und das Erfinden heilsamer Sätze

Mit der Familie A. handelt es sich um eine Familie, die ich in der Einleitung als spezifische Kundschaft der Öffentlichen Jugendhilfe dargestellt habe: Die Familie ist in Not, kann diese Not und den entsprechenden Hilfebedarf aber nicht verbal artikulieren.

Die Not ist nur in der Symptomsprache verschlüsselt erkennbar. Hier vor allem daran, dass sich die Kinder auffällig unauffällig zeigen, indem sie sich in sich zurückziehen auf Kosten ihrer altersgemäßen Lebendigkeit. Diese Kinder scheinen in der Gefahr, wichtige Entwicklungsschritte auf dem Wege ihres Heranwachsens nicht gehen zu können.

Die Not der Eltern ist in ihrem sie wechselseitig lähmenden Streit über Fragen des Umgangs mit den Kindern zu erkennen.

Im Ankoppeln an derartige familiäre Konstellationen gehe ich von der Annahme des Zusammenwirkens von Kindeswohl und Elternwohl aus, bei dem mir meine Theorie der kindgemäßen Verarbeitung des Verhaltens ihrer Eltern ihnen gegenüber im Zentrum meiner Überlegungen steht.

Ich gehe davon aus, dass Kinder ihre Eltern elementar lieben, indem sie offen sind für alles, was von ihren Eltern zu ihnen kommt. Des Weiteren gehe ich davon aus, dass Kinder sich wiederum als Ursache dafür erleben, was Eltern ihnen gegenüber tun. So erleben sie sich auch als Ursache dafür, wenn Eltern sich über Fragen streiten, wie mit ihren Kindern umzugehen sei. Sie erleben sich als Ursache und schuldig, wenn es ihren Eltern ihretwegen nicht gut geht.

Wegen dieser von mir angenommenen Perspektive der Kinder sehe ich mich veranlasst, Ausdruckformen für den Umgang mit Eltern in derartigen Situationen zu entwickeln, die meinen Zugang zu ihnen so gestalten mögen, dass die Perspektive der Kinder zum Tragen kommt. Wenn ich Eltern in derartigen Situationen zusätzlich verurteile, wird es ihnen und damit ihren Kindern noch schlechter gehen. Sie werden sich mir gegenüber verschließen.

Ich erfinde und erprobe Sätze, die sowohl für die Eltern und damit auch für die Kinder wohltuend und öffnend wirken mögen.

Ein Satz, der sich in meiner Erfahrung am Anfang von Rückmeldungen und Auswertungen besonders öffnend auswirkt, lautet: *„Elternschaft gehört zum Schwersten."* Dieser Satz führt in der Regel zu einem tief empfundenen: „Ja. Endlich sagt das mal eine(r)!"

Daran schließe ich oft den folgenden Satz an: *„Alle Kinder bringen ihre Eltern an und über die Grenze, wie sie sich selbst als Eltern gerne sehen."*

Beide Sätze haben durch ihre allgemeingültige Aussage etwas Verbindendes. Es bringt auch Eltern, denen die Ausübung ihrer Elternschaft wenig glückt, in die Gemeinschaft der Eltern zurück.

Ein weiterer Satz dieser Reihe lautet: *„Alle Eltern wollen gute Eltern sein."* Dieser Satz verbindet sich m.E. besonders intensiv mit den Erwartungen und Wünschen der Kinder. Das gleiche gilt nach meiner Erfahrung auch für den vierten Satz dieser Kette: *„Eltern spüren (im Grunde ihres Herzens), wann ihr Handeln nicht zum Wohle ihrer Kinder ist."*

Diese Sätze können wie Balsam wirken. Sie können helfen, Ängste und Misstrauen abzubauen, ob ihre im Leidenssymptom der Kinder zum Ausdruck gebrachte Schwäche gegen sie ausgenutzt oder als Auslöser genommen wird, ihnen zu helfen.

Diese Sätze können auch die Wirkung einer heilsamen Verwirrung haben, da die Eltern nicht mit derartigen Reaktionen seitens VertreterInnen des Jugendamtes rechnen. Sie erwarten Kritik, Strafe und Zurechtweisungen. Sie bekommen aber, ohne dass das konkrete Verhalten bagatellisiert würde, ein Grundverständnis, das das Geschehen in ihrer Familie nicht aus dem Rahmen der Möglichkeiten ausstößt.

Auch für die SozialarbeiterInnen erlebe ich die Anwendung dieser Sätze als hilfreich. Der verbindende Charakter dieser Sätze begünstigt die Chance verbindlicher Absprachen für einen Hilfe- und Unterstützungsprozess. Auch brauchen sie keine Energie dafür zu verwenden, den Eltern das zu vorzuwerfen, was sie ohnehin (im Grunde ihres Herzens) wissen und dessen sie sich ohnehin (im Grunde ihres Herzens) schämen, nämlich dass ihr Verhalten nicht zum Wohle ihrer Kinder ist.

Die Eltern zeigen sich mit weiteren Gesprächen einverstanden und wünschen, dass sie bei ihnen in der Wohnung stattfinden. Der Vater erklärt, die Sozialarbeiterin solle sich von der Unfähigkeit seiner Frau überzeugen. Die Mutter erklärt, sie fühle sich zu schwach, in das Büro der Sozialarbeiterin zu kommen.

Insgesamt hat die Sozialarbeiterin bezüglich dieser unterschiedlichen Motivationen, vor allem gegenüber der des Vaters, ein zwiespältiges Gefühl. Innerlich tut ihr weh, wie der Vater ständig seine Frau vorführt und angreift. Sie geht aber davon aus, dass sie die Frau zusätzlich schwächen würde, wenn sie offen Partei für sie ergriffe. Sie sagt sich, dass dieses Paar diese Form der Auseinandersetzung und des Zusammenlebens selber gewählt hat, wobei sie sich bisher von den möglichen Zusammenhängen kein ihr plausibel erscheinendes Bild machen konnte.

Es finden im jeweiligen Abstand von 2 Wochen drei weitere Termine statt.

Es zeigt sich, dass beide Eltern durchaus brauchbare Vorstellungen von dem haben, was gut für ihre Kinder sei: Antje sollte in den Kindergarten gehen. Beide Kinder sollten auf dem Spielplatz in der Nähe der Wohnung spielen können. Man sollte sich mehr mit den Kindern beschäftigen, ihnen Geschichten vorlesen etc.

Was sich in den Gesprächen nicht ändert ist, dass die Eltern bei gleichen Vorstellungen nicht in der Lage scheinen, gemeinsam getragene Vorgehensweisen zu entwickeln. Die Gespräche gipfeln ständig im Streit, wer was machen soll und wer schuld daran sei, dass nichts geschieht. Sie enden im rechthaberischen Zorn des Vaters (*Zur Sozialarbeiterin*: „Da sehen Sie's mal wieder!") und dem resignativen Rückzug der Mutter („Es hat doch alles keinen Zweck").

Die Situation und das Verhalten der Kinder ändert sich in dem Zeitraum der Gespräche nicht. Beide bleiben während der Besuche in sich gekehrt. Antje blickt zwar einige Male in Richtung der Sozialarbeiterin, wagt aber nicht, Kontakt aufzunehmen. Versuche der Sozialarbeiterin, von sich aus in Kontakt zu den Kindern zu treten, scheitern an deren Abwehr, die mit ängstlichen Blicken zur Mutter verbunden sind.

In Verlauf der Gespräche bemüht sich die Sozialarbeiterin, ein Genogramm der Familie zu erarbeiten.

SAin (nimmt einen Block und Stift und zeigt die den Eltern): Ich mache mir hier einige Notizen in einer besonderen Form. Wir nennen das Genogramm. *(Pause)* Wissen Sie, ich erlebe Sie zwar beide bemüht, gute Ideen für das Wohl Ihrer Kinder zu entwickeln. Gleichzeitig erlebe ich aber auch, dass Ihnen nicht einfällt, wie Sie zum Wohle Ihrer Kinder gut kooperieren könnten. Ständig geraten Sie darüber in einen lähmenden Streit. *(Pause)* In derartigen Fällen denke ich immer, dass so eine Lähmung mit Geschichten zusammenhängt, die mit den jeweiligen Familien zu tun haben, aus denen sie kommen. Um mit Ihnen zusammen dafür einen erste Vorstellung entwickeln zu können, brauche ich ein solches Genogramm. Das ist mein Handwerkszeug, mit dem ich arbeite. Ist das für Sie in Ordnung?
M (nickt).
V: Ja, machen Sie nur!

Die Geschichte des Vaters (1)

Der Vater teilt seine Geschichte ohne Zögern mit: Er ist 1954 geboren. Seine Mutter sei gestorben, als er 20 Jahre alt war. Er sei der älteste Sohn aus der Ehe seiner Eltern. Er habe einen jüngeren Bruder und eine jüngere Schwester. Sein Vater lebe jetzt in einer neuen Partnerschaft.

Er erklärt, dass er zu beiden einen guten Kontakt habe und dass beide ihn ab und zu in seiner Familie besuchen. Die Partnerin des Vaters helfe manchmal seiner Frau im Haushalt.

Darüber hinaus erfährt die Sozialarbeiterin, dass er (der Vater von Antje und Thomas) 16 Jahre älter ist als seine Frau.

Die Geschichte der Mutter (1)

Die Mutter berichtet wesentlich zögerlicher: Sie sei als einziges Kind aus der ersten Ehe ihrer Mutter am 18. April 1970 geboren. Die Ehe ihrer Eltern sei bald nach ihrer Geburt geschieden worden. Genaue Gründe hierfür wisse sie nicht. Sie wisse auch nicht, was mit ihrem Vater sei. Sie habe nie Kontakt zu ihm gehabt. Ihre Mutter habe 1972 noch ein zweites Kind aus einer nichtehelichen Beziehung bekommen, bevor sie ihren jetzigen Mann 1974 geheiratet habe. Dessen Frau sei gestorben. Er habe aus seiner Ehe ein Kind mitgebracht und beide haben 1975 noch ein gemeinsames Kind bekommen.

Die Mutter erzählt auch, dass ihre Großeltern noch beide leben. Die Küche der Großmutter sei das Begegnungszentrum der ganzen Familie. In gedrückter Stimmung sagt sie, dass sie die einzige sei, die dort nicht gerne gesehen werde.

V (*zur Sozialarbeiterin*): Ist ja kein Wunder! Jeder weiß ja, dass sie nicht bereit ist, unsere Wohnung in Ordnung zu halten und die Kinder zu versorgen. Sie hat selber Schuld!

Hilfebedarf und Hilfeangebot

Während des letzten Gespräches, bei dem bedauerlicherweise nur die Mutter anwesend ist, erklärt die Sozialarbeiterin noch einmal, dass sie das Verhalten der Kinder eindeutig als Hilfeauftrag verstehe.

Auch wenn die Eltern bisher verbal keinen Auftrag an die Jugendhilfe formuliert hätten, sei doch aus ihren Äußerungen erkennbar, dass sie durchaus unterstützenswerte Ziele anstreben wollten. Sie betreffen die Förderung der Kinder (Kindergarten, Spielplatz, Spiele, Vorlesen, gemeinsame Unternehmungen etc.). Darüber sei leicht ein Einvernehmen herzustellen. Auch die Überprüfung des Entwicklungsstandes der Kinder und eine eventuell gezielte Überwindung von Entwicklungsrückständen könnten einvernehmlich als Perspektiven genannt werden.

Was die Hilfe für die Eltern betrifft, sieht die Sozialarbeiterin die Schwierigkeit darin, dass ihnen die Fähigkeit zur Kooperation im Sinne des Wohles ihrer Kinder nicht gegeben oder abhanden gekommen sei. Die Sozialarbeiterin sehe das Zentrum einer Hilfe darin, dass den Eltern geholfen wird, ihre Elternverantwortung konstruktiver wahrnehmen zu können.

Die Mutter äußert sich damit einverstanden, dass ihr und ihrer Familie geholfen werden sollte, Lösungen im familiären Zusammenleben zu erarbeiten, die eher zum Wohl aller Beteiligten wären als die jetzigen.

Als mögliche Hilfeform schlägt die Sozialarbeiterin eine aufsuchende Ambulante Hilfe in Form einer Sozialpädagogischen Familienhilfe vor, die sie kurz erläutert.

Rechtliche Definition der Hilfeform „Sozialpädagogische Familienhilfe"

Die Sozialpädagogische Familienhilfe wird im § 31 SGB VIII wie folgt definiert:

> „Sozialpädagogische Familienhilfe soll durch intensive Betreuung und Begleitung Familien in ihren Erziehungsaufgaben, bei der Bewältigung von Alltagsproblemen, der Lösung von Konflikten und Krisen, im Kontakt mit Ämtern und Institutionen unterstützen und Hilfe zur Selbsthilfe geben. Sie ist in der Regel auf längere Dauer angelegt und erfordert die Mitarbeit der Familie."

Diese Hilfeart legt den Schwerpunkt der Hilfe auf die Arbeit zur Unterstützung von Elternkompetenz.

Mir scheint sie vor allem bei Familien mit jüngeren Kindern angezeigt, in denen die Verselbstständigung der Kinder aus ihrer familiären Bindung heraus noch nicht Thema ihrer Entwicklung ist.

Die Förderung dieser Familien umfasst in ihren möglichen Aufgabenstellungen alle Bereiche familiären Zusammenlebens einschließlich der Kontakte nach außen. Die Hauptadressaten der Hilfe sind die Eltern beziehungsweise die Erziehungsberechtigten. Sie sind voll in den Hilfeprozess einzubeziehen.

M: Ich habe gedacht, Sie würden mir die Kinder wegnehmen.
SAin: Nein. Das steht nicht an. Ich erlebe, dass Sie und Ihr Mann gute Vorstellungen haben von dem, was für das Wohl Ihrer Kinder erforderlich ist. Daran kann angeknüpft werden.

Die Sozialarbeiterin hinterlässt daraufhin einen Hilfeantrag. Sie bittet die Mutter, diesen Antrag zusammen mit ihrem Mann durchzusprechen und gegebenenfalls auszufüllen und ihr von beiden unterschrieben zukommen zu lassen. Falls es noch Unklarheiten gäbe, sei sie bereit, noch weitere vorbereitende Gespräche zu führen. Die Ziele der Hilfe seien benannt, sie bräuchten nur noch einmal niedergeschrieben zu werden.

Eine Woche später bringt der Vater selbst den unterschriebenen Antrag beim Jugendamt vorbei und drängt mit seiner Art der Argumentation darauf, die Hilfe so bald wie möglich zu beginnen.

Die Sozialarbeiterin bespricht diesen Antrag zuerst in ihrem KollegInnenkreis unter Hinzuziehung einer Fachkraft aus dem Sachgebiet der Ambulanten Hilfen. Dort wird ihre Überzeugung geteilt, dass eine Herausnahme der Kinder aus ihrer Familie im Augenblick Gewalt gegen die Kinder wäre, die niemand verantworten könnte.

Der Auftrag, eine Veränderung des familiären Zusammenlebens zum besseren Wohl der Kinder zu begünstigen, geht in dieser Familie wie in vielen Familien, mit denen Öffentliche Jugendhilfe zu tun hat, nicht von den Eltern aus, sondern von den von den Kindern gezeigten Symptomen, hier des Rückzugs und des Zurückgebliebenseins in ihrer altersgemäßen Entwicklung.

Die Einschätzung der *Veränderungspotenziale* der Familie erscheint entsprechend der derzeitigen Ausdrucksmöglichkeiten der Eltern nicht einfach.

Was die Eltern anbetrifft, ist bei ihnen ein diffuser *Leidensdruck* zu spüren. Obwohl sie den Entwicklungsrückstand ihrer Kinder wahrnehmen, scheinen sie unter ihm weniger zu leiden denn am Verhalten der jeweils anderen erwachsenen Person. Der Vater kehrt sein Leiden an seiner Frau deutlich hervor. Am ehesten scheint noch die Mutter an sich selbst zu leiden. Die Sozialarbeiterin hat jedoch den Eindruck, dass sich dieses Leiden weniger auf die Situation der Kinder bezieht als darauf, sich nicht gegen ihren Mann behaupten zu können.

Die *Problemdefinition* der Eltern ist dem Leidensdruck entsprechend ganz auf Schuldvorwürfe dem Partner oder der Partnerin gegenüber konzentriert.

Die *Lösungsvorstellungen* passen sich wieder der Problemdefinition an. Jeder der beiden Eltern erwartet die Lösung von der Verhaltensänderung des oder der anderen. Dies scheint vor allem beim Vater eindeutig so zu sein. Bei der Mutter sind auch Anzeichen zu erkennen, dass sie sieht, dass sie sich selbst auch ändern muss. Nur scheinen die ständigen Attacken ihres Mannes jeden Schritt in diese Richtung eher zu blockieren als zu fördern.

Die *Selbsthilfepotenziale* der Eheleute scheinen nur schwach ausgeprägt. Beide erkennen zwar ihre Situation, aber beide scheinen durch ihre partnerschaftlichen Konflikt wie gelähmt. Andeutungsweise wurde erkennbar, dass dieser Konflikt über Divergenzen in der Bedeutungsgebung ihrer Situation eine generationenübergreifende Geschichte zu haben scheint. Hinzu kommt, dass zumindest einige wichtige Daten aus der Lebens- und Kindheitsgeschichte der beiden Eltern auf Belastungen weisen, deren Folgen heute in den eingeschränkten Fähigkeiten ihrer Elternschaft vermutet werden können.

Was die *Möglichkeit zur Mitarbeit* bei einer Hilfe anbetrifft, werden Einschränkungen durch die vermutlich schwierige wirtschaftliche Lebenssituation der Eltern in der Folge langjähriger Arbeitslosigkeit angesehen. Die Familie lebt von Sozialhilfe, was sicherlich erhebliche Schwierigkeiten in der Lebensgestaltung mit sich bringt.

Auf der anderen Seite scheint die Wohnsituation gesichert. Die Wohnung befindet sich in einem relativ gepflegten Haus in der ersten Etage. Es wohnen dort weitere zwei Familien, die dem Jugendamt nicht bekannt sind.

Was die *Fähigkeit zur Mitarbeit* der Eltern betrifft, scheint der Vater über mehr Kraft zu verfügen als die Mutter. Dagegen aber scheint er eher stur auf seinen Ansichten beharren zu wollen, während die Mutter eher flexibel sein könnte.

Die *Bereitschaft zur Mitarbeit* wird bei der Mutter als höher eingeschätzt, falls es gelingen sollte, ihr Vertrauen zu gewinnen und auf dieser Basis eine tragfähige Arbeitsbeziehung zu entwickeln. Beim Vater wird eher vermutet, dass er kaum eine Mitarbeit in dem Sinne will, dass er seine eigenen Positionen in Frage stellt. Die Möglichkeiten, sich das Vertrauen der Mutter zu erarbeiten wird als höher eingeschätzt, als sich das Vertrauen des Vaters erarbeiten zu können.

Was die *Bereitschaft zur Veränderung der Situation* betrifft, wird ebenfalls eine höhere Bereitschaft bei der Mutter erwartet. Dies, obwohl es der Vater ist, der sie am lautstärksten fordert.

Die *Kraft zur Veränderung der Situation* wird bei beiden als gering eingeschätzt. Beim Vater, weil angezweifelt wird, ob er überhaupt eine wirkliche Veränderung will. Bei der Mutter, weil sie am Ende ihrer Kräfte erscheint. Sie wirkt depressiv, voller Resignation und Selbstmitleid.

Das Hilfekonzept einer SPFH scheint den KollegInnen für diese Familie ebenfalls fachlich angemessen. Die Hauptschwierigkeit wird darin gesehen, dass die mit den Eltern erarbeiteten konkreten Lösungen von einem Konflikt überlagert sind, dessen Geschichte unbekannt und dessen Auflösung offen ist.

Exkurs über einen ressourcen- und lösungsorientierten Ansatz der Hilfen

Im therapeutischen oder sozialarbeiterischen Kontext ressourcen- und lösungsorientiert zu arbeiten, ist eine zurzeit weit verbreitete Forderung. Hierzu möchte ich einige Gedanken entwickeln, die mir speziell im Zusammenhang sozialer Arbeit mit hoch belasteten Familien hilfreich erscheinen.

Besonders anregend für meine Überlegungen erlebe ich immer noch die Ausführungen von Paul Watzlawick und seinen Kollegen in ihrem Buch „Lösungen" (Watzlawick/Weakland/Fisch 1975), insbesondere ihre Differenzierung zwischen Lösungen erster und Lösungen zweiter Ordnung. Lösungen erster Ordnung beziehen sich, etwas vereinfacht wiedergegeben, auf die Handlungsebene. Lösungen zweiter Ordnungen beziehen sich auf die Bedeutung, die Personen sich selbst und ihren Handlungen geben.

In dem hier besprochenen Fall der Familie A. waren Lösungen erster Ordnung leicht herauszuarbeiten: Die Kinder gehen auf den Spielplatz, Antje besucht den Kindergarten, die Kinder werden durch Spiele oder das Vorlesen von Geschichten gefördert. Über diese Ziele zeigen sich die Eltern einig. Was sie am Umsetzen ihrer Ziele hindert, sind ihre Lösungen zweiter Ordnung, die sich in der Art ihrer Kommunikation über das Erreichen dieser Ziele niederschlagen.

Was die Lösungsfähigkeit von Familien betrifft, gehe ich immer davon aus, dass das, was Familien zeigen, und sei es noch so abträglich für das Wohl der Beteiligten, Lösungen im Rahmen der Aufgaben ihres familiären Zusammenlebens sind, auch wenn zumindest anfangs kein Bild für einen möglichen Sinn dieser Lösung zu erkennen ist.

Ich gehe des Weiteren davon aus, dass familiäres Zusammenleben die Beteiligten permanent vor Aufgaben stellt, für die Lösungen gefunden werden müssen. Die Grunddynamik hierfür erkenne ich in Bezug auf die Erfüllung dreier Erwartungen, Sehnsüchte oder Wünsche:

- *Sehnsucht nach verlässlichen Bindungen,*
- *Erwartung an ein ausgewogenes Verhältnis von Geben und Nehmen,*

– *Wunsch, sich in dem familiären Verband als eigenständig und bedeutungsvoll erleben zu können.*

Auf die Schwierigkeiten beim Erreichen dieser Ziele weisen nicht nur die zurzeit hohen Scheidungsraten. Ich denke, dass sie allgemein erfahren werden.

Auch die hoch belasteten Familien lösen die Aufgaben ihres Zusammenlebens im Rahmen dieser Grunddynamik. Insofern unterscheiden sich ihre Lösungen nicht grundsätzlich von Lösungen weniger belasteter Familien, sie bewegen sich allenfalls in anderen Skalenbereichen von Lösungsmöglichkeiten.

In derartigen Familien gibt es keine Schwierigkeiten, Lösungen erster Ordnung zu definieren. Was das Umsetzen durchaus brauchbarer Vorstellungen behindert, sind ihre „problemerzeugenden Lösungen" (ebda, S. 105) zweiter Ordnung.

Dennoch: So problematisch diese Lösungen auch sein mögen, die Familien *sind*, da sie Lösungen gefunden haben, *eo ipso lösungsfähig.*

Insoo Kim Berg und Susan Kelly betonen in ihrem sehr lesenswerten Buch über Kinderschutz und Lösungsorientierung, wie wichtig es sei „Klienten als eine Quelle von Ressourcen zu sehen, nicht als eine Quelle von Krankheiten und Mängeln" (Berg/Kelly 2001, S. 37).

Die zentrale Aufgabe einer Hilfe für diese Familien liegt nicht darin, ihnen Lösungen erster Ordnung zu vermitteln, sie an sie heranzutragen oder gar unter Kontrolle aufzuzwingen (ebda, S. 206). Wenn es überhaupt zu Ergebnissen dieser Art kommt, sind sie nach meiner Erfahrung kurzlebig.

Die Aufgabe der Hilfe erkenne ich darin, die Familien so anzusprechen, dass die Chance begünstigt wird, dass sie aus ihren bisherigen Lösungsmodellen heraus weitere Lösungsmöglichkeiten modifizieren, die auf Dauer eher zum Wohle aller Beteiligten sind. Dies kann nur geschehen, wenn die Lösungen erster Ordnung, die ja ihre Berechtigung nicht verlieren, von Lösungen zweiter Ordnung getragen werden, d.h. von einer Veränderung der Einstellung der Betroffenen zu sich selbst.

Diese Lösungen sind nicht von Anfang an erkennbar. Was Milton H. Erickson über Therapeuten schreibt, gilt nach meiner Sicht auch für SozialarbeiterInnen: „Wohin der erforderliche Wandel führen und wie umfassend er sein muss, können zunächst weder der Patient selbst noch der Therapeut wissen. Gewiss ist nur, dass eine Veränderung der gegenwärtigen Situation notwendig ist" (Erickson 1975, S. 7). Er schreibt weiter, dass es darum geht, die „einem Individuum oder einer Familie innewohnenden Veränderungsmöglichkeiten" zu erkennen, freizulegen und zu fördern, „eines Potenzials, das jedoch eines ‚unerwarteten‘, ‚unlogischen‘ und ‚plötzlichen‘ Anstoßes bedarf, um zu praktischen Lösungen zu führen" (ebda).

Mir ist wichtig, das Vertrauen der SozialarbeiterInnen in die Potenziale und die Ressourcen ihrer KundInnen zu stärken, die ich vorerst oft nur auf der Ebene zweiter Ordnung erkenne. Die Frage ist, ob sie die Kraft und die Geduld aufbringen, sich auf das Unerwartete, Unlogische und Plötzliche im Wandel der Personen einzulassen.

Ich möchte noch auf einen möglichen Irrtum eines betont lösungsorientierten Ansatzes verweisen, auf den mich die Lektüre eines Aufsatzes von Eve Lipchik, Mitbegründerin der lösungsorientierten Kurzzeittherapie, aufmerksam gemacht hat, wo sie schrieb: „Ein Fehler, den viele KurzzeittherapeutInnen machen, besteht darin, anzunehmen, KlientInnen seien bereit, auf ein Ziel zuzugehen, nur weil sie eines definiert haben" (Lipchik 1994, S. 234).

Von den fatalen Folgen dieses Irrtums erfahre ich oft, wenn SozialarbeiterInnen glaubten, mit ihren KundInnen eine Palette zu erreichender Ziele (Lösungen erster Ordnung) erarbeiten können, um dann das Erreichen dieser Ziele sogar in einem bestimmten Zeitraum kontrollierend durchsetzen zu wollen. Diese Strategie ist nach meiner Erfahrung immer wieder zum Scheitern verurteilt und führt ins Burnout der SozialarbeiterInnen, wenn sie nicht bereit sind, sich auf die vielen überraschenden, unlogischen und plötzlichen Wendungen bei der Entwicklung von Lösungen zweiter Ordnung einzulassen.

Die Kollegin vom Sachgebiet der Ambulanten Hilfen schlägt aus dem Kreis der in Frage kommenden BewerberInnen eine Psychologin vor, die schon in mehreren Familien gearbeitet hat und selbst Mutter zweier Kinder ist.

Nachdem im Jugendamt unter Hinzuziehung der Wirtschaftlichen Jugendhilfe zugunsten des Antrages der Eltern entscheiden worden ist, meldet sich die Sozialarbeiterin zu einem nächsten Hausbesuch an, wobei sie ankündigt, den Eltern bei dieser Gelegenheit bereits die ausgewählte Fachkraft vorzustellen.

Bei dem Hausbesuch sind beide Eltern anwesend. Die Sozialarbeiterin und die Sozialpädagogische Familienhelferin (im weiteren Text nur noch abgekürzt Familienhelferin genannt) werden wie beim ersten Hausbesuch der Sozialarbeiterin in die Küche gebeten.

Antje sitzt auf dem Boden vor dem Sofa, bei ihr ist Thomas auf einer Decke. Es liegen einige Duplo-Steine auf der Decke, mit denen die beiden eher gelangweilt und fast geräuschlos spielen.

Der Fernseher läuft, ohne dass jemand hinzuschauen scheint. Auf Bitten der Sozialarbeiterin wird er vom Vater ausgeschaltet.

Der Vater erklärt zu Beginn, bald gehen zu müssen, da er dem Stiefvater der Mutter versprochen habe, ihm bei der Reparatur seines Autos zu helfen.

V: Meine Anwesenheit ist ja wohl auch nicht so erforderlich, da es ja mehr um meine Frau und die Kinder geht, als um mich.
Sozialpädagogische Familienhelferin (SPFHin): Entschuldigen Sie, wenn ich das gleich so sage: aber mir wird auch die Zusammenarbeit mit Ihnen wichtig sein. Sie sind für mich als Vater von Antje und Thomas wie für Ihr bald zu erwartendes drittes Kind als Ansprechpartner ebenso wichtig wie Ihre Frau.

V: Ich sagte schon Ihrer Kollegin, dass ich die Sache hier anders einschätze. Ich halte die Probleme hier ganz allein als Folge des Versagens meiner Frau.
M (sitzt wieder auf der Bank hinter dem Tisch und raucht).
SAin: Für uns sind und bleiben immer beide Elternteile für das Finden von Lösungen von schwierigen Situationen im familiären Zusammenleben verantwortlich. Sie sind beide unsere Gesprächspartner bei der Suche nach Lösungen.

Der Vater verlässt bald die Wohnung. Die Mutter wirkt bedrückt, zeigt sich aber mit weiteren Besuchen der Familien einverstanden. Es werden vorerst sechs Stunden pro Woche veranschlagt.

M: Sechs Stunden. (*Raucht mehrere Züge*) Sechs Stunden. (*Zur Familienhelferin*): Und was machen wir da?

SPFHin: Das werden wir gemeinsam herausfinden. Wir werden uns unterhalten, gemeinsam etwas mit den Kindern unternehmen. Aber auch schauen, was denen fehlt. Zusammen überlegen, wie die Situation verbessert werden kann. Ich weiß das noch nicht so konkret. Das kommt auf unsere Gespräche an und auf das, was Sie wollen, und das, was Ihnen, aber auch mir aus fachlicher Sicht als nötig erscheint. (*Pause*) Lassen Sie uns erst einmal anfangen. Ich glaube nicht, dass das leicht sein wird. Ich komme ja schließlich nur zu Ihnen, weil es nicht leicht für Sie ist, Lösungen in Ihrem familiären Zusammenleben zu finden, die für Sie als Mutter, aber auch für Ihren Mann als Vater und vor allem für die Entwicklung Ihrer Kinder erträglicher sind als die, die Sie jetzt zusammen entwickelt haben.

Der Beginn der Hilfe

Beim ersten vereinbarten Termin dauert es eine Weile, bis der Familienhelferin geöffnet wird. Erst nach dem dritten Läuten öffnet die Mutter und schaut die Familienhelferin mit einem völlig apathisch/depressiv erscheinenden Blick an. Nach einer Weile geht die Mutter wortlos und langsam in Richtung Küche.

In der Küche sieht es wüst aus: Haferflocken sind über dem Tisch, über die Stühle und dem Fußboden verstreut. Desgleichen Nudeln vor einem der beiden Küchenschränke. Ein Stuhl ist umgefallen. Zwei Schubladen sind herausgerissen und liegen auf dem Boden. Der Inhalt, Besteck und Papier liegen auf dem Boden umher. Auf dem Tisch steht Geschirr und in einer Ecke nimmt die Familienhelferin einen zerbrochenen Teller wahr.

Die Mutter steht, der Familienhelferin den Rücken zuwendend, mitten im Zimmer. Sie nimmt mehrere Züge aus ihrer Zigarette und dreht sich langsam um, wohl um zu schauen, ob ihr die Familienhelferin gefolgt ist und nun das Chaos in der Küche sieht.

Es dauert eine Weile, bis die Mutter Worte findet und mit einigen längeren Unterbrechungen folgende Geschichte erzählt: Ihr Mann sei früher als erwartet nach Hause gekommen. Da hatte die Mutter noch nicht den Frühstückstisch abgedeckt. Das mache sie nie gleich, denn die Kinder würden immer noch nach einer Weile ein zweites Müsli essen wollen. Warum solle sie dann schon abdecken und gar das Geschirr spülen? Es genüge doch, wenn sie das nur einmal mache. Ihr Mann aber sei gleich wütend auf sie losgegangen, habe sie angebrüllt, warum sie den Tisch nicht abgedeckt habe, sie sei eine Schlampe und so weiter. Er habe sich immer mehr in Rage gesteigert und schließlich die Dose mit den Haferflocken ergriffen und mit den Worten: ‚Ich habe diese Sauerei hier satt!' im großen Bogen geleert. Dann sei er zum Schrank gestürzt, wobei der Stuhl umgefallen sei, habe die Nudeln gepackt und in die Luft geschleudert. Dann habe er noch die beiden Schubladen rausgerissen und habe laut schimpfend die Wohnung verlassen. Sie selbst habe dann noch den Teller aus der Spüle genommen und hinter ihm her in die Ecke geworfen.

M (*in spöttischem Ton*): Und nun sitzt er wieder bei Elfriede, meiner Großmutter, die beim Jugendamt angerufen hat, und alle reden darüber, was für eine schlechte Hausfrau ich bin. (*Geht einen Schritt auf die Familienhelferin zu. Bleibt stehen und raucht mehrere Züge. Wendet sich wieder ab, geht auf den Tisch zu und wischt mit der Hand zerstreute Haferflocken zusammen*).
SPFHin (*merkt erst jetzt, dass die Kinder nicht in der Küche sind. Bekommt einen Schreck. Vielleicht hat der Vater sie geschlagen.*): Und die Kinder, wo sind die, beziehungsweise, wo waren die, als das geschah?
M (*schaut die Familienhelferin an. Als ob sie ihren Schreck sehe*): Keine Sorge (*Nimmt einen Zug*). Die sind gleich ab in ihr Zimmer, als sie merkten, dass mein Mann wieder durchdreht. (*Raucht mehrere hastige Züge*).

SPFHin: Können wir mal zu ihnen hingehen?
M: Klar. (*Sie führt die Familienhelferin in das Kinderzimmer, das eine Tür weiter rechts ist*).

Das Zimmer ist recht geräumig, etwas mehr als 3 mal 4 m: Ein Etagenbett, zwei Schränke, ein Tisch mit drei Stühlen. Regale. Ein großer Teppich. Auch Spielsachen: ein Puppenwagen, ein schönes Puppenhaus. Puppen, eine Holzbahn, verschiedene Autos. Kinderposter an den Wänden. Alles durchaus kindgemäß, allerdings nicht kindgemäß aufgeräumt. Die Luft im Kinderzimmer ist bedeutend frischer als die in der Küche. Ein Fenster steht schräg offen.

Thomas liegt im unteren Bett und scheint zu schlafen. Antje sitzt vor dem Tisch und kämmt verträumt eine Puppe.

Die Familienhelferin erfährt, dass die Holzspielsachen vom Vater hergestellt worden sind. Auf die erstaunte Anerkennung für diese Leistung des Mannes geht die Mutter mit keiner Geste ein. Vielmehr verlässt sie wieder schnell das Kinderzimmer und geht in die Küche.

M (auf dem Weg in die Küche, *zögernd*): Vielleicht können Sie mir ja etwas helfen. Beim Aufräumen. Dann bin ich nicht so alleine, wie sonst.

Während beide beginnen, die Küche aufzuräumen, ist zu sehen, wie die Mutter immer tiefer in eine Resignation sinkt und ihre Tätigkeit immer häufiger rauchend unterbricht. Ihre Bewegungen werden immer langsamer und ihre Stimme immer leiser. Die Mutter fegt zuletzt die verstreuten Nudeln und Haferflocken auf ein Kehrblech und wirft sie kopfschüttelnd in den Mülleimer.

Während des Aufräumens und danach erfährt die Familienhelferin, dass der Vater zwei oder dreimal im Monat in vergleichbarer Weise ausrastet. Sie erfährt auch, dass der Vater weder die Mutter noch die Kinder jemals geschlagen habe. Er verlasse nach derartigen Wutanfällen das Haus und komme dann immer erst abends zurück. In der Regel halte er sich in dieser Zeit bei den Urgroßeltern auf, was die Mutter mit besonderer Bitterkeit zu erfüllen scheint. Sie äußert ihren Verdacht, dass der Vater dort über sie nur schlecht rede und dass niemand zu ihr halte.

Exkurs über Selbstinszenierungen und Selbstwertschätzung

Alles, was Familien zeigen, verstehe ich als Akt familiärer Selbstinszenierung, als aktiven Beitrag zur Definition einer Situation und zugleich als Beziehungsangebot.

Das beginnt nach meiner Wahrnehmung bereits mit dem äußeren Erscheinungsbild, das ich in engem Zusammenhang mit der Selbstwahrnehmung und Selbstwertschätzung der betroffenen Personen erlebe.

In diesem Sinne sehe ich das Äußere und das Verhalten der Mutter im dargestellten Fall als Ausdruck beziehungsweise Inszenierung ihres negativen Selbstbildes. So, wie die Mutter sich zeigt und gibt, sieht sie sich selbst und will sie gesehen werden: Als beklagenswerte, hilflos ausgelieferte Frau ohne Wert.

Anders zeigt der Vater in seiner eher gepflegten Kleidung mehr Selbstwertgefühl.

Das gleiche gilt für die Ebene ihres familiären Zusammenlebens. Beide können nicht *sagen*, dass sie Schwierigkeiten haben, sich über ihren Umgang mit den Kindern zu verständigen. Sie *zeigen* beziehungsweise *inszenieren* diese Schwierigkeiten offen vor der

Sozialarbeiterin und der Familienhelferin, wobei wiederum jeder von ihnen sein Bild von sich selbst darstellt.

Auch in der Situation, die die Familienhelferin bei ihrem ersten Arbeitsbesuch vorfindet, erkenne ich eine Dramatisierung des bisher Gezeigten. Zu dem *„Schau, wer ich bin!"* der einzelnen Personen kommt ein dramatisches *„Schau, was hier los ist!"*

Diese Dramatisierung zu Beginn der Arbeit der SPFH erlebe ich als Inszenierung des nachdrücklichen Wunsches, die Personen und die Situation der Familie ernst zu nehmen.

Das Beziehungsangebot dieser Inszenierung erkenne ich in dem Aufforderungscharakter, erstens, die Bühne zu betreten, und zweitens, etwas im Sinne der Inszenierung zu tun.

Zum ersten Teil gehört für mich wesentlich dazu, dass die Inszenierung am Hauptort des Geschehens, nämlich im familiären Haushalt geschieht und dass die Sozialarbeiterin schon für den ersten Hausbesuch aufgefordert wurde, sie sich dort anzuschauen. Wenn die Familienmitglieder dies nicht gewollt hätten, hätten sie die Sozialarbeiterin nicht in die Wohnung geholt. Sie hatten schließlich die Wahl.

Dies leitet über zu dem zweiten Teil des Beziehungsangebotes, etwas in Bezug auf die Inszenierung zu tun. Dabei erscheint mir der nonverbale Teil dieser Aufforderung zumindest beim Vater bedeutender als der verbale. Den verbalen Anteil sehe ich als Teil seiner Selbstinszenierung, in der er unantastbar erscheinen will. Im nonverbalen Teil erkenne ich die Inszenierung seiner Hilflosigkeit, wenn er in einer dramatischen Steigerung Haferflocken und andere Gegenstände in der Küche durcheinander wirft.

Die Mutter konnte in dieser Inszenierung ihre selbstdefinierte Opferrolle und ihre Wertlosigkeit dramatisieren. Schließlich müssen beide an dem Geschehen beteiligt sein, zumindest ist der Aktion des Vaters eine Interaktion beider vorausgegangen.

Dass sie nach ihren eigenen Aussagen hinter ihrem Mann einen Teller nachgeworfen und somit zerdeppert hat, verstehe ich als die Inszenierung ihres Anteils an Stolz, also einer Ressource, die aufzugreifen nicht vernachlässigt werden sollte.

Nach meiner Erfahrung bergen diese Inszenierungen die Gefahr, dass sich HelferInnen von den Akteuren auf die Bühne ziehen lassen und z.B. für einzelne Personen Partei ergreifen oder die Rolle des Schiedsrichters einnehmen wollen. Hier würden HelferInnen zu Mitakteuren und gerieten schnell in Verstrickungen. Sie würden Teil des familiären Systems und würden das Hilfesystem verlassen.

Ich gehe davon aus, dass dies den bisherigen Erfahrungen der Familienmitglieder in der Weise entsprechen würde, dass sich immer andere Personen in ihre Interaktion wertend einmischen. Dies ist mit großer Wahrscheinlichkeit auch die Erwartung der jeweiligen Familienmitglieder an die HelferInnen.

Als wichtig und hilfreich für das Ankoppeln an die Familie erlebe ich die Bereitschaft, diese Erwartung nicht zu erfüllen, sondern die jeweiligen Inszenierungen als konstruktiven Beitrag für die Arbeit anzunehmen, auch wenn der eine oder die andere der beteiligten Personen von dem Ausbleiben einer Parteinahme vorerst einmal enttäuscht würde.

Auch wenn ich für mich gute Gründe für die Annahme habe, dass mit dem Verstreuen von Haferflocken und dem Werfen von Tellern keine familiäre Ordnung herbeigezwungen werden kann, weiß ich doch nicht, welche Bedeutung die Mitglieder der Familie dieser dramatischen Szene auf ihrer Bühne geben werden. Statt von mir aus zu urteilen (und damit mitzuspielen), bevorzuge ich, mich durch die Arbeit am mir vorgestellten Material über die familiäre Bedeutungsgebung des Geschehens kundig zu machen und mit den Familienmitgliedern herauszuarbeiten, welchen Sinn diese Dramatisierung für die Familie hat. Wenn ich von mir aus urteilend eingreife, verspiele ich die Chance der Familie, ihre Bedeutungsgebungen und ihre Lösungsmöglichkeiten herauszufinden.

SPFHin: Ihnen ist das bestimmt peinlich, dass ich gerade in diese Situation hineinkam.
M (*nimmt einen Zug und zuckt mit den Schultern*): Irgendwie schon. (*Raucht mehrere Züge*) Aber, da haben Sie gleich mal gesehen, was hier los ist. (*Nimmt einen Zug*) Wenn ich Ihnen das erzählt hätte, hätten Sie mir das doch nicht geglaubt.

SPFHin: Ich sage Ihnen mal, was ich gesehen habe, beziehungsweise wie ich das verstehe, was ich gesehen habe. (Pause) Ihr Mann demons-

trierte mir seine Wut und Verzweiflung. (*Pause*) Und Sie, Frau A. zeigten mir Ihre selbst erlebte Ohnmacht, als Sie Ihrem Mann tatenlos zusahen (*Pause*) Sie zeigten mir aber auch Ihren Stolz, als Sie mir sagten, dass Sie den Teller nach Ihrem Mann geworfen haben. (*Pause*) Beide erleben Sie sich aller Wahrscheinlichkeit nach in der Bewertung der Situation jeweils im Recht. (*Pause*) Das heißt, dass Sie beide jeweils ein Bild von Ihrer Situation haben, das sich nicht mit dem des oder der anderen deckt. (*Pause*) Es geht um die Bedeutung, die Sie oder die Ihr Mann der Situation geben. Und die ist jeweils eine ganz andere. Für Ihren Mann ist das total anders als für Sie.

M (spontan): Das stimmt.

SPFHin: Und entsprechend wollen Sie beide etwas ganz anderes von mir. Mit der Situation, die Sie mir heute zu Beginn unserer Arbeit gezeigt haben, geben Sie und Ihr Mann unterschiedliche Aufträge. (*Pause*) Wenn ich der Sichtweise und dem Auftrag Ihres Mannes folge, verliere ich Sie, Frau A.. Wenn ich Ihrer Sicht folge, verliere ich Ihnen Mann oder verliere jede Chance, ihn für eine Zusammenarbeit zu gewinnen. Das stimmt doch? Oder?

M: Das stimmt. (*Nimmt einen Zug*) Das stimmt. Ja.

SPFHin: Aber – ich sagte es schon wiederholt: Ich werde alles versuchen, so mit Ihnen zu arbeiten, dass ich die Chance begünstige, dass sie beide als Eltern aus Ihren jetzigen Formen des Zusammenlebens die Lösungen entwickeln, die für die Förderung Ihrer Kinder günstiger sind als die jetzigen. (*Pause*) Auch wenn ich glaube, was mir gesagt wird. Ich ergreife nicht Partei für die eine oder andere Seite. (*Pause*) Nur den Kindern gegenüber werde ich in dem Sinne Partei ergreifen, dass ich Sie zusammen darin unterstütze, dass Sie die guten Eltern für Ihre Kinder sein werden, die Sie im Grunde Ihres Herzens auch sein wollen.

Die Arbeit am Vertrauen

Die Arbeit in den nächsten Wochen erlebt die Familienhelferin als sehr anstrengend. Die Mutter zeigt sich in sich gekehrt. Überwiegend sitzt sie am Küchentisch, raucht eine Zigarette nach der anderen und trinkt Kaffee. Es vergehen lange Phasen des Schweigens. Sie zeigt sich nicht bereit, irgendeine Anregung für eine Aktivität mit den Kindern anzunehmen. Die Zeit schleppt sich quälend dahin. Mehrere Male verabschiedet sich die Familienhelferin bereits nach einer Stunde. Es war abgemacht, dass die Familienhelferin in den ersten vier Wochen zweimal pro Woche für zwei Stunden kommen werde, je an einem Dienstag und an einem Donnertag vormittags um 10 Uhr.

Beim vierten vereinbarten Termin klingelt die Familienhelferin vergeblich. Sie hinterlässt daraufhin eine kurze Nachricht.

Sehr geehrte Frau A., heute bin ich leider umsonst zu Ihnen gekommen. Sie waren nicht da oder haben mir nicht aufgemacht. Ich vermute, dass Sie einen anderen Termin hatten. Ich möchte Sie bitten, mir in Zukunft über die Sozialarbeiterin eine Mitteilung zukommen zu lassen, falls Sie einen Termin nicht wahrnehmen können. Von mir aus werde ich zum nächsten vereinbarten Termin bei Ihnen sein.
Mit freundlichen Grüßen (…)

Als ihr beim nächsten Termin ebenfalls nicht geöffnet wird, hinterlässt die Familienhelferin folgende Mitteilung:

Sehr geehrte Frau A., heute bin ich wieder umsonst gekommen. Es ärgert mich, dass Sie mir keine Nachricht übermittelt haben. Ich habe viel zu tun und habe keine Lust, vergeblich zu vereinbarten Termin zu erscheinen. Ich bitte Sie, die vereinbarten Termine einzuhalten. Falls Sie mich wieder versetzen sollten, werde ich darauf bestehen, dass wir zusammen mit der Sozialarbeiterin noch einmal klären, ob Sie meine Hilfe überhaupt wollen. Ich werde noch einmal zum nächsten mit Ihnen vereinbarten Termin zu Ihnen kommen.   Mit freundlichen Grüßen (…)

Die nächsten Termine finden wieder statt, doch ändert sich in dem Verhalten der Mutter nichts.

Exkurs über Tun durch „Nichts-Tun"

Aus zahlreichen Beratungs- und Supervisionsgesprächen mit MitarbeiterInnen des ASD oder der Ambulanten Hilfen erfahre ich von den Anfangsschwierigkeiten der Arbeit mit stark belasteten Familien oder Personen, die nicht in der Lage sind, ihr Erleben in Worte zu fassen. Der Beginn dieser Begegnungen ist häufig mit langem Schweigen verbunden, das für die HelferInnen schwer auszuhalten ist. Sie sagen, sie hätten dann das Gefühl, nichts zu tun.

Ausgehen möchte ich von der Feststellung, dass das Hinzukommen der HelferInnen in eine Familie eine bedeutende Kontext-Veränderung für die Familie aber auch für die HelferInnen ist.

Kontext-Veränderungen sind alltägliche Erscheinungen. Mit jeder personellen oder räumlichen Veränderung ändert sich auch mein Kontext.

Meine Frage ist, wie die im professionellen Bereich von den HelferInnen vorgenommenen Kontext-Veränderungen für die Betroffenen in der Weise einen Unterschied zu gewöhnlichen Kontext-Veränderungen darstellen können, dass sie in den Betroffenen einen Unterschied bewirken.

Ich sehe eine Gefahr darin, dass HelferInnen in familiären Belastungssituationen durch ihr Tun, ihr Sprechen oder durch eingreifendes Handeln auf direktem Wege Wirkungen in Richtung einer Veränderung („zum Guten") erzielen wollen. Dies entspräche einer erzieherischen Haltung, die den Betroffenen mit höchster Wahrscheinlichkeit aus bisherigen Erfahrungen mit anderen Personen (Eltern, ErzieherInnen, LehrerInnen, Nachbarn, Freunden) vertraut ist. Sie resultiert aus der Erwartung, dass man/frau durch einen Input, eine Anregung oder gar Anordnung einen Output von anderem Verhalten im gewünschten Sinne auf Dauer erreichen könne.

Gemäß den Überlegungen von Gregory Bateson ist diese Erwartung z.B. der angewandten Naturwissenschaft angemessen, nicht aber der zwischenmenschlichen Kommunikation. „Wenn man (...) in die Welt der Kommunikation (...) eintritt, lässt man jene ganze Welt hinter sich, in der Wirkungen durch Kräfte, Einflüsse und Energieaustausch hervorgebracht werden. Man betritt eine Welt, in der ‚Wirkungen' (...) durch *Unterschiede* hervorgebracht werden" (Bateson 1970, S. 581).

Auf die konkrete Situation der Arbeit mit der Mutter im vorgestellten Fall angewandt, gehe ich davon aus, dass sie gemäß ihren Erfahrungen und ihrem Selbstbild Kritik für ihr Verhalten und Anweisungen für ein anderes („besseres") Verhalten erwartet. Weiterhin gehe ich davon aus, dass die Mutter (in ihrem Herzen) weiß, wann ihr Verhalten nicht zu ihrem eigenen Wohl als Mutter und damit verbunden nicht zum Wohl ihrer Kinder ist und dass sie sich diesbezüglich selbst nicht mag und sich selbst kaum aushalten kann.

Da die Mutter aber nicht in der Lage ist, dieses Erleben in Worte zu fassen, inszeniert sie ihr Unbehagen mit sich selbst sowie die Anlässe dazu. Sie zeigt sich in ihrer Selbstverachtung als verachtenswerte Frau und Mutter. Diese Situation erlebe ich als Versuchung, der Mutter zu sagen, was sie ohnehin weiß („Ihr Verhalten ist nicht gut für Sie und Ihre Kinder") und was sie erwartet („Ich sage Ihnen, wie Sie es besser machen sollten"). Eine derartige Reaktion würde sich mit höchster Wahrscheinlichkeit nicht von ihren bisherigen Erfahrungen unterscheiden. Sie würde dadurch vermutlich in ihrem bisherigen Selbstbild („Ich bin eine schlechte Frau und Mutter.") bestätigt.

Dieses Verhalten seitens des Jugendamtes und seiner MitarbeiterInnen entspräche somit dem inneren Bild, das sich die betroffen Personen durch individuelle und in der Gesellschaft überlieferte Erfahrungen gemacht haben, bei dem das Jugendamt als die Familie bedrohende Eingriffsbehörde gesehen wird. Dieses innere Bild bestimmt die Erwartungshaltungen gegenüber dem Jugendamt. Hier verbinden sich möglicherweise das innere Bild der Mutter, das sie vom Jugendamt und seinen Hilfeangeboten hat, und ihr inneres Bild, das sie von sich selbst hat. Dieses innere Bild wird verstört, wenn das Verhalten der MitarbeiterInnen des Jugendamtes den Erwartungen nicht entspricht, sich also von ihnen unterscheidet, woraus die Möglichkeit erwüchse, das alte Bild durch einen (nicht unbedingt bewusst reflektierten) Vergleich der Erwartungen und der sich von ihr unterscheidenden Erfahrungen durch ein neues, modifiziertes Bild zu überlagern und auf Dauer zu revidieren (Hüther 2005, S. 76f).

Ein Unterschied zu den bisherigen Erfahrungen und ihren daraus resultierenden Erwartungen bestünde darin, die Selbstinszenierung der Mutter äußerlich gesehen schweigend (durch „Nichts Tun") zu begleiten, innerlich aber als Ausdruck ihrer Not zu begreifen, deren Geschichte und „guten Gründe" ich (noch) nicht kenne. Dies wäre ein mentales Anknüpfen an die Selbstdarstellung der Mutter, das nicht über ihr Tun selbst sondern über die im Tun zum Ausdruck kommende Not erfolgt, die ihre eigene Geschichte und somit ihre „guten Gründe" hat. Ich mache immer wieder die erstaunliche Erfahrung, welche öffnende Wirkung diese Art des „Nichts-Tun" auf Dauer auf die Betroffenen hat. Ich erkläre mir das so, dass die betroffenen Personen wie hier die Mutter zum ersten Mal in ihrem Leben erfahren mögen, von anderen auf Dauer mit ihren Schwierigkeiten ausgehalten zu werden. Das Erleben, dass jemand regelmäßig und verlässlich kommt, obwohl sie sich so „wertlos" zeigen, ist zu Beginn sicher verwirrend, schafft wahrscheinlich erst einmal Misstrauen, scheint aber auf Dauer die Wirkung zu haben, dass der

Keim ihrer Selbstwertschätzung Nahrung erhält. Dieser Keim scheint einem tiefen inneren Verlangen zu entsprechen, der allerdings im Laufe der individuellen Biographie und vermutlich der Generationen übergreifenden Familiengeschichte verkümmerte.

Der Unterschied zum gewöhnlichen Tun eröffnet das Tun durch „Nichts-Tun" den Betroffenen die Möglichkeit, sich durch eine andere Wahrnehmung von außen selber neu wahrzunehmen, beziehungsweise durch die Wertschätzung von außen selber neu wertzuschätzen.

Besonders wichtig ist für mich die Feststellung, dass dieses „Nichts-Tun" schwerstes Tun ist, das einen inneren Abstand von den Erwartungen und von dem Gewohnten erfordert. Sowohl für die betroffenen Personen als auch für die HelferInnen löst dies innere Bewegungen in unbekannte, nicht kontrollierbare Richtungen aus.

Nach meiner Erfahrung ist dieses Unbekannte und Unkontrollierbare für HelferInnen schwer auszuhalten und scheint mit eigenen und fremden Erwartungen an die Kontrollierbarkeit professionellen Handelns in Konflikt zu geraten.

Für mich bezieht dieses „Nichts-Tun" seine Kraft aus der Annahme, dass die „Potenzialität und Bereitschaft für Veränderung (...)" schon in die Überlebenseinheit eingebaut" sind (ebda, S. 579). Ich verbinde diese von Bateson formulierte Theorie mit meinem Vertrauen darin, dass die von vornherein vorhandene Veränderungsbereitschaft tendenziell in die Richtung von mehr Wohlergehen für sich selbst in Wechselwirkung mit dem der Angehörigen zielt.

Antje und Thomas zeigen in dieser Anfangsphase, wenn sie nicht in ihrem Zimmer sind, das gewohnte Bild. Antje spielt still mit ihrer Puppe oder träumt vor sich hin. Wenn Thomas nicht schläft, wird er von Antje still beschäftigt oder beruhigt.

Nur selten nimmt ihn die Mutter auf ihren Schoß, scheinbar ohne seine Nähe zu spüren. Sobald er unruhig wird, legt sie ihn wieder hin.

Mit Antje geht die Mutter nicht einfühlsam um. Manchmal kommandiert sie sie herum. Sie soll dann den Aschenbecher leeren oder etwas anderes sauber machen. Dabei verlangt die Mutter von Antje eine Umsicht, die sie gemäß ihrem Alter noch gar nicht haben kann. Dies hat wiederum die Folge, dass Antje sich ungeschickt anstellt, was die Mutter wiederum zu spöttischen Bemerkungen ihr gegenüber veranlasst.

Die Stimmung um die Kinder ist entweder gereizt giftig oder völlig leer.

Die Familienhelferin vermeidet in dieser Anfangsphase, Aktivitäten mit den Kindern zu starten. Sie will auf jeden Fall im Erleben der Kinder und auch der Mutter selbst hinter der Bedeutung der Mutter für die Kinder zurückbleiben, um nicht in die Rolle der besseren Mutter zu geraten.

Exkurs über das Rollen-Selbstverständnis von HelferInnen in stark belasteten Familien

In der beschriebenen Situation wird deutlich, wie sich hier eine Mutter nicht zum Wohle ihrer Kinder und nicht zum eigenen Wohl als Mutter verhält. Die Kinder bekommen von ihrer Mutter nicht nur keine altersgemäße Förderung, sie werden durch die Verkennung oder Missachtung ihrer altersgemäßen Bedürfnisse klein gehalten und verwirrt.

Dieses Verhalten der Mutter ist auf Dauer schädlich für die Kinder und es kann für mich kein Zweifel daran bestehen, dass den Kindern ein anderer Umgang und eine bessere Förderung gut täten, wenn sie die Chance erhalten sollen, ihre Fähigkeiten und Neigungen in Richtung einer positiven Lebensentwicklung entfalten zu können.

HelferInnen geraten nach meiner Erfahrung in derartigen Situationen leicht unter eigenen oder fremden Erwartungsdruck, besonders wenn sie die Not und den Bedarf der Kinder unmittelbar erleben.

Die Versuchung ist dann groß, von sich aus mit den Kindern etwas zu tun: Mit ihnen zu spielen oder mit ihnen etwas zu unternehmen, damit sie wenigstens von den HelferInnen Anregungen, Förderung und Zuwendung bekommen, die ihnen die Mutter nicht gibt.

Auf der anderen Seite wächst das Bemühen, der Mutter „irgendwie zu vermitteln", was sie von sich aus tun müsste, um eine gute Mutter für ihre Kinder zu sein.

Was Wilhelm Rotthaus aus systemischer Sicht über das Rollen-Selbstverständnis von MitarbeiterInnen in der stationären Kinder- und Jugendpsychiatrie schreibt (Rotthaus 1995), erlebe ich auch richtungweisend für die Durchführung von Hilfen in anderen stationären Einrichtungen (z.B. Heimen) wie auch der Ambulanten Hilfen zur Erziehung in stark belasteten Familien.

BetreuerInnen und HelferInnen geraten in Situationen wie der beschriebenen leicht in die Versuchung, „bessere Eltern zu sein und das, was die Eltern nicht erreicht haben, möglichst schnell zu schaffen" (ebda, S. 106). Dazu merkt Rotthaus kritisch an, dass dadurch sofort eine „Konkurrenzsituation" entstehe: „Je erfolgreicher die BetreuerInnen sind, um so krasser demonstrieren sie das Versagen der Eltern" (ebda).

Bedeutender noch ist für mich die Perspektive aus Sicht der Kinder: Die geraten in einen Loyalitätskonflikt. Sie haben in meiner Überzeugung ein tiefes Verlangen nach einer besseren Förderung und einem altersadäquaten Umgang mit ihren kindlichen Gefühlen und Bedürfnissen. Aber, wenn sie die Erwartungen der HelferInnen erfüllen und ihre Zuwendung annehmen, machen sie ihre eignen Eltern schlecht (ebda).

Wilhelm Rotthaus betont in Hinblick auf TherapeutInnen und BetreuerInnen die „*Gefahr, Verantwortung für andere zu übernehmen. Sie kombinieren Verantwortung für andere und Therapie und schaffen damit eine Position der Allmacht. Die Eltern werden in die Position des komplementären Korrelats gedrängt: Das ist Ohnmacht*" (ebda).

Rotthaus weist zusätzlich darauf hin, dass eine Übernahme der Verantwortung zugleich eine Verschiebung der Probleme und Konflikte bedeutet. „Übernehmen HelferInnen ihnen nicht zukommende (z.B. elterliche) Verantwortung, leiten sie das Problem und die Konflikte um. Plötzlich ist das Problem, dass das Kind sich weigert, in die Schule zu gehen, oder sich weigert zu essen, ein Problem der (. . .) BetreuerInnen. Plötzlich wird (. . .) das mutwillig zerstörerische Verhalten eines Kindes oder Jugendlichen als gegen sie gerichtete Aggression erlebt. Das Problem ist verschoben worden, und damit wird die Lösung, die nur in dem zugehörigen Beziehungsgefüge möglich ist, verhindert beziehungsweise erheblich erschwert" (ebda, S. 107).

Rotthaus weist darauf hin, dass ein Verzicht auf die Übernahme von Elternverantwortung von den HelferInnen ein „großes Opfer" verlange: „Sie verlieren (. . .) an Macht und Bedeutungserleben sowohl gegenüber dem Kind als auch gegenüber den Eltern" (ebda, S. 108). Dagegen stellt er den Gewinn, den er „in einem geringeren Maße an

Verstricktheit und Chaos der Beziehungen und weniger Kampf mit der Familie" erkennt (ebda).

„Schaffen die BetreuerInnen demgegenüber eine Allianz mit den Eltern, indem sie sich auf sie einlassen, sie ernst nehmen und akzeptieren, dann machen sie gleichermaßen ein Bindungsangebot an das Kind *und* an seine Eltern" (ebda).

Hierzu gehört, auszuhalten und zu akzeptieren, dass es keine Katastrophe ist, wenn die Kinder noch einige Zeit unter den gegebenen, ihnen vertrauten Bedingungen ihrer Familie leben und ohne die für sie notwendige Förderung auskommen müssen und dass es für die Kinder und ihr Wohl förderlicher ist, wenn ihre Eltern langsam in ihre Rollen hineinwachsen und die Förderung ihrer Kinder von sich aus verantwortungsbewusst übernehmen, als wenn die Verantwortung von außen übernommen und getragen wird.

In diesem Zusammenhang erlebe ich meine Konstruktion hilfreich, wonach die Mutter von Antje und Thomas wie alle Eltern (in ihrem Herzen) weiß, inwieweit ihr Verhalten dem Wohle ihrer Kinder abträglich ist. Wenn sie sich nicht zum Wohle ihrer Kinder verhält, fühlt sie sich auch als Mutter nicht wohl. Hier kann angeknüpft werden.

ARBEIT AM AUFTRAG

Neben dem Schweigen und ab und zu Smalltalk streut die Familienhelferin wiederholt Fragen bezüglich des Auftrages ein, den die Mutter ihr geben möchte. Hierbei bemüht sie sich, an die Selbsteinsschätzung der Mutter als Mutter und an ihre Einschätzung des Entwicklungsstandes ihrer Kinder anzuknüpfen.

Exkurs zum Umgang mit widersprüchlichen Aufträgen in einer Familie

Die zu diesem Zeitraum der Arbeit in der hier dargestellten Familie erkennbare Auftragslage scheint verwirrend und unklar. Der Vater und die Mutter geben unterschiedliche Aufträge an die Familienhelferin.

Der einzige, der bisher einen klaren Auftrag formuliert hat, ist der Vater. Dieser Auftrag ist für die Familienhelferin jedoch nicht befolgbar, da er eindeutig gegen die Mutter gerichtet scheint. Dem Auftrag des Vaters zu folgen, würde bedeuten, sich seiner negativen Wertung bezüglich den Fähigkeiten der Mutter anzuschließen. Das wäre eine Abwertung der Mutter, die zu keiner förderlichen Zusammenarbeit führen könnte. Das wäre auch ein erzieherischer Auftrag des Vaters: Die Familienhelferin soll die Mutter dazu bringen (erziehen), ihre Aufgaben als Mutter und Hausfrau besser zu erfüllen.

Die Mutter hat bisher noch keinen Auftrag formuliert. Bei ihr scheinen die Aufträge eher aus ihrem Verhalten abzuleiten zu sein. Ihre Selbstinszenierung wird insofern als Auftrag erlebt, dass die Familienhelferin mit viel Geduld und Einfühlungsvermögen mit der gezeigten Not der Mutter umgehen soll.

In derartigen Fällen neige ich dazu, die Aggressionen und Abwertungen des Vaters sowie die depressiv/passive erscheinende Haltung der Mutter als aufeinander bezogene Funktionen im Wechselspiel eines Elternpaares zu werten. So destruktiv dieses Verhalten im Gesamtzusammenhang des familiären Zusammenlebens und im Hinblick auf die Entwicklungschancen der Kinder erlebt werden können, so tragen diese Verhaltensweisen mit hoher Wahrscheinlichkeit auf geheimnisvolle Weise zur Stabilität der Familie, insbesondere der Paarbeziehung bei.

Die mögliche Übernahme der jeweiligen Position des einen oder der anderen und eine auf dieses Entscheidung gegründete Parteilichkeit für den einen gegen die andere Seite würde nach meiner Überzeugung bedeuten, dass sich die HelferInnen mit den destruktiven Anteilen der Lösungsstrategien dieser Eltern verbinden. Dies würde aller Voraussicht nach den Konflikt verschärfen und damit eine Problemlösung erschweren, wenn nicht gar verhindern.

SPFHin: Ihre Kinder sind rund um die Uhr bei Ihnen. Ist das nicht auf Dauer sehr anstrengend?
M (zuckt mit der Schulter und raucht mehrere Züge).

SPFHin: Als wir zusammen mit Ihrem Mann über die Ziele der Hilfe sprachen, wurde von ihnen beiden gesagt, dass Antje wieder in den Kindergarten gehen solle. Darin schienen Sie sich einig.
M (lächelt verlegen wirkend, nickt und raucht).

SPFHin: Wie stellen Sie sich vor, soll dieses Ziel erreicht werden? Ihr Mann sagte, Sie sollten Antje wieder anmelden und dann zum Kindergarten bringen. Ist das für Sie so in Ordnung?
M (zornig und zugleich verächtlich wirkend): Ph, der! *(Nimmt einen Zug)* Der redet nur. Der macht sowieso nichts! *(Raucht zwei Züge)* Auch wenn er das Gegenteil behauptet.

SPFHin: Wie schätzen Sie das denn ein? Gehen Sie davon aus, dass es gut ist, wenn Antje mit ihren vier Jahren in den Kindergarten geht? Oder meinen Sie, man könnte damit auch noch warten, bis sie älter ist? Man kann da ja verschiedener Meinung sein.
M: Das würde schon gut sein, wenn sie geht. *(Raucht mehrere Züge).*

SPFHin: Wenn Antje in den Kindergarten ginge, hätte das ja mehrere Wirkungen: Antje bekäme mehr Förderung. Und Sie würden entlastet, was auch wichtig wäre, zumal Sie bald Ihr drittes Kind bekommen werden. *(Pause)* Was wäre denn für Sie wichtig? Antjes Förderung? Oder Ihre Entlastung?
M (raucht ihre Zigarette zu Ende, drückt sie aus und nimmt eine neue): Um ehrlich zu sein: Eine Entlastung wäre gut. *(Zündet die neue Zigarette an).*

SPFHin: Wie stellen Sie sich eine Hilfe hierfür von mir vor? Soll ich Ihnen Mut zureden? Soll ich Sie immer wieder daran erinnern? Soll ich Sie begleiten, wenn Sie Antje anmelden? Oder müssen Sie nur morgens früher aufstehen?
M (raucht mehrere Züge. Lacht still vor sich hin und schüttelt den Kopf): Ich weiß das auch nicht. *(Nimmt einen Zug)* Eigentlich ist das ja ganz einfach. *(Pause)* Aber ich weiß nicht. *(Raucht zwei Züge)* Das braucht noch eine Zeit.

SPFHin. In der ich zu ihnen komme?
M: Ja. *(Raucht einen Zug)* Vielleicht.

Bei einer der nächsten Begegnungen:

SPFHin: Wie Sie wissen, bin ich hier mit dem Auftrag, Ihnen zu helfen, mit Ihren Aufgaben als Mutter Ihrer Kinder Antje und Thomas besser klar zu kommen. (*Pause*) Nun bin ich nicht da, um Ihnen Ihre Arbeit abzunehmen, was auch eine Hilfe wäre. (*Pause*) Aber erst einmal bin ich hilflos wie Sie selbst. Was soll ich tun?
M (*schaut die Familienhelferin fragend mit einem Achselzucken an*).

SPFHin: Ich bin auch ein wenig verwirrt. (*Pause*) Ich habe nämlich nicht einmal den Eindruck, dass Sie Ihre Aufgaben nicht wahrnehmen könnten. (*Pause*) Ich erlebe Sie nur wie gelähmt. (*Pause*) Ich denke, Sie fühlen sich in Ihrer Haut selbst nicht wohl.
M (*starrt beschämt wirkend auf den Aschenbecher, in dem sie ihre Zigarette ausdrückt*).

SPFHin: Ich bin sicher, Sie wollen eine gute Mutter sein.
M (*verächtlich wirkend*): Das glauben Sie doch selbst nicht! (*Nimmt eine neue Zigarette, zündet sie hastig an und raucht mehrere Züge*).

SPFHin: Wie sehen Sie das denn selbst? Wollen Sie eine gute Mutter sein oder nicht?
M (*leise*): Klar will ich das. (*Raucht und starrt auf den Aschenbecher*) Aber das glaubt mir ja keiner. Alle hacken nur auf mir rum. (*Nimmt einen Zug*) Helfen tut mir keiner. (*Raucht zwei Züge und schaut die Familienhelferin an*) Und Sie? Ich weiß nicht, wie Sie mir da helfen können.

SPFHin. Wie fühlen Sie sich denn als Mutter?
M (*verächtlich schnaubend*): Beschissen. Ist doch klar. (*Raucht mehrere Züge*).

SPFHin: Jetzt komme ich schon eine Weile zu Ihnen. Wie geht es Ihnen denn mit mir? Erleben Sie mich als Kontrolle? Bin ich eine Bedrohung? Verlängerter Arm des Jugendamtes?
M (*raucht eine Zigarette zu Ende, drückt sie umständlich aus, nimmt eine neue und zündet sie an*): Ich weiß nicht.

SPFHin: Vielleicht hat sich was geändert? Wie war es am Anfang? Wie ist es jetzt? Jetzt im Augenblick.
M: Am Anfang hatte ich Angst vor Ihnen (*Nimmt einen Zug*) Das ist anders geworden.

SPFHin: Sie haben jetzt keine Angst mehr vor mir?
M (schaut die Familienhelferin an): Ist das falsch?

SPFHin: Ich finde es gut, wenn Sie keine Angst vor mir haben. Aber das kann ja mehrere Ursachen haben. Vielleicht finden Sie mich nur ungefährlich, da ich harmlos erscheine. Schließlich tue ich nichts, als bei Ihnen zu sitzen.
M: Sie haben mir beim Aufräumen geholfen, neulich.

SPFHin: Ja, das habe ich. (*Pause*) Aber dann?
M (raucht zwei Züge, lächelt leicht und schaut die Familienhelferin an): Ich hatte Angst, da kommt jetzt eine, die sagt, was ich zu tun und zu lassen habe, und die alles an sich reisst.

SPFHin: Das tue ich nicht. Das stimmt. (*Pause*) Das kann aber auch eine Enttäuschung sein.
M (raucht mehrere Züge und schüttelt den Kopf).

SPFHin: Wie ist denn das für Sie, wenn ich hier bin? Ich stelle mir das schrecklich vor, aushalten zu müssen, wenn Ihnen jemand zuschaut, wie Sie sich als Mutter selbst nicht leiden können.
M: Das ist auf jeden Fall besser, als wenn keiner da ist oder wenn man nur Vorwürfe zu hören bekommt.

SPFHin: Es ist also in Ordnung für Sie, dass ich komme?
M (raucht ihre Zigarette zu Ende, drückt sie aus und nickt langsam, nachdenklich wirkend).

SPFHin: Ich frage Sie noch einmal: Wie ist das für Sie? Ist das eine Erleichterung? Oder wird es für Sie noch schwerer, sich selbst auszuhalten?
M (nimmt eine neue Zigarette und zündet sie an): Leichter ist es nicht. (*Nimmt zwei Züge*) Ich weiß nicht, wie ich das sagen soll. (*Hastig*) Es muss sich ja was ändern. Das weiß ich selbst.

SPFHin: Und wenn ich da bin, wird das deutlicher?
M (nickt).

SPFHin: Und die Veränderung soll nicht von mir ausgehen?
M (nickt und nimmt zwei Züge).

SPFHin: Sie wollen also, dass ich weiter komme, aber dass ich es Ihnen überlasse, was Sie ändern und wann.
M (nickt).

Wieder ein anderes Mal:

SPFHin: Sie sagen, dass Sie immer hören, Ihre Kinder seien in ihrer Entwicklung zurück. Sie seien nicht normal entwickelt, wie man so sagt. (*Pause*) Haben Sie eine Ahnung, was die meinen? Wissen Sie, wie Kinder im Alter von 2 oder 4 zu sein haben?
M (*nach mehreren Zügen*): Darüber habe ich noch nie nachgedacht. (*Raucht mehrere Züge*).

SPFHin: Frau A., wie sehen Sie das als Mutter? Wollen Sie wissen, wie sich Kinder normalerweise entwickeln? Was sie in welchen Alter tun und können sollten?
M: Ja. Schon. (*Raucht einen Zug*) Das wäre wohl nicht schlecht. (*Raucht ihre Zigarette zu Ende, drückt sie aus, nimmt eine neue, die sie nachdenklich zwischen ihren Fingern dreht*) Ich habe davon keine Ahnung.

SPFHin. Das heißt für mich, dass Sie das lernen möchten.
M (*nickt*).

SPFHin: Bei wem und wo möchten Sie das lernen? Wollen Sie vielleicht Kurse an der Volkshochschule besuchen? Wollen Sie Bücher zu diesem Thema lesen?
M (*die Familienhelferin fragend anschauend*): Geht das nicht bei Ihnen?

SPFHin: Doch, auch. Ich kann, wenn Sie das wollen, mit Ihnen an diesem Thema arbeiten und mit Ihnen geeignetes Material anschauen. Wäre das in Ordnung so?
M: Ja, das wäre gut.

Exkurs über die Förderung von Kindern in
stark belasteten Familien

Was die konkrete Förderung von Kindern angeht, empfehle ich, erst einmal den Bedarf genau zu abzuklären, ob es sich um einen Förderungsbedarf nach § 40 Abs. 1 Nr. 2a BSHG handelt, d.h., ob sich der Bedarf der Förderung von irgendeiner Art geistiger oder körperlicher Behinderung ableitet.

In der hier dargestellten Familie A. scheinen die Kinder Antje und Thomas in ihrer Entwicklung ihrem Alter nicht zu entsprechen. Bisher ist aber nicht erkennbar, dass diese Retardierung einer geistigen oder körperlichen Behinderung entspräche. Vielmehr scheint sie Folge eines Mangels an Zuwendung und familiärer Förderung zu sein, die allem Anschein nach aus dem vor allem die Mutter lähmenden Streit der Eltern über den Umgang mit den Kindern resultiert.

Noch war es im Verlauf der SPFH nicht möglich, das Können und die Defizite der altersgemäßen Entwicklung der Kinder genau zu erfassen.

Aus gesamtfamiliärer Sicht halte ich es in einem solchen Fall für sinnvoll, diese Abklärung im Gespräch mit den Eltern zu leisten, indem mit ihnen darüber gesprochen wird, wie sie die Kinder selbst erleben und was sie glauben, was die Kinder ihrem Alter gemäß können und wissen sollten.

Da sich in dem hier dargestellten Fall der Vater bisher jeder Kooperation entzogen hat, empfiehlt es sich, diese Arbeit mit der Mutter zu beginnen. Dabei könnten sich bei ihr Unsicherheiten und Unwissen offenbaren, die aus dem Mangel an eigener Erfahrung in der eigenen Kindheit ableiten lassen. Hieraus könnte sich ein Bedarf an Belehrungen ableiten, die die Mutter braucht, um sich auf ihre Kinder ihrem Alter gemäß beziehen zu können.

Für die Überprüfung des Entwicklungsstandes von Kindern empfehle ich, mit den Eltern zusammen das Buch von Ernst J. Kiphard durchzugehen, in dem die unterschiedlichen als altergemäß einzuschätzenden Fertigkeiten von Kindern sehr übersichtlich aufgezeigt sind (Kiphard 1975).

Erste Anregungen für die Förderung kindlicher Fähigkeiten beziehe ich aus dem Buch von Marie-Josée Gregoir-van Treek, deren zahlreiche Wahrnehmungs-, Beschäftigungs-, Lern- und Spielvorschläge mir gut auf verschiedene Altersgruppen und entsprechende Lebenssituationen übertragbar erscheinen (Gregoir-van Treek 1990).

Als besonders hilfreich erachte ich die Darstellungen und Überlegungen zu einer Förderung der Kinder von Paula Tietze-Fritz, die die „Einbettung aller Maßnahmen in den familiären Kontext" empfiehlt (Tietze-Fritz 1993, S. 10).

Dies gilt im Besonderen auch in Hinblick auf die Einbeziehung der Mütter in die Arbeit als eines integralen Bestandteiles der Förderung. Die Hilfe sollte den Kindern über die Hilfe für die Eltern zugute kommen, wenn sie sich bereit zeigen zu lernen, wie sie sich fördernder und stützender auf ihre Kinder beziehen können.

Paula Tietze-Fritz spricht in einem derartigen Zusammenhang von „familiennaher Frühförderung" und schreibt dazu: „Familiennahe Frühförderung muss sich (...) um Verständnis für besondere Familiensituationen bemühen und nach Formen (heil)pädagogischer Hilfen auch und *insbesondere für die Mütter* suchen. Diese Hilfen sollten auf Unterstützung und auf Hilfe zur Entlastung und Bewältigung einer besonderen Lebenssituation ausgerichtet sein" (ebda, S. 18). In diesem Zusammenhang schreibt Paula Tietze-Fritz von einer „besonderen Erziehungsaufgabe" der Frühförderung, eben „wenn sie eine psychische oder soziale Störung des familialen Gleichgewichtes vorfindet" (ebda, S. 22).

Den von der Autorin auf die Mütter konzentrierten Blick möchte ich bewusst auf die Bedeutung der Eltern ausweiten. Auch die mögliche Einbeziehung der Väter sollte in diesem Zusammenhang nicht aus dem Auge verloren werden.

Ein grundsätzliches Problem sehe ich zudem darin, wenn versucht wird, die Kinder ohne ausdrückliche Einwilligung der Eltern beziehungsweise ohne deren wirklich ernst gemeinten Auftrag durch gezielte Förderung allzu weit von den Möglichkeiten ihrer Eltern zu entfernen. Dies kann zu Spannungen zwischen den HelferInnen und den Eltern und auch zu Abbrüchen führen. Vor allem aber kann es zu verstärkten Loyalitätskonflikten der Kinder ihren Eltern gegenüber führen, die die Kinder dazu veranlassen mögen, eine weitere Förderung nicht mehr anzunehmen oder das Gelernte auf Dauer nicht anzuwenden und zu vergessen.

Die Geschichte der Mutter (2)

Die lähmend depressive Grundstimmung der Mutter veranlasst die Familienhelferin, die Mutter bereits in einer frühen Sitzung nach ihrer eigenen Kindheit zu fragen. Dabei greift sie auf ihre Erfahrung zurück, nach der es ihr immer wieder hilfreich erschien, nicht allgemein oder pauschal nach der Kindheit zu fragen, sondern sich zuerst nur auf das Alter zu beziehen, in dem sich die Kinder der angesprochenen Person zur Zeit befinden.

SPFHin: Wenn ich Ihnen zuhöre und Sie erlebe, kommt mir die Frage, wie es Ihnen als Kind gegangen sein mag, als Sie so alt waren wie Antje oder Thomas jetzt.

Die Mutter geht zögernd auf diese Frage ein und erzählt, ihre Eltern hätten sich kurz nach ihrer Geburt getrennt. Ihre Mutter habe den Vater rausgeschmissen, da er wohl mit noch einer anderen Frau ein Verhältnis gehabt hätte. Sie selbst habe dann vor allem bei ihrer Großmutter gelebt, die damals schon ihre Wohnung voll Menschen gehabt hätte. Man habe sich nicht viel um sie gekümmert. Sie sei dort mehr sich selbst überlassen geblieben.

Ihre Mutter habe nach einer Zeit von einem anderen Mann ein zweites Kind bekommen, ihren Halbbruder Volker. Mit dem Mann sei die Mutter nie richtig zusammen gewesen. Der lebe, soviel sie wisse, bei Stuttgart. Später habe ihre Mutter einen Mann geheiratet, dessen Frau gestorben war. Der hatte aus dieser Ehe ein Kind. Sie haben dann noch ein gemeinsames Kind bekommen, ihren zweiten Halbbruder Helmut.

Als die Familienhelferin weitere Fragen über ihre Eltern stellen will, wird die Mutter plötzlich unwirsch:

M (plötzlich heftig werdend, wie erschrocken): Wozu erzähle ich das überhaupt? Ich habe absolut keine Lust, darüber zu reden. *(Nimmt mehrere Züge. Die Familienhelferin anschauend)* Warum fragen Sie überhaupt?
SPFHin: Das ist in Ordnung wenn Sie nicht weiter erzählen wollen. Ich respektiere Ihre Grenzen und finde es gut, dass Sie selbst auf Ihre Grenzen achten. *(Pause)* Sie müssen nichts mehr sagen. *(Pause)* Was ich von Ihnen gehört habe, berührt mich sehr. *(Beobachtet die Mutter, wie die reagiert, wenn sie über das Gehörte spricht)* Mir genügt schon dieses Wissen, um zu ahnen, dass es schon die ganz kleine Helga nicht leicht gehabt hat.

M (schweigt versunken, nicht abwehrend wirkend).
SPFHin (langsam, in achtungsvollem Ton): Aus Ihren Worten spüre ich die Not, die die kleine Helga von früh an durchlebt hat. *(Beobachtet die Mutter)*

M (sitzt versunken da und raucht langsam einen Zug nach dem anderen).
SPFHin: Die kleine Helga litt sicherlich unter der Trennung ihrer Eltern und fühlte sich wie Aschenputtel weg geschoben. Sie hätte so gerne verstanden, warum die Mama den Papa weggeschickt hat. Aber das konnte sie nicht. Sie war ja noch viel zu klein und niemand hätte auf Ihre Fragen gehört und niemand hätte geantwortet. *(Legt eine Pause ein und beobachtet die Mutter)*

M (schaut wie träumend auf den Tisch und raucht langsam eine Zigarette zu Ende. Drückt sie aus und zündet sich eine andere an. Sie wirkt ruhig).
SPFHin: Irgendwie spürte sie, dass der Papa etwas Schlimmes gemacht haben musste, wenn die Mama ihn so bald davon schickte. Aber sie wollte lieber nichts davon wissen. Sie wollte ihren Papa lieben. Das konnte sie nur heimlich in ihrem Herzen. Und dann kamen andere Kinder: Halbgeschwister, die die Aufmerksamkeit auf sich zogen.

M (wendet ihren Blick langsam der Familienhelferin zu).
SPFHin (ruhig): Das war die Geschichte der kleinen Helga, die Sie mir erzählt haben.

Exkurs über die Bedeutung der Arbeit mit den Geschichten hinter den Geschichten

Ich gehe immer davon aus, dass ich, wenn ich Menschen begegne, ihnen in ihrer lebens- und familiengeschichtlichen Dimension begegne und dass ihre Geschichte wesentlich das Bild mitbestimmt, das sie von sich selbst haben und das sich in ihren Handlungsweisen niederschlägt.

Dieses Bild der Menschen von sich selbst sehe ich als Summe eines komplexen Verarbeitungsprozesses von Ereignissen, auf die die betroffenen Personen selbst keinen oder nur einen geringen Einfluss haben oder hatten.

Diese Ereignisse beginnen mit dem Leben selbst. So ist es für die Entwicklung eines Neugeborenen von großer Bedeutung, ob es als Junge oder als Mädchen auf die Welt gekommen ist. Auch ist es für die Lebensentwicklung von Bedeutung, mit welcher Wesensart und welchen Begabungen es ausgestattet ist. Ebenso bedeutsam ist, in welche Familie, zu welchen Eltern es geboren wird und in welche Zeit. Sind es Eltern mit einem hohen Bildungsgrad oder Eltern mit sehr eingegrenzten kognitiven Möglichkeiten? Ist es eine Zeit allgemeinen Wohlstands und großer Zuversicht oder eher eine Zeit kollektiver Not wie Krieg oder Nachkrieg? Wie geht die Familie mit diesen Bedingungen um? Hat sie die Möglichkeit, sich konstruktiv und fördernd auf ihr Kind zu beziehen?

Der Tod, ein Selbstmord oder Unfall, schwere Krankheiten sowie Trennungen naher Personen sind ebenfalls Ereignisse, die in den lebenslangen Erarbeitungsprozess von Bedeutungsgebungen hineinwirken.

Grundsätzlich ist mir wichtig zu betonen, dass es nicht die Ereignisse selbst sind, die die Bilder von der Welt und die Bilder von sich selbst bestimmen, sondern die sehr komplizierten, in ihren Einzelheiten gar nicht vollständig nachzeichenbaren familiären und individuellen Verarbeitungsprozesse dieser Ereignisse (Furmann 1999). Es gibt viele Familien mit gleichen schicksalhaften Begebenheiten, die aber sehr unterschiedliche Entwicklungen genommen haben, je nach Art der Schicksalsverarbeitung.

Bei einer Mutter wie Frau A. gehe ich davon aus, dass sie ihre Art des Umgangs mit ihren Kindern nicht aus freien Stücken gewählt hat. Vielmehr nehme ich an, dass meine Wahrnehmung dieser Mutter eine Momentaufnahme in der Entwicklung ihres Lebens wiedergibt, auf der auch ihre Geschichte mit eingefangen ist.

So kann das wenig förderliche Verhalten der Mutter ihren Kindern und sich selbst gegenüber Folge der Verarbeitung unterschiedlicher belastender Ereignisse sein, wobei ich davon ausgehe, dass ihr entsprechende Zusammenhänge selbst nicht oder nur schemenhaft bewusst sind.

Wie es sich bereits bei dem ersten hier aufgezeigten Gespräch über die Lebensgeschichte der Mutter zeigte, hat sie z.B. keine genauen Kenntnisse über die Ursachen der Trennung ihrer Eltern und über den Verbleib ihres Vaters. Offenbar gibt es hier familiäre Geheimnisse, die ihr gegenüber bisher gehütet worden sind.

Wie auch John Bradshaw schreibt, können familiäre Geheimnisse fatale Wirkungen auf das Wohlergehen mehrerer Generationen haben. „Die dunklen Geheimnisse, die so sorgsam gehütet werden, werden doch offenbart und enthüllt, weil die Kinder sie ausagieren – wenn nicht in dieser Generation, dann in der nächsten oder übernächsten" (Bradshaw 1997, S. 13). „Auch wenn sie über all diese Dinge nichts wissen, können sie doch darunter leiden – manchmal sogar sehr" (ebda).

In Ereignissen von Bedeutung, die nicht ausgesprochen oder gar totgeschwiegen werden, erkenne ich Verknotungen, die den freien Fluss der Kräfte in Richtung der Entfaltung von Lebenstüchtigkeit blockieren. In den daraus folgenden Formen problembringenden Verhaltens nehme ich wahr, dass sie einerseits das familiäre Geheimnis schützen, andererseits aber auf seine Existenz aufmerksam machen. Auf der einen Seite lenkt das Verhalten von dem Geheimnis ab, auf der anderen weist es darauf hin. Der erste Aspekt beinhaltet eine Lösung, die allerdings neue Probleme schafft. Der zweite Aspekt beinhaltet für mich den Hilferuf.

Aus dieser Wahrnehmung leite ich den Auftrag ab, den betroffenen Personen behutsam zu helfen, sich ihren Geheimnissen zu nähern, was John Bradshaw „*Seelensuche*" nennt, „die Suche nach dem *Wesen* unserer Familie – nach dem, wodurch sie am stärksten geprägt ist" (ebda, S. 12).

In der Arbeit mit diesen Geheimnissen geht es nicht darum, bei vergangenen Belastungen und Problemen zu verweilen. Aber: Zu einem ressourcen- und lösungsorientierten Handlungsansatz gehört für mich dazu, dass ich den Familien durch achtsames Annähern an ihre Geheimnisse als den Geschichten, die sich hinter den gezeigten Geschichten verbergen, helfe, die Knoten zu lösen, die die Entfaltung der Lebensenergien blockieren.

Dies geschieht nicht durch bohrendes Fragen und Nachfragen, auch nicht durch ein gezieltes Durcharbeiten nicht gelöster Schmerzen, sondern durch aufmerksames Zuhören, auf das dann ein teilnahme- und respektvolles Nach-Erzählen der Geschichten folgt, die soeben bruchstückhaft, zögernd und vielleicht auch ängstlich angedeutet wurden.

Nach meiner Erfahrung erleben es die Betroffenen als wohltuend, wenn sie ihre Geschichte aus der Perspektive derer hören, denen sie sie anvertraut haben. Ich habe den Eindruck, dass sie dies als eine (quasi öffentliche) Würdigung ihres Lebensschicksals erfahren.

Doch ist hier besondere Behutsamkeit geboten, weil die Betroffenen die Zuwendung, die in dieser Be-Achtung liegt, „eigentlich" immer noch von denen ersehnen, die sie ihnen im Verlauf ihres Lebens bisher verweigert haben, nämlich ihren Eltern oder anderen bedeutsamen Bezugspersonen.

Die Wertschätzung der HelferInnen kann die Betroffenen vorerst in neue Loyalitätskonflikte diesen Bezugspersonen gegenüber stürzen. („Darf ich von anderen nehmen, was ich dort nicht bekam?")

Auch bringt diese Wertschätzung vorerst das Selbstbild ins Wanken, das aus der Verarbeitung der Nichtbeachtung z.B. wichtiger kindlicher Bedürfnisse erfolgte. („Bin ich eine solche Wertschätzung wert?")

Nur ein langsames Annähern an diese Geschichten hinter den Geschichten mag die Chance begünstigen, dass die HelferInnen in den Betroffenen die Bedeutung gewinnen, die es ihnen erlaubt, den HelferInnen Bedeutung zu geben.

Arbeit mit der Mutter an ihrer mütterlichen Kompetenz

Während der ersten Kontakte mit der Mutter ergeben sich keine Anzeichen, dass sie nicht in der Lage ist, die Kinder ausreichend mit Essen und Kleidung zu versorgen. Die Mutter scheint bedarfsgerecht zu kochen, auch einzukaufen. Aus Andeutungen erfährt die Familienhelferin, dass die Urgroßmutter dem Vater wiederholt Lebensmittel oder auch fertige Speisen mit nach Hause gibt. Die Versorgung der Kinder auf diesem Gebiet wird gegenüber der Familienhelferin weder direkt durch Ansprechen noch indirekt durch offensichtlichen Mangel zum Thema gemacht.

Als Themen bleiben vor allem durch das Zeigen des Mangels, die Fragen nach dem altersangemessenen Umgang mit den Kindern beziehungsweise deren Förderung durch die Mutter. In diesem Zusammenhang spricht die Familienhelferin etwa zu Beginn des zweiten Monats der SPFH zunehmend konkrete Schritte an, die die Mutter gehen müsste, wenn sie die anfangs vom Vater benannten und selbst bestätigten Zielvorstellungen wie den Kindergartenbesuch von Antje und die Förderung beider Kinder tatsächlich erreichen wollte.

Mit beiden Themenbereichen macht die Familienhelferin bald ähnliche Erfahrungen. Zum einen spürt sie, dass sie immer abwarten muss, wann die Mutter aus ihrer tiefen Resignation beziehungsweise Depression auftaucht und sich bereit zeigt, konkrete Themen planerisch anzugehen. Dann beteiligt sich die Mutter erstaunlich konstruktiv an den Gesprächen und zeigt sich einsichtig und willens, die zunächst erforderlichern Schritte zu gehen. Die Mutter äußert klare und auch realistisch erscheinende Vorstellungen von dem, was zur Verwirklichung ihrer Pläne notwendig ist. Die Familienhelferin ihrerseits könnte den Eindruck gewinnen, gute und konstruktive Gespräche geführt zu haben.

Was die Anmeldung von Antje beim Kindergarten betrifft, zeigt sich die Mutter (in derart „hellen" Momenten) entschlossen, bereits am jeweils nächsten Tag die Anmeldung persönlich vorzunehmen und Antje dann auch regelmäßig in den Kindergarten bringen zu wollen. Dass es Schwierigkeiten geben könnte, auf Anhieb einen Platz zu bekommen, scheint sie sich in diesen Gesprächen nicht vorstellen zu können. Das Gleiche betrifft auch die Möglichkeit, dass die Leiterin des Kindergartens den Beteuerungen der Mutter gegenüber skeptisch sein könnte, dass sie Antje in Zukunft regelmäßig zum Kindergarten bringen werde.

Bei ihren jeweils nächsten Besuchen muss die Familienhelferin aber zur Kenntnis nehmen, dass die Mutter nichts von dem in die Tat umgesetzt hat, worüber sie sich derart überzeugend geäußert hatte. Vielmehr trifft sie dann wieder auf die depressiv gestimmte, in sich gekehrte antriebsgelähmte Frau.

SPFHin: Frau A., seit einiger Zeit sprechen wir regelmäßig darüber, dass und wie Sie Antje im Kindergarten anmelden wollen.
M (nickt, schuldbewusst wirkend).

SPFHin: Ja. Und wenn ich dann wiederkomme, ist nichts dergleichen geschehen, obwohl Sie mir vorher völlig überzeugend darlegten, dass Sie Antje anmelden würden und wie Sie das tun würden.
M (schweigt rauchend).

SPFHin: Das verstehe ich nicht. (*Pause*) Aus Ihren eigenen Worten entnehme ich, dass Sie genau wissen, was Sie wollen und wie Sie das umsetzen können. An Ihren Vorstellungen erscheint mir alles richtig. (*Pause*) Sie wollen und sagen nichts Verkehrtes. (*Pause*) Aber, wie soll ich diesen Unterschied verstehen, zwischen dem, was Sie wollen und sagen, und dem, was Sie dann tatsächlich tun beziehungsweise nicht tun?
M (raucht zwei Züge und hebt resigniert wirkend die Schultern).

SPFHin: Wenn Sie sagen, dass Sie Antje noch morgen anmelden werden, sagen Sie das, weil Sie glauben, dass ich das so hören will? (*Pause*) Fühlen Sie sich durch mich unter Druck gesetzt? (*Pause*) Oder ist der Schritt von dem, was Sie sich zu tun vorstellen, zu dem Tun selbst zu groß?
M (raucht zwei Züge, dann zögernd): Ich weiß auch nicht.

SPFHin: Aber Sie wissen genau, was sie tun müssen, im Ihr Ziel zu erreichen. (*Pause*) Mein Ziel ist das nicht. Es schien Ihrem Mann sehr wichtig und Sie haben sich der Vorstellung angeschlossen. (*Pause*) Ich beginne mich zu fragen, ob das wirklich Ihr Ziel ist.
M (recht heftig): Doch ist das mein Ziel. (*Raucht ihre Zigarette zu Ende*) Ich weiß ja auch, was ich machen muss: Ich muss zum Kindergarten gehen und mit der Leiterin dort reden. Ich werde mich entschuldigen, dass ich Antje nicht regelmäßig gebracht habe und ich werde versprechen, das in Zukunft zu tun. (*Nimmt eine neue Zigarette und zündet sie an. Sehr entschieden wirkend*): Das werde ich auch. (*Die Familienhelferin klar anschauend*) Morgen. Spätesten am nächsten Montag.

Als die Familienhelferin die Familie A. am nächsten Dienstag wieder aufsucht, erfährt sie erst nach einer Weile auf Anfrage von der Mutter, dass sie es wieder nicht geschafft hat, ihr so überzeugend vorgetragenes Vorhaben in die Tat umzusetzen. Sie wirkt anfangs auch wieder depressiv, schlägt dann wie die anderen Male in eine zuversichtlich wirkende Stimmung um und erklärt zum wiederholten Male, wie sie nun zum Kindergarten gehen werde etc.

SPFHin: Ich weiß ja, dass Sie wissen, was Sie machen müssen. Aber irgendetwas hindert Sie offensichtlich daran, Ihr mir gegenüber immer wieder betontes Wissen und Wollen in die Tat umzusetzen (*Pause*). Wie wäre es denn, wenn ich Sie auf dem Weg zum Kindergarten begleite?
M (erfreut wirkend): Würden Sie das wirklich tun?

Die beiden Frauen vereinbaren daraufhin, wie die Begleitung gestaltet werden soll. Die Mutter wünscht, dass die Familienhelferin bei dem Gespräch anwesend sei, das Gespräch werde sie aber selbst führen. Es wird auch geklärt, dass Antje und Thomas mitgenommen werden.

Auf die Frage, wie die Mutter die Familienhelferin der Leiterin des Kindergartens vorstellen wolle, erklärt die Mutter, sie werde sie offen als Hilfe vom Jugendamt vorstellen.

Der Besuch beim Kindergarten erfolgt dann verabredungsgemäß. Die Leiterin des Kindergartens äußert sich erfreut, dass die Mutter eine Hilfe angenommen hat. Sie kann ihr zwar nicht sofort einen Platz für Antje zusagen, stellt ihr aber einen in Aussicht, da eine Familie, die zwei Kinder im Kindergarten habe, wegzuziehen beabsichtige.

Der Familienhelferin fiel auf, dass die Mutter während der Unterredung mit der Leiterin des Kindergartens aufgeregt schien und immer wieder mit einem Seitenblick auf die Familienhelferin Bestätigungen für sich gesucht hat. Auch auf dem Weg zurück in die Wohnung sucht die Mutter mehrmals die Bestätigung der Familienhelferin, alles richtig gesagt zu haben. Sie wirkt sehr erleichtert und wie aufgekratzt.

Ein ähnliches Bild ergibt sich im Zusammenhang mit dem Vorhaben der Mutter, in der Gemeindebücherei nach Kinderbüchern und altersgemäßen Spielen zu fragen und sie auszuleihen. Hier zeigte sie sich der Familienhelferin gegenüber sehr lernbegierig, wie sie so etwas machen könne. Sie äußert sich gewillt, die erforderlichen Schritte zu gehen. Aber wie bei der Anmeldung Antjes zum Kindergarten geschieht dann nichts Entsprechendes.

Auch hier zeigt sich die Mutter erleichtert, als die Familienhelferin ihre Begleitung anbietet. In ihrer Gegenwart vermag die Mutter dann auch die theoretisch erlernten Schritte umzusetzen.

Exkurs über eine Theorie der Entwicklung der kognitiv-emotionalen Kompetenz im Kindes- und Jugendalter und Verhaltensformen biologisch Erwachsener, die verschiedenen Entwicklungsstufen im Kindes- und Jugendalter entsprechen

1. Abschnitt: Erfahrungen in der Jugendhilfe mit Eltern, die nicht die kognitiv-emotionale Kompetenz Erwachsener zu haben scheinen und die daraus folgende Fragestellung

Bei den „Hilfen zur Erziehung" haben es die MitarbeiterInnen der Öffentlichen Jugendhilfe immer mit Eltern zu tun, die zumindest die biologische Reife hatten, Kinder zu zeugen/zu empfangen und zur Welt zu bringen. Die Mehrzahl dieser Eltern sind in einem Alter, das auch die kognitiv-emotionale Kompetenz Erwachsener erwarten lässt.

Unter der kognitiv-emotionalen Kompetenz Erwachsener verstehe ich die Fähigkeit,

(1) Anforderungen zur Alltagsbewältigung zu erkennen und weitgehend umzusetzen,

(2) von diesen Anforderungen und ihren Voraussetzungen einigermaßen situationsangemessene Vorstellungen („Theorien") zu haben,

(3) über diese Vorstellungen kommunizieren und Perspektiven anderer in die eigenen Perspektiven einbeziehen zu können,

(4) mit eigenen Ambivalenzen und denen anderer sowie mit eigenen Widersprüchlichkeiten und denen anderer sowie mit Grenzerfahrungen und Zweifeln umgehen zu können

(5) sowie Zusammenhänge und Unterschiede von Theorie und Handeln zu erkennen

In der Arbeit mit stark belasteten Familien machen HelferInnen jedoch immer wieder die Erfahrung, dass die biologisch erwachsenen Eltern nicht diese kognitiv-emotionale Kompetenz Erwachsener zu haben scheinen. Ich möchte sogar behaupten, dass die Personen (Eltern und andere Erziehungsberechtigte), die dieser Formen der Hilfen bedürfen, nicht im hier vorgegebenen Sinn „erwachsen" sind, sonst würden sie schließlich ihren Lebensalltag im familiären Zusammenleben mit Kindern auf eine für alle relativ gedeihliche Weise bewältigen.

Das hier gemeinte Erleben kann mehrere Erscheinungsformen haben:

In einer ersten Variante erleben HelferInnen Familien und ihre Mitglieder mit einem festen Bild von der Welt und sich in dieser Welt, von dessen Stimmigkeit sie sich völlig überzeugt zeigen, obwohl sie dieses Bild daran hindert, ihren Alltagsanforderungen einigermaßen gerecht zu werden. Das heißt für mich, sie haben eine „Theorie von der Welt", die nicht im Einklang steht mit den Anforderungen, die ein förderliches familiäres Zusammenleben stellen. Im Zusammenwirken von HelferInnen und Eltern kann sich das darin äußern, dass keine Verständigung über die jeweiligen Wahrnehmungen von Realität herstellbar ist.

Hier sehe ich die Gefahr für HelferInnen darin, sich mit den Familienmitgliedern in einen Streit um „Wirklichkeiten" zu verbeißen.

In einer zweiten Variante zeigen sich die betroffenen Familienmitglieder zwar lernbereit, aber dann nicht in der Lage, das Gelernte in Handeln umzusetzen Das kann sich darin äußern, dass die Betroffenen Familienmitglieder sich zwar bemüht zeigen, sich der Sicht von der Welt der HelferInnen anzupassen, dann aber nicht in der Lage scheinen, die daraus folgenden praktischen Schritte abzuleiten.

Die HelferInnen haben anfangs den Eindruck, gute und konstruktive Gespräche geführt zu haben, müssen dann aber feststellen, dass von den möglicherweise getroffenen Abmachungen nichts umgesetzt wurde.

In dieser Situation sehe ich die Gefahr einer Selbsttäuschung der HelferInnen, die in Ungeduld, Abwertungen und Ärger umzuschlagen droht.

Letztendlich sehe ich in diesen Diskrepanzen Störungen in der Wirklichkeitsaneignung, die nach meiner Theorie auf Störungen im Aufbau und in der Entwicklung der kognitiv-emotionalen Kompetenz im Kindes- und Jugendalter hinweisen können, worauf ich im weiteren Verlauf dieses Exkurses eingehen werde.

In beiden hier aufgezeigten Varianten im Erscheinungsbild von Eltern, die offenbar nicht in der Lage sind, ihrer elterlichen Verantwortung situationsangemessen zu entsprechen, ist die Versuchung für HelferInnen groß, Konzepte *für* die Familien zu entwickeln und deren Umsetzen kontrollierend durchsetzen zu wollen. Das läuft dann aber in der Regel auf Machtkämpfe hinaus, die die HelferInnen auf lange Sicht verlieren und die letztendlich zum Schaden der Kinder sind.

Diese Erfahrungen der SozialarbeiterInnen des ASD und der MitarbeiterInnen der Ambulanten Hilfen wie auch von MitarbeiterInnen Stationärer Hilfen machten es für mich in deren Beratung und Supervision erforderlich, im Austausch mit ihnen ein Konzept zu entwickeln, das Zugänge zu den oft irritierenden Verhaltensweisen der Betroffenen ermöglicht, und vor allem allzu große Enttäuschungen und Machtkämpfe zu vermeiden hilft.

Bei mir bildete sich die Fragestellung heraus, ob die Diskrepanz von biologischem Erwachsensein und der gezeigten kognitiv-emotionalen Kompetenz als ein bevorzugtes Zurückgreifen auf Formen des Umgangs mit Realität zu verstehen sein könnte, die einem zurückliegenden Lebensalter entsprächen.

Meine Überlegungen basieren auf einem entwicklungspsychologischen Denken, nach dem sich die Fähigkeiten, mit den Anforderungen des Lebens kognitiv und emotional umzugehen, lebenslang entwickeln, wobei diese Entwicklung einem in sich schlüssigen Aufbau hat. Mich beschäftigte dabei die Frage, aus welcher Ich/Welt-Perspektive ein altersgemäßer Aufbau einer jeweils spezifischen Art und Weise von Wirklichkeitskonstruktionen erfolgen könnte.

Diese Fragestellung ist meines Erachtens dem systemischen Konstruktivismus immanent, da mit ihr untersucht wird, aus welchen kognitiv-emotionalen Strukturbedingungen Kognitionen erfolgen. Es handelt sich hierbei um einen kognitionswissenschaftlichen Zugang zum Erleben von Personen und dem Umgang mit ihnen, bei denen der Eindruck besteht, dass sie nicht in der Lage scheinen, ihre Wirklichkeitskonstruktionen sozial abzugleichen oder mit ihrem eigenen konkreten Handeln in Verbindung zu bringen.

Grundlage meines Denkens hierzu ist, dass sich die kognitiv-emotionale Kompetenz im Laufe des Lebens nach einem Muster entwickelt, dass nicht beliebig ist.

In diesem Exkurs wende ich mich vor allem dieser Entwicklung im Kindes- und Jugendalter zu. Der weiteren Entwicklung im Erwachsenenalter werde ich einen späteren Exkurs widmen (s. S. 296ff.).

Meine Darstellung hierzu ist der Versuch, diese Entwicklungsschritte quasi als Makro-Schritte in einem entwicklungspsychologischen Aufbau zu entwerfen, wobei ich die hoch komplexe Vielfalt von Mikro-Schritten (wie dem Erlernen von Sehen, dem Erlernen von Verstehen von Sprache, dem Erlernen von Gehen und Laufen etc.) als Teile der Makro-Schritte außer acht lassen werde.

Um einen Zugang zu den beschriebenen irritierenden Verhaltensweisen Erwachsener zu erreichen, die der „Hilfen zur Erziehung" bedürfen, habe ich mich auf die Darstellung von zwei mal vier Makro-Schritten (je vier im Kindes- und je vier im Jugendalter) beschränkt.

Dabei sehe ich dieses Unterfangen an als eine Mischform meiner Rezeption des aktuellen Stands von kognitionswissenschaftlichen Erklärungsmodellen, von eigener Erfahrung im Austausch mit der Erfahrung anderer und von Intuition.

Selbstverständlich handelt es sich hierbei selbst um Konstruktionen, die keinen Anspruch auf Wahrheit erheben. Mein Anliegen ist, Denk- und Erklärungsmodelle zu entwickeln, die im praktischen Umgang mit entsprechenden Personen hilfreich sein mögen, sich adäquat auf sie zu beziehen.

Meine Theorie einer altersgemäßen Entwicklung der kognitiv-emotionalen Kompetenz als Grundlage von Realitätskonstruktionen und dem Erleben von Personen, mit denen mir keine soziale

Abgleichung der jeweiligen Konstruktionen möglich scheint, weder im Denken noch im Handeln, leistet für mich dreierlei:

(1) Sie hilft mir, Verhaltensformen zu erfassen, einzuordnen und zu differenzieren.

(2) Sie ermöglicht mir, mein Verhalten den betroffenen Personen gegenüber zu strukturieren und auf die Möglichkeiten und Grenzen seiner Wirkung hin abzuschätzen.

(3) Sie bildet zudem die Grundlage für ein „Nachreifungs"-Konzept, das für mich (wenn es greift) eine zentrale Voraussetzung für die Entwicklung von Lösungen 2. Ordnung darstellt.

In einem ersten Schritt werde ich meine Sicht der alterspezifischen Entwicklung der kognitiv-emotionalen Kompetenz als Grundlage von Realitäts- beziehungsweise Wirklichkeitsaneignungen vorstellen.

Es folgen knappe Darstellungen von Verhaltensformen biologisch Erwachsener, die ich mit den Formen der Realitätsaneignung verschiedener Altersstufen der Kindheitsentwicklung verbinde, wobei ich auf spezifische Anforderung an geeignete Hilfen in diesem Zusammenhang eingehen werde.

Zuletzt werde ich mein Modell auf den bis hierher dargestellten Fall anwenden.

2. Abschnitt: Abriss meiner Theorie der Entwicklung der kognitiv-emotionalen Kompetenz im Kindes- und Jugendalter

Ich möchte meinen diesbezüglichen Ausführungen vorausschicken, dass ich alle zeitlichen Altersangaben nicht als Zeitpunkte, sondern als Zeiträume verstehe. Es handelt sich somit nicht um eine Festlegung starrer Muster, sondern um eine mögliche, auf einer bestimmten Art der Beobachtung basierende Beschreibung der Lebensentwicklung.

Die einzelnen zu benennenden Zeitabschnitte kennzeichnen dabei Schwerpunkte der Entwicklung. Alle Ebenen der Realitätsaneignung bleiben während des gesamten Lebens präsent, wie es auch Daniel Stern im Zusammenhang der von ihm herausgearbeiteten Entwicklungsphasen des Kindes betont (Stern 1993, S. 25). Nur ihre jeweiligen Gewichtungen erlebe ich je nach Altersstufen und individueller Entwicklung unterschiedlich.

Ausgangspunkt meiner Darstellung ist der, dass das menschliche Gehirn etwa 18 bis 20 Jahre braucht, um die kognitiv-emotionale

Kompetenz eines Erwachsenen herauszubilden (Strauch 2004, S. 30; Markowitsch/Welzer 2005, S.14). Es handelt sich hier um die Entwicklung genetisch ausgelegter Ausreifungsprozesse, die mit sozialen Ausformungsprozessen zusammenfallen. „Die organische und die soziale Entwicklung laufen gemeinsam ab, schon vorgeburtlich, deutlicher postnatal" (Markowitsch/Welzer 2005, S. 18). Dazu braucht jede der auszuformenden menschlichen Fähigkeiten eine für sich bestimmte Entwicklungszeit, für die eine Folge bestimmter Zeitfenster (ebda, S. 20), beziehungsweise kritischer oder sensitiver Perioden, das sind Zeitabschnitte, „in denen bestimmte Erfahrungen gemacht werden müssen, damit bestimmte Fertigkeiten beziehungsweise Fähigkeiten erworben werden" (Singer 2005, S. 240, Markowitsch/Welzer 2005, S. 20).

a) Die Entwicklung der kognitiv-emotionalen Kompetenz
im Kindesalter

Bei meiner Darstellung der Entwicklung der kognitiv-emotionalen Kompetenz beginne ich mit dem hirnphysiologischen Phänomen, dass das Gehirn von Säuglingen und Kleinkindern von der Geburt bis ca. im Alter von zwei Jahren eine Überproduktion an Hirnzellen und deren synaptischen Verbindungen erfährt (Strauch 2004, S. 29). Darin ist eine überproportionale Bereitstellung von Entwicklungspotenzialen zu sehen, die im Laufe der Entwicklung je nach dem Grade des Nutzens der Potenziale in festere Strukturen zurückgestuft werden. Erst um das sechste Lebensjahr herum hat sich das menschliche Gehirn auf sein mittleres Maß zurück- und gleichzeitig klare Strukturen ausgebildet (Markowitsch/Welzer 2005, S. 174f).

Das Gehirn eines neugeborenen Kindes ist noch sehr unstrukturiert und bildet mehr Möglichkeiten aus als es je umsetzen wird.

Wir wissen, dass Neugeborene bereits nach wenigen Stunden Elemente ihrer Umgebung wahrnehmen und somit zu ihnen in Beziehung treten (Stern 1993, S. 63f). Von Anfang an baut das Baby Kontakt zu seiner Umwelt auf und beginnt, die auf ihn bezogenen Personen auf sich einzustimmen beziehungsweise sich auf die Personen einzustimmen (Weber 2007, S. 156f).

Erkenntnistheoretisch möchte ich es so formulieren: Das Kind bildet in einer vorbewussten Form früh Hypothesen über Zustände seiner Umgebung, insbesondere der es umgebenden Personen, die es anhand der Stimmigkeit der Reaktionen auf seine Hypothesen überprüft. Dazu werden bestimmte Neuronen, so genannte „Spiegelneuronen" eingesetzt, die die Gefühlslage oder auch das Tun anderer wahrnehmen und darauf adäquat auf sie reagieren lassen (Hüther 2001, S. 26f, Bauer 2007, S. 57). Da das Kind von vornherein und grundsätzlich auf die wohlwollende Unterstützung seiner Lebendabläufe angewiesen ist, sendet es Signale aus, die einerseits seinen Bedürfnissen nach sicherer Geborgenheit und andererseits seine Angebote an positiv konnotierten Beziehungen zum Ausdruck bringen. Es gibt Laute von leichten Tönen bis zu lautem Weinen von sich, wenn irgendetwas unangenehm ist und quält, es lächelt und gibt Laute von Zufriedenheit von sich, wenn es sich mit sich und seiner Umwelt wohl fühlt.

Das Wahrnehmen der eigenen Gefühle und des adäquaten Umgangs mit ihnen seitens der es umgebenden Personen ist die erste Stufe der kognitiv-emotionalen Kompetenz, die sich schon vorgeburtlich, dann vor allem von der Geburt an bis ins Alter von eineinhalb bis zwei Jahren herausbildet.

Für die gedeihliche Entwicklung des ganz kleinen Kindes ist es erforderlich, dass die es umgebenden Personen adäquat auf die Signale des Kindes reagieren und verlässlich wohlwollend auf das Kind eingehen, indem sie z.B. das weinende Baby beachten und nach den Ursachen des Unwohlseins schauen, um diese Ursachen abzustellen, oder indem sie zurücklächeln, wenn das Kind lächelt, oder indem sie sich aktiv mit dem Kind auf eine Weise beschäftigen, von der sie spüren, dass das Kind Freude daran hat.

Auf diese Weise entwirft das Kind „sein Bild der Welt als eine Ansammlung von Handlungsmöglichkeiten." Die bilden auch die „Basis für Vorstellungen vom eigenen Selbst" (Bauer 2007, S. 65).

Je stimmiger dieses Erleben seiner Wahrnehmung der Welt um sich und deren Reaktionen auf das aus der Wahrnehmung resultierende Handeln für das Kind ist, desto stabiler entwickelt sich die Grundsicherheit des Kindes im Austausch mit der für es erfahrbaren Welt. Dann ist es mit großer Wahrscheinlichkeit mit einem Jahr schon in der Lage, „die Ziele und Absichten von Handlungen, die es beobachtet, vorauszusehen und insoweit zu verstehen" (Bauer 2007, S. 65). Das heißt, es hat begonnen, sich zu orientieren.

Diese Entwicklung wird jedoch in dem Maße gestört, in dem das Reagieren der das Kind umgebenden Personen der Selbst- und

Fremdwahrnehmung des Kindes nicht adäquat erfolgt. Das kann eintreten, wenn zum Beispiel Eltern ihrem Kind gegenüber desorientiert oder gar feindlich, abwertend und abwehrend gegenüberstehen, weil sie anderen Prioritäten in ihrem Leben folgen als der liebevoll verlässlichen Fürsorge um ihr Kind (Hüther 2002, S. 77ff.). Das kann auch dann eintreten, wenn Eltern eine verzerrte Theorie über Kinder haben, wenn zum Beispiel eine Mutter ihr sechs Monate altes Kind schlägt, weil es kurz nach dem Wickeln in die Windeln macht und die Mutter dies als einen bösen Willen, als Verachtung ihr gegenüber deutet. Das kann auch eintreten, wenn die Formen des Zusammenlebens mit dem Kind von einer Erziehungstheorie bestimmt sind, die eher der „Schwarzen Pädagogik" entsprechen, wonach man zum Beispiel ein weinendes Kind nicht jedes Mal aufnehmen und trösten soll, weil es dadurch „verweichlicht", „selbstsüchtig" und „tyrannisch" würde (Schwarze Pädagogik 1977, S. 25ff.).

Auch familiäre Belastungssituationen wie Arbeitslosigkeit, wirtschaftliche Not, Krankheiten und schwere Unglücksfälle können die Entwicklung der kognitiv-emotionalen Kompetenz beeinträchtigen. Dies betrifft zwar die gesamte Lebenszeit, wirkt sich aber m.E. bei kleinen Kindern besonders nachteilig aus.

Auch schon im Babyalter erfolgt Lernen unter dem Vorzeichen der Autopoiese. Ein Kind kommt nicht als ein unbeschriebenes Blatt zur Welt, es bringt viele Eigenschaften mit, die seine Wesensmerkmale ausmachen. Diese Wesensmerkmale unterscheiden sich zwischen allen Menschen, so dass „jeder Mensch seinen eigenen Zugang zur Welt hat" (Tschirra 2005, S. 87). Schon Babys unterscheiden sich in der Intensität des Erlebens, in der Geschwindigkeit des Auffassens und des Reagierens, in der Stärke der Bedürfnisse nach Zuwendung etc. (Hüther 2002, S. 77 u. 95; Omer/von Schlippe 2004, S. 111). Entsprechend dieser Unterschiede gestalten Kinder auch von sich aus Kontakte unterschiedlich, sie fordern ihre Eltern auch unterschiedlich heraus. Das heißt, dass Kinder bei äußerlich ähnlichen Lebensbedingungen sehr unterschiedlich und sehr Unterschiedliches lernen können (Hüther 2001, S. 22). „Nicht die von außen auf das Kind ausgerichtete (erzieherische) Intervention bestimmt sein Verhalten, sondern die Struktur als Folge seiner Lebensgeschichte und sein inneres Prozessieren bestimmen über das Schicksal der erzieherischen Intervention" (Rotthaus 2006, S. 36f.). Dieses innere Prozessieren, die ganz individuellen Reaktionsweisen sind von Kind zu Kind unterschiedlich und machen die Einzigartigkeit jedes Kindes aus (ebda, S. 37). Kinder sind „wie alle Lebewesen, unerziehbar (...), denn kein Mensch kann durch Außeneinflüsse planvoll und sicher zu einem bestimmten Verhalten veranlasst werden" (ebda, S. 36.). In diesem Sinne definiert Wilhelm Rotthaus Erziehung als „Anregung zur Selbstsozialisation des Kindes" (ebda, S. 39).

Außerdem bringt das Baby schon vorgeburtliche Erfahrungen mit, da die Stimmungen seiner Umwelt durch die Emotionen seiner Mutter bereits auf es gewirkt haben (Verny 1981, S. 29; Hüther 2005, S. 27). Da „das Ohr spätestens viereinhalb Monate nach der Empfängnis hörfähig ist" (Tomatis 1990, S. 30), nimmt es bereits über es umgebende Geräusche viele Informationen auf, die seine spätere Entwicklung mitbestimmen werden.

Es macht Unterschiede, ob ein Kind in einer festen, auf ein Kind eingerichteten Lebensgemeinschaft gewünscht, gezeugt und empfangen und schon im Mutterleib begrüsst wird, oder ob es das ungewollte Produkt in einer unvorbereiteten Lebenssituation einer vielleicht flüchtigen Begegnung ist und dann (was nicht immer der Fall sein muss) eher als Last und Bedrohung im Mutterleib erlebt wird (Bauer 2004, S. 48 u. 63).

Seit den 70er Jahren wurden Forscher darauf aufmerksam, dass es Kinder gibt, „die sich trotz enormer Risiken, durchaus normal" entwickeln (Suess/Zimmermann 2002, S. 244). Die auf dieser Beobachtung folgende Erforschung der Resilienz von Kindern zeigt, dass die Kinder die bessere Chance für ihre Resilienz haben, wenn in ihrer Person liegende, sowie familiäre als auch soziale Schutzfaktoren die Chance begünstigen, dass sie das Erleben von Risikofaktoren ohne bleibenden Schaden verarbeiten können (Wustmann 2006, S. 8f). Das sind nach meiner Wahrnehmung vor allem Kinder, die in sich Schutzfaktoren haben, die sie vor allzu belastenden Eindrücken abschirmen oder die ihnen helfen, einen Mangel an Zuwendung anderswo auszugleichen. Hübsch und offen zu sein scheinen wichtige Voraussetzungen dafür zu sein, dass andere mögliche Bezugspersonen freundlich zugewandt auf sie reagieren und ihnen somit „seelische Nahrung" geben, die sie vielleicht von ihren Eltern nur eingeschränkt erhalten.

Da jedes Kind nach meiner Überzeugung wie jedes Lebewesen mit einem inneren Wachstumsimpuls lebt, der sein Ziel im Erreichen des erwachsenen Seins hat (Weber 2007, S. 102ff.), kann es bei dem Erreichen der ersten Stufe seiner kognitiv-emotionalen Kompetenz nicht verharren.

Auf die Orientierung an der ersten Vorstellung vom eigenen Selbst folgt die Erkenntnis, „dass es eine Unterscheidung zwischen Selbst und anderen gibt" (Bauer 2007, S. 65), was nahezu zwangsläufig zur Entwicklung der nächsten Stufe kognitiv-emotionaler Kompetenz führt. Diese Entwicklung beginnt mit ca. ein bis eineinhalb Jahren und mag bis etwas in das vierte Lebensjahr hineinreichen.

Das Kleinkind, das gerade laufen gelernt hat und eventuell zu sprechen beginnt, experimentiert mit der Welt außerhalb von sich, indem es sich mit der Wirkung seines Tuns auseinandersetzt. Bisher musste es seinen spontanen Handlungsimpulsen folgen, ohne auf deren Wirkung zu achten. Jetzt beginnt es, genau zu beobachten, wie die es umgebenden Personen auf sein Handeln reagieren. Es greift zum Beispiel in den Blumentopf und wirft Erde in das Zimmer, es nimmt Bücher aus dem Regal und verteilt sie im Raum oder kaut auf ihnen rum. Die Kette der Beispiele ist nahezu endlos. Dabei hat es die Personen um sich herum oft genau im Blick. Wenn die ihm wiederholt deutlich sagen, dass die Erde im Blumentopf nicht zum Spielen da ist und im Blumentopf bleiben soll, wird das Kind langsam sein Interesse an diesem „Experiment" verlieren und an immer neuen Beispielen die Wirkung und die Folgen seines Handelns abschätzen lernen, bis es etwa im Alter von vier Jahren gelernt hat, diese Wirkung im Vorhinein abzuschätzen und zwischen den Handlungsimpuls und seiner Durchführung ein Moratorium einbauen und dann je nach Einschätzung der Wirkung sein Handeln unterlassen oder durchführen (Bauer 2007, S. 37).

Erkenntnistheoretisch hieße das, dass das Kind inzwischen über die Hypothesen über seine eigenen Gefühlszustände und die der Personen seiner Umgebung hinaus Hypothesen über die Wirkung seines Handelns auf die es umgebenden Personen bildet.

Hier könnte man von einer ersten Stufe der moralischen Kompetenz des Kindes sprechen als der Fähigkeit, einzuschätzen, wie sein Verhalten auf es selbst zurückwirkt und danach sein Verhalten zu steuern.

In dem Zeitraum ist der Höhepunkt der Überproduktion von Neuronen und ihrer Synapsen überschritten und das Gehirn beginnt mit der Ausbildung bevorzugter Verbindungen, was mit einem Abbau der Überproduktion einhergeht.

In diesem nun herausgebildeten Vermögen, die Wirkung des eigenen Handelns abzuschätzen und das Handeln danach auszurichten, sehe ich die zweite Stufe der kognitiv-emotionalen Kompetenz.

Diese Stufe kann gut erreicht werden, wenn das Kind in seiner Umgebung seine „Experimente" durchführen kann, ohne dabei auf allzu rigide Grenzen zu stoßen oder überhaupt keine Reaktionen zu erfahren. Im ersten Fall würde es nur sehr begrenzte und starre Muster lernen. Dies könnte schlimmstenfalls dann er Fall sein, wenn die es „erziehenden" Personen im Sinne der „Schwarzen Pädagogik" meinten, man müsse den Kindern so früh wie möglich den Eigensinn brechen, damit sie sich nicht später zu Tyrannen gegenüber den Eltern und anderen Autoritätspersonen entwickeln und schließlich keine gesellschaftlichen Regeln anerkennen (Schwarze Pädagogik 1977, S. 136f).

Im zweiten Falle entspräche das Verhalten der Eltern entweder völliger Gleichgültigkeit oder aber einer Erziehungstheorie des „Laisser-faire", bei der man den Kindern alles durchgehen lässt. Diese Kinder werden orientierungslos bleiben in der Einschätzung des Wirkung ihres Handelns. Kinder brauchen Hilfen zur Orientierung, die sie an den Grenzen erfahren, die ihnen die anderen Personen setzen.

Noch immer wird diese Entwicklungszeit in vielen Fällen falsch verstanden, wenn man von ihr als der „Trotz-Phase" spricht, was suggeriert, dass die Kinder aus Trotz Dinge tun, die sie nicht tun sollten (Blumenerde im Zimmer verstreuen). Das hat aber mit Trotz nichts zu tun. Die Kinder sind in diesem Alter noch gar nicht trotzfähig, weil dazu eine weiter entwickelte kognitiv-emotionale Kompetenz erforderlich ist, die erst um das 15. Lebensjahr herum erworben wird (s.u.)

Auch dieser wie jeder weitere Lernschritt verläuft unter dem Vorzeichen der Autopoiese oder Strukturdeterminierung. In einer gestörten Lebensumwelt eines Kindes können sich Störungen im Aufbau der kognitiv-emotionalen Kompetenz weiter fortsetzen und sich von Stufe zu Stufe steigern. Auf dieser Stufe läge die Störung darin, dass die Kinder nicht gelernt haben, die Wirkung ihres Handelns einzuschätzen und in ihrem Handeln entweder nur sehr begrenzte Möglichkeiten haben oder orientierungslos sind.

Die nächste Phase des Aufbaus kognitiv-emotionaler Kompetenz scheint mir auffallend um Umgang mit Gleichaltrigen zu erfolgen.

Deutlich ist, wie sehr die Kinder ein Interesse an Gleichaltrigen entwickeln, mit denen sie sich den Umgang mit anderen erarbeiten. Man kann die Kinder beim „Spielen" zum Beispiel im Sandkasten beobachten, wie sie ständig neue Bezüge und neue Regeln aufstellen, die anfangs sehr flüchtig sind und schnell je nach Situation durch neue ersetzt werden. Das geht dann oft nicht ohne Streit und Tränen, aber auch das kann, wenn die Kinder nicht gestört werden, schnell wieder wechseln in einvernehmliches miteinander Tun. Erst im Laufe der Zeit, etwa bis um das fünfte Lebensjahr herum, bildet sich in den Kindern eine Konstanz von Regelbewusstsein heraus.

Erkenntnistheoretisch möchte ich sagen, dass die Kinder nun gelernt haben, über das Erfassen der Gefühlslagen der Personen und der Wirkung des eigenen Tuns Hypothesen darüber entwickeln, wie sie am besten über Regeln mit den Menschen um sie herum Einvernehmlichkeiten des Handelns aushandeln können. Diese Stufe liegt somit in der Entwicklung der kognitiv-emotionalen Kompetenz durch Regelkompetenz.

Auch hier gilt, dass Kinder diese Entwicklungsstufe gut bewältigen können, wenn ihnen der Raum zum kreativen, durch Versuch und Irrtum bestimmten Aushandeln von Regeln möglichst weit gelassen wird, wo nur da eingeschritten wird, wenn die Form des Aushandelns für andere und für das Kind selbst gefährlich werden könnte. Nach meiner Erfahrung fällt es vielen Erwachsenen schwer, diesem anfangs sehr unstrukturierten Aushandeln zu folgen und es zu ertragen. Sie greifen eventuell viel zu häufig ein oder versuchen gar, diesen Prozess, der eben ohne Tränen nicht geht, zu unterbinden. Damit stören sie den Entwicklungsprozess, was wiederum zu Störungen in der kognitiv-emotionalen Kompetenzentwicklung führen kann.

Ich sehe in diesen Prozessen kein „Spiel", sondern erkenne sie als das Erarbeiten der nächsten Kompetenz-Entwicklung. Spielen können Kinder erst, wenn sie ein Mindestmaß an Regeln akzeptieren gelernt haben. Dass dieser Lernprozess wiederum unter der Prämisse der Strukturdeterminierung erfolgt, gehört zu den Grundlagen des systemisch-konstruktivistischen Denkens und muss m. E. weiterhin nicht mehr erwähnt werden.

Die Hirnmasse war die letzten beiden Lebensjahren relativ stabil, ihre weitere Strukturierung und Reduktion auf das Maß des Gehirn eines Erwachsenen erfolgt in den nächsten vier Jahren.

Die vierte Stufe im Kindesalter, die ich reduktionistisch darstellen möchte, beginnt etwa mit dem fünften Lebensjahr und nimmt ca. vier Jahre in Anspruch. Diese Entwicklung ist meines Erachtens dadurch gekennzeichnet, dass die Kinder beginnen, sich stärker für die Welt der Erwachsenen zu interessieren. Im Bild gesprochen schauen die Kinder den Älteren über die Schulter und sehen, was die machen: Lesen, schreiben, rechnen etc. In den Kindern wächst der Impuls: „Das will ich auch können!"

Es handelt sich hier von der „normalen" Entwicklung aus gesehen um den altersgemäßen Eintritt in das Vorschulalter und das Schulalter. (Ich möchte hier von den Ausnahmen der Hochbegabung und der Unterbegabung absehen. Je nach Begabungs-Art, der eher kognitiven oder der eher emotionalen oder beider in Kombination können sich in diesen Fällen die Zeiträume erheblich nach vorne oder nach hinten verschieben.)

Erkenntnistheoretisch gesehen bildet das heranwachsende Kind in diesem Zeitraum Hypothesen über die Welt der Erwachsenen und testet aus, wie es mit dieser Welt umzugehen in der Lage ist.

b) *Die weitere Entwicklung der kognitiv-emotionalen Kompetenz im Jugendalter*

Nach dieser Phase, so im Bereich des neunten, zehnten und elften Lebensjahres ereignet sich auf der hirnphysiologischen Ebene etwas von besonderer Bedeutung: Ein zweites Mal, wie in den ersten Lebensjahren, entwickelt das Gehirn ein enormes Überpotenzial an Neuronen und synaptischen Verbindungsmöglichkeiten (Strauch 2004, S. 19), was darauf hinweist, dass sich das Gehirn in weiten Bereichen neu strukturiert. Wie schon um zweiten Lebensjahr stellt das Gehirn ca. im elften oder zwölften Lebensjahr das doppelte Potenzial bereit, wie es dem Erwachsenen zur Verfügung steht. Und wie auch im Kleinkindalter, bauen sich die Überpotenziale durch die Herausbildung bevorzugter Strukturen ab, ein Prozess, der stark vom jeweiligen Lernen auf kognitiver wie auch emotionaler Ebene anhängt. So wie und was das Kind lernt, so strukturiert sich auch das Gehirn.

Das heißt, dass das heranwachsende Kind eine neue Qualität der Welterfahrung erlebt. Die Welterfahrung des Kindes vor diesem abermaligen rein organischen Wachstumsschubs des Gehirns war ich-orientiert. Die Vorstellung des Kindes von der Welt war für das

Kind mit der Realität weitestgehend identisch. Das Kind hat seine Vorstellung nicht mit der der es umgebenden Personen abgeglichen. Sein „Wissen" entsprach einer Art „magischen Wissens", einem „konkreten Wissen". Jetzt aber macht das Kind die Erfahrung, dass andere Personen die Welt anders sehen und dass die Welt nicht immer seiner Vorstellung entspricht sondern auch komplizierte, schwierige und belastende Eigenschaften hat und haben kann. Diese komplizierten, schwierigen und belastenden Eigenschaften konnte das Kind bisher in seiner Vorstellung ausblenden oder überlagern. Das kann es jetzt grundsätzlich nicht mehr.

Erkenntnistheoretisch überschreitet das Kind einen „Rubikon" seiner Weltwahrnehmungsstruktur. Es kommt zu einer Wahrnehmung zweiter Ordnung, der Wahrnehmung des Wahrnehmens. Das Kind muss sein bisheriges Wissen von der Welt völlig neu strukturieren: vom Vorrang der Wahrnehmung aus der Perspektive des Selbst zum Vorrang der Wahrnehmung aus der Perspektive des Sozialen. Das Kind war bisher in dem Sinne asozial, als es die soziale Dimension seiner Welterfahrung nicht kannte und nicht erkennen konnte. Das sieben jährige Kind fragt nicht danach, wie andere die Welt sehen (Gopnik/Kuhl/Meltzoff 2000, S. 64).

Um diese grundlegende Neustrukturierung der Wahrnehmungspotenziale bewerkstelligen zu können, stellt das Gehirn ein zweites Mal einen Überschuss an Potenzialen bereit (Strauch 2004, S. 19f).

Hier beginnt nach meiner Sichtweise die Entwicklung der kognitiv-emotionalen Kompetenz im Jugendalter.

Dass sich in diesem Alter auch auf hormoneller Basis in der Entwicklung zur Geschlechtsreife Wesentliches verändert, muss mit gesehen werden. Ich werde es hier in meiner Darstellung jedoch vernachlässigen.

Auf der ersten Stufe des neuen Lernprozesses erlebe ich die Kinder den Einflüssen der Welt relativ schutzlos ausgeliefert. Sie zeigen gegenüber den nun wahrnehmbaren Unzulänglichkeiten und Widersprüchlichkeiten der Welt ein hohes Maß an Hilf- und Orientierungslosigkeit. Vor allem Mädchen scheinen dazu zu neigen, in dieser Phase ihrer Entwicklung an sich und ihrer Welt offen zu leiden. Jungs scheinen eher dazu zu neigen, ihre Rat- und Hilflosigkeit hemdsärmelig zu überspielen.

Erkenntnistheoretisch gesprochen sind Kinder erst ab diesem Zeitraum gefordert, die Welt als eine außer ihnen existierende Realität wahrzunehmen und Hypothesen darüber zu bilden, wie sie sich auf diese für sie neue Welt beziehen können.

Ähnlich wie im Säuglingsalter suchen die Kinder in dieser ersten Phase des Jugendalters einen Ausgleich zwischen ihren eigenen Emotionen und denen der sie umgebenden Personen. Der Bezugsrahmen hat sich inzwischen jedoch wesentlich erweitert, so dass diese neue Orientierungssuche eine erweiterte Qualität bekommt. Die sehe ich im Erfassen der Stellung des jeweiligen Selbst im jeweiligen sozialen Umfeld.

Das in das Jugendalter kommende Kind muss ein neues seelisches Gleichgewicht bekommen, wobei es auf die Resonanz der Bezugspersonen zu Hause, in der Schule und anderen wichtigen Bezügen mit Erwachsenen angewiesen ist. Viele Eltern reagieren auf den Verlust an Orientierung der Kinder in diesem Alter häufig selber orientierungslos. Sie können den manchmal plötzlichen Wandel ihres Kindes von einem vielleicht fröhlichen, selbstbewusst scheinenden Kind zu einem in sich gekehrten, melancholischen und ratlosen Kind nicht nachvollziehen, reagieren vielleicht mit Vorwürfen, oder auch mit Schuldzuweisen den Kindern oder sich selbst gegenüber. Doch das alles geht an dem, was geschieht, vorbei. Das Kind kann nicht anders, beziehungsweise sein Gehirn lässt nichts anderes zu.

Was das Kind in dieser Situation braucht, ist ein ruhiges „an die Hand nehmen". Vorwürfe, oder Forderungen wie: „Du warst doch vorher so ein fröhliches Kind! Was stellst du dich jetzt so an?" (das bedeutet: „Sei wie früher!" bzw. „Sei anders!") sind verstörte Reaktionen auf das Kind und verstören das Kind zusätzlich.

Erkenntnistheoretisch bedeutet diese Phase, dass das Kind erlebt, dass ihm seine bisherige Hypothesenbildung nicht mehr hilft. Bisher war alles klar: Was das Kind erlebte, war auch so. Jetzt spürt es, dass es auch anders sein kann. Was das Kind sah, stimmte. Jetzt erfährt es, dass es sich täuschen kann. Nichts gilt mehr. Relativ gesund durchleben Kinder diesen Abschnitt, wenn die nun aus eigener Vorstellungskraft nicht mehr umgedeutete und gefilterte Außenwelt für sie nicht allzu belastend ist und die sie umgebenden erwachsenen Personen ihnen in ihrer momentanen Art Verständnis entgegenbringen und sie nicht mit Erwartungen der Realitätsbewältigung überfordern.

Besonders schwierig wird es für Kinder, die nun auf einer für sie neuen Ebene der Realitätserfahrung erkennen müssen, dass ihre familiäre und sonstige Lebenssituation hoch belastend, voll Schmerzerfahrung durch Trennungen, Krankheiten, Gewalt etc. ist, dass sie diese Realität ohne magische Umdeutung nicht auszuhalten vermögen, die ihnen bisher geholfen hat, mit ihrer „Realität" zu leben. Dies ist in vielen Fällen der „gute Grund", den „Rubikon" ihrer Wahrnehmungsstruktur nicht (dauerhaft) zu überschreiten und besser in der Vorstellungswelt zu verweilen, um sich die Geschichten des Lebens so erzählen zu können, dass sie verkraftbar bleiben.

Bei Personen, die ihr weiteres Leben auf dieser Stufe ihrer kognitiv-emotionalen Kompetenz verharren, gehe ich davon aus, dass sie einerseits für das Erfassen leidvoller Erfahrungen besonders empfänglich sind und sich andererseits in einer hoch belasteten Lebenssituation befanden. Das Verharren auf der kognitiv-emotionalen Kompetenz vor dem „Rubikon" seiner Wahrnehmungsstruktur weist für mich vorerst immer auf eine besonders schwer zu ertragende Notsituation hin, in der sich das heranwachsende Kind befand.

Diese Menschen werden aber auch ihre weiteren Entwicklungsschritte unter der Strukturbedingung der „magischen" Realitätsaneignung gehen, das heißt, dass sie im Sinne ihrer kognitiv-emotionalen Reife nicht erwachsen werden können. Hormonell und körperlich werden sie unabhängig davon erwachsen werden, genau wie die kleinen Kinder unabhängig von der kognitiv-emotionalen Kompetenzentwicklung krabbeln, laufen und springen gelernt haben.

Diese für Eltern und andere Erwachsenen, vor allem auch Lehrer, schwierige Situation mag „normalerweise" ein Jahr oder auch weniger oder mehr dauern, sie endet mit dem Erreichen der ersten Stufe der kognitiv-emotionalen Kompetenz im Jugendalter, auf der die oder der Jugendliche einen neuen Selbstbezug auf emotionaler Ebene hat, der ihm eine bewusste Orientierung in seinem sozialen Umfeld gibt.

Ähnlich wie bei der zweiten Stufe der Entwicklung der kognitiv-emotionalen Kompetenz im Kindesalter muss der oder die Jugendliche nun herausfinden, wie seine oder ihre spezifische Wirkung auf die sie umgebende Welt ist. Dies kann der oder die Jugendliche nur erfahren, indem sie die Grenzen der Handlungsmöglichkeiten neu austestet. Das führt zu einer schwierigen Herausforderung für Eltern und Lehrer, denn die Jugendlichen müssen deren Vorgaben wiederholt in Frage stellen. Hier entwickelt sich etwas, was „Trotz" genannt werden kann, denn die Jugendlichen machen bewusst Dinge trotz der Regeln, der Vorgaben und der zu erwartenden Konsequenzen. Dennoch darf dieses Trotz nicht mit „bösem Willen" verwechselt werden, denn diese Phase dient dem Aufbau der nächsten kognitiv-emotionalen Kompetent im Jugendalter, nämlich einer auf das Soziale bezogenen Einschätzung ihres Wirkens und der Fähigkeit, auf dieser neuen Ebene Moratorien zwischen Handlungsimpuls und Handeln einzufügen.

Auf dem Weg dahin stellen die Jugendlichen Dinge an, die von außen unbegreiflich und irrational erscheinen, und das wiederholt und oft in sich steigernder Form. Je nach Intensität des Potenzials des Erlebens müssen Kinder unterschiedlich intensiv Grenzen austesten, um sich ihrer Selbsteinschätzung und der Einschätzung ihrer sozialen Wirkung sicher zu werden. Mit dem Austesten der Grenzen bringen sie Eltern und Lehrer oft an deren Grenzen dessen, was die verstehen, aushalten oder tolerieren können. Und da es mit einem Mal nicht getan ist, kommen Eltern und andere Bezugspersonen oft in Verzweiflung mit dem Ergebnis, dass sie sagen, ihre Kinder hätten das Vertrauen in sie zerstört beziehungsweise die Eltern hätten das Vertrauen in ihre Kinder verloren. Dies ist wiederum für die Jugendlichen eine schwierige Situation, denn sie sind im Grunde auf das Vertrauen ihrer Eltern angewiesen. Kinder dürften bei ihren Eltern keine Chance haben, dass die das Vertrauen in sie verlieren. Das wird nämlich die Spirale der Eskalation noch weiter in die Höhe treiben.

Es ist auch immer wieder zu beobachten, dass die Jugendlichen es durchaus erkennen, wenn sie „Scheiße gebaut" haben. In häufigen Fällen sind solche Erkenntnisse und Einsichten mit Tränen und Versprechungen verbunden. Eltern sind dann umso bestürzter, wenn ihre Kinder trotzdem wieder auf Verhaltensformen zurückgreifen, die sie nicht verstehen oder die sie nicht tolerieren wollen oder können.

Ein Problem sehe ich darin, wenn Eltern aus dem Verhalten ihrer Kinder in dieser Zeit eine Prognose für die gesamte weitere Entwicklung ihrer Kinder erstellen, die dann ja nur negativ sein kann und die die Eltern verständlicherweise mit allen Mitteln zu verhindern versuchen werden. Die Basis hiervon sehe ich in Unwissen.

Diese Eltern wissen wie die meisten Eltern nicht, dass sich ihre Kinder in einer notwendigen Phase der Entwicklung ihrer kognitiv-emotionalen Kompetenz befinden und dass deren Gehirn nur mittels dieser kritische Auseinandersetzung mit den Regeln durch deren Infragestellung die Regel-Kompetenz auf dem Weg zum Erwachsen-Sein erwerben können und müssen.

Die von Jugendlichen zu erlernenden Verhaltenweisen stabilisieren sich in dem Maße, wie sich im Gehirn bestimmte Strukturen bahnen. Sie bilden sich nicht durch Belehrung, sondern durch Erfahrung, zu der Belehrungen hinzugehören mögen. Die Erfahrungen aber, auch die belastenden, müssen jedoch mehrmals gemacht werden, damit sich die nötigen Strukturen im Gehirn festigen, die schließlich den Lernerfolg stabilisieren.

Aber so wie dieses Verhalten (notwendigerweise) scheinbar plötzlich auftritt, so hört es nach zwei oder drei Jahren auch wieder auf (Strauch 2004, S. 90f), wobei in diesem Zeitraum ganz unterschiedliche Grenzerfahrungen durchgeprobt wurden. Irgendwann haben die Jugendlichen „es geschnallt", wobei dieses Es durchaus von anderen abgelöst werden kann. Ladendiebstahl kann uninteressant werden, ist „ausgereizt", jetzt ist vielleicht etwas anderes dran, vielleicht das Ausprobieren mit Drogen oder „Pennen unter der Brücke", was bei einer insgesamt für das Kind und den Jugendlichen förderlichen Umwelt irgendwann auch wieder aufhört.

Auf dieses Aufhören können Eltern vertrauen, denn ihre jugendlichen Kinder sind nicht per se schlechte, böse, missratene oder verführte Kinder, sondern sie sind Kinder in ihrer Entwicklung, wozu auch diese Phase gehört.

Jugendliche sind in der Tat eine Zumutung, aber ich verstehe das in dem Sinne, dass die Jugendlichen von ihren Eltern den Mut erwarten, diese Zeit mit ihnen durchzustehen ohne an ihnen und sich grundsätzlich zu verzweifeln.

Wenn Eltern das Vertrauen in ihre Kinder verlieren und die Hoffnung in sie aufgeben, danken sie in den Augen der Kinder ab als die Bezugspersonen, die ihnen an erster Stelle Orientierung geben sollten. Kinder haben während der gesamten Zeit ihres Heranwachsens „ein Recht auf Eltern, die Orientierung geben und Richtung weisen, auch und sogar gerade dann, wenn die Kinder sich nicht (immer) daran halten" (Rotthaus 2004, S. 9f).

Die Jugendlichen müssen wissen, was ihre Eltern erlauben und was nicht und welche Konsequenzen sie sich einhandeln, wenn sie gegen diese Vorgaben verstoßen. Dabei sollten Eltern davon ausgehen, dass ihre Kinder es selber wissen, wenn sie Grenzen verletzt haben, darüber brauchen die Jugendlichen keine Belehrung und schon gar keine moralisierende. Sie brauchen den Hinweis, die klare Erwartung und vielleicht auch die Unterstützung dabei, dass sie Verantwortung für ihr Handeln übernehmen (ebda, S. 10), das heißt, wenn sie z.B. Schaden angerichtet haben, dass sie ihn wieder gut machen. „Elterliche Präsenz" ist hier in hohem Maße gefordert, um eine Eskalation des Grenzen austestenden Verhaltens weitestgehend zu vermeiden (Omer/von Schlippe 2002, S. 29ff.).

Erkenntnistheoretisch verstanden lernen die Jugendlichen in dieser Phase bis ca. zum 13. Lebensjahr im Vergleich zu ihrem Lernen um das dritte Lebensjahr herum auf einer qualitativ neuen sozialen Ebene Hypothesen über ihre Wirkung auf andere zu bilden und auf dieser Grundlage zu entscheiden, einem Handlungsimpuls zu folgen oder nicht. Anders als das kleine Kind spüren sie jetzt stärker, ob sie andere durch ihr Verhalten verletzen und kränken und lernen unterscheiden, wo sie dies wollen und wo nicht. Diese Unterscheidung kann ein Kind bis zum neunten Lebensjahr nicht bewusst treffen.

Man könnte hier auch von einer zweiten Stufe moralischer Kompetenz sprechen, wo jetzt bei den Jugendlichen die Fähigkeit entsteht, ihre Wirkung auf ihre Umgebung, auf andere Menschen um sie herum einzuschätzen und ihr Verhalten danach zu steuern.

In diesem Alter wird auch der Höhepunkt der zweiten Überschussproduktion von Hirnzellen und synaptischen Verbindungsmöglichkeiten überschritten. Das Gehirn beginnt, sich durch das Bahnen bevorzugter Strukturen wieder zu reduzieren (Strauch 2004, S. 95).

Mit dieser zweiten Entwicklungsstufe der kognitiv-emotionalen Kompetenz im Jugendalter ist die Herausbildung dieser Kompetenz zum Erwachsen-Sein noch nicht abgeschlossen. Es kommen neue Herausforderungen auf die Jugendlichen selbst sowie auf deren Umgebung wie Eltern, Lehrer und andere Bezugspersonen zu.

Ähnlich wie bei der Entwicklung der dritten Stufe ihrer kognitiv-emotionalen Kompetent im Kindesalter spielen auch jetzt im Jugendalter die Gleichaltrigen eine entscheidende Rolle.

In dem nun folgenden Altersabschnitt zwischen *12 und 14, 15 Jahren* beginnen sie, sich schwärmend mit Personen der Welt zu verbinden.

Dabei spielt die Gruppenbildung Gleichaltriger eine wichtige Rolle. Diese Gruppenbildung richtet sich überwiegend an Richtungen des Geschmacks aus und dient der diesbezüglichen Ein- und Ausgrenzung.

Die Gruppenzugehörigkeit richtet sich nach Stilelementen der Mode, der jeweiligen Musikrichtungen, des Konsums von Drogen, der Zugehörigkeit zu politisch/ideologisch ausgerichteten Gruppierungen, der Zugehörigkeit von Fan-Gemeinschaften, zu bestimmten Sportarten etc. Das Gruppenerleben fördert das „Wir-Gefühl", das für die weitere Orientierung in der Umwelt erforderlich wird (Tschira 2005, S. 201ff.).

In diesem Alter fällen die Jugendlichen ihre Entscheidungen und Beurteilungen wesentlich auf der Basis von Sympathie und Antipathie. Diese Urteile können schnell wechseln und sind stark von modischen Strömungen und subkulturellen Vorlieben abhängig.

Dass sich dieser Geschmack auch ausdrücklich von dem der Eltern und der Erwachsenen überhaupt abgrenzt, gehört zu den Wesensmerkmalen dieser Entwicklung. Diese Abgrenzung ist notwendig (Strauch 2004, S. 131), um das jeweils Eigene zu erkunden und zu entwickeln. Das heißt auch, dass Eltern und andere erwachsene Bezugspersonen sich wohlwollend und auch interessiert zeigen sollten für die Inhalte und Stilelemente dessen, womit sich die Jugendlichen identifizieren. Die Eltern sollen ja ihren eigenen Geschmack nicht aufgeben und in dem der Jugendlichen aufgehen. Das würde dann auf die Jugendlichen auch wohl eher lächerlich wirken. Wenn allerdings Eltern versuchen sollten, ihren Kindern bestimmte Ausdrucksformen und den Umgang mit bevorzugten Gruppen zu verbieten, kommen sie mit großer Wahrscheinlichkeit in einen Machtkampf, den sie verlieren werden. Denn dann haben sie in den Augen ihrer Kinder „verschissen", denn sie haben ihre Autorität verloren, weil sie auf Dauer ihre Verbote gar nicht oder nur mit drakonischen Maßnahmen durchsetzen könnten, was ihre inneren Einflussmöglichkeiten nur schwächen würde.

Erkenntnistheoretisch gesehen erreichen die jugendlichen Kinder hier die dritte Stufe ihrer kognitiv-emotionalen Kompetenz im

116

Jugendalter, indem sie Hypothesen darüber entwickeln, wie sie sich gesellschaftlich einordnen, beziehungsweise wie sie ihren Platz in der Gesellschaft definieren wollen und können.

Vom 14. Lebensjahr an bis zum Alter von etwa 17, 18 Jahren wenden sich die Jugendlichen ähnlich wie die Kinder um das siebte Lebensjahr herum noch einmal verstärkt der Welt der Erwachsenen zu. Während das siebenjährige Kind Fertigkeiten der Erwachsenen erfassen und lernen wollte, setzt sich der oder die 15-jährige Jugendliche mit der Welt der Werte der Erwachsenen auseinander. Markanterweise beginnen sie, der Welt beziehungsweise den sie repräsentierenden Personen deren Fehler, Widersprüchlichkeiten und Ungereimtheiten unnachsichtig vor Augen zu halten.

In dieser Zeit fällt es schwer, einem Jugendlichen etwas wirklich Recht zu machen. Selbst früher bewunderte Personen aus seinem Umfeld werden zunehmend einer radikalen Kritik unterworfen. Dafür neigen sie zu idealisierbaren Vorbildern (früher Albert Schweizer, heute vielleicht eher Martin Luther King etc.).

Jugendliche wechseln in dieser Zeit schnell die Perspektiven, aus denen sie die Welt beurteilen. Dabei muss ihnen zugestanden werden, dass sie aus ihrer jeweiligen Perspektive mit ihren Beurteilungen der Welt immer Recht haben, da es schließlich keine falschen Perspektiven zur Annäherung an Dinge, Ereignisse und Personen gibt. Jugendliche können in dieser Zeit wertvolle kritische Spiegel ihrer Welt sein.

Aber bei all ihrer Scharfsichtigkeit erkennen die Jugendlichen in dieser Entwicklungsphase nicht, wie sie sich selber ins Unrecht setzen, wenn sie Situationen und Personen aus jeweils einer von ihnen gerade bevorzugten Perspektive be- oder gar verurteilen zu können glauben.

Was den Jugendlichen in diesem Alter noch fehlt, ist der Umgang mit der Perspektiven-Vielfalt. Sie vermögen nicht, Dinge und Situationen gleichzeitig aus mehreren Perspektiven zu betrachten und zu bewerten. Die Einbeziehung der eigenen Wirkung auf die Ereignisse sowie die Bereitschaft, eine eigene, sachlich und fachlich begründete Verantwortung ihrem Leben gegenüber zu übernehmen bilden sie in dieser Phase ihrer Entwicklung erst heraus.

Erkenntnistheoretisch gesehen entwickeln die Heranwachsenden in dieser Phase die vierte Stufe ihrer kognitiv-emotionalen Kompetenz und erweitern die Maßstäbe für ihre Möglichkeiten der Konstruktionen von Wirklichkeit. Diese Maßstäbe beziehen sie dann in die eigene soziale Komponente kritisch ein. Es sind neben anderen Maßstäbe der Wahrhaftigkeit, Verlässlichkeit, Verbindlichkeit und Gerechtigkeit (Hüther 2002, S.123).

Sie haben damit „die höchste Stufe der Wahrnehmungsfähigkeit eines menschlichen Gehirns erreicht", indem sie ein „Gleichgewicht zwischen Gefühl und Verstand, zwischen Abhängigkeit und Autonomie sowie zwischen Offenheit und Abgrenzung" herzustellen in der Lage sind (Hüther 2002, S. 106).

Auch diese Phase wird von den Jugendlichen relativ gesund durchlebt, wenn sie erfahren, dass ihre kritische Sichtweise aus der Berechtigung ihrer Perspektiven Anerkennung finden und sie wiederum nicht damit überfordert werden, dass sie Verantwortungen übernehmen sollen, die sie noch nicht tragen können.

Für Eltern und andere bedeutende Bezugspersonen kann diese Phase einen neuen Prüfstein ihrer elterlichen Kompetenz darstellen, wenn sie sich mit den Jugendlichen auf Machtkämpfe über die Deutungshoheit der Wirklichkeitsaneignung begeben. Bei diesen Kämpfen sind die Erwachsenen die Verlierer, denn, wie schon oben geschrieben, haben die Jugendlichen aus ihrer jeweiligen Perspektive immer Recht. Erwachsene sollten sich auf der einen Seite darum bemühen, die Perspektivenwahl der Jugendlichen zu respektieren, vielleicht auch nachzuvollziehen versuchen, auf der anderen Seite aber auch klar die eigene Position und Haltung den Dingen und Situationen gegenüber zu benennen.

Diese Haltung fällt oft nicht leicht, weil die Jugendlichen langsam das Erscheinungsbild von Erwachsenen haben (ihr Körper hat sich parallel auf hormoneller Basis zum Körper eines Erwachsenen entwickelt) und sich selber sehr erwachsen fühlen. Als Eltern ist man geneigt, auf dieses Erscheinungsbild und auf diesen Selbstanspruch der Jugendlichen zu reagieren, und es fällt oft schwer, sich klar zu machen, dass diese Jugendlichen eben noch nicht voll erwachsen sind (Strauch 2004, S. 102).

Erst nach dieser Entwicklungsphase hat sich das Gehirn des oder der Heranwachsenden physiologisch gesehen durch die Ausbildung seiner Strukturen auf die Größenordnung des Gehirns eines Erwachsenen zurückgebildet (Strauch 2004, S. 97).

118

Die Jugendlichen haben den zweiten Durchlauf der Entwicklung ihrer kognitiv-emotionalen Kompetenz mit der vierten Stufe abgeschlossen und können jetzt vom ca. 18. bis 20. Lebensjahr ihre Fähigkeiten zur Selbstverantwortung entfalten und verfestigen. In dieser Zeit lernen die Heranwachsenden, ihre eigene Position der Welt gegenüber und in der Welt selbstkritisch und aus sachlicher Kompetenz zu finden und zu begründen.

Das Alter von 18 bis 20 Jahren ist die Zeit, in der sie aus eigner Erkenntnis ihrer Wesensart, ihrer Neigungen und ihrer Fähigkeiten und dem, was sie bisher gelernt haben, ihre „erste große Bilanz" ziehen und sich für ihre soziale und berufliche Orientierung entscheiden können.

Dies geschieht dann nicht mehr aus der reinen Vorstellungskraft oder Fantasie, auch nicht auf der Basis von reiner Sympathie oder einseitigen Perspektiven von Gerechtigkeit, sondern aus Selbsterkenntnis und sachlich qualifiziertem Urteilsvermögen.

Erkenntnistheoretisch gesehen haben die Heranwachsenden bis zu diesem Lebensabschnitt idealer Weise die Grundlagen ihrer kognitiv-emotionalen Kompetenzen Erwachsener des in dem diesen Exkurs einleitenden Sinn erworben. Die mit dem Überschreiten des „Rubikons" ihrer Wahrnehmungsstruktur um das zehnte Lebensjahr herum begonnene Entwicklung der Wahrnehmung des Wahrnehmens findet hier im selbstkritischen Bewusstsein seinen Abschluss. Um ein Bewusstsein von sich selbst zu entwickeln, „muss sich das Gehirn gewissermaßen selbst beobachten können" (Hüther 2002, S. 115).

Hier erfolgt nach dieser Sicht der Eintritt ins Erwachsenenalter, wo bewusst wird, dass verantwortungsbereites Handeln eigene Fehler und Widersprüche und Zweifel einschließt.

Auf dieser Basis vermögen jetzt die jungen Menschen ihren eigenen Lebensentwurf zu entwickeln und seine Gestaltung anzugehen.

3. Abschnitt: Erfahrungen in der Jugendhilfe mit Eltern, die nicht die kognitiv-emotionale Kompetenz Erwachsener haben, und Fragen nach dem Umgang mit ihnen

Im weiteren Verlauf dieses Exkurses komme ich auf die einleitend beschriebene Wahrnehmung vieler MitarbeiterInnen im Bereich der Öffentlichen Jugendhilfe zurück, insbesondere im Umgang mit Personen, die „Hilfen zur Erziehung" beanspruchen.

Den folgenden Ausführungen möchte ich einige grundlegende Bemerkungen voranstellen: Wie ich oben aus mehreren Darlegungen des Lernens zitiert habe, gehen Kognitionswissenschaftler häufig davon aus, dass es für bestimmte Lernschritte bestimmte Zeitfenster gibt, in denen die Lernschritte erfolgen müssen, um später zur Verfügung zu stehen. Was in einer bestimmten Phase nicht gelernt sei, sei irreparabel verloren.

Dies trifft mit großer Wahrscheinlichkeit vor allem bei organischen Fähigkeiten zu wie zum Beispiel dem Sehen: Blinde, die auf Grund eines organischen Fehlers am Auge oder bei den entsprechenden Nervenbahnen nicht sehen konnten, deren Auge oder deren Nervenbahnen später aber operativ „sehfähig" gemacht wurden, konnten danach trotzdem nicht richtig sehen (Zajonc 2001, S. 13f).

Es handelt sich hier um eingegrenzte Fähigkeiten, so komplex sie hirnorganisch wie das Sehen auch sein mögen. Die Voraussetzungen für die Herausbildung der synaptischen Bahnen, die das Generieren von Bildern erst ermöglichen, waren in entsprechenden Beispielen im erforderlichen Zeitfenster gleich Null.

Das Erlernen der kognitiv-emotionalen Kompetenz im hier gemeinten Sinne erlebe ich jedoch als ungleich komplexer, und ich gehe davon aus, dass die Eltern, mit denen die Jugendhilfe arbeitet, als Kinder keine Null-Erfahrung der für ihre Entwicklung notwendigen Zuwendung bekommen haben.

Bei Null-Erfahrungen wären Kinder aller Wahrscheinlichkeit nach gestorben, wie das tragische „Experiment" von Friedrich II. im 13. Jahrhundert zeigt. Die „Forschung" Friedrich des II. galt der Frage, welches die vorbabylonische Sprache gewesen sei. Er hatte die Hypothese, dass ein Kind, das keine Sprache zu hören bekäme, quasi automatisch die Ursprache des Menschen sprechen würde. Dazu ließ er, wie ein Chronist berichtet, zwei Babys in einen Turm einschließen, zwei Ammen wurde befohlen, den Kindern die Brust zu geben und sie zu baden, „aber in keiner Weise mit ihnen schön zu tun und vor allem mit ihnen nicht zu sprechen" (Fischer-Fabian 1978, S. 121). Diese Kinder sind an diesem „Experiment" gestorben, was deutlich bestätigt, in welch hohen, lebensnotwendigen Maße bereits Neugeborene auf den unmittelbaren Austausch mit ihrer Umwelt angewiesen sind (Hüther 2002, S. 61f, Lipton 2007, S. 178f).

Da nach meiner Vorstellung also die (zumindest biologisch) Erwachsenen, mit denen die Jugendhilfe zu tun hat, aller Wahrscheinlichkeit in ihrer Kindheit keine reinen Null-Erfahrungen bezüglich der lebensnotwendigen Zuwendungen gemacht und auch nicht nur entwicklungshemmende Erfahrungen im Umgang mit ihnen gehabt haben werden, gehe ich davon aus, dass sie zumindest Spuren und Anteile auch positiver Erfahrungen in sich bergen, an die in der weiteren Arbeit mit ihnen angeknüpft werden kann.

Zudem gehe ich davon aus, dass alle Menschen den inneren Wunsch in sich haben, erwachsen zu werden und somit in der Lage zu sein, ihren Alltag zumindest einigermaßen situationsangemessen zu bewältigen, und dass alle Menschen die Sehnsucht nach (mehr) Wohlerleben in sich tragen. Auch an diesen Wunsch und diese Sehnsucht kann ich anknüpfen.

In diesen Faktoren sehe ich eine wesentlich Kraft für die personale und familiale Resilienz der Betroffenen Personen und Familien.

Das zusammengenommen hat für mich zur Folge, dass ich die Betroffenen für fähig halte, „nachzureifen", auch wenn die „Auswirkungen früher Bindungsstörungen auf die Entwicklung des Gehirns und der Persönlichkeit (...) im späteren Leben nur schwer korrigierbar" sind (Hüther 2002, S. 94).

Ich denke, dass in den hier angesprochen Personen neben allen belastenden Erscheinungs- und Ausdrucksformen auch Keime des „Nachreifens" vorhanden sind. Die Frage und das Thema dieses Buches ist, wie ich dazu betragen kann, dass diese Keime die Chance erhalten, sich zu entfalten.

Parallel zu den vier Stufen der Entwicklung der kognitiv-emotionalen Kompetenz im Kindesalter werde ich nun in einem ersten Schritt vier verschiedene Ausdrucksformen eines in diesem Sinne gestörten Verhaltens biologisch Erwachsener herausarbeiten, und dann wiederum das Gleiche parallel zu den vier Stufen der Entwicklung der kognitiv-emotionalen Kompetenz im Jugendalter.

Mein besonderes Augenmerk möchte ich dabei auf den im vorigen Abschnitt dargestellten grundlegenden Wechsel kindlicher Realitätskonstruktionen um das Alter von neun bis zehn Jahren lenken, den ich den „Rubikon" der Wahrnehmungsstruktur genannt habe.

Im Umgang mit stark belasteten Familien machte ich wiederholt die Erfahrung, dass ein Großteil von ihnen zumindest in Druck- und

Stresssituationen auf Formen des Umgangs mit Realität zurückgreift, der der kognitiv-emotionalen Kompetenz aus dem „Vor-Rubikon-Alter" zu entsprechen schien. Die Erscheinungsformen der Störungen bei den hier angesprochenen Personen haben ein breites Spektrum. Gemeinsam ist ihnen, dass sie als Eltern ihre familiäre Lebens- und Alltagssituation dominant aus „vor-Rubikon-haften" Realitätskonstruktionen, also aus Vorstellungswelten gestalten.

Dazu zähle ich erstens jede Form des Suchtverhaltens, allen voran Alkoholmissbrauch und der Konsum (illegaler) Drogen und (legaler) Medikamente. Bei Menschen, die sich zur Bewältigung ihrer Lebenssituation derartiger Mittel bedienen, sehe ich die kleinstkindhafte Erwartung, Befriedigung von Bedürfnissen unmittelbar und von außen zu bekommen.

Zumindest so lange diese Personen ihr Suchtverhalten nicht als Sucht erkennen und so lange das Suchtverhalten ihre gesamte Lebensgestaltung dominiert, so lange scheint es mir nicht möglich, mit ihnen in Bezug auf Folgen ihres Verhaltens und ihre Verantwortung als Eltern zu einem Einvernehmen zu kommen.

Bei diesem Personenkreis reicht nach meiner Erfahrung die begrenzten Hilfsmöglichkeiten von SozialarbeiterInnen des ASD und auch der HelferInnen der Ambulanten Dienste nicht aus, um einen „Nachreife"-Prozess zu begünstigen und zu begleiten. Hier sehe ich den Bedarf an längerfristigen (stationären?) Hilfen, die den KlientInnen eine optimale Mischung von Konfrontation mit ihrer Eigenverantwortung und emotionaler Geborgenheit als Voraussetzung des Andockens und „Nachreifens" bieten mögen.

Zweitens hat Jugendhilfe mit Eltern zu tun, die ein festes Bild von sich und der Welt haben, in dem sie die Welt ihnen feindlich gegenüberstehend erleben und gegen die sie unaufhörlich anrennen oder vor der sie sich konsequent verschließen, obwohl für Außenstehende die Anlässe für dieses Anrennen oder Sich-Abschließen nicht nachvollziehbar erscheinen.

Diese Form der Realitätskonstruktion verbinde ich mit dem des Alters zwischen zwei und vier Jahren, während dessen die Kinder ihre Realität altersgemäß als Spaltung von sich als Person und der Umwelt wahrnehmen. Die Kinder setzen sich in dem entsprechenden Alter mit der Wirkung ihres Handelns auseinander und entwickeln, wie oben dargestellt, die Fähigkeit, zwischen ihre Handlungsimpulse und ihr Handeln ein Moratorium einzuschieben.

Diese kognitiv-emotionale Kompetenz scheinen manche biologisch Erwachsene nicht in ausreichendem Maße ausgebildet zu haben. Sie vermögen die Wirkung ihres Tuns zum Beispiel auf ihre Kinder nicht einzuschätzen. Im schlimmsten Fall können sie nicht erfassen, welche (tödlichen) Konsequenzen es für die Kinder haben kann, wenn die über Tage allein gelassen werden.

Drittens erlebe ich bei zumindest biologisch erwachsenen Personen immer wieder Verhaltensformen, die ich mit dem Spiel von Kindern auf Spielplätzen oder in Sandkästen verbinde, die der Entwicklungssituation der Kinder zwischen drei und fünf Jahren entsprechen, wo Regeln ständig umgestoßen werden und zusammen spielen und streiten aus für außen kaum nachvollziehbaren Gründen schnell wechseln können. Diese biologisch Erwachsenen haben nicht oder nur eingeschränkt die kognitiv-emotionale Kompetenz des Wissens um Regeln entwickeln können. Mit ihnen ist es fast nicht möglich, eine Kontinuität von Absprachen zu erreichen. Das, was heute gegolten hat, kann bei ihnen morgen schon wieder ganz anders gesehen werden.

Diese ersten drei Verhaltensweisen habe ich selten in Reinform erlebt: Drogenkonsum, zänkisches Anklagen der Welt um sie herum und Mangel an Regelbewusstsein tauchen bei vielen dieser Personen immer wieder in unterschiedlich gelagerten Mischformen auf. Bei ihnen stößt die Jugendhilfe schnell an ihre Grenzen, da es nur schwer möglich scheint, dass die MitarbeiterInnen der Jugendhilfe und die betroffenen Personen konstruktive Zugänge zueinander finden.

Die nächste, vierte Personengruppe erfasst die bereits oben einleitend beschriebenen Personen, die sich sehr begierig zeigen, von den HelferInnen zu lernen und auch stolz auf das Gelernte und froh über jedes Lob sind. Bei ihnen zeigt sich aber, dass sie nicht in der Lage sind, das theoretisch Gelernte und das in der Vorstellung Gekonnte in selbstständiges Handeln umzusetzen. Dies entspricht aus meiner Sicht dem Verhalten von Kindern zwischen fünf und neun Jahren, die lernwillig die Welt der Erwachsenen erfahren wollen, aber noch nicht die Verantwortung für ihr Handeln zu übernehmen in der Lage sind. Mit diesen Personen mögen HelferInnen mehrere gute Gespräche führen, ohne dass aus ihnen ein neues, realitätsbezogeneres Verhalten erfolgt.

Nach meiner Erfahrung sind diese Personen am leichtesten dort abzuholen, wo sie in ihrer Entwicklung stehen. Ihre Lernbereitschaft erlebe ich als eine gute Voraussetzung für einen „Nachreife"-Prozess.

Diesen vier hier grob umrissenen Erscheinungsweisen gestörten Verhaltens, das ich mit Störungen der Entwicklung der kognitiv-emotionalen Kompetenz im Kindesalter in Verbindung bringe, ist gemeinsam, dass sie in Momenten besonderer Herausforderungen ihre Vorstellungen von ihrem Handeln und ihr Handeln nicht ihn Einklang zu bringen vermögen. Für sie scheint die Vorstellung von ihrem Handeln mit ihrem realen Handeln identisch. Das in der Vorstellung Gemachte speichert ihr Gehirn offenbar als getan ab und somit ist es für sie getan. So lange diese Personen in wichtigen Entscheidungssituationen überwiegend ihre Realität aus ihrer Vorstellung heraus konstruieren, ist mit ihnen auf Dauer nicht planbar zu arbeiten.

Hinzu kommt, dass sie offenbar unter keinem Leidensdruck stehen, der die Ursachen ihres Verhaltens in ihnen selbst sieht, da ihnen ihre Vorstellung immer Plausibilitäten für ihre Situation und die Gründe für ihr Verhalten bietet. Der Leidensdruck dieser Personen bezieht sich überwiegend an einem Leiden an der sie umgebenden Welt und den sie umgebenden Personen aus der Vergangenheit und in der Gegenwart. In ihrer Vorstellung sind andere an ihrer Misere Schuld.

Auch scheinen ihre Möglichkeiten, sich in die Lage anderer Personen einzufühlen, sehr begrenzt. In manchen Situationen mag es so scheinen, dass sie in der Lage sind, ein Einfühlungsvermögen zu entwickeln und Mitleid zu empfinden. Nach meiner Erfahrung scheint mir dieses Mitleiden aber mehr situativ und flüchtig zu sein, es führt nicht zu längerfristigem, verantwortungsbreitem Handeln, sondern mündet eher in ein wehleidiges Selbstmitleid.

Da diese Personen aufgrund der unzulänglichen Entwicklung ihrer kognitiv-emotionalen Kompetenz nur ein beschränktes Spektrum an Bewältigungsstrategien für stressbeladene Alltagssituationen haben, zeigen sie sich „oft außerstande, adäquate Lösungsstrategien für neuartige Herausforderungen zu finden, und neigen (...)

dazu, (…) Stressreaktionen durch Rückgriff auf in ihren Augen bewährte, für den außenstehenden Betrachter jedoch oftmals schwer nachzuvollziehbare Bewältigungsstrategien beherrschbar zu machen" (Hüther 2002, S. 81). „Ihr Sozialverhalten wird bestimmt von zunehmendem Rückzug in selbst geschaffene Welten, Ablehnung fremder Vorstellungen und aggressiver Verteidigung ihrer eigenen Ansichten und Haltungen" (ebda, S. 94).

Bis hierhin habe ich Störungen im Verhalten von biologisch Erwachsenen aus Störungen aufgezeigt, die ich mit der Entwicklung der kognitiv-emotionalen Kompetenz im Kindesalter verbinde. Eine weiterführende Frage sehe ich darin, ob ich auch Störungen im Verhalten zu erfassen vermag, die ich speziell mit Störungen der Entwicklung der kognitiv-emotionalen Kompetenz im Jugendalter in Verbindung bringe. Bei diesem Gedankengang tritt mir wiederum die Autopoiese beziehungsweise die Strukturdeterminierung in der Entwicklung ins Bewusstsein, was für mich bedeutet, dass ein gestörter Aufbau der kognitiv-emotionalen Kompetenzentwicklung im Kindesalter auch die weitere Entwicklung der kognitiv-emotionalen Kompetenz im Jugendalter beeinträchtigen wird.

Für die Entwicklung im Jugendalter scheint mir vor allem die erste Phase signifikant, die ich oben mit dem Überschreiten des „Rubikons" der Wahrnehmungsstruktur dargestellt habe. Dieser Übergang von der ich-bezogenen Vorstellungswelt und seiner Wirklichkeitsaneignung zur sozial bezogenen, das heißt im Sozialen abgeglichenen Wirklichkeitsaneignung, kann zu Krisen führen, wenn das nun Wahrgenommene zu belastend und weder kognitiv noch emotional zu bewältigen erscheint. Wird in dieser Phase das Leben mit seinen Herausforderungen als nicht zu meistern erlebt, können Gefühle der Sinnlosigkeit und der Ohnmacht die Grundlagen dieser Lebenssituation bestimmen. Diese Personen erleben sich dann den Anforderungen der Welt gegenüber hilf- und orientierungslos ausgeliefert.

Die hiervon betroffnen Personen stehen für mich vor einer Art Weggabelung, wenn sie keine adäquate Hilfe zu konstruktiven, im Leben fortschreitenden Bewältigungsstrategien bekommen. Entweder sie verharren in der Lähmung oder sie gehen zurück in die selbst geschaffenen Welten ihrer Vorstellungen, die ihnen helfen können, ihre Situation leichter zu ertragen.

Nach meiner Erfahrung ist mit diesen Personen schwer zu arbeiten, da sie schnell von der einen Seite des „Rubikon" auf die andere wechseln. Auf der einen Seite können die Vorstellungswelten der betroffenen Personen und die Einschätzung der Realität durch die HelferInnen immer wieder so weit auseinander klaffen, dass eine Verständigung in Richtung der Übernahme von Eigenverantwortung seitens der KlientInnen nicht oder nur sehr eingeschränkt möglich scheint. Auf der anderen Seite mag das gleiche Resultat eintreten, weil sich die Betroffenen in einem extrem starken Zustand der Lähmung befinden. Hier bedarf es besonderer Geduld und eines tiefen Einfühlungsvermögens in die jeweiligen Gemütszustände, um doch auf lange Sicht die Chance eines „Nachreifens" zu begünstigen.

Des Weiteren begegnen den MitarbeiterInnen der Jugendhilfe Personen, die ihre Orientierung nach wie vor in Medien suchen, die eher auf 12- oder 13-jährige zugeschnitten sind. Da spielt der Geschmack und die Vorstellung einer Gruppenzugehörigkeit eine wichtigere Rolle als die Entscheidung für wirklich verantwortungsbewusste Übernahme elterlicher Kompetenzen. Sie scheinen wie stehen gebliebene 13- bis 15-jährige Teenager immer noch ihren sozialen Bezug in der Gesellschaft Jugendlicher zu suchen und mischen sich nach meiner Wahrnehmung bevorzugt mit Gruppen Jüngerer, schminken und kleiden sich auffällig jugendlich und zeigen ein eher „überdrehtes" Verhalten. Sie scheinen in ihrer Wirkung auf die Umwelt ihrer wirklich gleichaltrig Erwachsenen orientierungslos.

Auch treffen MitarbeiterInnen der Hilfen zur Erziehung drittens auf biologisch Erwachsene, denen es schwer fällt, sich an Regeln zu halten. Der Unterschied zu anderen biologisch Erwachsenen, die schon in der Kindheit kein Regelbewusstsein erlernen konnten, könnte bei diesen Personen darin zu sehen sein, dass sie vor allem die Regeln im gesellschaftlichen Sozialraum nicht einzusehen vermögen wie zum Beispiel wirtschaftliche und juristische Zusammenhänge. Ihr Verhalten und ihre Ablehnung von Regeln könnte als Entsprechung einer nicht gelungenen Kompetenzentwicklung 14- bis 16-Jähriger angesehen werden.

Schließlich kann man viertens Personen begegnen, die wie 17- oder 18-Jährige permanent die von ihnen so erlebten Widersprüchlichkeiten im gesellschaftlichen Raum an- und beklagen, ohne in der

Lage zu sein, jeder anderen als der eigenen Position die Berechtigung aus der jeweils anderen Perspektive des Anderen zu würdigen, wie es Menschen wie Mahatma Ghandi es vorgedacht und vorgelebt haben (Omer/von Schlippe 2004, S. 39). Sie scheinen auch nicht in der Lage zu sein, eigene Ungereimtheiten und Widersprüche ihres Denkens zu erkennen.

Allen zusammen scheint gemeinsam, dass es ihnen als Eltern schwer zu fallen scheint, sich in ihre elterliche Verantwortung hineinzufinden und zu den eigenen auch die Perspektiven und die Bedürfnisse der Kinder deren Alter angemessen zu erkennen und zu respektieren und ihr Leben danach einzurichten.

Im Umgang mit diesen Personen, die nach meiner Wahrnehmung eher aus einer im Jugendalter stecken gebliebenen kognitiv-emotionalen Kompetenz heraus handeln, kann davon ausgehen, dass sie eine Bereitschaft mitbringen, sich den realen Herausforderungen in ihrem Leben zu stellen. Da sie aber eher aus eingegrenzten perspektivischen Möglichkeiten ihre Welt und ihre damit verbunden Aufgaben wahrnehmen, können HelferInnen ihnen zumindest zugestehen, dass sie wohl aus ihrer jeweiligen Perspektive Recht haben, sie dann aber auf dieser Basis mit ihrer Verantwortung sich selbst und ihren gegenüber konfrontieren. „Ja, es ist durchaus möglich, die Dinge so zu sehen, wie sie sie sehen. Aber was heißt das jetzt für Ihre Verantwortung für ...?"

Gegen Ende meines Exkurses über die weitere Entwicklung der kognitiv-emotionalen Kompetenz im Erwachsenenalter werde ich noch einmal vertiefend auf die unterschiedlichen Ausprägungen der Störungsbilder eingehen und der Frage nachgehen, welche Möglichkeiten und welche Grenzen die Öffentliche Jugendhilfe, insbesondere die „Hilfen zur Erziehung" im Umgang mit ihrem Klientel haben können (s. S. 307ff.).

4. Abschnitt: Anwendung der Konzeption der Entwicklung der kognitiv-emotionalen Kompetenz auf die bisher dargestellte familiäre Situation

Auf die Mutter im dargestellten Fall bezogen stelle ich fest, dass sie ihr Leben aus verschiedenen Stufen kognitiv-emotionaler Kompetenz gestaltet.

Was die Bewältigung ihres Haushaltes, Einkaufen, Kochen, Putzen, Waschen etc. betrifft, zeigt sie sich in der Lage, die Notwendigkeiten zu erkennen und in die Tat umzusetzen, was der kognitiv-emotionalen Kompetenz Erwachsener weitgehend entspricht. Was allerdings den Umgang mit ihren Kindern betrifft, scheint sie zwischen zwei Ausgangspositionen zu schwanken. Wenn sie antriebsarm und voller Leidensdruck und Schuldgefühlen in der Küche sitzt, scheint sie dem Bild eines Mädchens zu entsprechen, das zwar den „Rubikon" überquert hat, aber an dessen Ufer sitzen geblieben ist, wohl weil ihr in diesem Abschnitt ihrer Entwicklung die notwendige Unterstützung gefehlt hat. Wie bereits aus ihrer Lebensgeschichte bekannt ist, hatte sie keine Möglichkeiten, tragende Erfahrungen mit der Mutterrolle zu machen, da sich ihre Mutter offenbar ihr gegenüber dieser Ausgabe entzogen hatte.

Wenn die Mutter jetzt aber im Zusammenhang mit der Sozialpädagogischen Familienhilfe unter den Druck gerät, ihre mütterliche Kompetenz zu entwickeln, scheint sie auf die kognitiv-emotionale Kompetenz der „Vor-Rubikon-Zeit", des Alters zwischen sieben und zehn Jahren zurückzugreifen, indem sie sich lernbegierig zeigt, sich auch das Umsetzen des Gelernten vorstellen kann, es dann aber doch nicht zu tun vermag.

Da die Mutter als Grundhaltung ihre Lernbereitschaft zeigt, kann davon ausgegangen werden, dass sie „nachreifen" wird, wenn sie die hierzu adäquate Reaktion der Familienhelferin erfährt, die darin besteht, sie beim Umsetzen des Gelernten wach zu begleiten.

Ungeduld wäre dabei der schlechteste Ratgeber, da dies die Mutter notgedrungen tiefer in ihre depressive Stimmung treiben würde. Ungeduld würde die Schuldgefühle der Mutter verstärken und sie schmerzhafter spüren lassen, dass sie eben von sich aus nicht in der Lage ist, ihre mütterliche Kompetenz zu entwickeln. Die Gefahr bestünde dann darin, dass sie sich immer stärker in die Realitätskonstruktionen der „Vor-Rubikon-Zeit" zurückzöge, aus der heraus sie sich in Vorstellungen selbst geschaffener Welten flüchtet, ohne ihre Realität noch einschätzen zu können.

Mein Ansatz ist der, dass die Mutter „nachreifen" wird, wenn sie auf Dauer das Erleben hat, in ihrer Situation angenommen und bei ihren Schritten wach begleitet zu werden.

Was den Vater betrifft, scheint er auf der Ebene des Geld-Verdienen-Müssens auf die kognitiv-emotionale Kompetenz eines Erwachsenen aufbauen zu können, er hat Fertigkeiten erlernt und setzt sie auch um, um den Lebensunterhalt seiner Familie erwerben zu können.

Im Umgang mit seiner Frau zeigt er sich allerdings eher starr und rechthaberisch auf dem Stande der kognitiv-emotionalen Kompetenz eines heranwachsenden Jugendlichen, dessen Einfühlungsvermögen begrenzt ist und der nicht in der Lage scheint, die Signale seiner Frau aufzunehmen und auch ihre Perspektive zu erkennen, um daraus ein längerfristiges, stützendes Verhalten abzuleiten.

Auch scheint die Prognose seiner Chancen „nachzureifen" nicht aussichtslos, da er zumindest einen starken Bezug zur Welt der Erwachsenen hat und da die helfenden Personen ihm zumindest zugestehen müssen, dass ihn seine Frau mit ihrer Art stark fordert und an seine Grenzen bringt.

In Bezug auf die Kinder nehme ich wahr, dass beide anscheinend keine starke Entwicklungskraft „in die Wiege gelegt" bekommen haben (Hüther 2002, S. 109) und durch Mangel an Anregung und Erleben vom Streit der Eltern in sich zurückgezogen und somit in der Gefahr sind, in der Entwicklung ihrer kognitiv-emotionalen Kompetenzen zurück zu bleiben.

Da sie noch sehr jung sind und da zumindest die Mutter grundsätzlich bereit scheint, die Förderung ihrer Kinder zu stützen, kann von einer hohen Wahrscheinlichkeit des „Nachreifens" bei ihnen ausgegangen werden.

Eine weitere Ebene der Arbeit an der mütterlichen Kompetenz bezieht sich auf den Umgang der Mutter mit dem Spielen der Kinder und dem Spielen mit den Kindern.

In den folgenden Wochen zeigt sich die Mutter weiterhin lernwillig. Aber immer wieder stellt die Familienhelferin fest, dass sich die Mutter zwar lernbegierig zeigt, aber das Aufgenommene nur in ihrer Gegenwart umzusetzen vermag. Dies bezieht sich vor allem auf die spielerische Beschäftigung mit den Kindern.

Am schwersten tut sie sich die Mutter mit der emotionalen, spielerisch anregenden Zuwendung. Hierzu bespricht die Familienhelferin mit ihr alle möglichen Aspekte.

Ein Thema ist zum Beispiel die Einschätzung dessen, was als Verhaltensrepertoire bei den Kindern als altersgemäß angesehen werden könnte. Hierin zeigt sich die Mutter ausgesprochen unsicher und unerfahren.

Die Familienhelferin bringt verschiedene Arbeitsmaterialien für die Diagnose des Entwicklungsstandes zweijähriger sowie drei- bis vierjähriger Kinder mit und vergleicht mit der Mutter zusammen den Stand von Thomas und von Antje mit den altersgemäß zu erwartenden Anforderungen.

Bei Thomas stellen sie erhebliche Verzögerungen in den sprachlichen und motorischen Fertigkeiten fest. Bei Antje einen Rückstand von etwa ein bis eineinhalb Jahren.

Es zeigt sich, dass die Kinder keine altersgemäßen Spielsachen haben. Im Kinderzimmer stehen das Puppenhaus mit dazugehörigen Möbeln und einige Holzautos. Spielsachen, die der Vater mit viel Sorgfalt selbst gebastelt hat. Sie wirken unbespielt und stehen fein aufgeräumt im Zimmer auf Regalen. Nach Einschätzung der Familienhelferin sind diese Gegenstände nicht als Spielzeug für Kinder in dem Alter von Thomas und Antje geeignet. Sie wirken zu kompliziert und zu empfindlich, auch bezogen auf die wenig entwickelten Geschicklichkeiten dieser Kinder.

Bei der Beschäftigung mit den Kindern zeigt sich die Mutter Thomas gegenüber geduldig.

Die Familienhelferin nimmt an, dass die Mutter in diesem Alter selbst noch an altersangemessener Zuwendung relativ satt geworden ist und davon an Thomas weitergeben kann.

Auf Anraten der Familienhelferin beginnt sie, mit ihm Kinderbücher anzuschauen und ihn beim Betrachten der Bilder Worte nachsprechen zu lassen.

Mit Antje geht die Mutter weniger geduldig um. In verschiedenen Zuordnungsspielen erweist sich Antje schnell in der Lage, Zusammenhänge zu erkennen und zum Beispiel Farben zuzuordnen und zu benennen. Es erweist sich aber als schwierig, mit der Mutter zusammen zu spielen, da sie selber eher wie eine Vierjährige spielt als wie eine Erwachsene. Sie wetteifert mit Antje und versucht, sie auszutricksen, um selber zu gewinnen. Sie kann kaum ertragen, wenn Antje regelmäßig beim Memory-Spiel gewinnt.

Bei Farbzuordnungsspielen und anderen Lernmaterialien kann die Mutter nicht warten, bis Antje etwas herausfindet, als müsse sie Antje zeigen, dass sie das alles besser weiß.

Hier gewinnt die Familienhelferin den Eindruck, dass die Mutter in dem Alter, in dem Antje ist, zu wenig an altersgemäßer Förderung und Zuwendung bekommen hat und somit aus ihrer kindlichen Erfahrung keine

Kompetenzen für den Umgang mit Kindern im entsprechenden Alter entwickeln konnte. Hier scheint die Mutter selbst auf die kognitiven Kompetenzen einer Vierjährigen zurückzugreifen, als müsste sie ihren kindlichen Spielhunger nachstillen.

Die Mutter beschwert sich eines Tages, dass Antje gesagt habe, sie wolle nur mit der Familienhelferin spielen, nicht mit ihr.

Daraufhin lenkt die Familienhelferin wieder einmal das Thema auf die eigenen Kindheitserfahrungen der Mutter.

SPFHin: Sie sagen, Antje wolle nur spielen, wenn ich dabei bin.
M: Ja. (*Nimmt einen Zug. In entrüstetem Ton*) Das hat sie gesagt.

SPFHin (*nach einer Pause*): Was glauben Sie? Wie geht es Kindern, wenn sie mit Eltern spielen? (*Pause*) Wollen die Kinder immer gewinnen? Oder können sie auch leicht verlieren?
M: Ich glaube, die Antje will immer gewinnen. (*Raucht mehrere Züge*).

SPFHin: Scheint Ihnen das eher unverschämt zu sein, wenn ein Kind gewinnen will? (*Pause*) Oder eher dem Alter entsprechend?
M (*nimmt mehrere Züge. Schaut die Familienhelferin an*): Wenn ich das recht überlege, ist das wohl normal. (*Nimmt einen Zug*) Darüber habe ich noch nie nachgedacht.

SPFHin: Und wenn Erwachsene mit Kindern spielen? (*Pause*) Was scheint Ihnen dann normal? (*Pause*) Dass die Erwachsenen auch immer gewinnen wollen? (*Pause*) Oder dass es ihnen weniger ausmacht, wenn sie mal verlieren?
M (*verlegen lächelnd*): Hmm. (*Raucht mehrere Züge*) Wenn ich darüber nachdenke, können Erwachsene ein Kind auch mal gewinnen lassen.

SPFHin: Ich glaube, dass wir noch viel zusammen spielen müssen, bis Sie Ihren Spielhunger von früher gestillt haben.
M (*lacht*): Das kann sein.

SPFHin: Kennen Sie Mau-Mau? Ein flottes Spiel, wo man ganz schön aufpassen muss.

Auch auf dem Kinderspielplatz zeigt sich die Mutter sehr unbeholfen. Auch hier scheint es ihr am angenehmsten zu sein, wenn Thomas in seinem Kinderwagen schläft und Antje sich still im Sandkasten beschäftigt. Und: Auch hier wendet sich Antje anfangs der Familienhelferin zu, wenn sie Unterstützung haben will, um sich an den verschiedenen Spielgeräten zu erproben.

Antje (kommt von dem Sandkasten und wendet sich der Familienhelferin zu): Darf ich zur Rutsche?
SPFH (schaut die Mutter an).
M (scheint Antje nicht bemerkt zu haben).

Antje: Mama, darf ich zur Rutsche?
M (nimmt einen Zug aus ihrer Zigarette): Pass auf, Du fällst da runter.

Antje (bleibt stehen).
SPFHin: Frau A., wollen Sie nicht mit Antje zur Rutsche gehen?
M (zu Antje, ungeduldig): Geh schon.

Antje (geht recht langsam in Richtung Rutsche).
M (ruft ihr nach): Aber pass auf! Du tust Dir weh!

Antje (bleibt einen Meter vor der Rutsche stehen. Sie traut sich offenbar nicht. Sie kommt zurück).
Antje: Mama, ich trau mich nicht.
M: Tu nicht so! Du bist doch alt genug! (*Zur Familienhelferin*): Die traut sich überhaupt nichts.

Antje (nimmt die Hand der Mutter und zieht leicht in Richtung Rutsche): Komm mit, Mama!
M (ungeduldig): Ach lass mich! Ich muss auf den Thomas aufpassen.

SPFHin: Gehen Sie nur. Ich bin ja beim Thomas.
M (steht unwillig auf und lässt sich von Antje zur Rutsche ziehen. Sie hat die ganze Zeit ihre Zigarette in der linken Hand, ohne zu rauchen).

Antje (klettert hoch, strahlt die Mutter an, als sie oben ist).
M (lächelt, verlegen wirkend zur Familienhelferin. Dann zu Antje): Siehst Du, es geht doch.

Antje (rutscht herunter).
M (kommt zur Familienhelferin zurück).
SPFHin: Wie war's?
M: Haben Sie ja gesehen. Antje ist gerutscht.

SPFHin: Und Sie haben sie begleitet. Das ist es, was Antje braucht. Und Sie können das. Das habe ich auch gesehen.
Antje (klettert alleine auf die Rutsche und ruft): Mama! (*Rutscht herunter*).

Als Antje einige Tage später Thomas mit zum Sandkasten nimmt, zeigt sich die Mutter wieder gequält und gereizt. Der Familienhelferin gelingt es aber, die Mutter zu bewegen, sich mit ihr zusammen auf den Rand des Sandkastens zu setzen und sich langsam auf das Spiel der Kinder zu beziehen.

Insgesamt hat die Familienhelferin den Eindruck, dass Antje immer geduldiger mit ihrer Mutter wird, als wolle sie sie behutsam in ihre Rolle als Mutter hineinführen.

Die Arbeit am Bild der Mutter von sich selbst

Im Verlauf der zunehmenden gemeinsamen Aktivitäten ergeben sich auch Gelegenheiten, in denen die Familienhelferin mit der Mutter über ihre eigene Geschichte und ihr Selbsterleben sprechen kann.

Bei einem Besuch des Kinderspielplatzes ergibt sich folgendes Gespräch:

SPFHin: Neulich musste ich an Sie denken. (*Pause*) Ich war in der Stadt einkaufen. (*Pause*) Da sah ich viele Mütter mit ihren Kindern. Manchmal waren auch die Väter dabei, aber meistens waren es die Mütter. (*Pause*) Da dachte ich an Sie und fragte mich, wie es Ihnen in dem Augenblick gehen könnte, allein mit Ihren Kindern in Ihrer Wohnung. Was mögen Sie erleben? Was mögen Sie fühlen? Scham? Wut? Verzweiflung? Groll? Groll mit sich selbst? Groll mit Ihrem Mann? Mit Ihren Kindern?

M (*schaut eine Weile nachdenklich wirkend vor sich auf den Sandboden und raucht mehrere Züge*): Mit meinen Kindern fühle ich keinen Groll. (*Raucht zwei Züge*) Die tun mir leid. (*Wirft den Zigarettenstummel auf die Erde und tritt die Glut aus. Entnimmt aus der neben sich auf die Bank gelegten Schachtel eine neue Zigarette und zündet sie mit einem langen Zug an*) Ja. (*Schaut die Familienhelferin an*) Die tun mir leid.

SPFHin: Die Kinder tun Ihnen leid. (*Pause*) Ja, in Ihrem Herzen wissen Sie sicher selbst, dass die Situation, wie sie jetzt bei Ihnen ist, für Ihre Kinder nicht förderlich ist. Das braucht Ihnen niemand zu sagen. Aber: Wie ich Ihnen sagte: Ich bin sicher, dass Sie eine gute Mutter sein wollen und sehr darunter leiden, es nicht sein zu können, wie und aus welchen Gründen auch immer. Ich glaube, das verstehen Sie selbst nicht, warum das alles so schwierig und unmöglich scheint. Ich verstehe das allerdings auch nicht. Ich sehe nur Ihre Not und auch die Ihrer Kinder.

M (*nimmt zwei hastige Züge. In ärgerlichem Ton*): Mir glaubt hier niemand, dass ich eine gute Mutter sein will. (*Raucht mehrere Züge. Schaut leicht verbittert wirkend über den Platz, ohne wirklich etwas anschauen zu scheinen*) Mein Mann sagt genau das Gegenteil. (*Zündet eine neue Zigarette an. Leise*): Haben Sie ja gehört.

SPFHin: Wenn Sie jetzt von mir hören, dass ich sicher bin, dass Sie eine gute Mutter sein wollen, wie geht es Ihnen damit? Bekommen Sie eher Schuldgefühle gegenüber sich selbst als Mutter und Ihrer Familie und Ihren Kindern? Oder empfinden Sie eher Scham? Macht Sie das traurig? Oder gibt es Ihnen Hoffnung?
M (*raucht mehrere Züge und schaut vor sich auf den Boden*): Ich schäme mich und bin traurig. (*Nimmt einen langsamen Zug*) Auf jeden Fall höre ich das zum ersten Mal, dass mir jemand sagt, ich wolle eine gute Mutter sein. (*Raucht einen langen Zug*) Und. (*Schaut die Familienhelferin an*) Ich muss Ihnen ehrlich sagen: Es tut irgendwie gut. (*Schaut in die Ferne*) Ehrlich gesagt. (*Nimmt einen kurzen Zug und schaut auf den Boden*) Es fällt mir schwer, Ihnen das zu glauben. (*Raucht mehrere Züge*).

SPFHin (*schaut eine Weile schweigend nach Antje*).
Antje (*spielt verträumt im Sandkasten vor sich hin. Sie nimmt offenbar keine Notiz von anderen Kindern im Sandkasten*).
Thomas (*schläft im Buggie neben der Mutter*).

SPFHin (*zur Mutter*): Sie hören von mir, dass ich sicher bin, dass Sie eine gute Mutter sein wollen. (*Pause*) Angenommen, Sie glaubten mir, dass ich das ernst meine. (*Pause*) Was würde das bedeuten? Hätte das zur Folge, dass Sie trauriger werden? Oder tröstet Sie das eher?
M (*schaut die Familienhelferin eine Weile schweigend an. Schaut dann wieder zum Boden und raucht ihre Zigarette zu Ende*): Also. (*Nimmt sich eine neue Zigarette.*) Erst mal werde ich traurig. (*Zündet die Zigarette an*) Ich muss sagen: (*Pause*) Ich spüre das (*Luft durch die Lippen blasend*) überhaupt erst. (*Schaut die Familienhelferin an*) Vorher habe ich gar nichts gespürt. (*Nimmt mehrere Züge*) Ihre Worte haben mich traurig gemacht. (*Raucht einen schnellen, tiefen Zug und stößt den Rauch heftig aus*).

SPFHin: Das heißt, dass es Ihnen durch mein Dasein hier und meine Worte schlechter geht.
M (*schaut die Familienhelferin an*): Ja. (*Pause*) Aber. (*Nimmt einen langen Zug. Schaut in die Ferne*) Ich habe auch Hoffnung, dass Sie mir helfen können. (*Nimmt zwei hastige Züge.*) Weil. (*Nimmt einen Zug*) Weil

ich irgendwie spüre, dass Sie verstehen, wie es mir geht. (*Schaut die Familienhelferin an*) Ich habe aber auch Angst, dass alles nicht besser wird.

SPFHin: Sie stehen also zwischen Hoffnung und Angst. (*Pause*) Mal eine schwierige Frage: Wann ist Ihre Hoffnung stärker? Wann Ihre Angst?
M (*schweigt längere Zeit und raucht zwei Züge*): Das schwankt. (*Pause*) Wenn Sie nicht da sind, ist die Hoffnung stärker. (*Nimmt einen Zug*) Wenn Sie da sind, die Angst. (*Schaut die Familienhelferin an*) Können Sie das verstehen?

SPFHin: Ich verstehe Sie so: Wenn ich nicht da bin, wächst Ihre Hoffnung, dass Sie – eventuell mit meiner Hilfe – das schaffen können, was Sie wollen, nämlich eine gute Mutter für Ihre Kinder zu sein.
M: Ja. (*Nimmt mehrere Züge*).

SPFHin: Aber, wenn ich das jetzt einmal mit eigenen Worten ausdrücken darf: Wenn ich dann bei Ihnen bin, dann steigt der Druck, auch etwas Konkretes zu verändern und zu tun. Dann wird auch der Schmerz stärker. Der Schmerz über den Unterschied, den Abstand zu dem, was Sie wollen, und dem, was zurzeit ist.

Beim nächsten Besuch ergibt sich in der Küche folgende Gesprächssequenz:

SPFHin: Ich bin hier, um mit Ihnen an Ihrem Ziel zu arbeiten, die Mutter zu sein, die Sie sein wollen. (*Pause*) Unter diesem Druck stehen Sie selbst. (*Pause*) Ich glaube nicht, dass ich einen Druck machen muss. Ich glaube nur, dass Sie sich durch meine Anwesenheit stärker an diesen Druck erinnert fühlen. (*Pause*) Ich bin aber nicht hier in der Erwartung, dass Sie in Ihrer Realität das sofort oder ganz schnell können müssen, was Sie in Ihrer Vorstellung können wollen. Ich weiß aus meiner Erfahrung, dass das nicht geht. (*Pause*) Ich denke, Sie sind in die jetzige Situation nicht ganz plötzlich geraten. (*Pause*) Ich weiß ja schon aus einem kurzen Gespräch mit Ihnen, dass schon Ihre Kindheit nicht einfach für Sie war. (*Pause*) Was eine lange und wohl auch komplizierte Geschichte hat, kann nicht kurz und einfach behoben werden. Das braucht seine Zeit, wenn es gut werden soll. (*Pause*) Wenn ich versuche, mich in Ihre Lage zu versetzen – soweit ich das überhaupt kann – ich empfände starke Schuld- und auch Schamgefühle gegenüber denen, die mich erleben.
M (*nimmt einen langen Zug und stößt den Qualm langsam durch ihren halboffenen Mund nach vorne. Nickt langsam mehrere Male*): Ja.

(*Nimmt einen Zug*) Wenn Sie das so sagen. (*Raucht einen Zug*) Ja. (*Stöhnt*) Das ist eigentlich das Schlimmste. (*Nimmt einen Zug. In weinerlich/verzagtem Ton*): Diese Schuld.

SPFHin: Wem gegenüber empfinden Sie die stärkste Schuld? Ihrer Familie gegenüber? Ihrem Mann gegenüber? Ihren Kindern gegenüber? Oder Ihnen, sich selbst gegenüber?
M (raucht ihre Zigarette mit drei Zügen ruhig zu Ende. Drückt sie im Aschenbecher aus): Darüber habe ich noch nie nachgedacht. (*Nimmt eine neue Zigarette*) Aber. (*Steckt die Zigarette an*) Schuldgefühle habe ich. (*Nimmt mehrere hastige Züge. Sehr unruhig*): Da komme ich gar nicht raus. (*Mehrere hastige Züge*) Das ist total lähmend. (*Raucht die Zigarette zu Ende. Drückt sie in dem schon übervollen Aschenbecher aus. Schaut zu Antje. Schaut zur Familienhelferin. Steht auf, geht um den Tisch. Nimmt den Aschenbecher und leert ihn in der Mülltüte unter der Spüle aus. Bleibt vor der Spüle stehen und dreht sich zur Familienhelferin*): Ich weiß gar nicht, wo ich anfangen soll. (*Hebt eine Hand wie fragend*) W i e ich es gut machen soll. (*Kommt wieder zurück an den Tisch. Stellt den Aschenbecher auf den Tisch. Setzt sich auf die Bank. Nimmt eine Zigarette aus der Schachtel*) Ich kann es nicht. (*Zündet die Zigarette an. Raucht zwei Züge. In verzweifelt wirkendem Ton*): Ich weiß nicht, wie. (*Starrt vor sich hin. Raucht*).

SPFHin (nach einer längeren Pause): Frau A., ich möchte Sie etwas fragen.
M (schaut auf zur Familienhelferin. Wirkt erschöpft).

SPFHin (nach einer Weile): In einem früheren kurzen Gespräch hatten Sie mir gegenüber angedeutet, dass Sie als kleines Kind bei Ihrer Großmutter lebten und dass Sie sich dort ziemlich selbst überlassen waren.
M (nimmt einen Zug. Ruhig): Ja, ich weiß. (*Lächelt die Familienhelferin an*) Damals wollte ich überhaupt nicht mit Ihnen darüber sprechen.

SPFHin: Ja, das hatte ich gemerkt. War ja auch in Ordnung so. Schließlich ist es wichtig für mich, Ihre Grenzen zu erkennen, die Sie zu einem bestimmten Zeitpunkt haben. (*Pause*) Wie ist das heute? Darf ich Sie heute noch etwas fragen?
M (nickt).

SPFHin: Sie deuteten an, dass Sie als kleines Kind vor allem bei Ihrer Großmutter waren und dass sich dort niemand um Sie gekümmert habe.
M (raucht die Zigarette zu Ende und drückt sie im Aschenbecher aus. Nimmt sich eine neue Zigarette und zündet sie an. Nickt)

SPFHin: Meine Frage ist: Wie verhielten Sie sich damals? Haben Sie eher rumgetobt? Sind Sie den anderen auf die Nerven gegangen? Oder haben Sie sich eher in sich zurückgezogen?

M (*schaut die Familienhelferin an*): Ich habe mich zurückgezogen. (*Nimmt zwei Züge*) Ich habe in der Ecke gesessen und vor mich hin geträumt. (*Nimmt einen Zug. Nach einer Weile des Schweigens mit spöttisch lachendem Beiklang*): Ich glaube, die anderen haben mich gar nicht bemerkt. (*Raucht zwei hastige Züge*)

SPFHin: Wie ist denn das heute, wenn Sie alleine beziehungsweise mit Ihren Kindern bei sich zu Hause sind? Träumen Sie dann auch? Oder grübeln Sie eher vor sich hin?

M (*schweigt. In nachdenklichem Ton*): Beides. (*Nimmt einen langen Zug. Schaut die Familienhelferin an*): Manchmal grüble ich. (*Nimmt zwei kräftige Züge. Versinkt in Schweigen. Leise*): Meistens träume ich. (*Nimmt einen langen Zug. Drückt die Zigarette aus. Spricht langsam und monoton*): Ich weiß gar nicht genau, wovon. Ich träume einfach. (*Nimmt eine neue Zigarette.*) Wenn ich träume, geht es mir gut. (*Zündet die Zigarette an*) Wenn ich grüble (*Nimmt zwei tiefe Züge*), geht es mir nicht gut. (*Schaut lange vor sich auf den Tisch*).

SPFHin (*nach einer längeren Pause*): Wie erleben Sie Ihre Kinder? (*Pause*) Sind die genauso, wie Sie waren?

M (*schweigt längere Zeit. In nachdenklichem Ton*): Darüber habe ich noch nie nachgedacht. (*Nimmt zwei lange Züge*) Aber wenn Sie das fragen? (*Nimmt einen Zug*) Ja. (*Wie überrascht*): Die sind genauso. (*Nimmt zwei Züge*): Die träumen auch oder schlafen. (*Lacht leicht auf und nickt*) Anja träumt. Thomas schläft. (*Lachend*) Ja. (*Nimmt einen Zug*) Genau wie ich.

SPFHin: Das sind liebe Kinder, die Antje und der Thomas. Die stören Sie nicht beim Träumen oder Grübeln. Die fallen Ihnen nicht auf die Nerven. Sie spielen oder schlafen für sich, ganz still. (*Pause*) Jetzt lassen sie uns ja auch schon eine ganze Weile wieder ungestört miteinander sprechen.

M (*schaut lange schweigend auf ihre Hände und dreht die Zigarette zwischen den Fingern. Nimmt einen Zug*): Wenn Sie das so sagen, fällt mir das auch auf. (*Schaut die Familienhelferin an*) Ich habe darüber noch nie nachgedacht. (*Nimmt einen Zug*) Ja. (*Nimmt noch einen Zug*) Das stimmt. (*Drückt die nicht zu Ende gerauchte Zigarette im Aschenbecher aus*) Aber. (*Schaut wie verwundert in den Aschenbecher*) Ob die brav sind? (*Nimmt sich eine neue Zigarette*) I c h war eher traurig. (*Dreht die*

Zigarette lange schweigend zwischen den Fingern. Greift plötzlich nach dem Feuerzeug und zündet die Zigarette an. Raucht zwei hastige Züge. Wird wieder ruhig. Schaut die Zigarette in ihrer Hand an) Ich bin ja heute noch traurig. (*Nimmt einen Zug*).

SPFHin: Wo war denn Ihre Mutter damals?
M (*raucht mehrere Züge. Nach einer Weile*): Die war da. Aber die hat sich nie um mich gekümmert. (*Nimmt einen Zug*) Verstehen Sie? (*Schaut die Familienhelferin an*) Die war da und war nicht da.

SPFHin: Ich erinnere mich. Sie sagten, sie hatte sich nach Ihrer Geburt bald von ihrem Mann, Ihrem Vater getrennt. Später hatte sie dann ein nichteheliches Kind. Dann hat sie wieder geheiratet und hat da noch einmal ein Kind bekommen.
M: Ja.

SPFHin (*nach einer etwas längeren Pause*): Und Ihr Vater?
M (*nach langem Schweigen*): Meinen Vater habe ich nie kennen gelernt. (*Schweigt lange und raucht still vor sich hin. Drückt den Zigarettenrest aus. Holt sich eine neue Zigarette, zündet sie an und raucht weiter*) Ich weiß nicht, was mit ihm ist. (*Zur Familienhelferin, mit einem aufgeregten Ton*): Ich weiß nicht einmal genau, wer es ist. (*Nimmt mehrere Züge. Leise*): Darüber hat man mir nie etwas Klares gesagt. (*Raucht einige hastige, dann wieder mehrere ruhige Züge*).

SPFHin (*nach einer längeren Pause*): Das heißt ja auch, dass Sie als Kind nie erfahren konnten, wie sich Eltern, – wie sich Vater und Mutter um ihr Kind kümmern. Wie Sie als Kind von Ihren Eltern Hilfe, Zuneigung, Trost, Unterstützung, aber auch Grenzen hätten erfahren können.
M (*schweigt eine Weile, ohne zu rauchen. Hält die Zigarette in der rechten Hand und dreht sie wie verträumt zwischen den Fingern. Wie aus der Ferne wieder zurückkommend*): Ja. (*Raucht die Zigarette zu Ende*) Das habe ich nie erfahren.

SPFHin (*nach längerem Schweigen*): Aus Ihrer Erfahrung als Kind können Sie nicht wissen, wie Sie sich auf kleine Kinder beziehen können oder sollen.

In den folgenden Wochen stabilisiert sich das Verhalten der Mutter zunehmend. Eines Tages teilt sie der Familienhelferin mit, dass die Leiterin des Kindergartens angerufen habe. Durch den Wegzug einer Familie seien zwei Plätze frei geworden. Antje könne ab sofort wieder den Kindergarten besuchen.

In den folgenden Wochen berichtet die Mutter der Familienhelferin voller Stolz, dass sie Antje regelmäßig in den Kindergarten bringe.

An den Vormittagen beschäftigt sie sich verstärkt mit Thomas, indem sie mit ihm zum Beispiel Bilderbücher anschaut und über die Bilder spricht. Sie scheint zunehmend Freude mit dieser Tätigkeit zu verbinden.

Bei einer Begegnung kommt es zu folgender kurzer Sequenz:

M (*verlegen wirkend*): Ich muss ehrlich sagen, dass ich mich heute schon etwas darauf gefreut hatte, dass Sie kommen würden. (*Raucht die Zigarette zu Ende und drückt sie aus*) Sie sind bisher die erste und die einzige, die mich nicht mit Vorwürfen unter Druck setzt. (*Nimmt eine neue Zigarette aus der Schachtel und zündet sie an*).
SPFHin: Dennoch bilde ich einen Druck, denn ich bin da.

M (*nimmt einen Zug*): Schon. (*Kleine Pause*) Aber den Druck brauche ich auch. (*Schaut auf den Boden. Nimmt noch einen Zug*) Das ist mir ja klar. (*Schweigt. Raucht*).
SPFHin: Sie hatten sicher Angst, dass ich die bessere Mutter spielen würde mit Ihren Kindern.

M (*nickt*).
SPFHin: Und diese Vorstellung tat Ihnen weh.

M (*mit einem Seufzer der Erleichterung*): Ja. (*Nimmt zwei langsame Züge*).
SPFHin: Sie hätten sich dann nur noch schlechter erlebt.

M (*atmet tief ein und stößt die Luft kräftig aus*).
SPFHin: Sie waren voller Misstrauen.

M (*nimmt einen Zug und nickt*).
SPFHin: Um das klarzustellen: Ich verspreche Ihnen, dass ich mit Ihren Kindern, auch wenn ich mal etwas mit ihnen alleine machen sollte, nur

das tue, wozu Sie mich beauftragen. Das meiste werde ich ohnehin mit Ihnen zusammen tun, damit Sie lernen können, was Sie tun können und wie.

M (etwas heiter): Dann wären Sie ja wie eine Mutter für mich.
SPFHin: Na ja, wenn Sie das jetzt so definieren wollen, dann können Sie das ruhig tun. Und dann werden wir sehen, wie Sie im Laufe der Zeit heranwachsen, bis Sie mich nicht mehr brauchen.

Die erkennbaren Fortschritte der Kinder im kognitiven Bereich bestätigen den Eindruck der Familienhelferin, dass ihre Entwicklungsrückstände nicht auf einer geistig/seelischen Behinderung beruhen, sondern Folge des extremen Mangels an Anregungen und vermutlich auch Folge des sie lähmenden Elternstreites zu sein scheinen.

Einige Male taucht der Vater während der Arbeit mit der Familie auf. Auf freundliche Einladungen der Familienhelferin und deren begeisterte Unterstützung durch die Kinder, sich an dem Tun zu beteiligen, entzieht er sich jedoch regelmäßig, indem er die Wohnung verlässt.

Die Mutter reagiert darauf jedes Mal mit leichten depressiven Einbrüchen.

Mitte Dezember ruft überraschend die Sozialarbeiterin die Familienhelferin an. Die Mutter habe verzweifelt bei ihr angerufen. Ihr Mann habe wieder in der Küche alles durcheinander geworfen, nur weil Spielzeug der Kinder rumgelegen habe. Und dies, obwohl sie in letzter Zeit viel mit den Kindern unternommen und Antje sogar selbst in den Kindergarten gebracht habe.

Die Mutter sehe das offenbar als Bestätigung ihrer Ansicht, dass die Sozialpädagogische Familienhilfe für ihre Familie gar keinen Sinn habe und habe die Maßnahme beenden wollen.

Die Sozialarbeiterin habe sie aber bewegen können, wenigstens noch den nächsten Termin mit der Familienhelferin abzuwarten, um sich erst dann für oder gegen die Fortsetzung der Hilfe zu entscheiden.

Die Familienhelferin trifft die Mutter am nächsten Tag in einer stark resignativen Stimmung an.

Daneben spürt sie einen gegen sie gerichteten Trotz, als nehme die Mutter ihr übel, dass sie nicht erkenne, dass die Hilfe in ihrer Familie keinen Sinn habe.

Sie hat Antje in den letzten Tagen nicht in den Kindergarten gebracht.

M (in aggressiv/spöttischem Ton): Mein Mann kann nicht ertragen, wenn es hier besser klappt. (*Nimmt einen hastigen Zug*) Wenn er nichts mehr zu meckern hat. (*Nimmt einen Zug*) Dem kann man nicht helfen. (*Nimmt einen Zug*) Der ist so.

SPFHin (Nach einer Pause): Entschuldigen Sie. (*Pause*) Ich will mir nicht in die Tasche lügen. (*Pause*) Aber Ihre Kinder schienen sich doch recht gut in den letzten Wochen entwickelt zu haben. Das hat Ihr Mann doch erwartet.

M (schaut die Familienhelferin an. Leise): Kann sein. (*Raucht ihre Zigarette zu Ende und drückt sie aus. Heftig*): Aber besser geworden ist nichts! (*Leiser*) Eher noch schlimmer. (*Nimmt eine neue Zigarette und zündet sie an. Raucht mehrere Züge. Mit klagender Stimme*): Da gibt man sich Mühe! (*Nimmt einen Zug*) Und? (*Sehr leise*): Da gibt man sich Mühe. (*Nimmt zwei Züge*) Und dann? (*Plötzlich sehr heftig, explosionsartig*): Wie das hier ausgesehen hat! (*Schaut in der Küche umher*) Das letzte Mal war nichts dagegen! (*Wird sehr heftig. Steht auf. Geht hin und her. Fuchtelt mit den Armen*) Alle Schubladen hat er ausgeleert. Alles lag hier rum! Auf dem Boden verstreut. Hier. Hier. (*Öffnet eine obere Schranktür. Der Schrank ist leer*) Leer! Sehen Sie? Alles leer! Das Mehl. Die Nudeln. Die Haferflocken. Alles rausgekippt. Kaputt. (*Schließt den Schrank wieder*) Ich habe Stunden gebraucht, bis alles wieder sauber war. (*Kommt zurück zum Tisch*) Ich sage Ihnen. (*Sie setzt sich*) Da gibt man sich Mühe! (*Raucht ihre Zigarette zu Ende. Drückt sie aus*) Und der macht alles wieder kaputt. (*Zündet eine neue Zigarette an und nimmt mehrere Züge. Heftig*): Verstehen S i e das?

SPFHin: Nein. (*Pause*) Zugegebenermaßen – nein. (*Nach einer längeren Pause*): Eine Lösung kann ich nur mit Ihnen zusammen finden. Mit Ihnen und Ihrem Mann. Und dazu habe ich die Hoffnung noch nicht aufgegeben. (*Nach einer Weile*): Vielleicht sollten Sie mal ausspannen.

M (überrascht wirkend): Wo denn? (*Raucht zwei Züge*) Wo soll ich denn hingehen? (*Raucht die Zigarette zu Ende und drückt sie aus*) In meiner Familie nimmt mich niemand. (*Nimmt eine neue Zigarette und zündet sie an. In resigniertem Ton*): Da ist kein Platz für mich. (*Nimmt einen Zug*).

SPFHin: Ich dachte, vielleicht sollten Sie auf längere Sicht mal eine Mutter-Kind-Kur beantragen.

M (ungeduldig wirkend): Das hat doch alles keinen Sinn! (*Nimmt zwei hastige Züge*) Meinen Mann ändert das nicht! (*Raucht ihre Zigarette zu Ende und drückt sie aus*) Und. (*Macht eine Pause*) Ich bin im 7. Monat schwanger. (*Zündet eine neue Zigarette an und raucht zwei Züge*) Da kann man nicht einfach weggehen. (*Pause*) Und jetzt kurz vor Weihnachten.

SPFHin: Auf jeden Fall brauchen Sie Hilfe. (*Pause*) Ihr Leben war nie leicht, von Anfang an nicht. (*Pause*) Und Ihre Kinder? (*Pause*) Sie haben zwei liebe und auch begabte Kinder. Sollen die es auch so schwer haben wie Sie? Ich hoffe trotz allem immer noch, wir werden zusammen mit Ihrem Mann eine Lösung finden.

Von einer Beendigung der Sozialpädagogischen Familienhilfe ist in diesem Gespräch nicht mehr die Rede.

Bei der übernächsten Begegnung ergibt sich eine Situation, in der die Familienhelferin noch einmal mit der Mutter über ihre frühe Kindheit und auch ihren Vater sprechen kann.

SPFHin: Mich beschäftigt seit einiger Zeit, was mit Ihrem Vater gewesen sein mag. (*Pause*) Ich wollte Sie schon längere Zeit fragen, ob wir mal zusammen zu Ihrer Mutter und Ihrer Großmutter gehen, um mit denen zu reden. Ihre Mutter weiß bestimmt mehr über Ihren Vater.

M (*erschrocken wirkend*): Meine Mutter will davon nichts wissen und ich auch nicht. (*Raucht aufgeregt wirkend ihre Zigarette zu Ende. Drückt sie aus. Nimmt eine neue Zigarette und raucht mehrere Züge. Scheint sich etwas zu beruhigen*) Wissen Sie, meine Mutter war eine sehr hübsche Frau. (*Nimmt einen Zug*) Die sah wirklich gut aus. (*Raucht zwei Züge*) Sie sagte mir mal, mein Vater hätte auch gut ausgesehen. Und sie hätte ihn geliebt. Dann ist sie mit 19 schwanger geworden. (*Raucht schweigend ihre Zigarette zu Ende und drückt sie langsam aus. Schaut die Familienhelferin an*) Das war ein großer Schock für die Familie. Vor allem für die Elfriede. (*Nimmt sich eine neue Zigarette. Dreht sie lange gedankenverloren zwischen Daumen und Zeigefinger*) Die wollen alle nichts mehr davon wissen. (*Zündet die Zigarette an. Nimmt zwei Züge*) Die beiden haben dann geheiratet. (*Nimmt einen Zug. Schweigt eine Weile*) Kurz nachdem ich geboren war, hat dann meine Mutter rausbekommen, dass mein Vater von einer anderen Frau noch ein Kind bekommen hatte. (*Nimmt zwei Züge. Schaut die Familienhelferin an*) Das wissen Sie ja schon. (*Nimmt einen Zug*) Und da hat sie auch erfahren, dass er noch mit anderen Frauen zusammen war. (*Macht eine Pause, ohne zu rauchen*) Da hat sie ihn vor die Wahl gestellt. Verstehen Sie? Entweder die oder ich. (*Raucht ihre Zigarette zu Ende und drückt sie aus. In einem trotzig/stolzen Ton*): Und als er sich nicht entscheiden konnte, hat sie ihn rausgeschmissen (*Raucht eine Weile schweigend vor sich hin*).

SPFHin (nach einer längeren Pause): Lebt Ihr Vater noch?
M (raucht zwei Züge): Nein. (*Nimmt wieder zwei Züge*) Es heißt (*Schweigt eine Weile*), er ist umgekommen.

SPFHin: Wie? Umgekommen?
M (nimmt einen Zug): Das sagten die so. (*Schweigt eine Weile*) Wie? Weiß ich auch nicht. (*Raucht zwei langsame Züge*)

SPFHin (nach einer längeren Zeit des Schweigens): Wessen Familiennamen hatten Sie, bevor Sie heirateten? (*Pause*) Den Ihres Vaters?
M (schnell): Nein. (*Holt sich eine neue Zigarette aus der Packung. Dreht sie zwischen Daumen und Zeigefinger der rechten Hand, während sie mit der linken das Feuerzeug fest umschließt*) Der neue Mann meiner Mutter hat mich adoptiert. (*Zündet die Zigarette an und nimmt zwei hastige Züge. Mit Empörung in der Stimme*): Ich war eigentlich dagegen. (*Nimmt zwei Züge*) Konnte aber nichts machen. (*Nimmt einen Zug*) Ich war damals etwa zwölf Jahre alt.

Die Familienhelferin hat jedoch das Gefühl, dass irgendetwas Wichtiges von ihrem Vater noch fehlt. Sie vermag nicht zu entscheiden, ob sie der Mutter glauben kann, dass sie von dem Tod ihres Vaters und seiner Vorgeschichte tatsächlich nichts weiß, oder ob sie ihr Wissen aus Angst oder Scham noch glaubt verschweigen zu müssen.

In der Folgezeit bringt die Mutter Antje wieder verlässlich in den Kindergarten. Auch zu Hause machen beide Kinder Fortschritte. Thomas wird zunehmend sicherer in seinen Bewegungen. Die Greifspiele, aber auch die Beschäftigung mit Bilderbüchern lassen ihn zunehmend wach werden. Er liegt nicht mehr stundenlang schlafend auf dem Sofa.

Die Familienhelferin erlebt es als rührend, wie sich auch Antje an den Förderspielen mit Thomas beteiligt.

Die Mutter vermag es sich zunehmend zuzugestehen, dass Antje bei den kleinen gemeinsamen Bastelarbeiten schneller als sie Geschicklichkeiten entwickelt. Sie gewinnt zunehmend Freude daran, in der Vorweihnachtszeit Weihnachtsschmuck herzustellen.

Sie hatte die Familienhelferin gefragt, ob sie ihr zeigen könne, wie zum Beispiel Sterne aus farbigem Transparenzpapier gebastelt werden. Auf einem der gemeinsamen Spaziergänge hatte sie derartige Sterne in den Fenstern anderer Häuser entdeckt. Die hatten ihr gefallen. Nun klebt sie selbst derartige Sterne von innen an die Küchenfenster.

Die gemeinsamen Spaziergänge finden inzwischen regelmäßig einmal die Woche statt. Die Familienhelferin bespricht vorher mit der Mutter, welchen Weg sie gehen und worauf sie mit ihren Kindern besonders achten wolle. Hierbei zeigt sich die Mutter zunehmend interessiert, die Natur zu beobachten und mit den Kindern Vergleiche anzustellen, wie die Natur jetzt im frühen Winter aussieht, und dem, wie sie im Sommer aussehen wird. Sie fragt die Familienhelferin selbst nach einigen Dingen. Sucht auch immer die Bestätigung der Familienhelferin, wenn sie den Kindern etwas erklärt.

Etwa zwei Wochen nach dem letzten Gespräch erstaunt die Familienhelferin, als ihr die Mutter die Tür aufmacht. Sonst war meistens Antje geschickt worden. Dieses Mal öffnet die Mutter und zeigt sich in einer bedeutend ansprechenderen Aufmachung. Sie trägt einen modischen Pullover und Jeans. Vor allem aber hat sie eine neue, moderne Frisur. Ihre Lippen hat sie leicht geschminkt. Auch wirken ihre Zähne gepflegter. Sie war offenbar bei einem Zahnarzt.

M (scheint die Überraschung der Familienhelferin zu spüren. Sie lacht leicht auf): Was gucken Sie denn? Ist was nicht in Ordnung? *(Geht vor in die Küche)*.
SPFHin (folgt der Mutter): Frau A., Sie haben doch sicher meine Überraschung gesehen.

M (etwas kokettierend): Wieso? Was ist denn? *(Setzt sich an den Tisch und nimmt die abgelegte Zigarette vom Aschenbecherrand. Nimmt einen Zug)* Wollen Sie Kaffee? *(Nimmt die Kanne in die Hand)*.
SPFHin (lacht etwas unsicher): Ja, gerne.

M (schenkt Kaffee in die bereitgestellte Tasse).
Antje (kommt aus dem Kinderzimmer in die Küche. Läuft zum Küchentisch und stellt sich strahlend vor die Mutter): Spielen wir was? Soll ich den Thomas holen?

M: Ja, gleich.
Antje (strahlt die Familienhelferin an und läuft ins Kinderzimmer).

M (schaut die Familienhelferin erwartungsvoll an).
SPFHin: Schick, Frau A. Schick. Alle Achtung!

M: Finden Sie?
SPFHin: Wie gefallen Sie sich denn selber?

M (schaut verschämt).

144

Exkurs über „Seismographen" von Veränderungen in der Selbstachtung

In Fortsetzung des Exkurses über die Selbstinszenierung der Familien und ihrer Mitglieder möchte ich an dieser Stelle auf die Veränderung im Aussehen der Mutter hinweisen.

Die Mutter zeigt sich bei einem der Besuche (für die Familienhelferin völlig unerwartet) auffallend gepflegter. Sie hat ihre Haare vorteilhafter frisiert, ihre Kleidung ist gewählter und vor allem hat sie offenbar begonnen, ihre Zähne sanieren zu lassen.

Ich nehme derartige Veränderungen als Ausdruck einer Stärkung der Selbstwertschätzung von Personen wahr. Die Mutter hat (wie ich glauben möchte) durch die positiv gesonnene Beachtung, die ihr von der Familienhelferin entgegengebracht wurde und durch ihre langsam eintretenden Erfolge im Wirken auf die Kinder ihre Selbstachtung erhöht. Sie scheint sich inzwischen selber besser zu sehen und möchte entsprechend besser gesehen werden.

Nach meiner Erfahrung gibt es in den Familien eine Vielzahl von Erscheinungsbildern dieser Art von Veränderungen, die ich als „Seismographen" bezeichne. Diese Seismographen können sich auch anhand der Wohnungseinrichtung oder der Pflege der Wohnung ausdrücken. Manchmal zeigt die jeweilige Höhe der Rollläden den inneren Zustand einer Familie an.

Ich empfehle den HelferInnen, keinen direkten Einfluss auf derartige Anteile der familiären Selbstinszenierung zu nehmen, es sei denn, ein hygienischer Zustand gefährdet die Gesundheit von Kindern. Vielmehr empfehle ich, sich darauf zu verlassen, dass eine Verbesserung der Selbstwertschätzung der Personen von sich aus auch eine Verbesserung in deren Erscheinungsbild mit sich bringt.

Ich verstehe diese Veränderung im Erscheinungsbild als eine Rückmeldung über die Wirkung der Hilfe in Form einer neuen Selbstinszenierung, wie sie der Form der vorsprachlichen Mitteilung entspricht, die in diesen Familien bevorzugt wird. So wie die Symptome die Hilfe begründen, so zeigen Veränderungen in den Symptomen Wirkungen der Hilfe.

Nach meiner Überzeugung wäre es eher ungeschickt gewesen, der Mutter bald nach Beginn der Hilfe zu empfehlen, sie möge sich ihre Haare vorteilhafter frisieren, sie möge sich kleidsamer anziehen und ihre Zähne in Ordnung bringen lassen, da sie z.B. auf diese Weise beim Sozialamt oder bei anderen Stellen einen besseren Eindruck hinterlassen würde. Die Familienhelferin hätte auf diese Weise die Chance vergeben, an der Veränderung der Selbstinszenierung einen inneren Veränderungsprozess erkennen zu können. Sie hätte auch der Mutter die Chance genommen, sich selbst als Urheberin ihrer Veränderung zu erleben.

Nach meiner Erfahrung treten diese Veränderung nicht langsam und kontinuierlich ein, sondern sprunghaft. Vielleicht ist das ähnlich wie in der Quantenphysik. (Warum nicht? Schließlich ist auch der menschliche Körper wie alles im Universum aus atomaren und subatomaren Teilchen aufgebaut, deren Grundprinzipien den Erklärungsmodellen der Quantenphysik entsprechen (Weber 2007, S. 302ff., Görnitz 2008, S. 257ff.). Danach sind Veränderungen in den Zuständen nur dann wahrzunehmen, wenn sie erfolgt sind. Die Veränderungen in der Demonstration von mehr Selbstachtung (im subatomaren Bereich der des Sprungs eines Elektrons von einer Quantenbahn auf eine andere, wenn es ein bestimmtes Maß an Energie aufnimmt oder abgibt (Röthlein 1999, S. 26)) treten im Selbstwertgefühl der betroffenen Personen meines Erachtens dann ein, wenn sie durch das verlässliche Kommen zu ihnen und den vom Vertrauen in die Potenziale wertschätzenden und lösungsorientierten Umgang mit ihnen, ein Maß an (Lebens-)Energie aufgenommen haben, das dann einen Sprung auf eine nächste höhere Ebene zulässt. Umgekehrt würde der Entzug eines bestimmten Maßes von (Lebens-)Energie durch einen von Misstrauen, Kritik und Kontrolle problemorientierten Umgang mit ihnen voraussichtlich einen Sprung zur nächst unteren Ebene des Selbstwertgefühls auslösen. Dieser Prozess der Energie-Aufnahme als solcher ist nicht zu beobachten, über ihn könnte man wie in der Quantenphysik nur Wahrscheinlichkeits-Annahmen machen (ebda, S. 56f).

Dies auf die Hilfen angewandt, würde bedeuten, dass die Wahrscheinlichkeit eines „Quantensprungs in der Selbstachtung" und die mit ihm verbundene „höhere" Ebene der Selbstinszenierung wahrscheinlich verstärkt werden, wenn diese Personen durch die Art des wertschätzenden Umgangs mit ihnen (Lebens-)Energie aufnehmen. Zeitdauer und Zeitpunkt dieser sprunghaften Veränderung ist nicht vorhersehbar. Sie hängen m. E. von der Höhe des Niveaus des Wechsels der Ebenen und von der jeweils unterschiedlichen Intensität des individuellen Energie-Bedarfs ab.

SPFHin: Wie ist es denn zu Ihrem neuen Äußeren gekommen? War das Ihr Wunsch? Wollte das Ihr Mann?
M (*trinkt einen Schluck Kaffee*): Mein Mann hat das noch gar nicht gesehen. (*Raucht einen Zug*) Der freut sich bestimmt nicht.

SPFHin: Wieso? Wenn seine Frau so gut aussieht?
M (*wird ernst*): Dem passt hier sowieso nichts. (*Nimmt einen Zug*) Der wird immer unzufriedener.

SPFHin: Eigentlich könnte er sich doch freuen. Es läuft doch jetzt alles so, wie er gewünscht hat. (*Pause*) Jedenfalls, wie er es gesagt hat.
M (*raucht zwei Züge*): Wissen Sie, was der sagt? (*Ohne eine Antwort abzuwarten. Lacht spöttisch*): Der sagt, Sie hetzen mich gegen ihn auf. (*Nimmt einen Zug*) Das stimmt doch gar nicht!

Es wird Weihnachten. Die Familienhelferin macht für drei Wochen Urlaub und erfährt danach, dass die Mutter das Weihnachtsfest recht schön erlebt habe. Sie durfte die Feiertage sogar im Kreise ihrer Großmutter verbringen. Sie habe sich erstmals richtig angenommen gefühlt. Offenbar sei ihre Veränderung dort wohlwollend wahrgenommen worden.

Dagegen sei aber die Laune des Vaters immer schlechter geworden. Er habe den Kindern nicht die versprochenen Geschenke gebastelt.

Als es Ende Januar auf die Geburt zugeht, taucht zum ersten Mal die Großmutter der Kinder, also Mutter der Mutter in der Wohnung auf, um zu helfen. Sie verlässt aber die Wohnung, wenn die Familienhelferin ihre Termine wahrnimmt.

Ende Januar 1993 wird schließlich das dritte Kind der Familie, Michael geboren. Er kommt 14 Tage vor dem errechneten Termin und ist recht klein, womöglich eine Folge des starken Zigaretten-Gebrauchs der Mutter.

Michael kann aber gleich nach dem üblichen Aufenthalt im Krankenhaus mit der Mutter nach Hause.

In den ersten drei Wochen kümmern sich die Großmutter und die Urgroßmutter mit um die Versorgung des Haushaltes und der Kinder.

Danach lassen sie die Mutter mit den Kindern wieder überwiegend allein.

Nach sechs Monaten der Sozialpädagogischen Familienhilfe steht ihre Auswertung und die Frage nach ihrer Verlängerung an. Geplant ist ein

Gespräch, an dem die Eltern, die Familienhelferin und die Sozialarbeiterin teilnehmen. Hier soll gemeinsam der bisherige Prozess ausgewertet, das Erreichte angeschaut und die weiteren Perspektiven der Arbeit entwickelt werden.

Eine Woche vor dem Termin ruft die Mutter die Familienhelferin vormittags an und erklärt, dass sie den am gleichen Tag vorgesehenen Termin nicht wahrnehmen könne, da sie mit ihren drei Kindern ins Frauenhaus gehen werde.

Ihr Mann habe am Vortage wieder einmal in der Küche gewütet und sie sogar geschlagen.

Sie habe schon alles vorbereitet und werde ihre Wohnung direkt verlassen. Die Familienhelferin könne zum nächsten vereinbarten Termin bei ihr vorbeischauen.

Als schließlich die Familienhelferin bei der Mutter ist, trifft sie wieder eine resigniert in sich zusammengesunkene Frau an, die ihr zögernd und jammernd, zum Teil aber auch empört berichtet, wie die Küche dieses Mal ausgesehen habe. Offenbar war das Durcheinander, das der Vater angerichtet hatte, noch einmal eine Steigerung zum bisher Erlebten.

Was aber die Mutter am meisten empört, ist, dass er sie geschlagen hatte, zum ersten Mal, wie sie sagt.

Ins Frauenhaus sei sie aber aus einem anderen Grund gegangen. Bisher sei ihr Mann am Abend nach derartigen Ereignissen nach Hause gekommen und habe mit seiner Frau schlafen wollen. Sie habe das zwar nie gewollt, aber über sich ergehen lassen, um danach wieder ihre Ruhe zu haben. Dieses Mal aber habe sie sich geweigert. Daraufhin habe ihr Mann die Wohnung über die Nacht verlassen.

M (die Familienhelferin mit einem leichten Lächeln anschauend): Da habe ich mich entschlossen, ins Frauenhaus zu gehen. (*Nimmt zwei Züge. Mit einem verschworenen Unterton*): Ich will ihn bestrafen.
SPFHin: Wofür bestrafen? Dass er Ihre Küche dermaßen verwüstet hat? Dass er Sie geschlagen hat? Dass er trotzdem mit Ihnen schlafen wollte? Oder dass er abgehauen ist?
M: Dass er abgehauen ist.

SPFHin: Ist er noch nicht zurückgekommen?
M: So viel ich weiß, nicht.

SPFHin: Was glauben Sie denn, wo er ist?
M: Der ist bei seinem Vater.

SPFHin: Oder – bei einer anderen Frau?

M: Das soll er sich nicht wagen! Wenn er das tut, dann schmeiße ich ihn raus, wie meine Mutter meinen Vater rausgeschmissen hat.

SPFHin: Und wenn er zurückkommt?

M (raucht hastig zwei Züge): Dann gehe ich auch zurück. (*Raucht ihre Zigarette zu Ende und drückt sie aus, nimmt eine neue Zigarette. In bestimmtem Ton*): Ich geh auf jeden Fall zurück. (*Zündet ihre Zigarette an. Raucht mehrere Züge. Schweigt. Plötzlich heftig*): Wenn mein Mann was mit einer anderen Frau anfängt, dann gehe ich alleine zurück. (*Raucht mehrere Züge*) Wenn er das nicht macht (*Nimmt einen Zug*) und wieder in die Wohnung kommt, gehe ich sofort wieder zu ihm.

SPFHin: Wozu sind Sie denn dann hierher ins Frauenhaus gegangen? (*Pause*) Das klingt, als wollten Sie ihm eine Lehre erteilen?

M (lacht): Ja. (*Nimmt einen Zug*) Genau das. (*Lächelt vor sich hin, raucht ihre Zigarette zu Ende und drückt sie aus*).

Beim nächsten Besuch der Mutter im Frauenhaus ergreift die Familienhelferin erneut die Gelegenheit, mit der Mutter an das Gespräch über ihre familiäre Situation neu anzuknüpfen.

SPFHin: Ihr Mann scheint die aktive Rolle übernommen zu haben, Ihr familiäres Glück zu stören. (*Pause*) Oder gar zu zerstören. (*Pause*) Andererseits weiß ich von Ihnen, dass Sie schon von kindauf kein Glück hatten. (*Längere Pause*) Aus vielen Begegnungen mit anderen Menschen weiß ich, dass viele von denen, die schon als Kind kein Glück hatten, es sich auch später schwer tun, Lebensglück zu gestalten und zu bewahren.

M (raucht ihre Zigarette zu Ende und drückt sie aus. Schaut die Familienhelferin an): Und? (*Nimmt sich eine neue Zigarette*) Was hat das mit meinem Mann zu tun? (*Zündet die Zigarette an und raucht zwei Züge. Stößt den Qualm heftig aus*)

SPFHin: Das weiß ich auch nicht. (*Nach einer längeren Pause*): Sie haben mir ja bereits Ihre Geschichte anvertraut, insbesondere die Geschichte Ihrer frühen Kindheit. (*Pause*) Für mich gibt es noch zwei offene Fragen: Die eine hängt mit Ihrem Vater zusammen, die andere mit Ihrem Mann. (*Pause*) Wenn Sie sich überhaupt auf eines der Themen einlassen wollen.

M: Machen Sie nur.

SPFHin: Womit möchten Sie eher beginnen? Mit Ihrem Vater oder mit Ihrem Mann?
M (Nimmt einen Zug): Mit meinem Mann.

Die Geschichte des Vaters (2)

Die Familienhelferin weiß bereits aus dem Gespräch am Anfang der Hilfe vom Vater selbst, dass seine Mutter gestorben ist, als er 20 Jahre alt war.

Von der Mutter erfährt sie nun, dass seine Mutter Alkoholikerin war und dass er sich als der älteste Sohn um seine Mutter besonders besorgt gezeigt habe.

Mit 24 sei er inhaftiert worden, nachdem er zwei Frauen vergewaltigt und einen etwa gleichaltrigen Mann krankenhausreif geschlagen habe. Da er den Frauen Mord angedroht hatte, falls sie ihn verraten sollten, war seine Strafe auf 13 Jahre JVA festgelegt worden.

Nach acht Jahren habe er das erste Mal Freigang gehabt, wo sie beiden sich kennen gelernt hätten. Bei einem der nächsten Freigänge sei sie schon schwanger geworden. Sie habe ihn dann bald geheiratet. Nach der Geburt von Antje sei er auf Bewährung entlassen worden. Die Bewährung sei vor einem Jahr ausgelaufen.

SPFHin (holt nach einer Pause tief Luft): Das ist nun wirklich keine Mitteilung, die ich leicht wegstecken kann. Da muss ich erst einmal tief Luft holen. *(Pause)* Was wird denn Ihr Mann sagen, wenn er erfährt, dass Sie mir dies mitgeteilt haben? Ist das ein Familiengeheimnis, das er so leicht nicht preisgeben wird? Das er auch von anderen bewahrt wissen will? Oder – ist ihm das eher egal, ob andere davon erfahren?
M (nimmt zwei Züge. Mit leicht spöttisch wirkendem Ton): Mein Mann wird gar nichts sagen. *(Nimmt einen Zug)* Er hat damit abgeschlossen. *(Nimmt drei Züge)* Wenn Sie das noch nicht erfahren haben, liegt das an mir. *(Nimmt einen Zug)* Ich erzähle nicht gerne davon. *(Nimmt einen Zug. Etwas lauter werdend):* Aber nur, weil die Leute in der Regel blöd darauf reagieren! *(Raucht ihre Zigarette hastig zu Ende. Drückt sie im überfüllten Aschenbecher aus. Mit Verachtung in der Stimme):* Die gucken mich immer schief an. *(Nimmt sich eine neue Zigarette)* Weil ich mich mit so einem eingelassen habe. *(Zündet die Zigarette an und raucht zwei Züge)* Weil ich so einen auch noch geheiratet habe. *(Raucht unruhig. Zur Familienhelferin in aggressivem Ton):* Sie denken das doch sicher auch!

150

SPFHin (nach einer kurzen Pause des Nachdenkens): Etwas außerge-wöhnlich finde ich das auch. (*Pause*) Wenn ich ehrlich sein soll. (*Pause*) Mich erschüttern vor allem die Vergewaltigungen. Verstehen Sie?
M (zornig): So ist es immer wieder! (*Raucht drei hastige Züge und bläst den Qualm heftig aus*) Dabei wird nie gefragt, wieso er das gemacht hat.

Die Mutter erzählt, dass ihr Mann schon als Kind einer Alkoholikerin von anderen gemieden wurde, zumal er sich aggressiv zu seiner Mutter bekannte. Nach dem Tod der Mutter sei er sehr einsam gewesen und ha-be keine Freunde und auch keine Freundin gehabt. Deswegen sei er öf-fentlich gehänselt worden, vor allem von seinen beiden älteren, allein-stehenden Nachbarinnen. Denen habe er daraufhin jeweils auf dem Friedhof aufgelauert, als sie die Gräber ihrer verstorbenen Männer gie-ßen wollten. Den Mann habe er ebenfalls verprügelt, weil der ihn wegen seiner Geschichte aufgezogen hatte.

SPFHin: Wie ich weiß, ist Ihr Mann 16 Jahre älter als Sie. Sie können das, was Sie mir von ihm erzählt haben, gar nicht miterlebt haben. Wer hat Ihnen das erzählt?
M: Mein Mann selbst. (*Raucht mehrere Züge*) Er hatte es sehr schwer als Kind. (*Raucht ihre Zigarette zu Ende und drückt sie aus*).

SPFHin (nach einer Pause): Ich glaube, dass Sie das verbindet.
M: Kann sein. (*Nimmt eine neue Zigarette aus der Packung*) Darüber ha-be ich noch nie nachgedacht.

SPFHin (nach einer Pause): Wie stehen Sie denn heute als Frau dazu? Sie halten offenbar mehr zu Ihrem Mann als zu den von ihm vergewal-tigten Frauen.
M (nimmt zwei Züge): Irgendwie finde ich das mit den Vergewaltigun-gen nicht in Ordnung. (*Nimmt zwei Züge*) Aber irgendwie kann ich mei-nen Mann auch verstehen. (*Raucht ihre Zigarette zu Ende und drückt sie aus*).

SPFHin: Eine letzte Frage möchte ich aber noch stellen. (*Pause*) Ist das alles in Ihrer Familie bekannt?
M: Das wissen alle.

SPFHin: Und wie stehen die dazu? Halten die auch eher zu ihrem Mann oder nehmen die eher Partei für die von ihm vergewaltigten Frauen?
M (Nimmt einen sehr langsamen, tiefen Zug und stößt den Rauch lang-sam und heftig aus): Das ist unterschiedlich. (*Nimmt zwei Züge*) Bei den

Männern ist mein Mann eher ein Held, der es den Weibern mal gezeigt hat. (*Nimmt einen Zug*) Und bei den Frauen? (*Nimmt langsam einen Zug*) Denen geht es so wie mir. (*Nimmt zwei Züge*) Die denken: Hätten die Frauen ihn doch in Ruhe gelassen. (*Nimmt einen Zug*) Was ging die das an, was mit meinem Mann war. (*Raucht ihre Zigarette zu Ende*).

Was die Familienhelferin hier erfahren hat, geht ihr noch lange nach. Vor allem belastet das zumindest vorerst ihre Beziehung zu dem Vater sehr. Sie spürt aber keine Angst vor ihm.

Sie macht sich klar, dass es in ihrem Bemühen, die Geschehnisse in dieser Familie einigermaßen nachvollziehen zu können, hilfreich sein wird, die Aspekte zu sammeln, die zusammen zu einer Lösung in der immer wieder sich verfahrenden familiären Situation führen könnten.

Nachdem sie nun die Geschichte des Vaters erfahren hat, drängt sich ihr um so nachdrücklicher die Frage auf, was mit dem Großvater, dem Vater der Mutter geschehen sein mag. Sie vermutet einen Wirkungszusammenhang mit den Schicksalen der beiden Männer.

Exkurs über das Erspüren übergreifender Wirkungszusammenhänge bei der Suche nach Lösungen

Spätestens wenn sich herausstellt, dass Familien nicht in der Lage scheinen, sich selbst gesteckte Ziele auf Dauer zu erreichen. stellt sich mir die Frage, was die „guten Gründe" für dieses Scheitern sein mögen.

In der hier dargestellten Familie A. hat nicht zuletzt der Vater von Anfang an darauf gedrungen, dass die Mutter mehr mit den Kindern im Sinne ihrer Förderung tun sollte, indem sie z.B. Antje zum Kindergarten bringt. Zweimal war die Mutter dabei, erfolgreiche Schritte in diese Richtung zu gehen. Zweimal fiel sie nach aggressiven Ausbrüchen ihres Mannes weitgehend in ihre Anfangs-Lethargie zurück und es kann davon ausgegangen werden, dass sie ohne Unterstützung durch die Familienhelferin ihre aufkeimende Selbstachtung bald wieder verloren hätte.

Die Gefahr in einer solchen Situation sehe ich darin, den Vater als Schuldigen zu erleben, der durch sein Verhalten die Entwicklung zum vereinbarten Ziel blockiert. Er hätte sich schließlich über die Fortschritte seiner Frau freuen und sie durch eigene Unterstützung fördern können.

Eine weitergehende Gefahr sähe ich darin, mit der Mutter gegen den Vater arbeiten zu wollen.

Immer wieder erfahre ich von schweren Konflikten, die aus derartigen Haltungen auch mit den betroffenen Müttern entstehen, die sich trotz vergleichbarer oder auch noch schlimmerer Situationen nicht von ihren Männern trennen wollen. Dies ganz abgesehen davon, saß sich die Väter ebenfalls nicht aus ihrer Familie drängen lassen wollen. Die Trennung des Paares wäre in diesem Stadium von außen intendiert und würde auf große Widerstände stoßen.

Ein Handicap der HelferInnen in derartigen Situationen erlebe ich in Beratungsgesprächen darin, dass sie erklären, die Zusammenhänge nicht zu verstehen. Hier verweise ich auf meine Überzeugung, dass diese Zusammenhänge tatsächlich nicht zu verstehen seien, dass sie aber auf einen höheren Wirkungszusammenhang verweisen, von dem allerdings im Augenblick noch kein plausibel erscheinendes Bild besteht.

Statt in derartigen Situationen einen Schuldigen ausmachen zu wollen, halte ich es für förderlicher, davon auszugehen, dass sich in dem Geschehen eine gesamtfamiliäre Dynamik Bahn bricht, die zeigt, dass die bisher erreichten Lösungen (erster Ordnung) noch keine Basis (zweiter Ordnung) haben.

Zur Vertiefung dieses Gedankens möchte ich auf Formulierungen von Gregory Bateson und Bradford P. Keeney zurückgreifen:

Bateson spricht in dem hier von mir gemeinten Zusammenhang vom „Geist" (in den deutschen Texten eine eher unglückliche Übersetzung von *mind* = Gedächtnis, Erinnerung, Verstand, Denken, Sinn, Geist), den er „die Welt der Informationsverarbeitung" nennt (Bateson 1970, S. 583). Ich verstehe dies als Summe und Wirkung der Summe persönlicher, familiärer und gesellschaftlicher Verarbeitungsprozesse von Ereignissen, die für die Betroffenen die (energetische) Bedeutung hatten, dass sie in das bewusste oder unbewusste Steuerungsrepertoire des Verhaltens Einlass fanden. Bateson spricht von den „vielfältigen Ebenen" des „Geistes", „deren eines Extrem ,Bewusstsein', das andere ,Unbewusstes' genannt wird" (ders., 1967, S. 183).

Zur „dynamischen Struktur des Geistes" schreibt Bateson, „dass das, was wir am besten wissen, auch das ist, dessen wir uns am wenigsten bewusst sind, d.h. dass der Prozess der Gewohnheitsbildung ein Absinken des Wissens auf weniger bewusste und archaische Ebenen ist. Das Unbewusste enthält nicht nur die schmerzhaften Angelegenheiten, die das Bewusste lieber nicht genau untersucht, sondern auch vieles, was so vertraut ist, dass wir es nicht mehr überprüfen müssen" (ebda, S. 199).

„Der Geist enthält nur Umwandlungen, Wahrnehmungsgegenstände, Bilder usw. und die Regeln, nach denen diese Umwandlungen, Wahrnehmungsgegenstände usw. gemacht werden. In welcher Form diese Regeln existieren, wissen wir nicht" (ders., 1969a, S. 353).

Der „Geist" ist nach Bateson nicht auf das Individuum begrenzt, sondern weist über es hinaus. „Der individuelle Geist ist immanent, aber nicht nur dem Körper. Er ist auch den Bahnen und Mitteilungen außerhalb des Körpers immanent; und es gibt einen größeren Geist, von dem der individuelle Geist nur ein Subsystem ist" (ders., 1970, S. 593).

Diesen das Individuum umfassenderen „Geist" spricht Keeney an, indem er schreibt: „Jeder, der einer Familie angehört, lässt sich so sehen, dass er mit einem Familien-Geist in Verbindung steht. Und weiter, alle an der Therapie Beteiligten, Klienten und Therapeuten gleichermaßen, gehören zu einem therapeutischen Geist" (Keeney 1986, S. 107f).

Besonders wichtig erscheint mir hier Keeneys Hinweis, dass TherapeutInnen (in meinen Augen auch alle HelferInnen in psychosozialen Prozessen) lernen müssen, „sich mit dem unbewussten Geist zu verbinden und ihm erlauben, die eigenen Handlungen zu organisieren." (ebda, S. 112) „Die Kunst der Familientherapie liegt darin, mit diesen Mustern (...) zu arbeiten" (ebda, S. 113). Das heißt, „dass die eigenen Teilbögen des bewussten Geistes nicht zielgerichtet alles, was in der Therapie geschieht, organisieren. Vielmehr wird dem Muster, das die Familie mit dem Therapeuten verbindet, eingeräumt, die Organisation der Therapie zu leiten und zu verbessern" (ebda, S. 114).

Gregory Bateson erkennt in den Umwandlungen, Wahrnehmungsgegenständen und Bildern des „Geistes" ein Selbstregulierungspotenzial. Er schreibt, „dass *jede* fortlaufende Gesamtheit von Ereignissen (...), der die geeignete Komplexität kausaler Kreisläufe und die geeigneten Energierelationen zukommen, (...) geistige Charakteristika aufweisen wird. Sie wird *vergleichen*, das heißt, auf *Unter-*

schiede reagieren (...). Sie wird ‚Informationen verarbeiten' und sich unausweichlich selbst regulieren" (Bateson 1971, S. 407).

Auf dieses Selbstregulierungspotenzial der familiären Steuerungskräfte zu vertrauen, halte ich für eine Grundlage dafür, dass die Chance begünstigt wird, dass Familien in besonders belasteten Situationen zu Lösungen zweiter Ordnung finden, die Lösungen erster Ordnung zulassen. Dazu gehört als Voraussetzung für mich, ahnend zu wissen, dass sich in den familiären Inszenierungen umfassendere Wirkungszusammenhänge verbergen, die sich aus familiären Verarbeitungsprozessen von Ereignissen ableiten.

Es gilt für mich, in den Inszenierungen das Nicht-Gesagte im Gesagten zu erhorchen und das Nicht-Gezeigte im Gezeigten zu erschauen, um mit den Familien zusammen plausible Vorstellungen für die „guten Gründe" des Nicht-Verstehbaren im Verhalten zu entwickeln.

Die Steuerung hier liefert der „Geist", der sich in dem Verhalten inszeniert. Gegen ihn zu arbeiten, führt zu Machtkämpfen, zu Kontrolle und letztlich zum Scheitern. Die Inszenierung verstehe ich somit als das Angebot des „Geistes", die Steuerung des Hilfeprozesses zu übernehmen.

Bei der nächsten Begegnung mit der Mutter wirft die Familienhelferin noch einmal die Frage nach dem Schicksal ihres Vaters, des Großvaters der Kinder, auf. Sie bekommt aber keine sie befriedigende Antwort. Die Mutter beteuert, dass sie selber von diesem Geschehen keine genaue Vorstellung habe.

Daraufhin regt die Familienhelferin ein Gespräch mit der Mutter, der Großmutter und der Urgroßmutter an.

Sie hatte schon öfter den Wunsch geäußert, mit all diesen Personen zusammenzukommen. Bisher hatte die Mutter immer sehr ausweichend reagiert, sodass die Familienhelferin nicht auf einen baldigen Termin insistiert hatte.

Zu ihrem Erstaunen willigt die Mutter dieses Mal direkt ein, will aber noch keinen Termin festlegen lassen.

Dabei wird deutlich, dass die Mutter erst einmal abwarten will, ob und wann ihr Mann nach Hause kommt.

Nach drei Wochen Aufenthalt der Mutter im Frauenhaus erfährt sie von der Urgroßmutter, dass ihr Mann wieder da sei und warte, dass sie ebenfalls nach Hause komme. Er werde sie aber nicht holen, sie müsse freiwillig kommen. Daraufhin packt die Mutter ihre Koffer und kehrt mit ihren Kindern noch am gleichen Tage in ihre Wohnung zurück.

Es hatte sich herausgestellt, dass die Mutter in ihrer Annahme richtig lag, dass der Vater während der Zeit seiner Abwesenheit bei seinem Vater gewesen ist.

Erstes Auswertungs- und Verlängerungsgespräch

Das nach einem halben Jahr Sozialpädagogischer Familienhilfe anstehende Auswertungs- und Verlängerungsgespräch war wegen der plötzlich eingetretenen Ereignisse verschoben worden, um abzuwarten, wie sich die akute Situation in der Familie weiter gestalten würde. (Die Hilfe war pro forma verlängert worden, damit sie weiter finanziert werden konnte.)

Nachdem beide Elternteile wieder nach Hause zurückgekehrt sind, wird mit kurzer Frist ein neuer Termin angesetzt.

Der Vater weigert sich, an dem Gespräch teilzunehmen. Er erklärt seiner Frau, dass er gegen die Fortsetzung der Hilfe sei. Es sei eindeutig Schuld der Familienhelferin, dass seine Frau ins Frauenhaus gegangen sei.

Das Auswertungsgespräch findet daraufhin nur zwischen der Mutter, der Sozialarbeiterin und der Familienhelferin statt. Dabei sagt die Mutter gleich zu Beginn, dass sie auch gegen den Willen ihres Mannes die Fortsetzung der Hilfe wolle und auch durchsetzen werde. Sie fühle sich auf Dauer allein noch nicht in der Lage, ihrem Mann bei weiteren möglichen Attacken der bekannten Art Paroli zu bieten. Sie befürchte, in relativ kurzer Zeit wieder in die alte Situation zurückzufallen. Es habe sich schließlich gezeigt, dass ihr Mann entgegen seinen Erklärungen gar nicht damit zufrieden zu stellen sei, dass sie ihre Hausaufgaben erledige.

Sie habe die Wichtigkeit der Beistandschaft erkannt und sehe, dass sie und ihre Kinder Fortschritte machten. Die sich für sie und die Kinder hieraus ergebenden Chancen wolle sie auf keinen Fall mehr aufgeben. Sie hoffe, dass auch ihr Mann im Laufe der Zeit erkenne, wie gut die Hilfe für seine Familie und damit schließlich auch für ihn sei.

Die Feststellungen, dass die Mutter die Fortsetzung der Hilfe auf jeden Fall wolle und dass die Kinder inzwischen auch erhebliche Fortschritte in ihrer Entwicklung zeigen, wird als Bestätigung für die Richtigkeit und Angemessenheit des Einrichtens dieser Hilfe gewertet. Dass nach einem halben Jahr die Hilfe noch nicht zu einer erhofften neuen Stabilität und der Lösung des Grundkonfliktes geführt haben könne, sei den Fachkräften aus ihrer Erfahrung von Anfang an klar gewesen.

Als Perspektiven für die weitere Arbeit in der Familie wird zum einen die Fortsetzung der Arbeit mit den Kindern, beziehungsweise der Hilfe für die Mutter im Umgang mit den Kindern herausgearbeitet. Des Weiteren die weitere Förderung der Selbstständigkeit und Selbstachtung der Mutter. Dabei soll trotz der bisherigen Erfahrungen immer darauf geachtet werden, wie der Vater in das Hilfekonzept aktiv einbezogen werden kann.

Weitere Geschichten hinter den Geschichten

Als günstige Gelegenheit, wichtige Schritte weiterzukommen, sieht die Familienhelferin das Gespräch, das zwischen ihr, der Mutter, der Großmutter und der Urgroßmutter ansteht.

Zum Erstaunen der Familienhelferin besteht die Mutter bald selber darauf, einen Termin zu vereinbaren. Als Ort für das Gespräch wird die Wohnung der Großmutter gewählt. Darauf bestand nach Aussage der Mutter vor allem die Urgroßmutter, als wolle sie damit die Generationenfolge wieder in die richtige Reihe bringen.

Das Gespräch findet in einem gediegen eingerichteten Wohnzimmer statt: Schrankwand, Couch mit Couchtisch und zwei Sessel. Eine weitere Sitzecke mit einem Tisch und vier Stühlen. Tischdecken, Teppich, Gardinen, Vorhang.

Die Großmutter hat Kaffee vorbereitet und auch eine Dose Kekse auf den Couchtisch gestellt, um den herum die vier Frauen auf Einladung der Großmutter hin Platz nehmen.

Die Urgroßmutter ist eine kleine, hagere Frau, mit grauem zurückgekämmten Haar und sehr lebendigen blau-grauen Augen. Sie trägt einen dunkelblauen Rock, eine weiße Bluse und eine blaue Strickjacke.

Die Großmutter ist etwas größer als ihre Mutter. Sie hat dunkelbraune Haare, vermutlich gefärbt, mit einen kurzen Dauerwellenfrisur. Sie trägt einen brauen Rock und einen beigefarbenen Pullover mit unauffälligem Muster.

Die Mutter hat ihr leicht aufgehelltes Haar nur flüchtig gekämmt. Sie trägt blaue Jeans, eine weiße Bluse mit einer dunkelroten Weste. Sie trägt rote Schuhe.

Die Mutter setzt sich als erste auf die Couch, die Urgroßmutter setzt sich, sie kurz anlächelnd, neben sie. Die Familienhelferin wartet kurz, bis sie erkennen kann, auf welchen Sessel sich wohl die Großmutter setzen wird. Sie nimmt den zuletzt frei bleibenden Sessel.

Die Großmutter schenkt, ohne zu fragen, Kaffe in die vier auf Untertassen bereitgestellten Tassen. Kleine Teller für das Gebäck stehen daneben. Auf dem Tisch steht ein Aschenbecher. Daneben liegen zwei Schachteln Zigaretten und ein Feuerzeug.

Zu Beginn des Gespräches stellt sich die Familienhelferin den beiden älteren Frauen noch einmal vor. Sie waren sich nach der Geburt von Michael einige Male kurz begegnet, zu einem richtigen wechselseitigen Kennenlernen war es aber dabei nie gekommen.

SPFHin: Ich möchte unser Gespräch auf das Zusammenleben ihrer Familie lenken. (*Schaut in die Runde. Bemerkt keinen Widerstand*) Dazu möchte ich einige grundsätzliche Bemerkungen machen. (*Pause*) Aus meiner Sicht gehört Elternschaft zum Schwersten. (*Kleine Pause*) Hier sitzen vier Mütter, mich eingeschlossen, die davon ein Lied singen können. (*Pause*) Denn wir als Eltern – oder Mütter – müssen ja nun schmerzhafterweise feststellen, dass wir keine Möglichkeit haben, zu bestimmen, wie unsere Kinder auf uns und das, was wir in bester Absicht mit ihnen tun, gefühlsmäßig reagieren. (*Pause*) Nun sitzen wir hier zusammen, weil es Ihnen dreien offenbar noch schwerer gefallen ist, sich am Glück gelungener Elternschaft oder besser, sich am Geschenk geglückter Elternschaft erfreuen zu können. (*Nach einer kleinen Pause*): Von Berufs wegen habe ich ja oft mit Familien zu tun, denen das Glück nicht geschenkt ist, die eigene familiäre Situation einigermaßen zufrieden stellend zu erleben. Dabei gehe ich davon aus, dass alle Eltern in der Sehnsucht leben, innerhalb ihrer Familie ein gutes Maß verlässlicher und gleichgewichtiger Beziehungen zu haben und in einem guten Austausch von Geben und Nehmen miteinander zu leben und zu wachsen. (*Pause*): Ich frage mich dann immer, was es denn wohl sein mag, was dieses System aufrecht erhält, das eine Familie so unglücklich und unzufrieden macht. (*Pause*) Oft ist es nach meiner Erfahrung selbst erfahrenes Unglück, mögliches Unglück der eigenen Eltern oder von Geschwistern, die einen daran hindern können, das eigene Glück zu gestalten.
UGM (*scheint genau zuzuhören*): Wie meinen Sie das?

SPFHin: So als müsste man den unglücklichen Eltern oder den unglücklichen Geschwistern im eigenen Unglück treu bleiben.
UGM: Ach so.

SPFHin: Ich erkenne hier immer wieder das Wirken von Liebe mit negativen Folgen, nämlich Liebe als Treue im Unglück.
UGM: Ach.

SPFHin: Und wie in vielen Familien, spüre ich auch bei Ihnen jetzt, dass Sie eigentlich alle Sehnsucht nach dem Gegenteil dessen haben, was Sie erleben. (*Pause*) Sehnsucht nach Harmonie, nach Anerkennung, nach einem Gleichgewicht von Geben und Nehmen, nach familiärem Glück.
UGM (*lächelt, wirkt nachdenklich*).

SPFHin: Gleichzeitig erlebe ich bei Ihnen, wie anderswo auch oft, dass Sie durchaus mit den Fähigkeiten ausgestattet sind, die es Ihnen leicht machen könnten, Ihren Lebensalltag zur eigenen Zufriedenheit und zur Zufriedenheit der anderen zu bewältigen.
M (*nimmt eine neue Zigarette*): Meinen Sie? (*Zündet die Zigarette an*).

SPFHin: Aber es will wohl nicht gelingen.
M (*lacht etwas spöttisch*): Da haben Sie Recht. (*Raucht mehrere Züge*).
GM (*raucht einen Zug*): Vielleicht ahne ich, was Sie sagen wollen. (*Schweigt eine Weile*) Man nimmt das Unglück seiner Eltern mit. Meinen Sie das so?

SPFHin: So ungefähr könnte man das sagen.

Die Geschichte des Großvaters

SPFHin (*nach einer längeren Pause*): Ich erfahre immer wieder, dass sich hinter den Geschichten, die ich aktuell gezeigt bekomme, weitere, oft lange zurückliegende Geschichten verbergen. Und wenn die gegenwärtigen Geschichten unglücklich verlaufen, dann sind die vergangen Geschichten auch Unglücksgeschichten. Und denen möchte ich, was Ihre familiäre Situation betrifft, mit Ihnen zusammen nachgehen. Wenn es Ihnen möglich ist. (*Pause*) So möchte ich auf eine Frage zu sprechen kommen, die mich schon lange sehr beschäftigt. Es ist die Frage, auf die (*Zur Mutter*): Sie mir bisher keine klare Antwort geben konnten oder wollten. Sie ahnen wohl, worum es mir geht?
M: Ja, um meinen Vater. (*Sie wird deutlich erkennbar blass und schaut zwischen ihrer Mutter und Großmutter hin und her*).

SPFHin: Ich sehe, dass Sie auf diese Frage sehr bewegt reagieren. Ihre Gesichtsfarbe hat sich geändert. Sie wurden blass. Und sie schauten zwischen Ihrer Mutter und Ihrer Großmutter hin und her. Wie kann ich diese Reaktion verstehen? Wollen Sie dieses Thema vielleicht gar nicht angesprochen wissen? Oder hat Sie das Ansprechen dieses Themas in diesem Kreise erschreckt?

M: Ich bin im ersten Augenblick erschrocken. (*Raucht ihre Zigarette mit zwei Zügen zu Ende*) Bei uns wurde noch nie richtig darüber geredet. (*Nimmt sich eine neue Zigarette*) Ich weiß nicht, wie die anderen darauf reagieren. (*Zündet die Zigarette an und raucht zwei Züge*) Mir ist es recht, wenn wir mal offen darüber reden. (*Nimmt zwei hastige Züge. Leise*): Auch wenn ich Angst davor habe. (*Schaut zwischen ihrer Mutter und ihrer Großmutter hin und her. Raucht mehrere Züge*)

SPFHin (*zur Urgroßmutter*): Wie stehen Sie zu der von mir aufgeworfenen Frage? (*Pause*) Können Sie sich vorstellen, mit mir über dieses Thema zu sprechen?

UGM (*nach einigem Zögern*): Darüber spreche ich nicht gerne. (*Pause*) Aber es muss wohl mal sein.

SPFHin (*zur Großmutter*): Und Sie, Frau D., wie stehen Sie dazu?

GM: Was soll ich sagen? (*Raucht einen langsamen Zug*) Ich spreche natürlich auch nicht gerne darüber. Aber wenn Sie das ansprechen wollen. Es ist wohl wichtig.

Im Gespräch wird deutlich, dass auch die Großmutter nichts Genaues über das Leben ihres ersten Mannes weiß. Sie sagt, sie habe sich mit 19 Jahren in den Mann verliebt. Er sei 12 Jahre älter als sie, sehr charmant und gut aussehend gewesen. Sie sei bald schwanger von ihm geworden, was für ihre Familie, insbesondere für ihre Mutter damals ein großer Schock gewesen sei.

UGM (*zur Familienhelferin*): Ich hatte von Anfang an kein gutes Gefühl bei diesem Mann. Ich habe meine Tochter eindringlich vor ihm gewarnt.

GM (*zur Urgroßmutter*): Dir war nie Recht, was ich machte! Du musstest Dich ja immer bei mir einmischen!

UGM: Ich hatte schließlich Recht!

GM (*spöttisch*): Ja, Du hast immer Recht!

Die Großmutter erzählt dann weiter, dass in der Familie klar gewesen sei, dass sie und der Vater ihres Kindes heiraten müssten. Dem habe der

Mann nach einigem Zögern zugestimmt. Ihr Mann habe schon vor und dann auch während der Ehe zahlreiche Termine vorgegeben, wo er nicht bei ihr sein konnte. Er sei auch oft über Nacht nicht zu Hause geblieben. Was er gemacht habe, habe sie nie erfahren. Sie habe aber etwa zur gleichen Zeit, als Helga geboren wurde, erfahren müssen, dass auch eine andere Frau ein Kind von ihrem Mann bekommen hatte. Dabei sei dann klar geworden, dass er noch zu mehreren Frauen Kontakte pflegte.

Erst da sei sie aufgewacht. Sie hatte dem Mann blind vertraut, ohne ihn wirklich zu kennen. Sie habe auch seine Eltern nie kennen gelernt. Er hatte gesagt, sie seien tot, aber sie glaube heute nichts mehr von dem, was er ihr gesagt habe.

Über den weiteren Lebensweg ihres ersten Mannes wisse Sie nichts Genaues. Er habe sich nie mehr um sie oder seine Tochter gekümmert. Sie wisse nur, dass er tot ist. Er sei entweder bei einer Schießerei im Zuhältermilieu in Berlin umgekommen, oder später im Gefängnis an den Folgen einer Schießerei gestorben.

SPFHin (*zur Mutter*): Was Sie da über Ihren Vater hören – wie geht es Ihnen damit? Ist es Ihnen gleichgültig? Macht es Sie traurig? Finden Sie das erschütternd? Oder denken Sie, der habe es nicht besser verdient?
M (*nimmt einen Zug*): Ich weiß nicht. (*Nimmt zwei Züge*) Vielleicht alles. (*Raucht ihre Zigarette zu Ende und nimmt sich eine neue*) Ich habe immer nur gehört, er sei umgekommen. (*Zündet die Zigarette an und raucht drei hastige Züge*) Ich habe selbst immer vermieden, darüber zu reden. (*Nimmt einen Zug*) Ich habe gespürt, dass man nicht gerne darüber sprach. (*Raucht einen Zug*) Als handele es sich um einen Verbrecher.

UGM (*plötzlich heftig*): War er ja auch!
M (*aggressiv und laut*): Woher willst D u das wissen?

UGM (*beschwichtigend*): Na ja, ein Zuhälter wird er schon gewesen sein. (*Pause*) Und dann die Schießerei. Und im Gefängnis gestorben. (*Pause*) Der wird schon was auf dem Kerbholz gehabt haben.
M (*nimmt zwei Züge. Erregt*): Vielleicht sind das alles auch Vorurteile! (*Nimmt einen hastigen Zug. In spöttisch/verächtlichem Ton*): Ihr wisst das auch nicht genau. (*Nimmt einen langen Zug und stößt den Rauch heftig aus*) Aber in Euren Augen bin ich nun mal das Kind eines Verbrechers! (*Raucht ihre Zigarette hastig zu Ende und drückt sie aus. Vorwurfsvoll*): Danke. (*Nimmt eine neue Zigarette und zündet sie an, raucht hastig und aufgeregt*).

SPFHin (*nach einer längeren Pause*): Ich kann verstehen, dass von Ihnen niemand gerne über diese Vergangenheit spricht. (*Pause*) Ich bewundere Ihren Mut, wie offen Sie heute mit mir darüber gesprochen haben. Ich danke auch für Ihr Vertrauen, das Sie mir damit erwiesen haben. (*Pause*) Aber ob Verbrecher oder nicht Verbrecher. Um unglückliche Geschichten handelt es sich allemal. (*Zur Mutter*): Da ist durchaus das Unglück Ihres Vaters, der sicher nicht so enden wollte, wie hier angenommen wird. Aber auch Ihr Unglück als Tochter dieses Mannes, die Sie keine erfreulichen Erfahrungen mit Ihrem Vater machen konnten. (*Zur Großmutter*): Es ist auch eine Geschichte Ihres Unglücks, die Sie sich den Verlauf Ihrer Ehe mit diesem Mann bestimmt glücklicher gewünscht haben. (*Pause*) Ich denke, das hat aber auch seine eigene Geschichte. (*Zur Großmutter*): Sie sagten, Sie seien erst spät aufgewacht, sie hätten also erst spät – oder zu spät – erkannt, dass Ihr Mann sie belog und auch betrog. Ich möchte das in die Frage umwandeln, wie Sie es selbst sehen, dass Sie so leichtgläubig handelten.
GM (*selbstironisch*): Ja, leichtgläubig. Das ist das richtige Wort. Aber ich wusste nie, was ich glauben konnte.

Die Geschichte der Großmutter

Die Großmutter sagt, sie könne sich nur erinnern, dass sie von ihrer Mutter ständig bevormundet und kontrolliert worden sei.

UGM (*sehr bestimmend*): Wir haben Dich nicht kontrolliert! Wir haben uns Sorgen gemacht. Dazu gab es eine Menge Anlass. Das weißt Du auch selbst! Da sehe ich einen Unterschied. Wir wollten immer nur Dein Bestes.
GM (*schnell, mit einem aggressiv/spöttischen Ton*): Ja, ja. Und das habt Ihr mir dann auch genommen. Meinen Mut, meine Freude, meine Zuversicht. Ihr wolltet mein Bestes. Und habt es Euch auch genommen.
UGM (*zur Familienhelferin*): Sehen Sie, so geht das immer. Dauernd Streit.

Die Großmutter erzählt, dass sie im Mai 1950 geboren sei und dass sie sich an ihre ersten Lebensjahre bis hin zur ihrer Einschulung nicht erinnern könne. Sie könne sich auch nicht an die Zeit um die Geburt ihrer Schwester erinnern, die auf die Welt gekommen sei, als sie selbst drei Jahre alt war.

Woran sie sich allerdings erinnern könne sei, dass ihre Mutter ständig besorgt um sie gewesen sei und sie ständig in ihrer Bewegungsfreiheit eingeschränkt habe.

UGM: Das war auch nötig. Ständig warst Du unterwegs und stelltest irgendwas an. Man wusste nie, ob nicht irgendetwas passieren würde.
SPFHin: Was war denn Gisela für ein Kind? Eher quicklebendig? Oder langsam und bedächtig?
UGM: Die? Die war wie ein Wiesel. Ständig in Bewegung. Hatte ständig neue Ideen. (*Kleine Pause*) Marga, die war ganz anders. Die war eher ruhig und besonnen, wie Sie sagten. Von Anfang an. Ich hätte nie gedacht, dass Kinder so unterschiedlich sein könnten.

Die Großmutter sagt, ihr sei erst viel später bewusst geworden, wie sie von ihrer Mutter ständig gebremst worden sei. Ihre Schwester Marga habe viel mehr Freiheiten gehabt.

UGM: Die hat auch nie so viel angestellt wie Du! (*Zur Familienhelferin*): Die ist immer ihren Weg gegangen. Heute ist sie Ärztin und lebt in München.

Die Großmutter erzählt weiter, dass sie wisse, dass ein Bruder von ihr vor ihrer Geburt tödlich verunglückt sei. Näheres sei ihr aber nicht bekannt, da nie darüber gesprochen wurde. Sie habe immer den Eindruck gehabt, dass darüber nicht gesprochen werden durfte.

Sie habe sich in ihrer Familie nie frei und wohl gefühlt. Da sei es ihr völlig Recht gewesen, als ihr ein etwas älterer, erfahrener und lebensfroher Mann „den Hof gemacht" habe. Sie habe deshalb zwar großen Ärger mit ihrer Mutter bekommen. Der Vater habe sich übrigens immer rausgehalten, als ginge ihn die Erziehung seiner Kinder nicht an.

Sie sei dann oft mit dem Mann weggegangen und habe seinem Drängen, mit ihr schlafen zu wollen, bald nachgegeben und sei schwanger geworden.

GM: Aber das wissen Sie ja schon.
SPFHin: Ja. Sie haben dann geheiratet. Und bald nach der Geburt Ihrer Tochter dann der Schock, als Sie erfuhren, dass Ihr Mann nicht treu zu Ihnen stand, sondern noch mir anderen Frauen verkehrte. Eine andere bekam von ihm ein Kind etwa zur gleichen Zeit, als Ihre Tochter geboren wurde.

UGM: Das war für uns alle ein Schock! (*Pause*) Ich bereue noch heute, dass ich damals nicht genug aufgepasst habe.
GM: Was heißt: nicht genug aufgepasst? (*Mit einem spöttischen Unterton*): Hier konntest Du eben nicht mehr aufpassen. Da warst Du endlich mal machtlos.

SPFHin (nach einem längeren Schweigen): Es hieß, dass Ihre Tochter Helga dann bei Ihrer Mutter war.
GM: Ja. (*Nimmt sich eine Zigarette*) Ich war damals völlig durcheinander. Ich konnte es nirgends aushalten. (*Pause. Mit Blick auf die Urgroßmutter*): Und ständig diese Vorwürfe!

UGM: Was hätte ich denn sagen sollen?
GM: Nichts! (*Zündet hektisch werdend die Zigarette an*) Den Mund halten! (*Raucht hastig zwei Züge. Beruhigt sich wieder. Zur Familienhelferin*): Ja, das war eine schlimme Zeit!

Sie berichtet, dass sie damals ständig unterwegs gewesen sei und mit jedem x-beliebigen Mann geschlafen habe.

GM: Um mich zu beruhigen. Mich zu trösten. Mich zu rächen. Ich weiß nicht.

Sie sei wieder schwanger geworden. 1972 sei ihr Sohn Volker auf die Welt gekommen. Den Vater von ihm habe sie nicht heiraten wollen. Der lebe jetzt bei Stuttgart. Habe aber immer seinen Unterhalt bezahlt.

Die Zeit dieser Schwangerschaft und vor allem die Zeit nach der Geburt sei schrecklich gewesen. Jetzt sei sie schwer depressiv geworden und sei auch längere Zeit deshalb in einer Psychiatrie gewesen. Sie sei völlig gelähmt gewesen, habe überhaupt nichts machen können. Ihren Sohn habe sie auch ihrer Mutter überlassen müssen.

GM (*mit Tränen in den Augen mit kurzem Seitenblick zur Urgroßmutter*): Da hat sie mich nie im Stich gelassen. Das muss ich zugeben.

Als es ihr langsam wieder besser ging, habe sie in der Klinik ihren jetzigen Mann kennen gelernt. Der war dort Pfleger. Dessen Frau war über die Geburt ihres zweiten Kindes gestorben. Auch das Kind habe nicht lange gelebt. Ihr habe der Mann so leid getan und sie hätten sich langsam befreundet. Als sie aus der Klinik entlassen wurde, blieben die beiden zusammen und beschlossen, zu heiraten. Er hatte ein Kind aus seiner Ehe, den Sohn Markus. Sie haben dann auch ihre Kinder mit in ihren Haushalt genommen. Mit den Jungen Markus und Volker habe das von Anfang an gut geklappt. Helga habe immer Schwierigkeiten gemacht. Sie wollte nie das tun, was man ihr sagte.

Ein Jahr nach ihrer Hochzeit, mit der ihre Familie damals einverstanden war, wurde ihr gemeinsamer Sohn Helmut geboren.

Jetzt fühle sie sich in ihrer Familie wohl. Ihr Mann sei ein ruhiger Mensch. Er gehe nach wie vor seiner Arbeit als Krankenpfleger nach.

Die Jungs hätten sich alle gut entwickelt. Markus sei verheiratet und habe auch schon zwei Kinder.

Helga sei immer ihr Sorgenkind gewesen. Und als die ziemlich früh mit ihrem Mann Peter zusammenkam, sei ihr das gar nicht Recht gewesen, allein schon wegen dessen Vergangenheit.

GM: Aber ich kann der ja sagen, was ich will. Hat doch keinen Zweck. *M (sitzt die ganze Zeit schweigend dabei, hört zu und raucht eine Zigarette nach den anderen).*

SPFHin (nach einer längeren Pause): Keine einfache Geschichte. *(Pause)* ich muss sagen: Sie berührt mich sehr. Sie fühlt sich traurig an. *(Pause)* Aber da ist noch etwas. *(Zur Urgroßmutter)*: Ihre Tochter erwähnte kurz, dass ein Bruder vor ihrer Geburt verunglückt sei. Können Sie mir sagen, was da passiert ist? Oder ist das jetzt zu viel?

Die Geschichte der Urgroßmutter

UGM (nach einer längeren Pause, langsam und zögernd): Das ist das größte Unglück in meinem Leben, dass mein erstes Kind, ein Junge, umgekommen ist.

Aus den Erzählungen der Urgroßmutter ergibt sich folgende Geschichte: Sie stammt aus einer kleinbäuerlichen Familie. Ihr Vater war neben seiner landwirtschaftlichen Tätigkeit Dorflehrer und Kantor gewesen.

Sie war 1922 im Saarland geboren. Bei der Abstimmung von 1935, als das Saarland zum Deutschen Reich kam, war sie 13 und wie die meisten Kinder ihres Alters von Hitler begeistert. Die Aktivitäten des BDM hatten ihr sehr gefallen. Sie hat einen Realschulabschluss gemacht und ist, als der Krieg ausbrach, Krankenschwester geworden. 1942 kam sie als Lazarettschwester an die Ostfront. Stalingrad sei ihr zum Glück erspart geblieben.

Im Lazarett habe sie 1943 ihren späteren Mann kennen gelernt. Der war in der Nähe stationiert. Obwohl es nicht leicht war, zusammenzukommen, haben sie sich getroffen, so oft sie konnten. Sie ist schwanger geworden und wurde daraufhin zurück in die Heimat geschickt. Sie haben davor noch an der Front geheiratet. 1944 ist dann ihr Sohn Herrmann zur Welt gekommen. Das hatte sie ihrem Mann noch mitteilen können, bevor er in russische Kriegsgefangenschaft geraten war.

Lange Zeit hat sie nicht gewusst, ob ihr Mann noch lebt. Dann ist er völlig überraschend im August 1949 aus der Kriegsgefangenschaft entlassen worden. Er stammte aus Schlesien und wusste nicht, was aus seiner Herkunftsfamilie geworden war. Er war sofort zu ihr ins Saarland gekommen. Er war sehr krank und brauchte drei Monate, bis er wieder zu Kräften kam.

UGM: Und da kam das Unglück in unsere Familie (*Längere Pause*). Wir haben unsere Kinder immer davor gewarnt, mit Granaten oder Geschossen zu spielen. Blindgängern. Verstehen Sie? (*Pause*) Die lagen immer noch überall rum. (*Mit bitterem Ton in der Stimme*): Wie oft habe ich dem Jungen das gesagt! (*Pause*) Er war ja nicht allein. Zwei größere waren dabei. Der eine war nur verletzt, schwer verletzt. Aber er hat überlebt. Die anderen beiden waren tot. (*Pause. Das Gesicht der Urgroßmutter verhärtete sich*) Mein Hermann und der andere Junge. (*Plötzlich schneller sprechend*): Am Waldrand. Ich sah die Kinder noch. Ich ahnte nichts Gutes, wie sie da hockten. Die hatten was gefunden, das sah ich. Mein Hermann stand nur daneben. Und plötzlich der Blitz! Der Knall! (*Pause*) Der Krieg war längst vorbei. (*Pause*) Und mein Mann hatte sich so auf seinen Jungen gefreut. Die Nachricht von seiner Geburt hatte er noch bekommen, bevor er in Gefangenschaft geriet. Er sagte, der Gedanke an seinen Sohn habe ihm am Leben erhalten. (*Schaut die Familienhelferin eine Weile an, dann schaut sie auf ihre Tochter, dann schweigend auf den Tisch*).

SPFHin (*atmet tief. Nach einer längeren Pause*): Wie schrecklich! (*Pause*) Entschuldigen Sie, mir fällt erst einmal nicht anderes ein.
UGM: Ist schon gut. Das war ja auch schrecklich.

SPFHin: Und Sie haben das selber mit ansehen müssen?
UGM: Ja.

SPFHin (*nach einer Pause*): Sie mussten das dann ja auch zu Hause berichten. (*Pause*) Das stelle ich mir fast ebenso schlimm vor.
UGM: Das war das Schlimmste!

SPFHin (*nach einem Zögern*): Wie hat denn ihr Mann reagiert? Entschuldigen Sie, wenn ich danach frage.
UGM: Für ihn war das ein schwerer Schlag.

SPFHin: Das kann ich mir vorstellen. (*Pause. Leise*): Welche Trauer!
UGM: Trauer? (*Pause. Bitter:*) Nein. (*Pause*) Nur Vorwürfe! (*Pause*) „Du hättest besser aufpassen müssen!„ – „Warum hast Du nicht aufge-

166

passt?" (*Pause*) Immer diese Vorwürfe! Er ist auch nicht mit zur Beerdigung gegangen. Ich glaube, das hätte er nicht überlebt. (*Nach längerem Schweigen*): Da konnte ich mich nicht freuen, als ich bald darauf merkte, dass ich (*Mit Blick auf die Großmutter*) mit Gisela schwanger war. (*Pause*) Glauben Sie mir: Ich wurde das nie mehr los. (*Hält die Hände offen vor sich*) Ich hatte immer das Gefühl, nicht genug aufzupassen. Ja. Vor allem bei Gisela. Die kam dann ja bald. Und immer die Angst, der würde auch was passieren.

SPFHin: Sie standen immer unter dem Zwang, aufpassen zu müssen.
UGM: Immer.

SPFHin: Sie waren auch diejenige, die aufgepasst hat und Hilfe in die Familie Ihrer Enkeltochter geholt hat.
UGM: Das stimmt. Das habe ich noch nie so gesehen. (*Pause*) Ja, das war seitdem immer meine Aufgabe.

SPFHin (*nach einer langen Phase des Schweigens*): Das, was Sie mir heute alles anvertraut haben, muss ich erst einmal auf mich wirken lassen. (*Pause.*) Ich danke Ihnen für das Vertrauen, das Sie mir entgegengebracht haben. (*Pause*) So ein Gespräch wie das heutige ist für mich keine alltägliche Begegnung. (*Pause*) Wie ist das Für Sie? Wollen Sie noch etwas ansprechen? Oder kann ich Sie mit allem jetzt auch alleine lassen?
UGM: Wir können das Gespräch beenden. (*Pause*) Ich glaube, ich habe etwas verstanden. (*Pause*) Das mit dem Aufpassen-Müssen. Darüber muss ich noch nachdenken. (*Pause*) Es tat gut, nach so langer Zeit noch einmal über alles zu sprechen.

GM (*nickt*).
M (*wirkt unbeteiligt. Nach einer Weile*): Ich glaub', wir können jetzt gehen.

Exkurs über die Bedeutung der Mehrgenerationen-perspektive für die Arbeit mit stark belasteten Familien

Die stark belasteten Familien erleben sich nach meiner Erfahrung isoliert, hilflos ihren Schwierigkeiten ausgeliefert und ohne einen Sinnbezug für sich selbst und ihre Situation.

Wenn sie auch von außen, z.B. vom Hilfesystem isoliert betrachtet werden, bleibt der Blick auf das Verhalten der im engen familiären

Rahmen beteiligten Personen haften, ohne dass sich eine plausibel erscheinende Vorstellung über den Sinn dieses Verhaltens einstellen könnte.

Auch wenn der Blick nur um eine Generation erweitert wird, bleibt oft das erleben aus, dass das Verhalten von Eltern Sinn macht.

Dies gilt auch für die Betroffenen selbst, die nicht verstehen, warum ausgerechnet ihnen die Bewältigung ihres Lebens nicht gelingt.

Viktor E. Frankl spricht in einem ähnlichen Zusammenhang von einem „existenziellen Vakuum", in das Menschen geraten, wenn sie „an einem abgründigen Sinnlosigkeitsgefühl, das mit einem Leeregefühl vergesellschaftet ist", leiden (Frankl 1991, S. 11).

In derartigen Situationen hat es sich für mich als hilfreich erwiesen, mit den Betroffenen selbst den Blick so weit auf die Generationen zurück zu erweitern, bis sich ein Sinnerleben einstellt, das heißt für mich eine plausibel erscheinende Vorstellung der Geschichte von Ereignissen und deren Verarbeitungsprozessen, zu denen die jeweilige Situation in Bezug steht.

Ich könnte auch sagen: Die Familien entwickeln mit Hilfe meines Fragens eine Theorie ihrer Situation, die Komplexität verringert und ihre Handlungsfähigkeit erhöht. Sie konstruieren ein Sinnerleben für ihre Situation, das ihnen ermöglicht, Zustände zu vergleichen und über ihre Geschichte zu kommunizieren.

In diesem Zusammenhang möchte ich Ivan Boszormenyi-Nagy und Geraldine M. Spark zitieren, die betonen, „wie wichtig es ist, das Verwobensein des Individuums mit seinem Familiensystem zu untersuchen" und „den Begriff ‚Familie' so zu erweitern, dass die Verflechtung einer Kernfamilie mit den beiden Herkunftsfamilien (...) deutlich wird" (Boszormenyi-Nagy/Spark 1981, S. 257). Sie gehen des Weiteren davon aus, „dass es keine isolierte oder allseits unabhängige Kernfamilie gibt" (ebda).

Für Ivan Boszormenyi-Nagy und Geraldine Spark ist „das wesentliche Band zwischen den Generationen die Loyalität (...), die auf dem Ausgleich der gegenseitigen Schuldigkeiten beruht" (ebda, S. 258). Für sie ist „die Existenz einer generationenübergreifenden Kontinuität (...) unbestreitbar" und sie fordern FamilientherapeutInnen dazu auf, „die gegenseitigen Verstricktheiten, Loyalitätsbande und Gefühle des In-der-Schuld-Stehens zwischen den Generationen" zu berücksichtigen und mit ihnen zu arbeiten (ebda, S. 291).

Nach meiner Erfahrung hat das in Familien produzierte Unglück jeweils eine Geschichte, die einen Anfang hat und auch ein Ende.

Das Ende, das vielleicht von selbst in der dritten oder vierten Generation seit dem Beginn der Unglückskette eintritt, kann evtl. beschleunigt werden, wenn mit den Familien nach dem ersten Glied der Kette geschaut wird.

Bezogen auf die Eltern im hier dargestellten Fall ergibt deren Verhalten ihren Kindern und sich selbst gegenüber für sich allein gesehen keinen Sinn.

Aber auch das Wissen, dass z.B. die Mutter selbst wenig an Zuwendung erfahren hat und zudem mit einer schwierigen Geschichte ihrer unmittelbaren Herkunft belastet ist, ergibt mir noch keine plausibel erscheinende Vorstellung vom Sinn dieser Situation, da auch die Mutter der Mutter wie auch ihr Vater vermutlich nicht aus nichtigen Anlässen nicht zu ihrem Kind in ihren Elternrollen gestanden haben. Auch hinter dieser Geschichte verbergen sich Geschichten, denen wiederum nachzugehen ist.

Dabei sehe ich nicht die Ereignisse selbst als Ursachen für aktuell problematisches Verhalten an, sondern die komplexe familiäre und generationenübergreifende Verarbeitungsgeschichte dieser Ereignisse. Es geht um die Auseinandersetzung über die Bedeutungsgebung, die zu bestimmten Mustern wird. Z.B. im dargestellten Fall der Schuldvorwurf, der die Trauer verstellt, oder die Sorge und das Aufpassen-Müssen, die wiederum als Bevormundung erlebt werden.

In diesem Zusammenhang möchte ich auf neuere Erklärungsmodelle der Gedächtnisforschung hinweisen, nach denen Erinnerungen Prozesse von Wirklichkeitskonstruktionen sind, bei denen Selektion und Vergessen eine die Gedächtnisinhalte steuernde Rolle spielen (Fried 2004, S. 15).

Eine wichtige Aufgabe in der Arbeit mit den stark belasteten Familien erkenne ich darin, mit ihnen die erinnerten Spuren in der erzählten Geschichte ihres Unglücks in die Generationen zurück zu verfolgen, um die Chance zu begünstigen, dass die von ihnen erlebte Sinnleere ihrer Situation durch das Erleben aufgefüllt wird, im Unglück nicht allein zu sein sondern zu erkennen, dass ihre Situation eine Geschichte und somit einen Sinn hat, „gute Gründe", wie ich auch sagen möchte. Dabei ist mir wichtig, die vielen unausgesprochen gebliebenen Anteile der Geschichten in die Sprache zu heben, was die Sprachlosigkeit dieser Familien überwinden helfen mag.

Auch wenn die erzählte Geschichte, die „erinnernd dargestellten Erlebnisse (...) schon auf der Ebene einfachster Gegebenheiten von Verzerrungen, Verformungen und Fehlern durchsetzt" sind, deren sich der Erinnernde nicht bewusst ist (Fried 2004, S. 46), hat diese erzählte Geschichte eine unmittelbare Wirkung auf das individuelle und das familiäre Erleben. „Gedächtnis trügt, indem es immer wieder, von Mal zu Mal, ein neues Ganzes, ein in sich zwar stimmiges, gleichwohl sachlich verändertes Vergangenheitsbild konstruiert" (ebda, S.. 49). Bei einem Gespräch mit Familienmitglieder über ihre Geschichte erfahre ich „die Wahrheit des erinnerten Augenblicks, nicht aber jene der ursprünglich wahrgenommenen Wirklichkeit, nicht den Sachverhalt des ursprünglichen Geschehens" (ebda). „Niemand, nicht einmal ein Beteiligter selbst, kann ahnen, wie er sich Stunden, Tage oder Jahre nach dem Geschehen an das Erlebte erinnern, wie er es bei unterschiedlicher Gelegenheit in Worte fassen, und wie sich das Ergebnis dem Einfluss der jeweiligen Umstände beugen wird" (ebda, S. 55f). „Erinnerung wird sich aus sich selbst heraus (...) des Grades ihrer Verfälschung nicht bewusst; sie kann sich nicht selbst kontrollieren" (ebda, S. 51). Jede Erinnerung ist „abhängig von den Bedingungen des Augenblicks, in dem sie abgerufen wird, von der *biographischen Erinnerungssituation*" (ebda, S. 50f).

Durch das Erzählen seitens der Familienmitglieder und das teilnehmende Zuhören der HelferInnen mag die Chance begünstigt werden, dass „es den Familienmitgliedern gelingt, die unausgeglichene Bilanz ihrer früheren und gegenwärtigen Beziehungen zu bereinigen" (Boszormenyi-Nagy/Spark 1981, S. 293).

Es macht einen Unterschied, wer wem was und wann erzählt. „Konstitutiv für die Erinnerungsbilder sind erwartungs- oder handlungsleitende Wahrnehmungen", in die sich unterschiedliche und auch gegensätzliche Quellen von Erinnerungen einmischen können (Fried 2004, S. 50).

Trotz aller Relativität, die die Gedächtnisforschung für den Wahrheitsgehalt der erzählten Erinnerungen aufzeigen mag, glauben die Erzählenden an die Wahrheit des Erzählten, sie sind sich dieser Wahrheit gewiss. Das bedeutet für den professionellen Zuhörer, dass er selbst unausgesprochen den erzählten Inhalten nicht seinen uneingeschränkten Glauben schenkt, sondern sein Hauptaugenmerk auf die dem Erzählten im Augenblick des Erzählens gegebene Bedeutung richtet und ihr seinen Respekt erweist.

Beenden möchte ich diesen Exkurs mit einem längeren Zitat von Peter Kaiser, der nach seiner umfassenden Studie zur Psychologie der Mehrgenerationenfamilie zu einem Ergebnis kommt, das sich mit meinen Erfahrungen deckt: „Die Förderung und Wiederherstellung familialer Funktionstüchtigkeit und Kompetenzen sollte stets mit der Analyse relevanter *Situationen* und ihrer Vorgeschichte (...) beginnen. (...) Wenn die komplexen systemischen Interaktionen in Lebenssituationen ernst genommen werden und sich systemische Diagnostik hierauf einlässt, scheint es möglich, sich von Sichtweisen zu befreien, die Familien oder Individuen mehr oder weniger losgelöst von ihren Lebenszusammenhängen und ihrer Geschichte zu betrachten (...). Eine mehrebenen-orientierte genographische/systemische Diagnostik hat den Vorteil, die Gefahr einer Stigmatisierung der Familie oder eines Mitgliedes als krank oder abweichend zu verringern, weil die Familie lediglich *eines* unter mehreren situationsbeteiligten Systemen ist. Außerdem werden solche Informationen ermittelt, die für eine *positive* Veränderung der *Situation*, und damit *sowohl* für die Verbesserung familialer *Lebensbedingungen* (v.a. bei Unterschichtfamilien!) als auch die *Förderung* beziehungsweise *Wiederherstellung*familialer Funktionstüchtigkeit relevant sind. Welche Veränderung eine Familie aufgrund dieser Erkenntnisse letztlich anstreben will, muss ihrer souveränen Entscheidung vorbehalten bleiben" (Kaiser 1989, S. 280f).

BERATUNG IN DER GRUPPE

Um die Chance zu begünstigen, mit dem Wissen um die Familiengeschichte und die Erfahrung der Familiendynamik, ein umfassenderes Bild in Richtung einer Lösung erarbeiten zu können, entschließt sich die Familienhelferin, ihre Arbeit in der Familie zur Besprechung in der Beratungsgruppe einzubringen.

Die zuständige Bezirkssozialarbeiterin nimmt an der Gruppensitzung teil.

1 Das Genogramm der Familie A.

Die Familienhelferin stellt die Familie über vier Generationen anhand eines vorbereiteten Genogrammes vor, das sie parallel zum Erzählen auf eine Plakatwand überträgt.

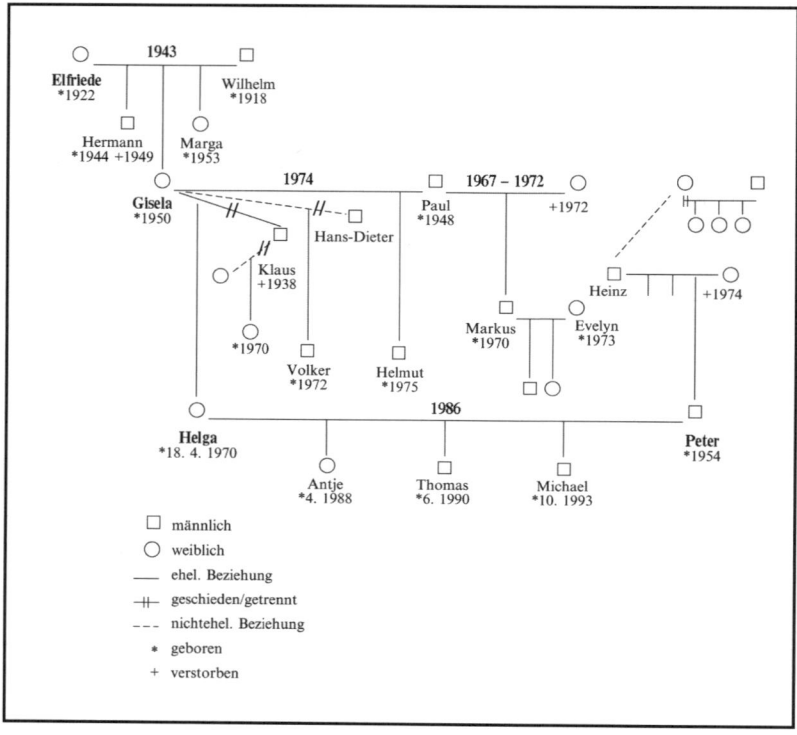

Sie äußert danach ihren Wunsch, eine Skulptur der Familie aufzustellen, um mit Hilfe der Gruppe gezielt den Kräften nachzuspüren, die die innerfamiliäre Belastung aufrechterhalten könnten.

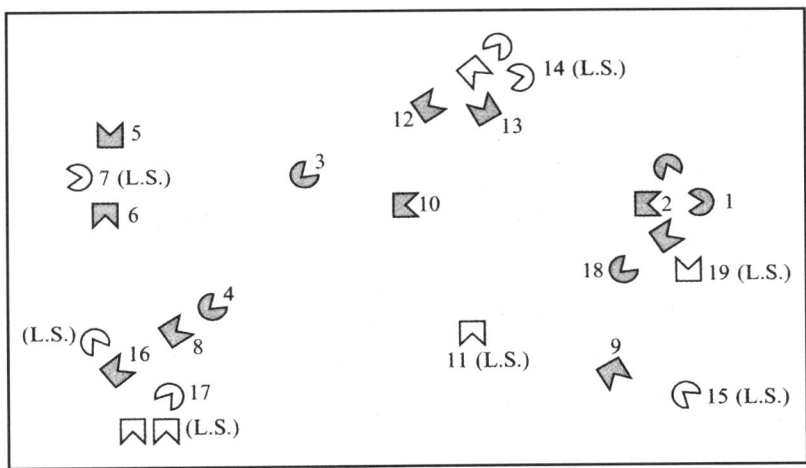

1 Die Mutter, *Helga*[1]
2 Die Kinder *Antje*,
  Thomas, *Michael*[2]
  (in einer Person)
3 Die Großmutter (m), *Gisela*
4 Die Urgroßmutter, *Elfriede*
5 Der Urgroßvater, *Wilhelm*
6 Deren früh verunglückter Sohn
  Herrmann
7 Die Schwester der Großmutter,
  Hannelore (L.S.[3]=)
8 Der Vater, *Peter*
9 Der Großvater (m), *Klaus*
10 Der erste Halbbruder der Mutter,
  Volker

11 Dessen Vater, *Hans-Dieter*
  (L.S.)
12 Der zweite Halbbruder der Mutter,
  Helmut
13 Dessen Vater, *Paul*
14 Dessen erste Frau und deren
  Kinder (L.S.)
15 Die Halbschwester der Großmutter
  (L.S.)
16 Der Großvater (v), *Heinz*
17 Die Großmutter (v) und deren
  weitere Kinder (L.S.)
18 Die Familienhelferin
19 Das Jugendamt (L.S.)

---

[1] Um die Situation der Stellvertretung in den Rollen im Text zu verdeutlichen, werden die Namen und Bezeichnungen in der folgenden Darstellung in Klammern gesetzt.
[2] Die Generationenbezeichnung erfolgt aus der Perspektive der Kinder.
[3] L.S. – Da nur eine begrenzte Zahl von GruppenteilnehmerInnen zur Verfügung stehen, werden für Personen, die eher am Rand stehen, leere Stühle genommen.

Der erste Fragenkomplex geht der Frage nach, wie sich die an der Skulptur beteiligen TeilnehmerInnen in dieser Skulptur erleben und was sie fühlen.

– *Gisela*, äußert sich als erste und erklärt, dass sie mit all dem gar nichts zu tun haben wolle. Sie fühle sich apathisch, sie fühle Kälte und fühle von dem Grab ihres früh umgekommenen *Bruders Herrmann* eine Sogwirkung auf sie ausgehen. Sie sei froh, dass *Volker* ihr den Blick auf *Helga* verstelle. Auf die Frage des Gruppenleiters, was sie in Richtung auf *Klaus, ihren ersten Mann*, spüre, sagt sie: ‚Scham‘. Sie habe das Gefühl, ihn in der Tiefe ihres Herzens immer noch zu lieben. Er habe damals Leben in sie gebracht.

Über *Paul* sagt sie, er gebe ihr Sicherheit, helfe ihr aber nicht, die Schwierigkeiten zu bewältigen, die sie mit ihrer Familie habe. Sie sei froh, dass *Helmut* seinen Weg gehe.

Hans-Dieter spiele in ihrem Leben keine Rolle mehr. Sie habe damals nur Trost bei ihm gesucht. Dabei sei *Volker* entstanden.

– *Helga* spürt eine tiefe Depression, eine Lähmung. Ihren einzigen Trost spürt sie in ihren Kindern, die sie gerne nahe bei sich hat. Sie spürt auch den Wunsch, die *Familienhelferin* in der Nähe zu haben.*

– Die *Familienhelferin* sagt, dass sie sich sehr schnell in die tiefe Depression der *Helga* hineingezogen fühle. Nur das Bewusstsein, dass die zuständige Sozialarbeiterin vom Jugendamt und die Beratungsgruppe hinter ihr stehen, mache ihr das Verweilen bei *Helga* möglich.

– *Helga* bekundet, ihre *Halbschwester* würde sie interessieren. Sie habe aber Angst davor, ihr eventuell einmal zu begegnen. Auf die Frage, was sie in die Richtung von *Klaus, ihrem Vater* spüre, antwortet sie: Sie würde ihm gerne näher kommen. Sie hätte aber Angst, dafür von den anderen Familienmitgliedern bestraft zu werden.*

– *Elfriede* erklärt, sie sei sehr dagegen, wenn sich *Helga* dem *Klaus* nähern würde. Ihr sei die Skulptur recht so, wie sie jetzt sei. Sie habe von ihrer Position aus den Überblick. Niemand sei außerhalb ihres Blickfeldes außer *Peter*, den sie mit seiner Herkunftsfamilie aber hinter ihrem Rücken gut gebändigt wisse. Auf die Frage, wie sich diese Position anfühle, antwortet sie: Beruhigend, aber auch anstrengend.

– *Peter* meldet sich daraufhin zu Wort und bekundet, dass er sich in dieser Familie hinter dem Rücken von *Elfriede* gut aufgehoben fühle. Er habe aber den Eindruck, dass er im Auftrag von *Elfriede* eine Funktion in der Familie zu erfüllen habe. Sie verdecke ihm auch den Blick auf

den Großteil der anderen Familienmitglieder, vor allem aber auf *Helga*.
Er fühle zugleich eine Faszination von *Klaus* auf ihn ausgehen.

– *Klaus* sagt aus dem Grab, er fühle sich nicht genug gewürdigt. Er
habe den Eindruck, die dunklen Anteile dieser Familie aufgebürdet bekommen zu haben. Solange ihm die nicht abgenommen würden, werde
er keine Veränderung zum Guten in der Familie zulassen. *Helga* tue
ihm leid. Er wäre froh, wenn sie mal an sein Grab käme.

– *Wilhelm* äußert, er fühle eine tiefe Trauer in sich. Er habe den
Schmerz über den Tod *seines Sohnes Hermann* nie verwunden. Die
spätere Geburt seiner beiden Töchter habe ihn über diesen Schock nie
hinweggetröstet.

– *Volker* erklärt, dass es sich in seiner Position unfrei, aber dennoch
wohl fühle. Er fühle einen klaren Auftrag seitens *Gisela*. Er habe sie
fest im Auge und schütze sie vor dem Blick von *Helga*. Das sei eine
verantwortungsvolle Position.

– *Paul* stellt fest, dass er mit dieser Familie wenig zu tun habe. Er sei
froh, dass er damals nach dem Tode seiner ersten Frau bei *Gisela* eine
gute Bleibe gefunden habe. Er sei ihr dafür dankbar; sie hätten sich damals in ihrer jeweiligen Not zusammengetan.

– *Helmut* erlebt eine sichere Distanz zwischen sich und *Giselas Familie*. In *Paul* finde er einen guten Halt.

– *Antje*, *Thomas* und *Michael* beteuern, sie seien gerne bei
Helga, sie hätten aber auch gerne, dass *Peter* mehr für sie da sei und
nicht immer so sehr mit *Helga* schimpfen würde.

– Zuletzt erklärt *Heinz*, dass er zwar zu *Peter* halte, dass er aber
nicht so ganz verstehen könne, was er in dieser Familie verloren habe.

3 Die Fragen nach den Wirkungskräften

Der zweite Fragenkomplex dient dazu, die in dieser Familie wirkenden
Kräfte herauszuarbeiten, die gegen eine gesunde Lösung der familiären
Probleme wirken mögen. Obwohl Helga inzwischen durchaus ihre Aufgaben als Hausfrau und Mutter zufrieden stellend und zum Wohle der
Kinder bewältigt, scheint sich durch die destruktiven Aktionen des Vaters eine Kraft auszuwirken, die es der Familie auf Dauer unmöglich
macht, ihr Glück zu gestalten und zu bewahren.

Die Leitfrage ist: Was geschähe, wenn nicht nur Helga ihre Aufgaben
bewältigt, sondern auch Peter diese Entwicklung konstruktiv mittragen

würde? Oder: Woher käme Widerstand, wenn die junge Familie von Helga und Peter sich zum Wohl aller entfalten würde?

– *Als erster meldet sich *Volker** zu Wort und sagt, es gehe ihm bei dieser Vorstellung gar nicht gut, denn dann habe er keine Funktion mehr in dieser Familie, dann müsse er wohl zu seinem Vater gehen.

– *Als nächste erklärt *Elfriede**, die Vorstellung, der Familie von *Helga* und *Peter* gehe es gut, löse bei ihr großes Unbehagen aus. Das von ihr mühsam erstellte Gleichgewicht ihrer Familie geriete durcheinander.

– *Gisela* stellt fest, dass ihr eine derartige Lösung auch nicht Recht wäre, denn dann fiele ihre eigene Lebensbilanz noch schlechter aus als schon vorher. Solange *Helga* auf eine schlechtere Bilanz hinsteuere, solange könne sie ihre eigene noch einigermaßen ertragen.

– *Klaus* sagt aus dem Grabe, er könne eine derartige Verbesserung nur zulassen, wenn *Helga* ab und zu sein Grab pflegen würde.

– *Wilhelm* erklärt, dass er *seinen Urenkeln* nichts sehnlicher wünsche, denn er sehe keinen Sinn darin, dass sich das Unglück seiner eigenen Familie bis ins Unglück seiner Urenkel fortpflanze.

– *Hier meldet sich auch *Hermann** aus seinem Kindergrab zu Wort. Er wäre glücklich, zu sehen, wenn *Antje*, *Thomas* und *Michael* froh spielten.

– *Peter* verfolgt dieses Gespräch mit größter Unruhe. Er sagt, er fühle sich sehr irritiert und verunsichert. Er sei froh, dass *Elfriede* eine Veränderung im vorgeschlagenen Sinne so nicht zulassen werde. Er fühle sich hinter ihrem Rücken geschützt und wisse schließlich, dass er bei seiner Vergangenheit nicht leicht in einer anderen einigermaßen normalen Familie Platz finden würde.

– *Heinz* erklärt, dass er eine Veränderung im angegebenen Sinn begrüssen würde. Er habe nie ein gutes Gefühl dabei gehabt, dass *Peter* in dieser Familie sei. Er sagt, die kleinen Kinder seien doch unschuldig.

– *Paul* sagt, er wäre ebenfalls mit einer derartigen Verbesserung einverstanden. Vielleicht würde *Gisela* dadurch innerlich etwas freier, was ihm hoffentlich zugute käme.

– *Auch *Helmut** stimmt dem zu.

Diese Runde offenbart, dass der größte Widerstand gegen eine Gesundung der Familie von Helga und Peter nicht in dieser Kleinfamilie selbst, sondern eher aus der Großfamilie und dabei vor allem von der Urgroßmutter ausgehen könnte.

Das erscheint umso verwunderlicher, als es die Frau ist, die durch ihren Anruf beim Jugendamt die Hilfe in die Familie geholt hat.

4 Fragen in Richtung möglicher Veränderungen zum Heilsamen

Im Verlauf des nächsten Abschnittes der Arbeit mit der Skulptur richtet der Gruppenleiter an die Teilnehmerinnen und Teilnehmer in ihren Rollen Fragen, die sie aus den Rollen beantworten. Es geht ihm hierbei darum, Bedingungen herauszuarbeiten, unter denen die Widerstandskräfte gegen eine heilsamere Entwicklung aufgehoben werden könnten.

*Gruppenleiter (GL) (zur *Urgroßmutter*)*: Sie haben durch Ihren Anruf Hilfe in die Familie geholt. Wenn Sie Ihren Gründen einmal genauer nachspüren: War dieses Hilfeersuchen nur für die Familie von *Helga* und *Peter* und ihre Kinder gedacht? Oder hatten Sie eher unbewusst auch die Hoffnung, dass auch Ihnen dadurch irgendeine Hilfe zukommen würde.

Elfriede: Was ich als wirkliche Urgroßmutter wohl nicht aussprechen könnte, aber doch in der Rolle spüre, ist, dass ich zu einem großen Teil wohl auch Hoffnung hatte, selber Hilfe zu erfahren. Ich fühle auf mir eine riesige Last liegen: die Gesamtverantwortung für fast all die hier dargestellten Personen.

GL: Was würden Sie davon halten, wenn sich die *Familienhelferin* mal mit Ihnen über Sie und Ihr Schicksal unterhält?

Elfriede: Ganz für mich allein?
GL: Ja.

Elfriede: Ich glaube, das wäre sehr schön. Aber – ich hätte auch große Angst davor.

*GL (zur *Familienhelferin*)*: Geh mal näher hin zur Urgroßmutter*.
SPFHin (*geht in die Nähe der *Urgroßmutter*).
*GL (zur *Urgroßmutter*)*: Sie haben schwere Schicksalsschläge in Ihrem Leben erleiden müssen. Wie wäre es, wenn die Familienhelferin dies ausdrücklich würdigen würde?

Elfriede: Das täte gut. So etwas hat noch niemand zu mir gesagt. (*Pause*) Ich merke, dass ich ganz traurig werde und Sehnsucht nach meinem Mann bekomme.

GL: Wenn wir das so lassen, dürfte dann die Familie von *Helga* und *Peter* gesund werden?

Elfriede: Ja. Dann ginge das. Dann könnte ich mich auf meinen Altenteil zurückziehen und schauen, was mit Wilhelm ist.

Wilhelm (*mit Tränen in den Augen*): Ich spüre Sehnsucht danach, mit meiner Frau einmal zu der Stelle zu gehen, wo *unser Hermann* begraben ist.

Volker (*verlässt ganz unruhig seinen Platz. Er geht zuerst auf den Platz *seines Vaters* (leerer Stuhl) zu, dann zu *Paul*. Wieder zurück zum Ausgangspunkt*) Ich weiß nicht, wo ich hin soll.

Gisela: Ich möchte gern von *meiner Mutter* hören, dass ich nicht an allem schuld bin.

Elfriede (*nickt der *Gisela* zu und geht zu *Wilhelm*).

Helga (*zur *Großmutter**): Wo ist das Grab *meines Vaters*? Ich möchte es pflegen.

Gisela: Du darfst es pflegen. Ich habe nichts mehr dagegen.

Klaus: Wenn das so ist, dann geht es mir besser (*Pause. Zu *Peter**) Du tust mir leid. Bis jetzt war ich froh, dass es Dich hier gab, denn Du hast mein Vermächtnis in der Familie bewahrt. Wir beiden Verbrecher haben dafür gesorgt, dass *Elfriede* Ihre Ordnung finden und aufrechterhalten konnte. Wir waren die Garanten für die Weitergabe schlechter Bilanzen. Diese Ordnung war aber gegen das Leben der kleinen Kinder gerichtet. Jetzt bist Du überflüssig. Ich bin ja schon gegangen.

Peter: Ich erlebe mich hier jetzt fehl am Platz. Ich gehe lieber fort und suche mir eine Frau, die besser zu mir passt.

Hier wird die Arbeit mit der Skulptur beendet. Die TeilnehmerInnen gehen aus ihren Rollen. Zur Auflockerung und Entspannung wird Kaffee gekocht und getrunken. Nach dieser Pause setzen sich die TeilnehmerInnen wieder in den Ausgangskreis.

5 Auswertung der Arbeit mit der Skulptur

Der letzte Abschnitt der Arbeit in der Beratungsgruppe dient der Auswertung der gesammelten Eindrücke und Bilder. Dabei sollen die TeilnehmerInnen nicht mehr aus ihren Rollen, sondern über die Rollen sprechen, was oft schwer fällt, da das Erleben in den Rollen in vielen Fällen sehr intensiv ist und lange nachwirken kann.

Als erster meldet sich der Teilnehmer zu Wort, der die Rolle des Vaters übernommen hatte, und erklärt, er hätte von Anfang an in der Skulptur das Gefühl gehabt, nicht zu dieser Familie dazuzugehören, vor allem nicht zu der in der Skulptur aufgestellten Großfamilie. Er habe von sich das Gefühl gehabt, eine ihm fremde familiäre Situation zu seinem Vorteil auszubeuten.

Auf die Frage, welchen Eindruck er habe, warum der Vater immer wieder diese destruktiven Attacken inszeniere, antwortet der Teilnehmer, er habe es so gefühlt, dass er darin die einzige Chance sah, seine Position zu sichern.

Die Teilnehmerin, die die Rolle der Großmutter übernommen hatte, sagt, für sie sei es ganz wichtig gewesen, als die Urgroßmutter wegen ihres schweren Schicksals angesprochen worden sei und sich zwischen Urgroßmutter und Urgroßvater eine neue Verbindung ergeben habe.

Die Teilnehmerin in der Rolle als Urgroßmutter sagt, sie habe gespürt, dass es ihr verboten war auszusprechen, was sie bewegte. Vor allem die Schuldvorwürfe bezüglich des Unglücks ihres ersten Sohnes, die sie sich im Stillen auch selber machte, konnte sie, wenn sie von anderen kamen, vor allem ihrem Mann, nie zurückzuweisen.

Als dann aber in der Skulptur das Schicksal der Urgroßmutter wohlwollend und ohne es mit Vorwürfen zu verbinden, ausgesprochen wurde, habe sie in der Rolle eine tiefgehende Erleichterung gespürt. Diese Erleichterung habe ihr ganzes Leben umfasst, sowohl die Last des Schicksals in der Vergangenheit als auch die Last des Kontrollierens in Gegenwart und Zukunft.

Dem schließt sich die Teilnehmerin unmittelbar an, die die Rolle der Mutter übernommen hatte. Sie habe anfangs einen lähmenden Druck gespürt. Irgendetwas Totes habe ihre eigenen Lebensimpulse unterdrückt.

Helga habe ihren Mann geheiratet, weil er ihr leid tat und weil er sie an ihren Vater erinnerte. Als dann aber das Schicksal der Großmutter gewürdigt worden sei, habe sie in der Rolle ein Gefühl gehabt, als sei ein Bann gelöst worden. Da sei aber auch eine tiefe Trauer in ihr aufgekommen, weil ihr ihre Bemühungen und auch die der anderen plötzlich so vergeblich und unsinnig erschienen seien

Der Teilnehmer, der Helgas im Gefängnis gestorbenen Vater verkörpert hatte, erklärt, er habe von Anfang an gespürt, dass die Verbindung Gerlindes mit ihm eine andere Funktion gehabt habe als eine rein partnerschaftliche. Er kann sich vorstellen, dass der Mann von Anfang an bemerkt hat, dass er benutzt wurde als ein Mittel zum Ausweichen, und er glaubt, dass es ähnlich wie bei Helga darum gegangen sei, aus dem familiären Bann herauszukommen.

Der Bann habe sich erst gelöst, als seine Ursache ausgesprochen und das Schicksal der Urgroßeltern gewürdigt worden sei.

Der Teilnehmer glaubt, es sei kein Zufall oder Versehen gewesen, dass Gisela einen Mann genommen hat, der später eine kriminelle Karriere eingeschlagen habe. Das habe den Bann gefestigt, unter dem die Familie stand und wo die Urgroßmutter die zentrale Rolle einnahm.

Durch diese Verbindung und ihre Folgen konnte das Thema des Unglücks der Urgroßeltern, insbesondere die Art seiner innerfamiliären Verarbeitung als Schuld der Urgroßmutter, endgültig totgeschwiegen werden.

Nicht einmütig wird in der Gruppe das Phänomen gewertet, dass sowohl Gisela, als auch Helga Partner gewählt hatten, die beide als Verbrecher gelten. Dabei scheint das Image des Mannes von Gisela innerfamiliär noch schlechter zu sein, als das des Mannes von Helga.

Die Teilnehmerin, die die Rolle von Helga übernommen hatte, erklärt, sie habe recht eindeutig gespürt, dass sie ihren Mann, der bekanntermaßen ein Verbrecher war, aus einer inneren Loyalität zu ihrem Vater gewählt hatte, der in der Familie verschleiert als Verbrecher gehandelt wurde.

Sie könne sich auch vorstellen, dass Helga damit über die möglichen Reaktionen in ihrer Familie die Wahrheit über ihren Vater herausfinden wollte. Vielleicht hätte sie damit auch erreichen wollen, dass ihr eigener Vater nicht vollends aus dem familiären Gedächtnis gelöscht würde.

Einhellig ist die Feststellung in der Gruppe, dass die Mutter mit ihrer Wahl ihrer Familie unbewusst und ungewollt den Gefallen getan hat, den Bann um die „Schuld" der Urgroßmutter und damit ihren Kontrollzwang noch weiter zu festigen.

Hieraufhin weist der Gruppenteilnehmer, der die Rolle des Vaters übernommen hatte, noch einmal auf seinen Eindruck hin, der Vater fühle sich eher als Parasit in der Familie, als einer, der zu seinen Gunsten die schwierige familiäre Konstellation der Familie ausnutzt.

Er glaube, dass der Vater von der Urgroßmutter in dieser Rolle solange gebraucht wird, bis sich deren Kontrollzwang auflöst. Diese Situation habe er in der Rolle eingetreten erlebt, als das Schicksal der Urgroßeltern anders als bisher angesprochen wurde: nicht als Schuld einer Person, sondern als gemeinsam zu tragendes Schicksal.

Was dann mit dem Vater geschieht, ob er in seiner Familie eine konstruktivere Rolle übernehmen oder ganz rausgehen würde, kann der Teilnehmer nicht ermessen. In der Rolle habe er die zweite Variante an die wahrscheinlichere erlebt.

Für die Familienhelferin ergibt sich aus der Arbeit in der Gruppe vor allem die Perspektive, die Würdigung des Schicksals und der Leistungen der Urgroßmutter zu vertiefen. Sie hat jedoch das Gefühl, dass dies schon bei der letzten Begegnung mit ihr geschehen sei und dass daraufhin in ihr selbst und den beteiligten Familienmitgliedern ein Bild von der Gesamtsituation der Familie entstanden ist, das eher die Möglichkeiten von Lösungen eröffnet als die vorherige Mischung aus Schuld, Schweigen und Kontrollieren.

Die rückwärts gebundene Lebensenergie der Mutter scheint in die Richtung des Grabes ihres früh verunglückten Onkels zu weisen beziehungsweise auf die Art, wie der Urgroßvater und die Urgroßmutter dieses Schicksal ihres Kindes verarbeitet haben.

Durch die Kontrollhaltung, die die Urgroßmutter über Generationen hinweg bewahrte, wurde das Unglück der Urgroßeltern wach gehalten und weitergegeben.

Die Weitergabe des Unglücks in dieser Familie scheint, ausgehend von der starken Kontrollhaltung der Urgroßmutter, über die Entmachtung der Großmutter zur depressiven Rückzugstendenz der Mutter geführt zu haben.

Dabei zahlten die Kinder zuletzt den Preis mit ihren Entwicklungsrückständen.

In Hinblick auf die in der Rolle angedeutete Möglichkeit des Vaters, sich aus der Familie zurückzuziehen, wird von einigen Teilnehmern betont, dass man eine derartige Entscheidung des Mannes respektieren müsse. Es sei aber wichtig, nicht von der Hilfe aus in diese Richtung zu wirken und gegebenenfalls mit darauf zu achten, dass der Vater Kontakt mit seinen Kindern haben kann.

Exkurs über die Bedeutung der Skulptur-Arbeit in der Gruppenberatung

Für die Arbeit in Familien, bei denen die Entwicklung in die von der Familie selbst gewünschte oder aus den in den Symptomen verschlüsselten Botschaften zu erschließende Richtung immer wieder ins Stocken gerät oder wie im hier vorgestellten Bespiel zurückgeworfen wird, nutze ich in der Gruppenbratung bevorzugt die Arbeit mit einer Skulptur, um gemeinsam mit den HelferInnen und den GruppenteilnehmerInnen eine plausibel erscheinende Vorstellung von den in der Familie wirkenden rückwärts gewandten Kräften zu entwickeln. Diese Kräfte sehe ich in der Regel als Auswirkung belastend verarbeiteter schwerer Schicksalsschläge.

Einschränkend möchte ich deutlich machen, dass der Aufbau einer Skulptur durch die Personen, die in einer Familie arbeiten, nicht das Bild wiedergibt, das die betroffene Familie von sich selbst hat, sondern das Bild, das die aufstellenden HelferInnen sich von der familiären Situation machen. Hier verweise ich noch einmal zurück auf Überlegungen, die auf der Gedächtnisforschung basieren (s. S. 169f.), und die verdeutlichen mögen, dass das Aufstellen einer Skulptur selbst auf Erinnerungen der HelferInnen beruhen, die sie aus den erzählten Erinnerungen der betroffenen Familienmitglieder konstruiert haben, also was den Inhalt des Erinnerten doppelt kritisch hinterfragt werden müssen.

Aber trotz dieser Einschränkungen erlebe ich es immer wieder als erstaunlich, wie nah diese Skulpturen dem familiären Geschehen zu kommen scheinen, was sich vor allem in den weiteren Auswirkungen auf die Arbeit in den Familien erweist.

Was aufgestellt wird, ist also nicht das Bild einer Wirklichkeit, sondern das Bild vom dem, welches sich den HelferInnen von dem familiären Geschehen und den erzählen Hintergrund-Geschichten machen.

Der familienspezifische Verarbeitungsprozess derartiger Ereignisse mag im Laufe der Zeit dazu geführt haben, dass starke Energien zur Aufrechterhaltung der belastenden Lösungen aufgewandt werden mussten, die dann für die Entfaltung der Lebenskräfte in Richtung einer gedeihlichen Entwicklung in die Zukunft fehlten.

Schon im Genogramm können besondere Ereignisse auffallen, wie hier der frühe Tod eines Kindes, oder auch Trennungsgeschichten und weitere Todesfälle. Diese Ereignisse lassen bereits die Bildung von Hypothesen über Wirkungsgeschichten zu. Eine Skulptur erweitert und vertieft diese Möglichkeiten nach meiner Erfahrung erheblich. So können die Einfühlungskräfte der in die familiäre Konstellation gestellten Personen eine bedeutend komplexere Dynamik aufdecken, als es die Interpretation eines Genogramms vermag.

Eine herausragende Bedeutung bekommen bei mir die Toten, vor allem unglücklich Verstorbene oder gar totgeschwiegene Tote. Bei der Arbeit mit der Skulptur achte ich besonders aufmerksam auf deren „Stimmen aus dem Grab", da in ihnen aus meiner Sicht die innere Loyalität der Lebenden ihnen gegenüber zum Ausdruck kommt. Dabei beobachte ich immer wieder das Phänomen, dass das Totschweigen Toter Energien in Richtung der Weiterführung von Unglück bindet, während ein Gedenken an die Toten und deren Würdigung für die Zukunft förderlichere Energien frei setzt.

Beides wurde auch in der hier vorgestellten Skulptur deutlich: zum einen bei der Erzählung von dem 1949 verunglückten Herrmann und des bei dem in Folge einer Schießerei umgekommenen Großvaters mütterlicherseits. (Ich vermute Ähnliches bei der am Alkohol gestorbenen Großmutter väterlicherseits. Sie wurde allerdings nicht in die Skulptur einbezogen.)

Aus der Skulptur-Arbeit des vorgestellten Falles und der weiteren erzählten Daten ergibt sich das Bild, dass der Ursprung des Unglücks dieser Familie in der Art des Erinnerns an den Unfalltod des Sohnes der Urgroßeltern zu liegen scheint, vor allem aber in der so wiedergegebenen diesbezüglichen Schuldzuweisung der Urgroßvaters gegen die Urgroßmutter. Diese an ungerecht erlebte und tradierte Schuldzuweisung scheint eine mögliche gemeinsame Trauer und die mit ihr verbundene Verarbeitung des Schmerzes der Urgroßeltern verhindert zu haben. Da aber das Leben weitergehen musste, musste auch mit dieser Belastung gelebt werden.

Eine Folge davon scheint darin gelegen zu haben, dass die Urgroßmutter in sich den Druck verspürte, vor allem bei dem Kind besonders aufpassen zu müssen, mit dem sie zum Zeitpunkt des Unfalls bereits schwanger war. Hinzu kam offenbar, dass diese Tochter Gerlinde von ihrer Art her ein besonders quirliges und waches Kind gewesen zu sein scheint.

Dieses Kind wiederum mag sich in seiner Art von seiner Familie als nicht angenommen gefühlt haben, wenn es ständig in seinem Drang nach Aktivitäten gebremst erlebte. Es hat wahrscheinlich die Ursache für die besondere Sorge seiner Mutter als ihm zugehörigen Fehler verarbeiten müssen, was es ihm im späteren Verlauf seines Lebens erschwert haben mag, die ihm zuwachsende Rolle als Frau und Mutter selbstsicher und verantwortungsbereit auszufüllen.

Diese Unsicherheit in der Annahme ihrer Rolle als Mutter, ihre zeitweilige Ablehnung dieser Rolle sowie ihr krankheitsbedingter Ausfall gab vermutlich die Unsicherheit wiederum weiter an ihre

Tochter, deren Kinder letztendlich durch ihre Entwicklungsverzö-
gerung über die Meldung der Urgroßmutter Hilfe in die Familie
holten.

Es handelt sich hier offenbar um den Prozess der Weitergabe von
Unsicherheit im Ausfüllen wesentlicher Aufgaben im Rahmen von
Elternschaft, dessen Ursprung in der Erschütterung der Sicherheit
der Urgroßeltern durch den Unfalltod ihres Kindes und dessen
zusätzlich belastender Verarbeitung zu liegen scheint.

Im Laufe der Entwicklung sind weitere Verzweigungen des
Unglücks hinzugekommen, wie etwa die Wahl von „Verbrechern"
zu Partnern, die ich als verdeckten Ausdruck von Loyalität, als
„Treue im Unglück" verstehen möchte. Vielleicht hat die erste diesbezügliche Wahl der Großmutter, d.h. der überkontrollierten Tochter der Urgroßeltern, etwas mit der Verschiebung der Trauer in den
Schuldvorwurf in der Generation der Urgroßeltern zu tun. Der
gewählte Partner ist dann offenbar wirklich schuldig geworden. Die
zweite Wahl eines „Verbrechers", die der Mutter, nehme ich noch
deutlicher als Akt dieser „Treue im Unglück". Sollte, natürlich
unbewusst, mit der Wahl schuldiger Partner die Unschuld der
Urgroßmutter am Tod ihres Kindes wiederhergestellt werden?

Wolf Ritscher schreibt zu diesem Zusammenhang: „Im Rahmen
der über mehrere Generationen sich entwickelnden Familiendynamik bilden sich ‚Traditionslinien' heraus, die auch für die gegenwärtige Familienkonstellation von entscheidender Bedeutung
sind" (Ritscher 2006, S. 75).

Hier geht es mir nicht vorrangig um derartige Deutungen und schon
gar nicht darum, ob sie stimmen oder nicht. Wichtig ist mir, wie
sich die beiden „Verbrecher" in der Skulptur aus der Familie lösten,
nachdem das Unglück der Urgroßeltern gewürdigt und ihre Trauer
in die Sprache gehoben worden war. In der Bewegung innerhalb der
Skulptur hatte es den Anschein, als hätten diese Familienglieder
„ihre Schuldigkeit" getan, als fühlten sie sich nun überflüssig.

In einer Familien-Skulptur wie dieser erarbeite ich immer zuerst
die momentanen Befindlichkeiten, die helfen mögen, ein Bild von
dem Bild zu bekommen, das sich die Familie derzeit von sich selbst
macht.

In einem zweiten Schritt frage ich danach, wie sich die einzelnen
Personen erleben würden, wenn die Hilfe, die in die Familie geholt

wurde, tatsächlich greifen würde. Bei dieser Fragestellung offenbaren sich nach meiner Erfahrung die Hauptzentren der Widerstände gegen eine Veränderung der gesamtfamiliären Situation. Ich verstehe sie als die Zentren („schwarze Löcher") der rückwärts gebundenen Lebensenergien.

Im vorgestellten Fall zeigte sich dieser Widerstand vor allem bei der Urgroßmutter. Das scheint paradox, da sie es war, die die Hilfe durch ihre Meldung in die Familie geholt hatte. Die scheinbare Paradoxie erkläre ich mir folgendermaßen: Auf der einen Seite scheint die unglückliche Verarbeitung des Todes ihres Sohnes als Schuldvorwurf und Schuldabwehr bei der Großmutter bis zuletzt den Zwang ausgelöst zu haben, alles in ihrer Kontrolle zu halten. Die familiäre Situation, deretwegen Hilfe geholt wurde, war offenbar Teil des Zwanges, alles im Griff haben zu müssen.

Auf der anderen Seite mag es auch eine innere Sehnsucht gegeben haben, selbst aus diesem Zwang erlöst zu werden. Dies könnte sich darin zeigen, dass die Urgroßmutter die späte Würdigung ihres Schicksals offenbar als wohltuend annehmen konnte.

Einen Fehler sähe ich darin, die rückwärts bindenden Kräfte bekämpfen zu wollen. Hierdurch würde ich nach meiner Erfahrung diese Kräfte stärken und zudem Loyalitätskonflikte in der Familie schüren.

Ich würde dabei nur auf der Lösungs-Ebene erster Ordnung bleiben. Die Ebene der Lösungen zweiter Ordnung glaube ich dadurch erreichen zu können, dass ich mich wertschätzend mit den lähmenden Energien verbinde, indem ich aus meiner Grundhaltung ihnen gegenüber davon ausgehe, dass es immer „gute Gründe" für sie gibt. Diese „guten Gründe" liegen nach meiner Erfahrung in nicht geglückten Verarbeitungsprozessen von Unglück.

Die Aufgabe sehe ich darin, das Angebot einer glückenderen Verarbeitung eines Unglücks zu machen. Dies sehe ich in der Würdigung des erzählten unglücklichen Ereignisses selbst wie in der Würdigung des erzählten Schmerzes, der evtl. zur Zeit seiner Entstehung zu groß war, um ihn (vor allem ohne Hilfe) so zu verarbeiten, dass aus der Art der Verarbeitung nicht noch weitere Schmerzen entstehen.

Dies erarbeite ich in einem dritten Schritt der Skulptur-Arbeit, in dem ich in einen Dialog mit den Rolleninhabern trete, und einer

Auswertungs-Phase, in der die TeilnehmerInnen über ihr Erleben in der Skulptur sowie über ihre dadurch ausgelösten weiteren Vorstellungen sprechen.

Die Würdigung des erzählten Schicksals und seiner Verarbeitungsgeschichte löst in den meisten Fällen eine neue Bewegung aus. Es entsteht, in der Skulptur stellvertretend, für die Helferinnen aber ein möglicherweise Orientierung gebendes neues Bild der Familie von sich selbst, was die Chance begünstigen mag, dass neue Lösungsmöglichkeiten gefunden werden, die zu mehr Wohl aller Beteiligten sind.

Hoch interessant sind für mich die Berichte über die Wirkung dieser Bilder in den Familien, wie sie aus der anschließenden Arbeit berichtet werden. In diesem Beispiel war ein wesentlicher Schritt schon vor der Skulptur-Arbeit geleistet worden, indem mit den drei Frauen der drei Generationen über ihre Schicksale gesprochen worden war.

Häufig geschieht das erst im Nachhinein. Oft ist aber auch das nicht möglich, weil wichtige Personen nicht erreichbar sind, sei es, dass sie bereits verstorben sind, sei es, dass sie sich nicht in die Arbeit einbinden lassen. In diesen Fällen kann nur noch an dem Bild der persönlich Beteiligten gearbeitet werden, das sie von ihrer Familie und deren Geschichte haben. Dies geschieht dann z.B. hypothetisch, als seien die anderen anwesend („Was würden sie sagen, wenn (...)?"-Fragen).

Die Wirkung dieser Arbeit entzieht sich weitgehend der Kontrolle. Es ist für mich jedoch immer wieder erstaunlich, wie die Arbeit am Bild der Familie seitens der HelferInnen und in deren Folge die Arbeit mit der Familie und deren Einstellung zu sich selbst, die Entwicklung eigener und überraschender Lösungen innerhalb der Familie begünstigt. Die Vorleistung hierzu ist die Arbeit am Bild der Familie, wie es in den HelferInnen lebt. Dies wird durch die Arbeit mit der Familien-Skulptur in der Beratungsgruppe besonders intensiviert. Oft sage ich: „Die Heilung beginnt in der Gruppe." Das heißt, dass durch die stellvertretende Skulptur-Arbeit in der Gruppe bei den TeilnehmerInnen und insbesondere bei denen, die ihre Arbeit in einer Familie vorstellen und zum Thema machen, eine Modifizierung der inneren Bilder über die Familie und deren Dynamik eintritt, die dann wiederum die Arbeit mit der Familie modifiziert, was die Chance eröffnet, dass auch eine entsprechende

Modifizierung der inneren Bilder bei den Familienmitgliedern eintreten kann.

Besonders spannend finde ich es, wenn ich gleiche Familien-Skulpturen in verschiedenen Gruppen (z.B. im Rahmen von Fortbildungen) stelle. Die hier vorgestellte Skulptur habe ich bereits in fünf verschiedenen Situationen gestellt und jedes Mal kam es aus der Skulptur heraus zu den gleichen Lösungen.

FORTSETZUNG DER ARBEIT: ERNEUTE KRISEN

Fünf Tage nach der Gruppensitzung erhält die Familienhelferin von der Sozialarbeiterin der Anruf, dass die Mutter wieder mit den Kindern ins Frauenhaus gegangen sei.

Dieses Mal habe der Vater die Mitteilung gemacht und zugleich der Familienhelferin verboten, jemals wieder das Haus zu betreten. Die Sozialarbeiterin hatte nach dem Anruf des Vaters bei der Mutter im Frauenhaus angefragt, ob sie auch die weitere Zusammenarbeit mit der Familienhelferin ablehne. Dem wurde von der Mutter entschieden widersprochen.

Beim ersten Besuch der Familienhelferin im Frauenhaus erzählt die Mutter, dass ihr Mann dieses Mal aus ihr nicht nachvollziehbaren Gründen ausgerastet sei und versucht habe, sie zu schlagen. Sie sei allerdings ins Kinderzimmer geflohen und habe sich dort eingeschlossen. Daraufhin sei ihr Mann laut schimpfend und Türen zuschlagend abgehauen. Auf jeden Fall habe es dieses Mal keinen der üblichen Anlässe gegeben; es habe weder etwas rumgelegen, noch habe ihr Mann sonst etwas moniert.

In den nächsten zwei Wochen trifft sich die Familienhelferin einige Male mit der Mutter allein in der Stadt oder geht mit ihr und den Kindern ins Schwimmbad.

Über die Urgroßmutter hatte die Mutter erfahren, dass der Vater dieses Mal in der Wohnung geblieben war und viel Zeit bei ihr verbrachte. Die Urgroßmutter äußerte der Mutter gegenüber, dass sie die letzte Aktion der Vaters nicht verstehe, sie meint jedoch, es wäre gut, wenn sie bald wieder zurückkäme.

Nach drei Wochen zieht die Mutter wieder in die gemeinsame Wohnung. Sie hatte ihrem Mann gegenüber zur Bedingung gemacht, dass die Sozialpädagogische Familienhilfe fortgesetzt werden soll.

Die familiäre Situation bleibt etwa vier Wochen stabil und ruhig. Während dieser Zeit besteht die Mutter darauf, zusammen mit der Familienhelferin und den Kindern öfter die Urgroßmutter zu besuchen und auch längere Zeit dort zu verweilen.

Die Mutter betont den anderen gegenüber, dass sie ihre Wohnung jetzt in Ordnung halte und dass sie sich umfassend um die Belange der Kinder kümmere.

Nach vier Wochen erfährt die Familienhelferin abermals über die Sozialarbeiterin, dass die Mutter wieder im Frauenhaus sei, weil der Vater gegen seine Frau gewütet und gedroht hatte, die Kinder zu schlagen. Die Kinder hätten friedlich in der Küche gespielt, wobei Spielsachen rumgelegen hätten.

Die Familienhelferin plant zu der Zeit, für drei Wochen in Urlaub zu gehen.

Bei der Verabschiedung von der Mutter kommt es noch einmal zu einem wichtigen Gespräch, nachdem die Mutter erklärt hat, dass es ihr inzwischen egal sei, ob ihr Mann da sei oder nicht.

M (raucht eine Zigarette zu Ende und drückt sie aus): Wissen Sie, ich habe irgendwie das Gefühl, dass ich mit ihm nichts mehr zu tun habe. *(Nimmt sich eine neue Zigarette und zündet sie an)*.

SPFHin: Wie erklären Sie sich das? Was ist in der Zwischenzeit geschehen? Haben Sie neu darüber nachgedacht? Oder – hat sich Ihr Mann verändert? Oder – hat sich etwas in Ihrer Familie verändert?
M (nimmt einen Zug): Ich kann das nicht erklären. Das ist nur so ein Gefühl. *(Raucht mehrere ruhige Züge)* Ich hab' den Eindruck, dass meine Großmutter freundlicher zu mir ist. *(Raucht mit zwei Zügen ihre Zigarette zu Ende und drückt sie langsam aus)* Dass sie sich mehr für mich und auch die Kinder interessiert. *(Nimmt eine neue Zigarette)* Früher, wenn ich kam, hat mein Mann in Gegenwart der anderen auf mir rumgehackt. *(Nimmt zwei Züge)* Die anderen haben geschwiegen. *(Nimmt einen Zug. Zorniger werdend)*: Oder haben dem noch beigehalten! *(Raucht zwei Züge)* Vor allem hat meine Mutter meinem Mann mehr geglaubt als mir. *(In Zorn geratend)*: Die hat mich nie gefragt, was wirklich los war. *(Raucht ihre Zigarette zu Ende, drückt sie aus, nimmt sich eine neue und zündet sie hastig an)*.

SPFHin: Und jetzt? Sie haben den Eindruck, dass sich das geändert hat?
M: Ja. (*Nimmt zwei langsame Züge*) Ich weiß gar nicht, wie die anderen jetzt reagiert hätten, wenn der wieder gegen mich hergezogen hätte. (*Raucht einen Zug. Mit etwas Stolz in der Stimme*): Ich habe den Eindruck, dass er diesmal keinen so leichten Stand gehabt hätte. (*Raucht mehrere Züge*).

SPFHin (*nach einer kleinen Pause*): Vielleicht spürt er das.
M (*nimmt einen Zug*): Das kann sein. (*Raucht zwei Züge*) Er ist sehr empfindlich. (*Nimmt einen Zug*) Er spürt leicht Kritik und reagiert sehr schnell darauf. (*Raucht zwei Züge*).

SPFHin: Was glauben Sie denn, wie das weitergeht? Wird Ihr Mann eher zu einer neuen Rolle finden und bei Ihnen bleiben? Wird er mit seinen wilden Attacken aufhören und sich konstruktiver auf Sie und Ihre Kinder beziehen? Wäre das die beste Lösung? Oder?
M (*nach zwei Zügen*): Ob das die bessere Lösung wäre? (*Nimmt zwei Züge*) Ja. (*Raucht einen langsamen Zug*) Irgendwie wäre das das Beste. (*Raucht langsam mehrere Züge, schweigt, wiegt manchmal den Kopf hin und her, hebt die Schultern*) Aber. (*Raucht ihre Zigarette zu Ende*) Ich weiß nicht. (*Drückt die Zigarette aus und nimmt eine neue*) Ob das mit meinem Mann so gehen kann? (*Zündet die Zigarette an*) Ich glaube eigentlich nicht. (*Versinkt tief in Gedanken und raucht die Züge in größeren Abständen*) Irgendwie hat das alles doch mit seiner Vergangenheit zu tun. (*Raucht mit einen Zug ihre Zigarette zu Ende*) Und irgendwie auch mit meiner. (*Drückt die Zigarette aus, nimmt sich eine neue und zündet sie an. Etwas lebendiger werdend*): Seitdem wir über meinen Vater geredet haben, bekommt mein Mann eine andere Bedeutung. (*Nimmt einen langsamen Zug und schweigt eine Weile, ohne zu rauchen. Nimmt wieder einen Zug. Plötzlich mit bestimmter Stimme*): Ich glaube, mein Mann fühlt das auch. (*Raucht mehrere Züge*).

SPFHin (*nach einer längeren Pause*): Angenommen, Ihr Mann findet nicht zu einer neuen Rolle in Ihrer Familie und kann sich nicht neu und konstruktiver bei Ihnen einbinden. (*Pause*) Was glauben Sie? Wird er gehen? Oder gehen Sie?
M (*mit klarer Stimme*): E r wird gehen. (*Nimmt einen Zug. Sehr bestimmt*): Ich gehe nicht! (*Nimmt einen Zug*) Warum soll i c h gehen? (*Raucht zwei Züge*) Ich mit den Kindern? (*Schüttelt energisch den Kopf*) Nee. (*Schaut die Familienhelferin herausfordernd an*) Aber noch ist es nicht so weit. (*Raucht ihre Zigarette zu Ende, drückt sie aus, nimmt eine neue und zündet sie an. Nimmt mehrere ruhige Züge. Lacht kurz. Raucht*

zwei Züge): Ich muss mir sicherer sein, dass meine Familie zu m i r hält. (*Nimmt zwei Züge*) Vor allem meine Mutter.

Als die Familienhelferin aus ihrem Urlaub zurückkommt, erfährt sie, dass der Vater wieder Chaos in der Küche angerichtet hat.

M (*der Familienhelferin klar in die Augen blickend*): Dieses Mal bin ich zu Hause geblieben. Ich muss nicht immer ins Frauenhaus gehen.
V (*taucht plötzlich zur großen Überraschung der Familienhelferin auf. Er macht einen sehr wütenden Eindruck. Zu seiner Frau mit Blick auf die Familienhelferin*): Hast Du der schon gesagt, dass sie hier nichts mehr verloren hat?

M (*einen Schritt zurücktretend*): Nein. Tu ich auch nicht!
V: Wie? Tust Du nicht?

M: Nein! Tu ich nicht!
V (*nach einer Pause*): Du musst Dich entscheiden – zwischen der oder mir. (*Zur Familienhelferin*): Ich will Ihnen eins sagen: Sie haben hier nichts mehr zu suchen. Bevor Sie hierher kamen, hatte alles hier seine Ordnung. Und je länger Sie da sind, desto schlimmer wird alles. (*Zu seiner Frau*): Ich spiele hier wohl gar keine Rolle mehr?

M (*schaut die Familienhelferin fragend an*).
SPFHin: Herr A., entschuldigen Sie, wenn ich mich einmische. Aber Ihr Eindruck stimmt nur, weil Sie sich fast die ganze Zeit jeder Mitarbeit entzogen haben. Von mir aus bestand und besteht immer ein Interesse, Sie in die Arbeit mit einzubeziehen. Aber ich wusste keinen Rat, wie mir das besser hätte gelingen können.

V: Das ist mir alles egal. (*Wütend zu seiner Frau*): Schließlich hast Du uns das alles hier eingebrockt.
M (*mit verächtlichem Ton*): Ach ja! Und wer hat hier ständig die Küche durcheinander gebracht? He? Sag mir das mal?

V: Und wer hat hier alles liegen und schleifen lassen? Das warst Du und sonst niemand! (*Schaut die Familienhelferin mit verächtlich wirkendem Blick an und verlässt die Wohnung*).

Vorerst gibt es eine Unterbrechung der Arbeit, da die Familienhelferin erkrankt und für zwei Wochen ausfällt.

Nach den vierzehn Tagen erfährt die Familienhelferin von der Mutter, dass der Vater seit der letzten Begegnung, als er am Ende das Haus wütend verlassen habe, nicht mehr nach Hause zurückgekommen sei.

Die Mutter berichtet, dass ihr ihre Großmutter erzählt habe, dass er zuerst zu ihr gekommen sei und versucht habe, seinen Zorn auf seine Frau dort abzuladen. Dieses Mal habe er aber erleben müssen, dass die Urgroßmutter und die Großmutter zu ihr gehalten und sie in Schutz genommen hätten.

Die Mutter erzählt weiter, dass sie inzwischen gerne und oft mit den Kindern zur Urgroßmutter gehe und auch ihre Mutter offener und freundlicher zu ihr sei. Zwei Wochen später, der Vater ist immer noch nicht zu seiner Familie zurückgekehrt, erlebt die Familienhelferin die Mutter heiter. Auf näheres Nachfragen erfährt die Familienhelferin, dass die Mutter mit den Kindern, der Großmutter, der Urgroßmutter und dem Urgroßvater einen Spaziergang unternommen hätten. Dabei seien sie in die Nähe des Friedhofes gekommen und ohne sich abzusprechen, seien sie dorthin gegangen, wo der kleine Herrmann begraben sei.

Das Grab sei eingeebnet, aber die Urgroßmutter habe noch genau gewusst, wo es gewesen war. Das sei eine ungewöhnlich ernste aber auch heitere Stimmung gewesen. Die Urgroßeltern seien ihr vorgekommen, als seien sie ganz fern, wie entschwebt.

Die Familienhelferin fühlt sich von diesem Bericht tief berührt und erstaunt, denn sie hatte seit dem damaligen Gespräch mit den drei Frauen das Thema Herrmann in der Familie nicht mehr angesprochen.

In den nächsten Wochen geht die Betreuung der Familie gleichmäßig voran, wobei die Mutter die Nähe der Familienhelferin sucht.

Es zeigt sich, dass die Mutter noch ständig eine Bestätigung dafür sucht, dass es wichtig war, was sie jeweils getan hat. Für den Umgang mit den Kindern braucht sie nach wie vor Rat und praktische Anleitung.

ZWEITES AUSWERTUNGS- UND VERLÄNGERUNGSGESPRÄCH

Als sich gegen Ende des Monates September die Sozialpädagogische Familienhilfe jährt, findet wieder ein Auswertungsgespräch mit der Mutter, der Familienhelferin und der Sozialarbeiterin statt. Dabei kommt die Sprache auf den Vater, der zwei Monate nicht mehr in der Familie war und noch nichts von sich hat hören lassen.

SAin: Ihr Mann hat sich lange nicht blicken lassen. (*Pause*) Wissen Sie, was er macht? Wo er ist?

M: So viel ich weiß, ist er wieder bei seinem Vater. (*Raucht zwei Züge*) Wo er immer war, wenn er abgehauen war.

SAin: Sonst ist er bald zurückgekommen. Was ist jetzt in Ihren Augen anders, dass er nicht kommt? Will er Sie jetzt schärfer testen? Ist er zu gekränkt? Oder glauben Sie, er hat das Interesse verloren?

M (*raucht mit zwei Zügen ihre Zigarette zu Ende und drückt sie aus*): Ich glaube, der weiß nicht, wo er hingehört. (*Nimmt eine neue Zigarette und zündet sie an. Schaut die Sozialarbeiterin an*) Er ist erst gegangen, als meine Großmutter und meine Mutter nicht mehr zu ihm gehalten haben. (*Nimmt zwei Züge*) Da ist er gegangen. (*Pause*) Nicht wegen mir. (*Nimmt einen Zug. Leise werdend:*) Er hat keinen Platz mehr. (*Schaut die Sozialarbeiterin und die Familienhelferin abwechselnd an*).

SAin (*nach einer längeren Pause*): Angenommen, Ihr Mann kommt wieder zurück. Was würden Sie tun? Würden Sie ihn lassen? Oder würden Sie ihn wieder wegschicken?

M (*raucht langsam ihre Zigarette zu Ende und drückt sie aus. Nach einer Weile in bestimmtem Ton*): Wegschicken würde ich ihn nicht. (*Nimmt eine neue Zigarette und zündet sie an*) Aber. (*Nimmt einen Zug*) Er kommt nicht mehr. (*Nimmt zwei Züge*) Das weiß ich. (*Nimmt einen Zug. Lächelt*): Er ist zu stolz.

SAin (*nach einer längeren Pause*): Und die Kinder? (*Pause*) Fragen die nach ihrem Papa?

M (*nickt*): Ja. (*Raucht zwei Züge*) Vor allem Thomas.

SAin: Was sagen Sie ihm?

M: Ich sage ihm, was ist. (*Zuckt mit den Schultern*) ‚Dein Papa ist weggegangen.‘ (*Raucht die Zigarette zu Ende und drückt sie aus*).

SAin: Und? Wie reagiert Thomas?

M: Überhaupt nicht. (*Nimmt sich eine neue Zigarette und zündet sie an*) Völlig normal. (*Raucht mehrere Züge*).

SAin: Ganz normal finde ich das nicht. Nach meiner Erfahrung wollen die Kinder mit beiden Eltern zusammensein. Vor allem, wenn einer von beiden weggegangen ist. (*Pause*) Haben Sie irgendwelche Veränderungen oder Auffälligkeiten im Verhalten Ihrer Kinder festgestellt?

M: Nein. (*Nimmt einen Zug*) Mein Mann hat sich auch vorher nicht viel um die Kinder gekümmert. (*Raucht zwei Züge*) Die haben ihn nur selten gesehen. (*Nimmt einen Zug*) Die haben noch gar nicht richtig begriffen, was los ist. (*Raucht ihre Zigarette zu Ende und drückt sie aus*).

SAin: Wie soll das dann mit den Kindern weitergehen? Die Kinder haben schließlich ein Recht auf ihren Vater.

M (nimmt eine neue Zigarette): An mir soll's nicht liegen. (*Zündet die Zigarette an*) Wenn er die Kinder sehen will. (*Nimmt einen Zug*) Ich werde ihn nicht hindern. (*Raucht einen Zug*) Aber. (*Nimmt einen Zug*) Das ist seine Sache. (*Raucht zwei Züge*) Dann musser was dafür tun. (*Nimmt einen Zug*) Ich laufe ihm nicht nach. (*Raucht ihre Zigarette zu Ende und drückt sie aus*).

Die Mutter äußert im weiteren Verlauf des Gesprächs ihren ausdrücklichen Wunsch auf Verlängerung der Sozialpädagogischen Familienhilfe. Sie fühle sich in der jetzigen Situation nicht sicher und brauche die Unterstützung der Familienhelferin. Sie wisse nicht, wie es nun weitergehen werde. Dies betreffe auch den Umgang mit ihren Kindern, wo sie sich noch nicht sicher genug fühle.

Am Ende des Gespräches wird die Fortsetzung der Hilfe beschlossen, wobei die Schwerpunkte des nächsten Zeitabschnittes in der Begleitung der neuen familiären Situation gesehen werden.

Die weitere Entwicklung

Im nächsten Monat hält sich die Mutter überwiegend bei der Urgroßmutter auf. Der Familienhelferin erzählt sie, dass sie in letzter Zeit dort ganz anders behandelt werde. Auch werde der Kreis derer, die bislang ständig bei der Urgroßmutter gewesen seien, immer kleiner. Die Urgroßmutter habe sogar in letzter Zeit mehrere Male gesagt, dass sie gar nicht wolle, dass bei ihr immer so viel Betrieb sei.

Der Urgroßvater, der früher nur selten dabei gewesen sei – er habe sich immer in seinem Garten oder seiner kleinen Werkstatt aufgehalten – sei jetzt immer öfter mit der Urgroßmutter zusammen.

Auch erlebt die Mutter ihre Mutter ihr zugewandter. Sie habe sogar ihre Hilfe angeboten und neulich die Kinder beaufsichtigt, als sie, die Mutter, wegen der Unterhaltszahlungen ihres Mannes zum Jugendamt habe gehen müssen.

Vom Vater war etwa sechs Wochen nach dem Auswertungs- und Verlängerungsgespräch mit der Sozialarbeiterin nichts zu hören gewesen.

Antje und Thomas haben in der letzten Zeit wiederholt nach ihrem Papa gefragt. Vor allem Thomas reagiert nicht mehr so ruhig auf die Antworten seiner Mutter wie noch am Anfang nach der Trennung.

Nach einigen Wochen erfährt die Mutter von Nachbarn, dass ihr Mann jetzt mit einer Frau zusammen sei, die nur wenig jünger sei als er selbst. Diese Frau habe einige Zeit im Gefängnis gesessen. Sie habe zwei nicht-eheliche Kinder, die beide in Heimen untergebracht seien.

In den folgenden Wochen erlebt die Familienhelferin eine erneute Veränderung der Mutter, die wesentlich ungeduldiger den Kindern gegenüber als früher wird. Sie erlebt sie auch nachlässiger.

So beklagt sich der Kindergarten eines Tages, dass Antje häufig kein Brot bei sich habe und auch nicht die Sachen mitbrächte, die den Kindern für bestimmte Übungseinheiten mitzugeben seien.

Anders als früher scheint die Mutter aber nicht in eine Art depressiven Zustandes zurückzufallen. Sie erscheint eher aggressiv, rechthaberisch streitend.

Wenn sie seitens des Kindergartens auf die unangemessene Kleidung von Antje aufmerksam gemacht wird, macht sie ihrerseits den Erzieherinnen und auch Antje Vorwürfe. Den Erzieherinnen erklärt sie, sie sollten Antje mit mehr Nachdruck erklären, was sie anziehen solle. Antje gegenüber vertritt sie die Position, dass sie alt genug sei, um zu wissen, was man anziehen müsse.

Dies alles erfährt die Familienhelferin von der Mutter selbst, die es ihr aus voller Überzeugung erklärt, richtig gehandelt zu haben beziehungsweise richtig zu handeln.

Dabei streitet sie mit den beiden älteren Kindern wie mit Gleichaltrigen, was die wiederum zu verwirren scheint.

Antje scheint mit ihrem inzwischen fünf Jahren selbst die Verantwortung übernommen zu haben, in den Kindergarten zu gehen. Sie zeigt sich der Mutter gegenüber oft aggressiv und scheint gar nicht mehr auf sie hören zu wollen.

Bei Thomas beobachtet die Familienhelferin erneute Tendenzen zum Rückzug. Auch hat es den Anschein, dass er in seiner Reinlichkeitsentwicklung eher rückläufig wird als umgekehrt. Nachdem er schon so gut wie ganz trocken war, nässt er wieder vermehrt ein, was seine Mutter ihm aggressiv vorzuwerfen scheint.

Er reagiert darauf verunsichert ängstlich, was sein kritisiertes Verhalten eher zu verstärken scheint.

Nur um den kleinen Michael scheint sich die Mutter liebevoll zu kümmern.

Die Familienhelferin hat den Eindruck, dass die Mutter zurzeit nur ihre Sicht aus ihrer Perspektive zulassen zu können scheint und nicht in der Lage ist, ihr Verhalten in Frage zu stellen.

Nachdem auch Thomas einen Platz im Kindergarten bekommen hatte, gab es mehrere Auseinadersetzungen zwischen der Mutter und Antje, welche Verantwortung Antje für ihren Bruder übernehmen solle.

Die Familienhelferin schafft es langsam, sich auf diese neue Situation mit der Mutter einzustellen. Sie gewinnt den Eindruck, dass die Mutter in Fragen des Umgangs mit den Kindern offenbar ihren „Rubikon" der Wahrnehmung der Realitäten überschritten hat. Dies mag im Zeitraum der Aufenthalte im Frauenhaus gewesen sein. Die unsichere Phase nach dem Überschreiten dieser Wahrnehmungsgrenze hat die Familienhelferin nicht gespürt, auch nicht die Phase der ersten Neuorientierung „am Geschmack". Jetzt scheint die Mutter in die zweite Phase der Neuorientierung eingetreten zu sein (s. S. 117), wo sie sich mit den Widersprüchlichkeiten der Welt auseinandersetzt, ohne ihre eigenen Widersprüchlichkeiten dabei wahrnehmen zu können. Sie scheint zurzeit die kognitive Kompetenz einer 15-Jährigen zu durchleben, wo sie immer nur aus einer Perspektive wahrnehmen kann und aus dieser Perspektive immer im Recht zu sein glaubt.

Die Familienhelferin bemüht sich, dieser Entwicklungsstufe im Nachreifeprozess der Mutter besser gerecht zu werden. Dies geschieht zum Beispiel in einer Situation, als Thomas an einem kalten Novembertag ohne Mütze und Schal aus dem Kindergarten nach hause kommt und die Mutter Antje vorwirft, nicht genug auf ihren Bruder zu achten.

M (*nimmt sich eine Zigarette und zündet sie an. Vor sich hin redend*): Ich versteh das nicht. (*Raucht einen Zug*) Da hat man eine große Tochter und muss sich um alles selber kümmern. (*Nimmt zwei Züge. Zur Familienhelferin, lebhaft*): Dauernd muss ich ihr das Gleiche sagen! (*Nimmt einen Zug*) Immer wieder! (*Raucht zwei Züge*) Und die macht nichts! (*Raucht lange schweigend ihre Zigarette zu Ende, drückt sie aus, nimmt eine neue, zündet sie an und raucht mehrere Züge. Schüttelt den Kopf*) Die muss doch sehen, dass der Thomas seinen Schal nicht umhat! Und die Mütze! (*Nimmt drei Züge*) Die ist doch alt genug! (*Nimmt einen Zug*) Die muss das doch sehen! (*Raucht einen Zug*) Manchmal könnte ich durchdrehen. (*Raucht sichtbar erregt ihre Zigarette zu Ende und drückt sie aus. Nimmt eine neue. Steht auf und zündet die Zigarette an. Geht mehrere Male unruhig auf und ab. Raucht dabei die Zigarette zu Ende. Setzt sich wieder und drückt die Zigarette aus. Zur Familienhelferin*):

Verstehen Sie das? (*Nimmt eine neue Zigarette*) Ich nicht.

SPFHin (*nach einer Weile*): Sie sind unzufrieden mit Antje.
M (*steht hastig auf*): Phh. Unzufrieden? Wütend bin ich! (*Auf die Familienhelferin einredend*): Das müssen Sie doch zugeben: Die Antje ist alt genug. Wozu sage ich ihr das immer? (*Steht auf und geht auf und ab.*) Die muss doch sehen, wenn der Thomas seinen Schal nicht anhat! (*Beruhigt sich langsam. Raucht ihre Zigarette zu Ende. Setzt sich wieder. Drückt die Zigarette aus, nimmt eine neue und zündet sie an*).

SPFHin: Sie haben Recht. Antje könnte sehen, dass Thomas keinen Schal umhat. (*Pause*) Und wenn man Antje fragen würde, wüsste sie auch, dass man einen Schal umbindet, wenn es kalt ist. (*Pause*) Sie wüsste auch, dass Thomas seinen Schal umbinden und seine Mütze nicht vergessen soll. Und wenn man Antje fragen würde, wüsste sie auch, dass Sie ihr gesagt haben, dass sie aufpassen soll, dass Thomas seinen Schal umbindet und seine Mütze aufsetzt.
M (*auffahrend*): Und warum macht sie es dann nicht? (*Steht auf, raucht ihre Zigarette zu Ende. Setzt sich wieder. Drückt die Zigarette aus. Nimmt eine neue und zündet sie an*).

SPFHin (*nach einer Weile des Schweigens*): Was nehmen Sie denn an? Ist das eher Gleichgültigkeit? Ist das Bockigkeit? Will sie nicht? Ist das Vergesslichkeit? Ist sie vielleicht mit Gedanken ganz wo anders?
M (*raucht ihre Zigarette zu Ende und drückt sie aus*): Die träumt. (*Nimmt eine neue Zigarette aus der Packung*) Bockig ist sie nicht. (*Zündet die Zigarette an*) Die vergisst alles. (*Raucht einen Zug*).

SPFHin: Sie sagen, Antje vergisst, danach zu schauen, ob Thomas seinen Schal an und seine Mütze aufhat. (*Pause*) Aber was glauben Sie? Vergisst sie es, weil sie dumm ist und es sich nicht merken kann? Oder vergisst sie es, weil sie in Gedanken woanders ist?
M: Auf keinen Fall, weil sie dumm ist. (*Nimmt zwei Züge*) Die merkt sich alles, was ihr in den Kram passt. (*Raucht einen Zug*) Nee, dumm ist sie nicht. (*Raucht ihre Zigarette ruhig zu Ende und drückt sie aus*).

In den folgenden Wochen gibt es wiederholt vergleichbare Situationen. Der Familienhelferin gelingt es immer sicherer, sich auf kein Streitgespräch über noch so unangemessene Erwartungen der Mutter an ihre Kinder oder andere Personen einzulassen, sondern die Perspektive der Mutter einzunehmen und ihr aus dieser Perspektive Recht zu geben.

Sie merkt, dass die Mutter in diesen Gesprächen weicher wird, zumal wenn sie Positives über ihre Kinder sagen kann. Auch merkt sie, dass es gut ist, ein solches Gespräch nicht zu einem Ende bringen zu wollen, an dem die Mutter quasi gezwungenermaßen eine Einsicht bekennen müsste. Sie gewinnt den Eindruck, dass die Wirkung viel tiefer geht, wenn sie sie offen lässt.

DRITTES AUSWERTUNGS- UND VERLÄNGERUNGSGESPRÄCH

Nach eineinhalb Jahren Soziapädagogischer Familienhilfe findet ein neues Auswertungsgespräch zwischen der Mutter, der Familienhelferin und der zuständigen Sozialarbeiterin statt.

Als Vorbereitung auf dieses Gespräch haben die Mutter und die Familienhelferin den Kindergarten aufgesucht, und dort über die jeweilige Wahrnehmung des Entwicklungsstandes der Kinder gesprochen. Dabei wurden einige positive Veränderungen bei Antje und Thomas festgestellt: Antje zeigt sich danach selbstbewusster und wesentlich selbstständiger. Sie scheint ein Kind mit einem starken Eigenwillen zu sein.

Thomas zeigt sich eher still und in sich gekehrt, er nehme aber an allen Aktivitäten in seiner Gruppe freudig teil.

Beide haben in ihrer kognitiven Entwicklung gut aufgeholt. Letzte Unsicherheiten bei Thomas glauben die Erzieherinnen bald abbauen zu können.

Im Vergleich zu anderen Kindern sei zu erkennen, dass Antje und Thomas keinen leichten Weg hinter sich haben. Ihr soziales Verhalten sei bei Antje eher ruppig, bei Thomas eher ängstlich. Insgesamt tun sich beide schwerer als andere. Auch die Trennung der Eltern scheint beide zu belasten, was sich in Gruppenspielen zeige, die familiäre Themen aufgreifen.

Trotz einiger Einschränkungen sei zu erkennen, dass sich die Gesamtsituation der Kinder zu ihrem Wohl verändert habe.

Ein Blick auf den kleinen Michael zeigt, dass bei ihm keinerlei Retardierungen festzustellen sind. Er wirkt seinem Alter gemäß ausgeglichen.

Deutlich ist zu erkennen, dass dieses Gespräch der Mutter wohlgetan hat. Im Auswertungsgespräch mit der Sozialarbeiterin und der Familienhelferin besteht die Mutter auf einer Fortsetzung der Hilfe, auch wenn sie selber sieht, dass die Kinder im Augenblick keine Hilfe mehr brauchen. Sie sagt von sich selbst, dass sie sich noch nicht sicher fühle und bringt das Thema auf ihren Mann. Sie sagt, dass sie die Hilfe auf jeden Fall noch für die Situation brauche, wenn sich ihr Mann wieder melden sollte.

Sie selbst schlägt vor, die Besuche der Familienhelferin vorerst auf eine Begegnung in der Woche zu reduzieren.

Auf der Basis der Würdigung der Entwicklung in den letzten Monaten und der gemeinsamen Einschätzung des derzeitigen Hilfebedarfs wird eine weitere Verlängerung der Hilfe mit einer Reduzierung auf vorerst eine Begegnung in der Woche vereinbart.

Exkurs über die Theorie einer „Bindungskurve"

In stark belasteten Familien erlebe ich in der Regel in niedriges Maß an Bindungsfähigkeiten. Ich erkläre mir das so, dass die Betroffenen im Laufe ihres Heranwachsens kein Vertrauen in die Verlässlichkeit von Beziehungen aufbauen konnten.

In dem hier vorgestellten Beispiel erlebe ich dies z.B. bei der Mutter in einem stark ausgeprägten Maß. Sie wurde früh abgegeben, konnte sich weder an ihre Mutter und schon gar nicht an ihren Vater binden, und auch ihre Großeltern scheinen sie in ihrer Rolle als Elternstellvertreter eher wenig beachtet zu haben.

Eine Hilfe in Form einer Begleitung ist für mich immer auch mit einem Bindungsangebot verbunden. Dies muss in meinen Augen neben der Definition von Zielen der Hilfe auf der Lösungsebene erster Ordnung mitberücksichtigt werden. In der Bindung der Betroffenen an die HelferInnen erkenne ich eine wesentliche Voraussetzung dafür, dass Lösungen zweiter Ordnung möglich werden.

Die Bindung von derart Betroffenen an HelferInnen nimmt nach meiner Wahrnehmung einen typischen Verlauf: Sie beginnt nur zögernd. Es kann Monate dauern, bis eine Bindung eingegangen wird. Den Grund dafür erkenne ich zum Einen darin, dass es erst einmal Zeit braucht, bis sich fest verankerte, starre und verengte innere Bilder (Hüther 2005, S. 112ff.) durch neue Erfahrungen mit einem verlässlichen Bindungsangebot überlagern und modifizieren. Zum anderen mag das Bindungsangebot die Betroffenen erst einmal in einen Loyalitätskonflikt zu der eigenen Familie stürzen, vor allem zu den eigenen Eltern, von denen sie dieses Angebot als Ersten erwartet hätten. Wenn die Betroffenen Hilfe annehmen, ist dies mit einer Entwertung derer verbunden, von denen sie Hilfe ursprünglich erwartet hätten. Dies scheint vor allem für die emotionale Ebene zu gelten.

Ich denke aber, dass in den Menschen neben ihrer Loyalität zu ihrer Herkunftsfamilie auch ihre eigene Lebenskraft wirkt, die zur Ausgestaltung der gegebenen Lebensmöglichkeiten drängt (Hüther 2005, S. 92). Mit diesen Lebenskräften kann sich die Hilfe im Vertrauen auf sie verbinden, und auf diese Weise die Bindung im Loyalitätskonflikt abschwächen. So dauert es immer eine Zeit, bis ein Andocken an die in den Menschen wirkenden Lebenskräfte gelingt beziehungsweise zugelassen wird.

Dann kann eine sehr intensive Bindung entstehen, während derer die HelferInnen für die Neu-Orientierung der Betroffenen eine besondere Bedeutung gewinnen. Ich nenne dies ein Vertrauensgeschenk. In ihm sehe ich die Voraussetzung dafür, dass sich die Betroffenen von den HelferInnen „an die Hand nehmen" lassen, um durch die Phasen des „Nachreifens" begleitet zu werden. Im Rahmen dieser Bindung werden Lernimpulse aufgenommen und in das eigene Handlungsrepertoire umgesetzt.

Nach meiner Beobachtung werden die wichtigsten Ziele erster Ordnung erreicht, nachdem der Kulminationspunkt der Bindungskurve leicht überschritten ist.

Ich halte es für fatal, eine Hilfe zu diesem Zeitpunkt einzustellen, allein weil die Ziele erster Ordnung erreicht sind. Die Ziele zweiter Ordnung, die die Ziele erster Ordnung überhaupt erst auf Dauer tragen, brauchen mehr Zeit und sind mit dem Auslaufen der „Bindungskurve" verbunden.

Das heißt für mich konkret, dass mit den Betroffenen geschaut werden muss, wann die Bindung an die HelferInnen losgelassen werden kann. Wenn die Lösung aus der Bindung von den Betroffenen ausgehen darf, ist das wahrscheinlich für viele von ihnen ihre erste Chance, sich selbst erwachsen aus einer Bindung zu lösen. Ein Zulassen dieser Steuerung begünstigt die Chance, dass die zukünftige Bewältigung der Alltagsaufgaben von Dauer ist.

Die Kurve sehe ich folgenden Verlauf nehmen: Sie läuft flach an, bekommt dann einen steilen Aufstieg und sinkt dann wieder langsam ab.

Der zeitliche Rahmen einer derartigen „Bindungskurve" beträgt nach meiner Erfahrung im Durchschnitt zweieinhalb bis drei Jahre, er kann auch fünf Jahre oder mehr umfassen. Die Dauer sehe ich im Zusammenhang mit der Intensität loyaler Bindungen an die Herkunftsfamilie, auch mit der Schwere von Schicksalen. Ebenso aber hängt sie ab von der Bindungsbereitschaft und -fähigkeit der HelferInnen.

Dort wo keine Bindung entsteht oder sich keine Lösung abzeichnet, stellt sich mir die Frage, ob das Konzept der Hilfe angemessen ist oder war. Entspricht das Mischungsverhältnis der Stützung elterlicher Kompetenz, wie sie hier vorrangig dargestellt wird, der Entlastung von Eltern oder gar dem Ersetzen elterlicher Funktionen der familiären Situation und den Entwicklungsmöglichkeiten der beteiligten Personen? Haben die HelferInnen etwa zu viel an Entlastung oder gar Elternstellvertretung geleistet und die Bindungsmöglichkeit nicht ausreichend zugunsten der Entfaltung der Entwicklungspotenziale genutzt?

Eine Theorie des Helfens, die Bindungen nicht zulassen will, weil sie Bindung mit Abhängigkeit gleichsetzt, halte ich für fatal. Wer die Bindung nicht zulassen will, wird nach meiner Erfahrung auf der Ebene der Lösungen erster Ordnung verharren müssen, weil dann die Hilfe zur Entlastung durch Service-Leistungen auf der Ebene erster Ordnung wird. Und genau darin sehe ich die größte Gefahr, Menschen von der Hilfe abhängig zu machen.

Konkret werden von der Mutter vor allem Gespräche über anfallende Schwierigkeiten und Aktivitäten zur Erweiterung ihrer Handlungsmöglichkeiten gewünscht.

Die Sozialarbeiterin und die Familienhelferin greifen zudem den Gedanken der Mutter an den Vater der Kinder auf und drücken die Hoffnung aus, dass die Kinder bald die Möglichkeit haben, ihr Recht auf ihren Vater wahrnehmen zu können, indem Kontakte möglich werden.

Die Mutter bleibt bei ihren vorherigen Aussagen, dass sie Kontakte der Kinder mit ihrem Vater nicht erschweren oder verhindern wolle. Sie möchte aber nach wie vor, dass die Initiative hierzu von dem Vater ausgehen soll.

Nach diesem Auswertungsgespräch nutzt die Mutter die weiteren Begegnungen mit der Familienhelferin zu Gesprächen zu verschiedenen Themen.

Im Laufe der ersten drei Monate im neuen Jahr lassen die rechthaberischen Streitereien der Mutter nach, ebenso die Versuche, die Familienhelferin in derartige Situationen zu verstricken.

Die oft gereizte Stimmung macht einem zunehmend tiefen Ernst Platz, wobei die Mutter beginnt, ihre Situation jetzt realistischer im Sinne einer selbstverantwortlichen Erwachsenen zu erfassen.

Sie schlägt im März selbst eine weitere Reduzierung der Kontakte vor. Sie sagt, es würde ihr reichen, wenn die Familienhelferin nur noch alle zwei Wochen zu ihr käme.

Drei Wochen vor Ostern ruft die Mutter überraschend die Familienhelferin an, um mit ihr einen kurzfristigen Termin zu vereinbaren. Die neue Partnerin ihres Mannes habe sich an sie gewandt, ob die Kinder ihren Vater an Ostern besuchen könnten.

Die Familienhelferin sucht die Mutter am nächsten Tag auf. Die lässt, in der Küche auf- und abgehend, wahre Schimpftiraden über die neue Partnerin ihres Mannes los. Sie weist mehrfach auf deren kriminelle Vergangenheit hin und darauf, dass ihre Kinder in Heimen seien. Sie spricht ihr sämtliche mütterlichen Fähigkeiten ab. Zu so einer Frau werde sie ihre Kinder nie gehen lassen.

Auch macht sie sich über ihren Mann lustig, dass der nicht den Mut habe, sich selbst an sie zu wenden. Er sei doch sonst nicht feige gewesen.

Die Familienhelferin hört der Mutter lange zu und wartet, was geschehen werde, wenn die Flut der Empörung über ihren Mann und seine neue Partnerin abgeebbt sein wird.

M (fällt in ein langes Schweigen, während dessen sie mehrere Zigaretten raucht. Sie beruhigt sich langsam und setzt sich. Schaut lange wie geistesabwesend auf den Tisch. Schaut eine Weile der Familienhelferin ins Gesicht. Schaut wieder schweigend auf den Tisch, raucht die Zigarette zu Ende und drückt sie langsam aus. Die Familienhelferin wieder anschauend): Was meinen Sie denn? (Nimmt eine neue Zigarette) Finden Sie das in Ordnung? (Zündet die Zigarette an).

SPFHin: Ich spüre, dass Sie sehr verärgert sind. Sie schimpfen auf die neue Partnerin Ihres Mannes und auf Ihren Mann. Sie werfen der Frau deren Vergangenheit vor. Ihrem Mann werfen Sie vor, dass nicht er es war, der sich an Sie gewandt hat. (*Schweigt eine Weile*).
M (nimmt zwei Züge und schaut die Familienhelferin schweigend an).

SPFHin: Könnte es sein, dass Sie darunter leiden, dass Ihr Mann eine neue Legensgefährtin hat, die vielleicht besser zu ihm passt? Ich könnte gut verstehen, wenn Sie auch eifersüchtig wären. Schließlich wird die Trennung endgültiger, wenn Ihr Mann eine neue Partnerin hat.
M: Ob ich eifersüchtig bin? (*Schüttelt langsam und bedächtig den Kopf. Nimmt einen Zug*) Nein. (*Raucht die Zigarette zu Ende und drückt sie aus*) Aber. (*Nimmt eine neue Zigarette und zündet sie an. Lebhaft*): Warum sollte sie besser zu meinem Mann passen? (*Nimmt zwei Züge*) Weil sie im Gefängnis war? (*Raucht schweigend die Zigarette zu Ende. Drückt sie aus*) Kann sein. (*Nimmt eine neue Zigarette*) Das haben sie gemeinsam. (*Zündet die Zigarette an und raucht mehrere Züge*).

SPFHin: Und beide haben Kinder, die nicht bei ihnen sind.
M (raucht zwei Züge): Wenn ich darüber nachdenke: Kann sein. (*Nimmt einen Zug. Ungeduldig werdend*): Ich weiß überhaupt nichts mehr.

SPFHin: Das ist eine völlig neue Situation. Diese Frau ist jetzt die Stiefmutter Ihrer Kinder, auch wenn die beiden, die Frau und Ihr Mann nicht verheiratet sind.
M (schaut die Familienhelferin überrascht an).

SPFHin: Was glauben Sie? Wird die eher gut zu Ihren Kindern sein? Oder böse? (*Pause*) Als Sie Ihren Kindern im vorigen Jahr Märchen vorgelesen haben, gab es dort auch Märchen mit bösen Stiefmüttern?
M (schaut die Familienhelferin lange schweigend an, ohne zu rauchen): Warum soll die böse sein? (*Als wollte sie die Frau verteidigen*): Weil sie im Gefängnis war?

SPFHin: Ich weiß nicht.
M (mit Empörung in der Stimme): Wieso soll die böse zu den Kindern sein, weil sie im Gefängnis war?

SPFHin: Vorhin sagten Sie noch, Sie würden die Kinder nie zu dieser Frau gehen lassen. (*Pause*) Glauben Sie jetzt eher, dass die Frau gut zu Ihren Kindern sein wird?

M (*raucht mehrere Züge*): Darüber habe ich nicht richtig nachgedacht. (*Nimmt einen Zug*) Aber, warum nicht? Sie ist ja auch Mutter. (*Raucht ihre Zigarette zu Ende und drückt sie aus*).

SPFHin: Das alles ist recht schwierig. Ich denke, Ihr Mann und seine neue Partnerin wollen eine neue Zukunft aufbauen. (*Pause*) Vielleicht tat Ihr Mann der Frau leid, weil er keinen Kontakt zu seinen Kindern hat. (*Pause*) Vielleicht taten ihr auch Ihre Kinder leid. (*Pause*) Vielleicht hat sie auch Sehnsucht nach ihren eigenen Kindern.

M (*nimmt eine neue Zigarette und zündet sie an. Schüttelt langsam mehrere Male den Kopf. Sie legt die Zigarette auf den Tisch. Bekommt einen sehr ernsten, fast traurigen Gesichtsausdruck. Nimmt die Zigarette. Legt sie wieder hin. Schüttelt langsam den Kopf. Atmet tief. Wischt sich über das Gesicht, über die Stirn. Schaut mit Tränen in den Augen die Familienhelferin an*).

SPFHin: Darf ich mich näher zu Ihnen setzen, Frau A.?
M (*nickt leicht*).

SPFHin (*setzt sich neben die Mutter auf die Bank*).
M (*kämpft erkennbar gegen die Tränen, ihre ersten in Gegenwart der Familienhelferin*).

SPFHin. Darf ich Sie in den Arm nehmen?
M (*reagiert nicht*).

SPFHin (*rückt nah an die Mutter und legt ihren rechten Arm um die Schulter der Mutter*).
M (*beginnt heftig zu weinen und legt ihren Kopf gegen die Schulter der Familienhelferin. Wird von heftigem Schluchzen überwältigt*).

SPFHin (*umfasst mit der linken Hand den Kopf der Mutter*).
M (*wird in mehreren Wellen vom Weinen erfasst. Beruhigt sich langsam. Löst sich behutsam aus der Umarmung. Sie nimmt aus der Tischschublade eine Packung Papiertaschentücher, entnimmt ihr ein Taschentuch und wischt sich das Gesicht trocken. In ein zweites Taschentuch schnäuzt sie mehrere Male die Nase frei. Sie nimmt ihre Zigarette und zündet sie an. Raucht schweigend langsam zwei Zigaretten. Schaut die Familienhelferin mit einem leichten Lächeln an. Raucht weiter still vor sich hin. Atmet einmal tief durch und schaut die Familienhelferin an*).

SPFHin: Sie haben das erste Mal in meiner Gegenwart geweint.
M (*nickt*).

SPFHin: Konnten Sie in den letzten Jahren überhaupt weinen?
M (schüttelt langsam den Kopf. Die Augen werden wieder leicht feucht).

SPFHin: Das ist traurig, wenn man nicht weinen kann, nicht wahr?
M (nickt. Nimmt ein Taschentuch und wischt sich die Augen trocken).

SPFHin: Darf ich Sie fragen, was Ihre Tränen ausgelöst hat?
M (nickt).

SPFHin: Haben Sie an Ihre Kinder gedacht? Oder an Ihren Mann? Oder an die Frau, deren Kinder im Heim sind?
M (schüttelt den Kopf. Sehr leise): Weder noch. *(Atmet tief durch. Nimmt sich eine Zigarette und zündet sie an)* Ich weiß auch nicht warum. Ich musste plötzlich an meinen Vater denken. *(Raucht einen Zug)* Der hatte zwei Töchter und hatte doch keine. *(Legt die Zigarette auf den Aschenbecherrand. Nimmt ein Taschentuch und schnäuzt sich die Nase)*.

SPFHin: Und Sie hatten einen Vater und hatten doch keinen.
M (nimmt die Zigarette wieder in die Hand und raucht zwei Züge): Ja, das stimmt auch.
(Nach einer langen Phase des Schweigens wechselt die Mutter das Thema, indem sie von ihren Kindern spricht. Sie fragt u. a. die Familienhelferin, worauf sie achten muss, wenn Antje zur Schule angemeldet wird).

Über die Osterzeit nimmt sich die Familienhelferin zwei Wochen Urlaub. Als sie wieder mit der Mutter zusammenkommt, wirkt die Mutter gelöst. Sie erzählt, dass ihr Mann vor Ostern bei der Urgroßmutter angerufen habe, ob er die Kinder am Ostermontag bei sich haben könne. Die habe ihn an sie verwiesen. Darauf habe er dann doch bei ihr angerufen. Es habe sehr befangen gewirkt nach so langer Zeit.

Die Mutter habe mit den Kindern gesprochen, ob die überhaupt ihren Papa sehen wollten. Antje und Thomas hätten sich gefreut, als sie erfuhren, dass der Papa angerufen und gefragt habe, ob sie ihn am Ostermontag besuchen könnten.

Die Übergabe habe dann bei der Großmutter stattgefunden. Die Mutter habe nicht gewollt, dass ihr Mann zu ihr in die Wohnung käme.

Auf die Frage der Familienhelferin, ob die Mutter nichts dagegen gehabt habe, dass die Kinder auch mit der neuen Partnerin ihres Mannes zusammengekommen seien, antwortete die, dass ihr das lieber gewesen sei, als wenn ihr Mann zu ihr gekommen oder allein mit den Kindern gewesen wäre. Sie habe es gut gefunden, dass eine Frau dabei gewesen sei.

In der Folgezeit entspannt sich die Situation der Mutter zunehmend. Die Sorgen, die sie selbst bezüglich möglicher neuer Kontakte mit ihrem Mann gehabt haben mag, erweisen sich als unbegründet.

Schon im Mai vereinbart die Mutter völlig selbstständig einen Termin bei der Bezirkssozialarbeiterin im Jugendamt, um über Möglichkeiten der Besuchsregelung zu sprechen. Auch der Vater nimmt an diesem Gespräch teil. Es wird vereinbart, dass Antje und Thomas ihren Vater alle zwei Wochen über das Wochenende besuchen. Den Michael holt der Vater alle 14 Tage mittwochs nachmittags zu sich.

Während die Besuche des Michael nicht immer glatt verlaufen – Vater und Sohn können wenig miteinander anfangen und der Vater bringt Michel mehrere Male wieder früher als vereinbart zurück –, gestalten sich die Kontakte der beiden älteren Kinder mit dem Vater völlig unproblematisch.

Die Kinder sprechen auch freundlich über die neue Partnerin ihres Vaters, die sehr lieb zu ihnen sei.

Allerdings habe Thomas mehrere Male gefragt, wann der Papa denn wieder nach hause komme.

Anfang Juni passiert es, dass die Familienhelferin bei einem verabredeten Termin bei der Mutter vor verschlossener Tür steht und niemand öffnet. Sie kehrt unverrichteter Dinge wieder heim.

Am nächsten Tag ruft die Mutter sie an und entschuldigt sich. Sie habe den Termin völlig vergessen. Sie sagt, sie sei mit ihrem Halbbruder Volker und einem Freund von ihm samt den Kindern im Schwimmbad gewesen. Aus Randbemerkungen der Mutter schließt die Familienhelferin, dass sich der Freund von Volker um die Mutter zu bemühen scheint. Der sei etwas älter als Volker und vor kurzem von seiner Frau verlassen worden. Die beiden hätten ein Kind.

Die Familienhelferin nimmt das Vergessen des Termins zum Anlass, mit der Mutter über den Auftrag zu sprechen, den sie noch an sie habe. Dabei wird deutlich, dass die Mutter jetzt glaubt, mit den Aufgaben ihres Lebens nun ohne die Hilfe fertig werden zu können.

Die Familienhelferin bespricht dies mit der Sozialarbeiterin. Die schlägt vor, die Hilfe noch vor der Sommerpause ausklingen zu lassen und mit der Mutter noch über den Abschied zu sprechen und mit ihr zu schauen, welche Form dem Abschied gegeben werden kann. Auf jeden Fall sollte ein gemeinsames Auswertungsgespräch am Ende der Hilfe stehen.

Die Mutter zeigt sich mit der Beendigung der Sozialpädagogischen Familienhilfe einverstanden. Sie lädt die Familienhelferin und die Sozialarbeiterin zum Abschied zu sich in die Wohnung ein und sagt, sie werde auch ihre Mutter und ihre Großmutter dazu bitten.

Eine kleine Feier zum Abschluss

Zum vereinbarten Termin hat sich die Mutter gut vorbereitet. Sie entschuldigt sich, dass das Treffen in der Küche stattfindet, das Wohnzimmer sei noch immer nicht leer geräumt. Sie hat eine Tischdecke aufgelegt und Kuchen gebacken. Der Tisch ist gedeckt, Kaffee gekocht.

Die Urgroßmutter ist nicht anwesend. Sie habe erklärt, dass das nun Sache der jungen Leute sei. Für sie sei es schön, zu wissen, dass es ihren Urenkeln besser ginge und sie sich keine Sorgen mehr zu machen brauche.

Die Großmutter wird vorerst vom kleinen Michael beschäftigt, der inzwischen an der Hand zu laufen beginnt. Ständig führt er sie von einem Gegenstand zum anderen und will hören, wie die Dinge heißen.

Antje und Thomas sitzen schon am Tisch und warten darauf, dass es endlich Kuchen zu essen gibt.

Die Kinder sind fein angezogen. Die Atmosphäre wirkt festlich.

Die Mutter hat sich fein gemacht. Sie trägt zum ersten Mal, seitdem die Familienhelferin sie gesehen hat, ein Kleid. Ihre Haare hat sie schwarz gefärbt. Sie ist dezent geschminkt.

Die Sozialarbeiterin und die Familienhelferin haben für die Mutter eine kleine Vase mit Anemonen gekauft, für Antje Malstifte, für Thomas ein Metallauto und für Michael ein kleines Holzauto.

Die Sozialarbeiterin übergibt der Mutter die Vase und die Blumen als eine kleine Anerkennung dessen, was die Mutter in den letzten zwei Jahren an Möglichkeiten entwickelt habe, um ihr Leben stärker zum eigenen und zum Wohle der Kinder einzurichten.

Die Mutter zeigt sich bei der Übergabe des Geschenkes verlegen, stellt die Vase mit den Blumen sofort auf den Tisch und bemerkt, dass das schön aussehe.

Die Familienhelferin sagt den Kindern, dass sie ja wohl wüssten, dass sie sich heute von ihnen verabschieden werde. Sie gibt ihnen die kleinen Geschenke als Zeichen der Freude, dass es ihnen jetzt gut geht, und als kleine Erinnerung. Antje übergibt sie die Stifte mit der Bemerkung, dass sie ja nun bald in die Schule kommen werde, und dass sie, die Familienhelferin, sicher sei, dass es Antje dort gut gehen werde.

Zu Beginn des Auswertungsgespräches gehen die Sozialarbeiterin und die Familienhelferin auf die gegenwärtige Situation ein und geben ihrer Freude Ausdruck, wie gut sich die Kinder inzwischen entwickelt haben.

Die Sozialarbeiterin betont, dass sie sich freue, dass die Kinder nun auch wieder Kontakt zu ihrem Vater haben und dass diese Besuche allem Anschein nach harmonisch verliefen. Dass der Vater die Familie verlassen habe, bedaure sie, werte das aber als seine Entscheidung und als die Lösung der Familie zum Wohle des familiären Geschehens. Nun leben die Kinder in einer Stieffamilie, ein Schicksal, dass sie mit vielen Kindern teilen. Die Tatsache, dass die jetzigen Kontakte ohne Komplikationen zu laufen scheinen, wertet sie als ein Zeichen dafür, dass diese Trennung offenbar eine gute Lösung sei.

Die Sozialarbeiterin stellt darüber hinaus als positiv fest, dass sich in der Familie in mehrere Generationen hinein einiges verändert habe. Damals habe ja die Urgroßmutter der Kinder angerufen und auf die Not ihrer Enkeltochter und ihrer Urenkel und den Bedarf an Hilfe hingewiesen.

Mit einem Blick auf die Großmutter sagt sie, dass heute der Eindruck bestehe, dass die Mutter mit ihren Kindern auch von Mitgliedern der Großfamilie gestützt werde.

Die Familienhelferin erinnert dann an die Situation, die sie vor knapp zwei Jahren vorfand und fragt die Mutter, wie sie die Veränderungen erlebe und verstehe.

M (trinkt einen Schluck Kaffee und nimmt einen Zug): Ich weiß auch nicht, wie ich das verstehen soll. Ich habe in der letzten Zeit öfter darüber nachgedacht.

SAin: Ihnen ging es ja damals wirklich schlecht.
M: Das kann man wohl sagen. (*Nimmt einen Zug*) Ich kann aber nicht sagen, was da eigentlich war. Ich war wie gelähmt. (*Raucht ihre Zigarette zu Ende und drückt sie aus*).

SAin (zur Mutter): Sie können gar nicht genau sagen, was damals mit ihnen war?
M: Nein. (*Greift zur Zigarettenschachtel. Lächelt zur Familienhelferin und lässt die Zigarette drin*): Ich sagte schon, ich war wie gelähmt. Es wurde immer schlimmer.

SAin: Was wollten Sie damals von uns?

M: Ich? Von Ihnen? Nichts. (*Pause*) Ich wusste gar nichts, was ich hätte machen können. Ich wusste nur, dass ich nichts machte und dass das nicht gut war. (*Heftiger werdend*): Aber das machte ja alles nur schlimmer!

SAin: Wenn ich Sie richtig verstehe, sagen Sie, dass Sie uns bei Beginn der Sozialpädagogischen Familienhilfe gar nicht hätten sagen können, wie wir Ihnen helfen sollen.

M: Genau. Ich weiß nur, wovor ich Angst hatte. (*Nimmt eine Zigarette und zündet sie an*).

SAin: Sie wissen noch, wovor Sie Angst hatten?

M (nimmt einen Zug): Ja. (*Pause*) Ich hatte Angst, dass man mir alles aus der Hand nimmt und ich dann noch schlimmer dastehe. (*Raucht einen Zug*) Davor hatte ich Angst.

SPFHin: In den ersten Wochen gab es einige Situationen, in denen Sie sehr hilflos waren und auch – sagen wie mal – gemein zu Ihren Kindern. (*Pause*) Da habe ich nichts getan. Ich war da oft unsicher, wie Sie das erleben. Oft dachte ich, Sie fühlen sich von mir im Stich gelassen.

M (nimmt einen Zug): Das war auch so. (*Zur Sozialarbeiterin*): Ich wusste dann manchmal gar nicht, wozu die dar war. Die machte ja nichts. (*Nimmt zwei Züge*) Einerseits. (*Lächelnd zur Familienhelferin*): Andererseits hätte ich mich furchtbar geschämt, wenn Sie irgendwie eingegriffen hätten. Ich glaube, ich hätte mich dafür später bei den Kindern gerächt. (*Nimmt einen Zug*).

SPFHin: Es war bestimmt schlimm für Sie, wenn ich Sie direkt in ihrer ganzen Ohnmacht erlebte.

M: Ja (*Nimmt einen Zug*) Es war aber auch gut. Ich hatte nie das Gefühl, dass Sie mich dafür verurteilen.

SPFHin: Aber misstrauisch waren Sie doch bestimmt.

M: Und wie! (*Raucht zwei Züge*) Ich habe lange gebraucht, Ihnen zu glauben.

SAin (zur Großmutter): Frau D., Sie haben ja auch eine Veränderung gespürt. Was glauben Sie denn, was das Klima in Ihrer Familie – wenn ich so sagen darf – was das Klima in Ihrer Familie verändert hat. War es eher die Tatsache, dass Ihre Tochter immer besser mit ihren Aufgaben als Mutter klar kam? Oder waren es die Gespräche, die über die Geschichte Ihrer Familie geführt wurden?

GM (*nach einer Weile des Schweigens*): Also, dass meine Tochter immer besser mit den Kindern klar kam, war schon gut. Aber das war es nicht. Da war ja noch der Peter, ihr Mann. Sie wissen ja, der machte immer wieder alles zunichte. (*Pause*) Das war alles so verwirrend. Irgendwie war das so, als müsste es so sein. Und irgendwie stimmte da was nicht. (*Pause*)
Ich verstehe das sowieso nicht.

SPFHin: Erinnern Sie sich, in welchem Zusammenhang sich in Ihrer Familie etwas geändert haben könnte?
GM: Das war, als Sie mit meiner Mutter, meiner Tochter und mir zusammen waren. Da hat meine Mutter von i h r e m Unglück erzählt. Von dem Tod ihres ersten Sohnes, meines Bruders.

SPFHin: Sie wussten doch davon, nicht wahr?
GM: Ja, irgendwie wusste man davon, aber reden durfte niemand darüber.
M (*drückt ihre nicht zu Ende gerauchte Zigarette aus*): Das ist es irgendwie. Seitdem wir über all das gesprochen hatten, wurde es anders. Ich weiß noch, wie meine Großmutter uns die Stelle zeigte, wo der kleine Herrmann sein Grab hatte. (*Sie nimmt eine Zigarette aus der Schachtel, steckt sie aber wieder zurück.*) Das war ganz komisch. Irgendwie unheimlich aber auch – wie soll ich sagen? Wie eine Erlösung. (*Nimmt eine Zigarette und zündet sie an. Raucht ihre Zigarette zu Ende und drückt sie aus*): Ich verstehe das nicht.

SPFHin: Ich verstehe das auch nicht.
M (*lebhaft*): Wieso? Sie haben das doch gemacht?

SPFHin: Ja und nein. (*Pause*) Ich habe nur bald gespürt, dass sich hinter Ihrer Situation andere Geschichten verbergen. Ich habe nur nach diesen Geschichten gesucht. Ich wusste nichts von ihnen. Verstehen Sie?
M: Ja, ja. Aber ich verstehe nicht, wie das funktioniert?

SPFHin: Das verstehe ich auch nicht. Ich weiß nur, dass totgeschwiegene Personen und ihre Geschichten oft lähmend wirken.
GM: Und Sie haben das, was bei uns totgeschwiegen war, angesprochen. So dass wir darüber sprechen konnten. (*Pause*) Glauben Sie, dass es meiner Tochter deshalb besser geht?

SPFHin: Ich weiß das nicht. Ich weiß nicht, ob es deshalb ist. (*Pause*) Ich denke ohnehin, dass Sie eine Familie mit vielen positiven Kräften sind. Sonst wäre das alles nicht so schnell gegangen.
M: Ich verstehe überhaupt nichts mehr.

SAin: Ich denke, das ist in Ordnung so. Wir müssen nicht alles verstehen. Ich freue mich, dass Sie beide sagen können, dass es Ihnen nach zwei Jahren Sozialpädagogischer Hilfe so gut geht, dass Sie denken, jetzt ohne diese Hilfe auskommen zu können. (*Pause*) Ich wünsche Ihnen, dass wir uns in dieser Form nicht mehr sehen müssen. Aber wenn Sie Hilfe brauchen: Sie wissen, wo wir sind. (*Pause*) Wenn Sie wieder Hilfe bräuchten, würden Sie wieder eine derartige Form der Hilfe wollen, die so eng zu ihnen kommt?

M (*nimmt eine Zigarette und zündet sie an*): Nein. Ich glaube nicht. (*Lächelt verlegen zur Familienhelferin*): Das hat nichts mit Ihnen zu tun, verstehen Sie?

SPFHin: Ich verstehe. Diesmal würden Sie ja auch sagen können, was los ist und welche Hilfe sie wünschen.

SAin: Zum Beispiel die Teilnahme Ihrer Kinder an Ferienfreizeitmaßnahmen des Jugendamtes.

M (*lacht*): Wenn es das gibt. Warum nicht?

(*Einige Minuten sitzen die Frauen schweigend zusammen, trinken den Kaffee aus, die Mutter raucht ihre Zigarette zu Ende, wartet eine Weile, nimmt eine neue Zigarette und zündet sie an*).

SAin (*steht auf*): So, ich werde mich jetzt verabschieden (*Die anderen stehen auch auf und wenden sich in Richtung Tür*).

M (*zögernd zur Familienhelferin*): Ich weiß nicht, ob Sie sich noch daran erinnern, (*Pause*) ganz am Anfang einmal, als mein Mann die Sachen in der Küche rumgeworfen hat (*Nimmt einen Zug*), da hatte ich einen Teller hinter ihm her geworfen. Erinnern Sie sich?

SPFHin (*lächelt*): Ja, das hatten Sie mir erzählt. Ich erinnere mich.

M (*nimmt einen Zug*): Wissen Sie noch, was Sie damals zu mir gesagt haben?

SPFHin: Nein, was habe ich denn da gesagt?

M (*wird leicht rot, zieht an der Zigarette und lächelt*): Sie hatten gesagt, das wäre mein Stolz gewesen, das mit dem Teller, den ich geworfen habe (*lächelt, etwas verlegen wirkend.*) Wissen Sie, was ich da gedacht habe?

SPFHin: Nein.

M: Sie müssen verzeihen (*Dreht sich zum Tisch und drückt ihre Zigarette im Aschenbecher aus*) Ich habe gedacht, was redet die da für einen Quatsch. Blödes Zeug, habe ich gedacht. Aber ich habe das nie vergessen das mit dem Stolz. Ich glaube, das hat mir geholfen.

2. Hauptteil: Familie B.

Die Familie B. wohnt in einem kleinen sozialen Brennpunkt, einer zu Wohnzwecken umgebauten alten Schule, in der vor allem behördlich eingewiesene Mieter Unterkunft gefunden haben, die auf dem allgemeinen Wohnungsmarkt keine Wohnung finden beziehungsweise finanzieren konnten.

Der Sozialarbeiter hält zu mehreren Familien Kontakt und weiß, dass Familie B. eine außergewöhnlich kompliziert zusammengesetzte Familie ist. Die Eheleute B. leben mit ihren jüngsten Kindern und einigen Enkelkindern zusammen, deren Pflege und Versorgung Frau B. zumindest zeitweilig übernahm, nachdem Ehen oder Verbindungen ihrer Töchter gescheitert waren.

Der Sozialarbeiter hat schon oft mit Frau B. gesprochen, von der er weiß, dass sie schwer zuckerkrank ist. Er hat ihr mehrere Male entlastende und unterstützende Hilfen angeboten, die sie aber kategorisch abgelehnt hat. Sie hat immer erklärt, dass sie es für selbstverständlich erachte, die Kinder ihrer Kinder bei sich aufzunehmen, wenn sie von deren Eltern nicht versorgt würden oder werden könnten. Damit werde sie alleine fertig.

Tatsächlich gab es lange Zeit keinen Hinweis darauf, dass die von Frau B. betreuten Enkelkinder eine schlechte Entwicklung nähmen. Von ihnen wurde aus der Schule und von anderswo überwiegend Positives berichtet.

Bei Kontakten zeigte sich Frau B. freundlich. Sie bat den Sozialarbeiter mehrere Male in ihre Wohnung und bot ihm Kaffee an. Die bescheiden eingerichtete Wohnung war immer gepflegt.

Herr B. war Bergarbeiter, ist aber berentet, nachdem ihm sein Kehlkopf operativ infolge der Staubbelastung entfernt werden musste. Dadurch ist seine Sprechfähigkeit eingeschränkt. Wenn Frau B. mit dem Sozialarbeiter die Wohnung betrat, verließ Herr B. sofort das Wohnzimmer.

Mehrere Male traf der Sozialarbeiter bei Frau B. eines oder mehrere ihrer Kinder oder Enkelkinder an und es war schwer auszumachen, wer von denen jeweils zusätzlich in der nicht gerade großen Wohnung lebte.

Vor den Sommerferien und der Zeugnisvergabe 1992 wurde der Sozialarbeiter bei einer Besprechung in der Gesamtschule von der Klassenlehrerin von Klaus, einem nichtehelichen Sohn einer Tochter von Frau B.,
angesprochen. Sie berichtete, dass sie sich um Klaus Sorgen mache.

Noch bis etwa zu Weihnachten des vergangenen Jahres sei er ein guter
Schüler in seinem Jahrgang gewesen. Auch sei sein Verhalten bis dahin
freundlich und zuvorkommend gewesen.

Dies habe sich seit Anfang des Jahres extrem verändert. Klaus habe in
seinen schulischen Leistungen stark nachgelassen. Er werde nur in die
achte Klasse versetzt, weil seine Notendurchschnitte wegen der guten
Leistungen im ersten Halbjahr dies zuließen. In den letzten Arbeiten habe er völlig versagt, weil er offenbar nichts mehr für die Schule tue und
auch im Unterricht jede Leistung verweigere.

Das alles sei sehr bedauerlich, da Klaus ein guter Schüler sein könnte.
Er sei sogar zwei Jahre auf der Realschule gewesen, zuerst mit guten
Noten. Dann habe er nicht mehr genug gelernt. Er sei daraufhin auf die
Gesamtschule gewechselt. Man wisse allerdings nicht, ob man ihn dort
halten könne. Dazu müsse er sich in der nächsten Zeit sehr anstrengen.

Auch sein Sozialverhalten habe sich zum Negativen gewandt. Er habe
sich einer extrem aggressiven Clique zugewandt, von der ein starkes Ge-
waltpotenzial ausgehe.

Die Lehrerin sagt, sie habe die Großmutter von Klaus angeschrieben
und zu einem Gespräch gebeten. Entgegen den bisherigen Gepflogen-
heiten habe die Großmutter jedoch nicht reagiert. Früher sei sie zu allen
Elternabenden und zu vielen Sprechstunden gekommen.

Wenn sie Klaus angesprochen und nach möglichen Hintergründen von
seinem Verhalten gefragt habe, habe sie nur abweisende oder gar unver-
schämte Antworten erhalten.

Der Sozialarbeiter entscheidet sich, bei einer der nächsten Gelegenheiten, die er in dem Haus wahrzunehmen haben wird, bei der Großmutter
vorzusprechen um mit ihr die derzeitige Situation anzuschauen und zu
besprechen.

Als er an der Wohnungstür klingelt, dauert es eine Weile, bis er die Stimme der Großmutter aus der Wohnung hört. Er kann die Worte nicht verstehen, aber der Klang der Stimme ist kreischend, herrisch. Völlig unerwartet wird die Tür von Herrn B. geöffnet, der sich sofort grußlos wieder abwendet und in eines der Zimmer verschwindet.

Als er die Großmutter sieht, erschrickt der Sozialarbeiter: Ihr ist ein Bein unterhalb des Knies amputiert worden. Eine Folge ihres hohen Blutzuckers und des Nicht-Einhaltens der diätetischen Vorschriften, wie die Großmutter später selber sagt.

Sie ist gerade dabei, sich ihre Prothese anzuschnallen. Der Sozialarbeiter erstaunt, mit welcher Energie sie sich mit der Prothese und einer Krücke bewegt. Sie lädt ihn sofort zum Kaffee ein und kommt selbst auf den Anlass des Besuches zu sprechen.

GM: Sie haben doch bestimmt einen Grund, weshalb Sie zu uns kommen. Also. (*Pause*) Die Schule hat sich beschwert? Sie brauchen gar nichts zu sagen. Recht hat sie, die Schule! Wie oft sage ich dem Klaus, er soll seine Schulaufgaben machen. Mensch! Der Junge ist doch nicht dumm! Der würde seinen Realschulabschluss spielend schaffen. Aber was macht er? Er drückt sich mit seinen Leuten rum. Ich weiß das. Mir braucht niemand was zu sagen.
SA: Sie wissen also, was los ist. Es stimmt. Die Klassenlehrerin von Klaus hat mich angesprochen. Sie mache sich Sorgen. Klaus lerne nichts mehr für die Schule. Er werde so nicht einmal seinen Hauptschulabschluss schaffen. Aber das wissen Sie ja selber, wie ich von Ihnen höre. Da brauche ich Ihnen nichts zu sagen. (*Pause*) Wo ist Klaus? Ist er vielleicht im Haus?

GM: Klaus ist mit seinen Kumpels weg. Wie immer. (*Pause*) Und nun? Was wollen Sie?
SA: Ich denke, dass Sie sich selber Sorgen machen.

GM: Was heißt Sorgen machen? Wütend bin ich! Ich rede mir den Mund fusselig. Und er macht nichts!
SA: Was wollen Sie tun?

GM: Was ich tun will? Ich glaube, eines Tages haue ich ihm meine Krücken auf den Kopf. Dafür sind sie vielleicht gut.
SA: Ich denke, eine Entlastung könnten Sie brauchen. Sie haben wahrlich genug um die Ohren. Und jetzt mit dem Bein.

GM: Hören Sie bloß damit auf! Sie sehen doch: Ich kann mich genauso bewegen, wie vorher. Und vielleicht helfen mir mal die Krücken.
SA: Die sie ihm auf den Kopf hauen.

GM: Genau.
SA: Also. Spaß beiseite. Ich denke, auch Klaus braucht Hilfe. Auch sein Leben war und ist nicht einfach.

GM: Ich sage Ihnen eines: Klaus braucht keine Hilfe und will keine Hilfe. Und Sie können ihm auch nicht helfen! Wie denn? Was wollen Sie anders machen als ich? Ich habe ihn groß gezogen. Ich weiß, was mit ihm ist.

SA: Ja? Aber jetzt ist irgendetwas anders. Warum baut Klaus so ab? Warum schließt er sich einer Clique an, von der die Lehrerin sagt, sie sei gewalttätig?

GM: Ach, das nehme ich nicht so tragisch. Das legt sich wieder.

SA: Glauben Sie?

GM: Ja.

SA: Ich hoffe, Sie haben Recht.

Exkurs über Aspekte der Arbeit im Wohnbereich stark belasteter Familien

In der Literatur zu den aufsuchenden Ambulanten Hilfen wie der Sozialpädagogischen Familienhilfen, der Erziehungsbeistandschaften und auch der Aufsuchenden Familientherapie wird häufig hervorgehoben, dass sie „den Interventionsspielraum weit in die Privatsphäre, in die familiale Lebenswelt hineinverlagert" habe (Quitmann/Rausch 1987, S. 163). Schon Ingeborg Pressel wies in ihrer frühen Untersuchung wiederholt darauf hin, in welch hohem Maße SPFH in den „Intimbereich" der Familien eindringe (Pressel 1981, S. 20, 22, 46f u.a.).

Ich habe den Eindruck, dass der Gedanke an die Intimsphäre bei manchen AutorInnen Schrecken auslöst, als ginge es um die eigene Schamgrenze. So schreibt Heinz-Gert Papenheim, dass eine SPFH von Familienangehörigen als „Eingriff in die Privat- und Intimsphäre der Familie" und als „Tribunal beziehungsweise Verurteilung erlebt und erlitten werden" könnte (Papenheim 1992, S. 15). Veronika Kircher malt in meinen Augen ein Schreckensbild, wenn sie hierzu formuliert: „Vielleicht gibt es überhaupt kein anderes Arbeitsfeld, in dem Hilfe so unmittelbar und weit reichend in das Privatleben eingreift. Es gibt keine Türen, die vor dem Zutritt des Helfers verschlossen werden können" (Kircher 1992, S. 269).

Bezogen auf Intimität in der ehelichen oder partnerschaftlichen Beziehung schreiben Lyman und Adele Wynne, dass Intimität ein

Ausdruck sei, „der ohne Erklärung verständlich erscheint, doch der Erhellung bedarf" (Wynne/Wynne 1987, S. 79).

Auch wenn ihre Überlegungen in einem anderen Zusammenhang stehen, erlebe ich sie für die Betrachtung des Umgangs mit der Intimsphäre im hier dargestellten Bereich anregend. Ich stelle sie in den Zusammenhang der von mir mehrfach herausgearbeiteten Sicht der familiären Inszenierungen als nonverbaler Ausdrucksform des Hilfeauftrags.

Ich gehe davon aus, dass es subjektiv und unterschiedlich ist, was Personen oder Familien als ihren schützenswerten Intimbereich ansehen. Wenn zum Beispiel die Großmutter im dargestellten Fall den Sozialarbeiter zu sich in die Küche ruft, als sie gerade dabei ist, sich ihre Beinprothese anzuschnallen, so handelt es sich hier um eine Offenbarung, die andere Personen in den Bereich ihrer schützenswerten Intimsphäre einordnen könnten. Hier erlebe ich diese Inszenierung als eine verbal nicht oder nur umständlich formulierbare Demonstration des Überlebenswillens und der Eigenständigkeit, die keine Hilfe zulassen will.

In einem verwandten Sinne beinhaltet für die beiden Wynnes die Definition von Intimität „eine vertrauensvolle Selbst-Offenbarung, die non-verbal sein kann, aber bei Verwendung von Worten unvergleichlich komplexer wird" (ebda, S. 89).

Nach meiner Erfahrung haben auch die stark belasteten Familien ihren Intimbereich, den sie vor der Wahrnehmung anderer schützen. Und es ist für mich ein Akt der Selbstverständlichkeit, diesen Bereich uneingeschränkt zu respektieren.

Was aber die Familien offenbaren, soll nach meiner Überzeugung als Botschaft verstanden werden. Die Frage ist, ob es die HelferInnen verstehen, adäquat auf diese Botschaften zu reagieren.

Für die Wynnes ist „Intimität weniger ein *Prozess* als die subjektive Begleiterscheinung zugrunde liegender Beziehungsprozesse; Intimität wird vielmehr unter den Bedingungen von Vertrauen und kommunizierter Anerkennung im Zusammenwirken mit diesen Prozessen hervorgerufen" (ebda, S. 84). „Wir sind der Meinung, dass intime Erfahrungen aus *allen* grundlegenden Beziehungsprozessen erwachsen und diese wiederum verstärken, aber nicht notwendigerweise eine *Vor*bedingung für einen dieser Prozesse sind" (ebda, S. 85).

In den familiären Inszenierungen von Notsituationen erkenne ich immer eine Mischung von Angst und Misstrauen sowie von Hoffnung auf Hilfe und Bereitschaft, zu vertrauen (Conen 1996, S. 183). Das Verhalten der HelferInnen sollte sich so mit dem in der Inszenierung Gezeigten verbinden, dass es die Hoffnung auf Hilfe und die Vertrauensbereitschaft stärkt. So entsteht eine eigene, ganz spezifische Form der Intimität der am Hilfeprozess Beteiligten. Max van Trommel spricht in einem ähnlichen Zusammenhang vom „Aufbau einer funktionalen Intimität in therapeutischen Beziehungen" (Trommel 1995, S. 269).

Jürgen Hargens unterscheidet in Bezug auf die „Rituale der professionellen Begegnung" zwischen der Begegnung in der therapeutischen Praxis und der in der Wohnung der KundInnen. In der therapeutischen Praxis gibt der Therapeut oder die Therapeutin den Gestaltungsrahmen weitgehend vor. „Betrete ich die Räume einer KundIn, dann fehlen diese Orientierungs-Rituale und -Merkmale – das Aushandeln der Beziehungsdefinition gewinnt damit (...) eine andere, weniger bekannte Dimension. Nun geht es in der Beziehung immer um eine ‚Arbeitsbeziehung', um ein ‚therapeutisches Setting', das in den Räumen der KundIn in keiner Weise vorstrukturiert ist. Insofern kommen ‚andere' Deutungsmuster zum Tragen – ein wesentliches scheint mir das von Gast und GastgeberIn" (Hargens 1993b, S. 241). In der Wahl dieses Ortes der Begegnung erkennt Hargens einen „Keim für mögliche Verwirrungen", wobei er der Ansicht ist, „dass dieser *offene Rahmen* durchaus auch zusätzliche Möglichkeiten des Aushandelns von Bedeutungen bietet" (ebda).

Den Raum für diese Möglichkeiten erkenne ich vor allem darin, dass sich die Familien den HelferInnen gegenüber in einem viel weiteren Rahmen inszenieren können, als sie es sprachlich in Räumen einer therapeutischen Praxis oder in den Räumen eines Jugendamtes je könnten.

Peter Lüssi nennt die Arbeit von Sozialarbeitern im Wohnbereich der Familien eine Arbeit an deren „*natürlichen Lebensort.* (...) Dadurch kommt er mit den äußeren Bedingungen dieses Lebens und mit bedeutsamen Bezugspersonen der betreffenden Menschen in Berührung und teilt (...) Erfahrungen, welche die Existenz der Problembeteiligten prägen." Er spricht in diesem Zusammenhang von „methodischer Natürlichkeit" der Sozialen Arbeit (Lüssi 1992, S. 281).

> Marie-Luise Conen machte die Erfahrung, dass Familien durch den engen Kontakt mit den Fachkräften der Aufsuchenden Familientherapie „oftmals einen Auftrieb in ihrem familiären Engagement" erfahren haben (Conen 1996, S. 179).

Der Sozialarbeiter bespricht in seinem KollegInnenkreis die Situation mit der Großmutter von Klaus und dessen Verhalten in der Schule. Es herrscht allgemeine Bestürzung über das Schicksal von Frau B.

Im Beratungsgespräch sind sich die KollegInnen einig, dass diese Familie in großer Not sei und Hilfe bedürfe. Ein Erziehungsbeistand als Möglichkeit für Klaus, neue Orientierung zu finden, wird als angemessene Hilfeform angesehen. Aber, zurzeit sei keine Hilfe einzurichten, da sie nicht angenommen geschweige denn beantragt werde. Gegen den erklärten Willen von Großmutter und Klaus könne zurzeit nichts gemacht werden.

Der Sozialarbeiter werde abwarten müssen, wie sich die Situation von Klaus entwickeln werde, um zu schauen, ob etwas getan werden müsse.

Von der Mitteilung zur Hilfe: Das Ankoppeln an einen Jugendlichen

Sechs Wochen nach dem Besuch des Sozialarbeiters bei der Großmutter zeigt sich eine Verschärfung der Situation von Klaus. Der Sozialarbeiter erhält ein „Polizeiliches Hilfeersuchen". Klaus war in zwei Schlägereien mit türkischen Jugendlichen verwickelt. In der zweiten hat es in drei Fällen schwere Körperverletzungen gegeben und Klaus steht im Verdacht, selber einen am Boden liegenden Türken mehrere Male in den Unterleib getreten zu haben. Bei seiner polizeilichen Vernehmung habe er nichts zugegeben, er sei vielmehr aggressiv und mit nationalistischen Parolen herrisch aufgetreten.

Der Sozialarbeiter lädt Klaus im Rahmen der Jugendgerichtshilfe zu einem bestimmten Termin mit folgendem Brief schriftlich in sein Büro ein:

Lieber Klaus,
Du weißt sicher, warum Du heute einen Brief vom Jugendamt erhältst. Ich weiß nicht, wie es Dir damit geht. Ärgerst Du Dich darüber? Oder ist es Dir völlig egal? Oder ist es Dir sogar Recht, weil Du merkst, dass Du Hilfe brauchst?

Du kennst mich. Ich war schon öfter mal bei Euch zu hause. Und auf der Straße hast Du mich gegrüsst. Allerdings habe ich Dich schon längere Zeit nicht mehr gesprochen. Gesehen habe ich Dich öfters auf dem Markt, wenn Du dort mit anderen Jugendlichen warst.

Ob Du nun willst oder nicht, ich muss mit Dir Kontakt aufnehmen. Ich habe von der Polizei die Mitteilung erhalten, dass Du bei zwei Schlägereien mit türkischen Jugendlichen erwischt worden bist. Beim zweiten Mal bist Du in Verdacht geraten, einem Jugendlichen durch Tritte in den Unterleib schwere Körperverletzungen beigebracht zu haben.

Du hast zwar nichts zugegeben, aber die Polizei wird die Sache an die Staatsanwaltschaft weitergeben. Das heißt, Dir steht ein Verfahren beim Jugendgericht ins Haus.

Klaus, Du weißt, dass das eine blöde Sache ist. Du weißt auch, dass es mit Dir auch in anderer Beziehung zurzeit nicht mehr so gut steht, wie noch vor einem Jahr.

So sprach mich Deine Klassenlehrerin an und sagte, dass sie sich Sorgen Deinetwegen mache. Du würdest nichts mehr für die Schule tun, was Deinen Hauptschulabschluss sehr gefährden würde. Auch beklagte sie, dass Dein Verhalten in der Schule sehr aggressiv geworden sei.

Ich weiß nicht, ob es Dir Deine Großmutter erzählt hat: Vor einigen Wochen war ich bei Euch, um mit Euch über die jetzige Situation zu sprechen. Du warst nicht da. Aber Du weißt ja: Deine Großmutter will alles selber machen. Sie hat keine Hilfe oder Entlastung annehmen wollen, obwohl sie durch ihre Operation noch eine neue Last auf sich nehmen musste. Ich bewundere deren Energie.

Wegen der polizeilichen Mitteilung muss ich jetzt mit Dir Kontakt aufnehmen und bald mit Dir reden. Das weißt Du sicher von anderen, dass das Jugendamt bei gerichtlichen Verfahren Kinder und Jugendliche betreffend mitwirken muss. Dies dient vor allem der Berücksichtung sozialer und pädagogischer Aspekte.

Ich fordere Dich auf, am . . . um . . . zu mir in meine Sprechstunde zu kommen. Mein Büro befindet sich im Jugendamt, . . . straße, Zimmer-Nr. . . .

Wirst Du diesen Brief für Dich behalten? Wirst Du ihn Deinen Kumpels zeigen? Wie werden die darauf reagieren?

Wir müssen über alles offen reden.

(Eine Kopie dieses Briefes schicke ich auch an Deine Großmutter.)

Bis dahin.

Klaus kommt mit einer zeitlichen Verzögerung von zwölf Minuten zum einberaumten Termin. Er bringt drei seiner Kumpel mit, die alle um einige Jahre älter sind als er. Zwei von ihnen kennt der Sozialarbeiter bereits durch frühere Begegnungen im Rahmen der Jugendgerichtshilfe.

218

Die vier Jugendlichen betreten das Büro des Sozialarbeiters mit einer betont lässigen und abschätzigen Haltung. Nachdem er alle begrüsst hat, besteht der Sozialarbeiter darauf, mit Klaus alleine sprechen zu wollen. Das, was er zu besprechen habe, ginge nur Klaus etwas an. Obwohl Klaus beteuert, die könnten alles wissen, das seien seine Freunde, bleibt der Sozialarbeiter bei seiner Entscheidung. Die drei verlassen mit hängenden Schultern und schlackernden Armen das Büro. Sie wollen draußen warten.

Der Sozialarbeiter bittet Klaus, am Besprechungstisch Platz zu nehmen, und setzt sich zu ihm.

Klaus fragt, ob er rauchen dürfe. Der Sozialarbeiter sagt, er wolle nicht, dass in seinem Büro geraucht werde. Klaus akzeptiert diese Aussage ohne zu murren.

SA: Du weißt, warum ich Dich zu mir gebeten habe.
Klaus (*sitzt nach vorne gebeugt, die Ellenbogen auf die Knie gestützt und schweigt. Er zieht die Schultern langsam nach oben und lässt sie wieder hängen*).

SA (*nach einer Pause*): Du bist ja hier im Jugendamt. Was weißt Du vom Jugendamt? Was hältst Du davon?
Klaus: Jugendamt ist Scheiße.

SA: Klar. Unsympathisch, nicht wahr?
Klaus (*lacht verächtlich*).

SA: Ja klar. Wirklich nicht schön, warum Du jetzt hier sitzen musst.
Klaus (*zuckt die Schultern und schaut wieder auf den Fußboden*).

SA: Was denkst Du denn, wozu ich Dich aufgefordert habe zu kommen? Kriegst Du hier einen reingebuttert? Bekommst Du Hilfe? Wirst Du verarscht?
Klaus: Ich weiß nicht. (*Pause*) Was soll ich sagen?

SA: Also, Du bist blöd dran. Oder?
Klaus: Jaa. Schon.

SA: Wenn Du angeklagt wirst, muss ich Jugendgerichtshilfe leisten. Aber, helfen kann ich Dir nur, wenn Du das willst. Wenn Du das nicht willst, dann werde ich das dem Gericht mitteilen. Und das, was ich so von Deiner Lebenssituation weiß. Das ist dann alles. Was meinst Du denn? Ist das eher günstig für Dich? Oder eher ungünstig?
Klaus: Was weiß ich?
SA: Soweit ich weiß, ging bis vor einem halben Jahr alles noch bestens.

Das hat sich geändert. Oder siehst Du das anders?
Klaus: Nee.

SA: Du bist jetzt in Deiner Clique.
Klaus (*schaut den Sozialarbeiter an*): Ja. Und?

SA: Genau. Und?
Klaus: Und?

SA(*hebt fragend die Hände*).
Klaus (*nach einer längeren Pause*): Ich weiß. Sie meinen, wegen der Türken. (*Aufgeregt werdend*): Ich sage Ihnen: Die haben selber Schuld. Wenn die ...

SA (*ihn unterbrechend*): Deine Rechtfertigung brauche ich jetzt nicht. Die höre ich mir vielleicht später an.
Klaus (*springt auf*): Dann kann ich ja gehen!

SA: Mich interessiert, ob Du von mir Hilfe willst oder nicht. Und welche Hilfe. Wir machen hier kein polizeiliches Verhör. (*Pause*) Dir geht's nicht gut.
Klaus: Woher wollen Sie das wissen. Mir geht's saugut.

SA: Kommt auf die Perspektive an. In Deiner Clique fühlst Du Dich sicher wohl. Glaub ich.
Klaus: M.

SA: Deine Zukunft scheint Dich weniger zu interessieren.
Klaus: Genau.

SA: Und die Schule?
Klaus: Die kann mich grad am Arsch lecken.

SA: Na ja. (*Pause*) Ich merke: Du lässt mich auflaufen. Nichts leichter als das.
Klaus (*schaut den Sozialarbeiter wortlos an*).

SA: Du musst nicht denken, dass ich Dir etwas aufdrängen will. Wenn Du nichts willst von mir – auch überhaupt nicht fragst. Es ist wirklich Deine Sache.
Klaus: Genau.

SA: Also. Ich werde das Gespräch jetzt nicht weiterführen. Du kannst es Dir überlegen. Ich werde natürlich auch mit Deiner Großmutter sprechen müssen. Die hat schließlich das Sorgerecht. Aber es wird allein von Dir abhängen, ob ich Dir irgendwie helfen kann oder nicht. Du kannst das ja mit Deinen Kumpeln besprechen. Die sind jetzt sowieso für Dich am wichtigsten.

Klaus: Kann ich jetzt gehen?

SA: Klar.

Klaus (*steht auf und bleibt stehen, schaut den Sozialarbeiter an*).

SA (*steht auch auf*): Überleg es Dir. Und wenn Du meinst, es gäbe was mit mir zu besprechen, dann rufst Du mich an oder kommst vorbei.

Klaus: Ist gut. (*Wirkt irritiert. Schaut den Sozialarbeiter an, dreht sich um und verlässt das Büro.*)

Der Sozialarbeiter lässt eine Woche verstreichen, um abzuwarten, ob irgendein Signal von Klaus kommt. Als das nicht geschieht, kündigt er sich telefonisch zu einem Hausbesuch bei der Großmutter an.

Frau B. öffnet dem Sozialarbeiter dieses Mal selbst.

SA (*bemerkt, dass die Großmutter nur noch einen Stock zur Hilfe benötigt*): Ich bewundere Ihre Energie.

GM: Man muss halt sehen, dass man auf eigenen Füssen steht! (*Geht mit Schwung in das Wohnzimmer voraus und winkt dem Sozialarbeiter, ihr zu folgen.*)

SA (*bleibt stehen*): Frau B., Sie wissen, warum ich komme. (*Pause*) Weil ich mit Ihnen noch einmal über Klaus reden muss. (*Pause*) Sie haben meinen Brief bekommen?

GM: Ja. Aber hören Sie auf mit Klaus! Was hat der schon gemacht? Sie wissen doch, wie das ist. Die Jugend prügelt sich. (*Setzt sich auf einen Stuhl.*) Früher hat da kein Hahn nach gekräht. Heute rennt alles zur Polizei.

SA (*setzt sich in einen Sessel, da sonst keine Sitzgelegenheit frei ist*): Ich weiß nicht, wie es früher war. Da könnten Sie mir mehr erzählen. Aber muss Klaus einem auf der Erde liegenden jungen Mann in den Unterleib treten? Ich finde das nicht in Ordnung.

GM: Ich auch nicht. Aber was wollen Sie machen? Der Junge hört sowieso nicht mehr auf mich. Geld will er haben, ja. Das ist auch alles. Einen Rat nimmt er nicht mehr an von mir. (*Pause. Dann mit leicht zitternder Stimme:*) Früher war er so lieb. (*Unterdrückt offenbar ihre Tränen.*) Jetzt schnauzt er mich nur noch an. Vor allem, wenn ich ihm kein Geld geben will.

Der Sozialarbeiter will ein erstes Gespür dafür bekommen, woher dieser Wille kommt, keine Hilfe anzunehmen.

Die Geschichte der Großmutter (1)

SA: Wie war denn Ihr Leben, als sie so alt waren wie Klaus jetzt?

Er erfährt, dass sie 1928 geboren ist, also 1942 in dem Alter war, in dem Klaus heute ist. Damals habe sie in ihrer Familie gelebt mit noch acht Geschwistern. Aber sie habe beide 1944 Eltern im Krieg verloren und sei mit ihren Geschwistern in ein Waisenheim gekommen.

GM: Wissen Sie, das war eine schlimme Zeit. (*Ihr ist eine emotionale Bewegung anzusehen*) Ich kann nicht darüber reden.
SA: Ich erinnere mich an Ihre Worte von eben, als Sie sagten, es wäre wichtig, auf eigenen Füssen zu stehen. Das mussten Sie schon früh in Ihrem Leben.
GM: Das können Sie wissen.

SA: Sie können sich offenbar gar nicht vorstellen, dass Ihnen geholfen wird.
GM: Mir ist nie geholfen worden.

SA: Sie kamen in ein Waisenhaus.
GM: Das war keine Hilfe. Das war die Hölle. (*Zeigt wieder eine emotionale Berührung. Schweigt. Schüttelt den Kopf*) Ich kann nicht.

SA (*nach einer längeren Pause*): Ich will Sie nicht quälen. (*Pause*) Soll ich ein andermal kommen?
GM: Nein. Bleiben Sie. Sie wollen über Klaus reden.

Die Großmutter sagt, dass nicht verstehen könne, warum sich Klaus so geändert habe. Bisher sei er ein lieber Enkel für sie gewesen, wie die anderen auch. Bei ihr und ihrem Mann leben noch zwei Mädchen. Ihre eigene jüngste Tochter Petra, die als Verkäuferin arbeite, und eine Halbschwester von Klaus, Steffanie, die dabei sei, eine Lehre abzuschließen. Mit denen habe alles gut geklappt. Nur mit Klaus gebe es jetzt Schwierigkeiten.

SA: Klaus macht mir Sorgen. Er wird ein Gerichtsverfahren bekommen und nimmt von mir keine Hilfe an. Die Clique, in der er ist, scheint nicht gut für ihn zu sein. Obwohl – man weiß das nie. Für sein Alter ist es normal, dass er seine Clique hat. Wenn er keine hätte, müsste man sich auch Sorgen machen.
GM: Aber was wollen Sie machen? Der lässt sich gar nichts mehr sagen. Der ist nur noch frech.

SA: Ich gehe davon aus, dass er Hilfe braucht. Auch Sie brauchen Hilfe.
GM: Ich? Ich brauche keine Hilfe.

SA: Angenommen, wir könnten Klaus helfen, besser mit sich und seiner Zukunft klarzukommen. Wäre das keine Hilfe? Auch für Sie? (*Pause*) Ihnen geht es doch bestimmt besser, wenn es Klaus besser geht.
GM: Der nimmt doch nichts an! Dem kann ich nichts mehr sagen!

SA: Natürlich ist es schwierig. Schon gar mit Jugendlichen in dem Alter. Die sind schwer zu erreichen. Aber manchmal geht es. Und bei Klaus mache ich mir Hoffnung. Ich denke, er hat einen weichen Kern.
GM: Das stimmt. Er war immer sehr weich, sehr zart und zugänglich. Aber, was wollen Sie denn machen?

SA: Darüber müsste mit Ihnen und Klaus gesprochen werden.
GM: Ob das mit Klaus geht?

SA: Meine Frage ist, ob Sie ihm sagen können, dass er Hilfe annehmen soll. Schließlich sind Sie seine Hauptbezugsperson. Sie haben das Sorgerecht.
GM: Ich weiß nicht.

SA: Das betrifft ja nicht nur Klaus, Ihren Enkelsohn. Für viele haben Sie Verantwortung übernommen. Das fing ja schon mit Ihren Geschwistern an. Dann Ihre Kinder. Schließlich mehrere Enkelkinder. Sie hatten es wahrlich nicht leicht in Ihrem Leben. Da können Sie sich auch mal eine Entlastung gönnen. Verdient hätten Sie's.
GM: Ich kann mal mit Klaus reden. Vielleicht hört er mal auf mich.

Der Sozialarbeiter hört mehrere Wochen nichts mehr von Klaus. Als er dann Anfang September aus seinem Sommerurlaub zurückkommt, findet er eine Aktennotiz vor, nach der gegen Klaus inzwischen Anklage erhoben worden ist. Aus der Anklageschrift geht hervor, dass Klaus auch in jüngerer Zeit in Schlägereien verstrickt war. Er wird als gemeingefährlich dargestellt, als eine Art Rädelsführer.

Der Sozialarbeiter entscheidet sich, Klaus noch einmal zu einem Gespräch einzuladen. In einem Brief nimmt er genauen Bezug auf die Anklageschrift und wiederholt seine Feststellung, dass er als zuständiger Bezirkssozialarbeiter des Allgemeinen Sozialen Dienstes des Jugendamtes ihm in einer derartigen Situation Jugendgerichtshilfe anbieten müsse.

Der Großmutter schickt er eine Kopie dieses Briefes und erinnert an das zuletzt geführte gemeinsame Gespräch und legt ihr nahe, Klaus nachdrücklich zu dem Gespräch zu schicken.

Dieses Mal erscheint Klaus ohne Begleitung seiner Kumpel zum vorgeschlagenen Termin. Er zeigt sich weniger verschlossen als das erste Mal. Der Sozialarbeiter fragt ihn nach seiner Selbsteinschätzung und der Beziehung zu seiner Großmutter.

SA: Wie kommt das denn? Bis zu Weihnachten, sagt Deine Großmutter, warst Du ein lieber Kerl.
Klaus (windet sich sichtlich verlegen): Na ja, wenn die das meint.

SA: Sie sagt das so.
Klaus (leicht errötend): So? (*Grinsend*): Lieb war ich nun auch nicht.

SA: Aber es scheint dann schlimmer geworden zu sein. (*Pause*) Deine Großmutter macht sich Sorgen um Dich.
Klaus: Ich weiß nicht. (*Pause. In aggressiverem Ton*): Ich will Ihnen mal eins sagen: Wie sich meine Großmutter nach außen zeigt, das ist was ganz anderes, als sie zu mir ist. Meine Oma ist immer schon ein zänkisches Weib gewesen, solange ich mich erinnern kann. Die keift wegen jeder Kleinigkeit. Die ist doch bescheuert. Die hat ja ne Paranoia!

SA: Wie kommst Du darauf? Paranoia ist Verfolgungswahn. Meinst Du das wirklich?
Klaus: Ja. Genau. Ständig ist sie hinter einem her. (*Einen keifenden Ton nachahmend*): Du kommst noch ins Gefängnis! (*Pause*) Meine Oma hat immer mit mir rumgemeckert. Das war nervig, kann ich Ihnen sagen. Ich habe halt versucht, dem aus dem Wege zu gehen, und habe gemacht, was sie wollte. Aber genützt hat das gar nichts.

SA: Hast Du eine Ahnung, warum Deine Großmutter immer mit Gefängnis kommt? Meines Wissens war keines ihrer Kinder im Gefängnis.
Klaus: Ich weiß nichts Genaues. Aber irgendwie hieß es mal, ihr Vater sei im Gefängnis gewesen. Der sei gar nicht im Krieg umgekommen, als Soldat, sondern im Gefängnis gestorben oder so. Ich habe die Oma mal danach gefragt. Aber die will darüber nicht reden. Sie sagt, das geht mich nichts an.

Die Warnung der Großmutter, Klaus komme ins Gefängnis, macht den Sozialarbeiter stutzig. Er fragt sich, ob diese Aussage auf ein Familiengeheimnis hinweist, das für die familiäre Dynamik von Bedeutung sein könnte.

224

Die Geschichte von Klaus

Vorerst ist ihm aber auch wichtig, auf die Eltern von Klaus und seine Beziehung zu ihnen zu sprechen zu kommen.

SA: Du lebst ja schon lange bei Deinen Großeltern. Wie war denn das genau?

Klaus erzählt, dass er selber nicht genau wisse, wie das zu Beginn seines Lebens gewesen sei. Am Anfang sei er wohl bei seiner Großmutter gewesen. Dann habe seine Mutter geheiratet und ihn und seine Schwester Steffanie zu sich genommen. Die Ehe habe nur kurze Zeit gehalten. Nach der Trennung von ihrem Mann habe die Mutter ihre beiden Kinder wieder zur Großmutter gegeben. Seit seinem fünften Lebensjahr sei er nun dort.

Wer sein Vater sei, wisse er nicht. Er glaube sogar, dass seine Mutter nicht einmal wisse, wer der Vater von ihm sei.

Klaus berichtet weiter, dass seine Mutter in Schleswig-Holstein lebt. Wenn sie mal ins Saarland komme, besuche sie immer ihre Lieblingsschwester Hildegard.

SA: Hast Du eigentlich noch Kontakt zu Deiner Mutter.
Klaus (gedehnt und abfällig wirkend): Jaa. Aber. Zuletzt weniger.

SA: Wann hast Du Deine Mutter denn zuletzt gesehen?
Klaus: Letzte Weihnachten. Das war voll Scheiße. Die hat einen neuen Typ, den sie sogar heiraten will. Und der glaubt gleich, er könne mir reinreden. Also. *(Spöttisch):* Der hat sich aufgespielt!

SA: Und Deine Mutter?
Klaus (verächtlich): Die hat mitgemacht! Sagt die doch, der wäre jetzt mein Vater! Ich bin fast abgestürzt! Den kenn ich doch gar nicht! Ich bin nach paar Tagen wieder weg. Hierher. *(Pause)* Wie kann mir meine Mutter solch einen Typ als Vater vorsetzen?! *(Pause)* Die kann ja machen, was sie will! Und heiraten, wen sie will! Aber die soll mich mit dem in Ruhe lassen! *(Pause)* Das hat mir den Rest gegeben.

Der Sozialarbeiter kommt auf die Anklage wegen Körperverletzung zu sprechen, den Anlass des Gespräches.

SA: Die Schlägerei ist es ja nicht so sehr, weswegen Du angeklagt bist.
Die Körperverletzung macht's,
Klaus (auffahrend): Die sollen doch ihr Maul halten! Was machen die Türkenschweine denn? Ich weiß auch von Deutschen, die von Türken zusammengeschlagen worden sind, nur weil sie Deutsche sind. Da kräht doch kein Hahn nach!

SA: Die kommen genauso vor Gericht wie Du. Da gibt es keinen Unterschied.
Klaus: Glaub ich nicht. Hab nie was davon gehört.

SA: Vielleicht hörst Du da weniger hin. Manchmal denke ich, türkische Jugendliche würden viel härter bestraft, als deutsche.
Klaus: Geschieht ihnen recht. Sollen die doch bleiben, wo sie her kommen.

SA: Die meisten sind hier geboren, wie Du.
Klaus: Ist mir scheißegal. Türke ist Türke.

SA: Einem wehrlos auf dem Boden Liegenden in den Unterleib treten – ist das in Ordnung? Ich finde das alles andere als gut.
Klaus: Und was hat der gemacht? Danach fragt keiner.

SA (nach einer Pause): Wie denkst Du denn, dass es mit Dir weitergeht?
Klaus: Welche Chancen habe ich denn? He?

SA: Was willst Du tun? Willst Du alles wegwerfen? Bis vor kurzem hattest Du gute Zeugnisse.

Der Sozialarbeiter fragt zuletzt noch nach der derzeitigen Situation von Klaus und nach seinen Vorstellung bezüglich einer möglichen Hilfe für ihn.

Klaus: Ich habe meine Clique. Mit denen kann ich über alles reden. Die verstehen mich.
SA: Ja. Ist gut, eine Clique zu haben. Vor allem in Deinem Alter. Aber was macht Ihr? Ihr haut Euch die Rübe voll und verkloppt Türken. Was glaubst Du, wie lange das noch Spaß macht. Noch 30 Jahre? Oder 10?

Klaus (grinst): Wir machen auch Weiber an.
SA: Ja klar. (Pause) Also mal ernst: Ich finde es wichtig, dass Du in Deinem Alter eine Clique hast. Ich will jetzt auch nicht darüber reden, ob

diese Clique, in der Du jetzt bist, die richtige für Dich ist. Trotz Clique: Ich glaube, Du bist sehr allein, wenn es um Fragen Deiner Orientierung geht. Es gibt noch mehr als Rübe zu saufen, Türken verkloppen und Frauen anmachen. (*Pause*) Du hast keinen Vater gehabt, mit dem Du gelebt hättest. Deine Mutter war selten da oder Du bei ihr. Deine Großmutter hat viel mit Dir rumgezankt, wie Du sagst. (*Pause*) Dafür hast Du Dich bisher wirklich gut gemacht, bis auf die letzten Monate.

Klaus (*grinst*).
SA: Ich denke, Du hättest schon lange eine unterstützende Begleitung gebraucht. Deine Großmutter hat das nie zulassen wollen. Es lief ja auch alles ganz gut. Bis auf zuletzt.

Klaus: Ein Kumpel sagt, ich soll das machen. Dann werde ich vielleicht nicht bestraft. Stimmt das?
SA: Das ist nicht falsch. Wenn Du die Hilfe des Jugendamtes annimmst, hat das eine positive Wirkung auf den Richter. Aber eines sage ich Dir gleich: Irgendeine Alibi-Geschichte, so tun als ob, gibt es mit mir nicht. (*Pause*) Ich könnte es auch nicht gutheißen, wenn auf das, was Du gemacht hast, keine Reaktion käme. Leider dauert das immer viel zu lange. (*Pause*) Und die Hilfe, die ich Dir anbieten kann, hebt weder auf, was Du gemacht hast, noch befreit sie Dich von der Anklage.

Klaus: Aber was wäre denn das?
SA: Ich dachte an eine Hilfe, die wir Erziehungsbeistandschaft nennen.

Klaus: Was müsste ich da machen?
SA: Das läge vor allem an Dir. Wir drücken Dir nichts auf. (*Pause*) Das hat das Ziel, mit Dir herauszufinden, was Du aus Deinem Leben machen willst. Und wie wir Dich fördern können. Aber wie das dann konkret aussieht, das bestimmst Du. (*Pause*) Und wenn Du Deinen Weg darin siehst, in den Knast zu gehen, dann werden wir Dich nicht daran hindern. Nur werden wir Dich dabei nicht unterstützen.

Der Sozialarbeiter vereinbart noch in Gegenwart von Klaus telefonisch mit der Großmutter einen Termin, bei dem auch Klaus anwesend sein soll.

Bei dem Treffen erläutert der Sozialarbeiter der Großmutter, welche Hilfen zur Erziehung für Sie und Klaus in Frage kämen. Ihm selbst scheint die Ambulante Hilfe einer Erziehungsbeistandschaft im Augenblick ausreichend. Man könnte auch überlegen, ob für Klaus ein Platz in einer Wohngruppe gesucht werden solle.

Rechtliche Definition der Hilfeform „Erziehungsbeistandschaft"

§ 30 SGB VIII definiert die Aufgaben der Erziehungsbeistandschaft oder Betreuungshilfe:

> „Der Erziehungsbeistand und der Betreuungshelfer sollen das Kind oder den Jugendlichen bei der Bewältigung von Entwicklungsproblemen möglichst unter Einbeziehung des sozialen Umfelds unterstützen und unter Erhaltung des Lebensbezugs zur Familie seine Verselbständigung fördern."

Nach meinem Verständnis richtet sich diese Hilfeart vorzüglich an ältere Kinder und Jugendliche, die erhebliche Schwierigkeiten in ihrem Prozess des Hineinwachsens in das Erwachsenenleben und der Ablösung vom Elternhaus zeigen. Die Hinweise auf die Einbeziehung des sozialen Umfelds und die Erhaltung des Lebensbezugs zur Familie machen mir deutlich, dass das Hilfekonzept Eltern mit einbezieht. Diese Hilfeart kann und soll die Mitwirkung von Eltern nicht umgehen und schon gar nicht ausschließen.

Über die Form der Hilfe müssen die Großmutter und Klaus entscheiden. Was beide nicht annehmen wollen, könne auch nicht gemacht werden. Die Situation von Klaus könne nicht so eingeschätzt werden, dass eine Hilfeform über das Familiengericht gegen den Willen der Großmutter eingerichtet werden müsste.

Großmutter und Klaus zeigen sich bereit, einen Antrag auf Erziehung zur Hilfe in Form einer Erziehungsbeistandschaft zu stellen. Die Unterbringung in einer Wohngruppe wollen sie nicht. Beim Erörtern ihrer Zielvorstellungen ergibt sich ein Gespräch, das immer wieder durch Maulereien von Klaus unterbrochen wird.

SA (zur Großmutter): Frau B., Sie möchten, dass Klaus einen einigermaßen brauchbaren Weg nimmt.
GM: Was sonst?

SA: Sie möchten, dass er seinen Hauptschulabschluss so gut wie ihm
möglich schafft.
GM (nickt).

SA: Sie möchten, dass er eine gute Ausbildung macht.
GM (nickt).

SA: Sie möchten, dass er in keine Schlägereien verstrickt ist.
GM: Das vor allem. Ich will nicht, dass die Polizei hinter ihm her ist.

SA: Sie haben Angst, er kommt ins Gefängnis.
GM: Das habe ich ihm immer schon gesagt.

SA: Sie wollen auch, dass es sich hier bei Ihnen positiver verhält.
GM: Ja. Der hat immer einen Ton, als sei ich Dreck. Ich sag' Ihnen: Was
der sich rausnimmt. Und immer will er Geld von mir.

Klaus: Oma, halt's Maul!
GM (zu Klaus): Halt Du's Maul! Immer willst Du Geld. Stimmt das etwa nicht?

SA (zur Großmutter): Frau B., was Sie für Klaus wollen, sind ganz nor-
male Ziele. Völlig in Ordnung. Alle Eltern, oder die, die an deren Statt
sind, wollen, dass ihre Kinder auf eine möglichst gute Weise erwachsen
werden.
GM (plötzlich zu Klaus): Was willst D u eigentlich?

Klaus (aufgeschreckt): Ich? (*Pause. Zum Sozialarbeiter:*) Weiß ich
nicht.
SA (zu Klaus): Also. Du fühlst Dich zurzeit bei Deiner Großmutter nicht
wohl. Stimmt das?

Klaus (nickt grinsend).
SA: Und das Gerichtsverfahren, was ist damit? Leidest Du unter der Vorstellung? Oder ist Dir das egal?

Klaus (zuckt mit den Schultern).
SA: Und die Schule?

Klaus (zuckt mit den Schultern).
SA: Frau B., Elternschaft gehört zum Schwersten. (*Pause*) Bei Ihnen ist
es sogar Großelternschaft unter enorm erschwerten Bedingungen. Wer
will sich anmaßen, da von Versagen zu sprechen, wenn die Schwierig-

keit überhand nehmen? Jugendliche gehen oft ihre ganz eigenen Wege, die auch nicht immer als vorteilhaft für sie erscheinen. (*Pause*) Frau B., Sie haben es wirklich nicht einfach. (*Pause*) Aber Sie haben auch Erfolg. (*Pause*) Ihre andere Enkeltochter, deren Sie sich angenommen haben, Steffanie, macht ihre Lehre. Und Ihre eigene Tochter Petra arbeitet als Verkäuferin. (*Pause*) Sie brauchen sich nicht zu schämen, wenn es beim Klaus mal schwieriger wird und Sie Hilfe brauchen.

GM (*stöhnt*): Leicht fällt es mir nicht. Aber Sie haben schon Recht. Da muss sich noch einer kümmern.
Klaus (*steht auf*): Ich geh' jetzt. (*Nimmt seine Jacke und geht.*)

GM (*schaut den Sozialarbeiter hilflos an*).
SA (*hebt fragend die Hände*): Was wollen Sie? Sie haben es geschafft, dass er bis jetzt geblieben ist. Mehr war wohl nicht möglich.

Um einen ersten Eindruck von der familiären Situation von Klaus und seiner Großmutter zu gewinnen, fragt der Sozialarbeiter die Großmutter nach den Lebensdaten ihrer Angehörigen. Vorher gibt er noch eine kurze Erläuterung zum Datenschutz.

Die Geschichte der Großmutter (2)

Er erfährt, dass die Großmutter Klara mit Vornamen heißt und am 19. August 1928 geboren ist. Ihr Mann, Paul ist am 25. Juni 1931 geboren.

Über ihn erfährt der Sozialarbeiter, dass er auch beide Eltern im Krieg verloren hat. Sein Vater war im Juli 1944 in der Normandie gefallen. Seine Mutter war zusammen mit einer Schwester auf der Flucht aus Ostpreußen ums Leben gekommen. Er sei mit einem Waisentransport ins Saarland gebracht worden, ins selbe Waisenhaus, in dem Klara mit ihren Geschwistern war.

Ihre eigenen Eltern, Ernst und Wilhelmine, seien, wie sie schon einmal gesagt habe, 1944 im Krieg umgekommen. Sie selbst sei die älteste Tochter gewesen. Ihr einziger Bruder, Hans, sei zwei Jahre älter als sie. Ihre beiden jüngsten Geschwister seien 1945 an Tuberkulose gestorben.

Sie habe sich mit ihrem jetzigen Mann schnell befreundet. Sie hätten sich in ihrer Not zusammengetan und seien zusammen mit ihren kleinen Schwestern in ein Notquartier gezogen. Nach einiger Zeit sei sie schwanger geworden. Trotz anfänglicher Schwierigkeiten hätten sie dann Ende 1949 heiraten dürfen.

Sie haben insgesamt 7 Kinder: Als ältestes einen Sohn, Edmund, 1950 geboren. Dann 6 Töchter, Die Jüngste, Petra, die noch im Haus der Großeltern lebt, ist 1965 geboren. Gertrud, die Mutter von Klaus, ist das fünfte Kind und ist am 6. April 1959 geboren.

Als ihr alles zu viel geworden war, hatte sie Gertrud mit elf Jahren zu ihrem Bruder Hans ins Allgäu in Pflege gegeben. Der sei damals kinderlos mit einer Bäuerin verheiratet gewesen. Das habe aber auf Dauer nicht geklappt. So habe sie Gertrud wieder zu sich nach Hause nehmen müssen. Überhaupt sei Gertrud immer ein schwieriges, eigenwilliges Kind gewesen. Sie sei immer ihre eigenen Wege gegangen. Sie sei dann früh schwanger geworden. Von ihr habe sie zwei Enkelkinder: Steffanie, die auch noch in ihrem Haushalt lebt, sie ist am 12. August 1976 geboren, und Klaus, der am 8. Februar 1978 geboren ist.

Insgesamt habe sie acht Enkelkinder, von denen mehrere zeitweise bei ihr gelebt haben.

SA: Haben die beiden Kinder Ihrer Tochter Gertrud den gleichen Vater oder verschiedene?
GM: Verschiedene.

SA: Das sind Daten, die niemanden etwas angehen. Aber für unsere Arbeit mir Klaus kann das wichtig sein. Das hat etwas mit seinem Vaterbild zu tun, und wahrscheinlich auch mit der Entwicklung seines Selbstbildes als Mann.
GM (schaut überrascht).

SA: Weiß Klaus etwas von seinem Vater? Kennt er ihn?
GM: Nein, da weiß niemand was. Wissen Sie: Ich weiß noch nicht mal, ob die Mutter weiß, wer er ist.

SA: Das sind jetzt besonders geschützte Daten. Also Vorsicht!
GM: Ihnen kann ich das ja wohl sagen.

SA: Ich danke für Ihr Vertrauen.

Als der Sozialarbeiter das Schicksal die Eltern der Großmutter anspricht, zeigt sie sich wieder abweisend.

SA: Darüber möchten Sie jetzt nicht sprechen. Ist in Ordnung. (Pause) Ich denke, dass das ein schweres Schicksal war. Extrem schwer, muss ich sagen. (*Pause*): Mich berühren diese Schicksale immer wieder. (*Atmet tief durch.*) Ich muss da immer tief Luft holen. (*Pause*) Was Sie da alles durchgemacht haben. (*Pause*) Das waren schlimmste Zeiten.

(*Pause*) Da können wir Jüngeren nur glücklich sein, dass wie so etwas nicht erleben mussten.

GM (nickt bedächtig mit dem Kopf).

SA (nach einer längeren Pause): Die Ziele, die Klaus mit der Unterstützung eines Erziehungsbeistandes erreichen sollte, liegen ja auf der Hand. Aber die Frage ist, ob er die Hilfe annimmt. (*Pause*) Ich denke, wir sollten erst einmal drei Monate abwarten, ob überhaupt eine Verbindung zwischen dem Beistand und Klaus zustande kommt. Das ist oft die schwierigste Phase. (*Pause*) Ist es Ihnen recht, wenn ich mich für heute verabschiede? Sie haben mir wirklich viel anvertraut. Hoffentlich war das jetzt in Ordnung so für Sie.

GM: Ist schon gut. Ich habe lange nicht mehr so viel geredet. Interessiert sonst ja auch niemanden.

Der Sozialarbeiter bespricht die neue Situation im KollegInnenkreis seiner Regionalgruppe unter Hinzuziehen einer Kollegin aus dem Sachgebiet Ambulante Hilfen.

Es wird allgemein als Erleichterung empfunden, dass sich die Großmutter bereit zeigt, eine Entlastung für sich und eine Förderung für Klaus zuzulassen.

Die Bewilligung der Maßnahme wird nicht in Frage gestellt. Der Bedarf an Hilfe scheint eindeutig. Es handelt sich um eine mehrere Generationen übergreifende familieninterne Pflegefamilie, die von schweren Schicksalen belastet ist.

Allerdings wird das *Veränderungspotenzial* als unklar eingeschätzt:

Der *Leidensdruck* scheint sowohl bei der Großmutter als auch bei Klaus stark zu sein, wenn auch beide ihn nur schwer nach außen zeigen zu können scheinen. Die Großmutter scheint Leiden von ihrer Kindheit her gewohnt. Offenbar war sie ihr Leben lang ständig gefordert. Ihre Lebensbilanz wird einen starken Überschuss an Geben gegenüber Bekommen aufweisen. Krank ist sie auch und musste zuletzt sogar die Amputation eines Unterschenkels über sich ergehen lassen.

Klaus scheint eher diffus zu leiden. Vielleicht kann er seine momentane Situation noch gar nicht richtig erfassen. Aber auch seine Lebensgeschichte weist einige gravierende Einschnitte auf. Seinen Vater scheint er gar nicht zu kennen, Seine Mutter hat ihn schon früh der Großmutter überlassen.

Die *Problemdefinition* scheint bei beiden Beteiligten eher nach außen gerichtet: andere sind Schuld. Klaus aus der Sicht der Großmutter und die Großmutter sowie die Schule aus der Sicht von Klaus.

An *Lösungsvorstellungen* kannte die Großmutter bisher wohl nur, dass sie selber anpacken muss. Immer wieder hat sie die Verantwortung für andere aus ihrer Familie übernommen. Die Erziehungsbeistandschaft ist bisher vor allem eine Vorstellung des Sozialarbeiters.

Die *Selbsthilfekräfte* in dieser Familie waren bisher enorm. Vor allem bei der Großmutter. Bei Klaus sind sie noch nicht einzuschätzen.

Die *Möglichkeit* und die *Fähigkeit zur Mitarbeit* scheint gegeben. Die materiellen Voraussetzungen wie Wohnung und wirtschaftliche Grundsicherheit sind gegeben. Auch scheinen beide durchaus in der Lage, den Sinn einer Erziehungsbeistandschaft zu verstehen.

Die *Bereitschaft zur Mitarbeit* muss sich erst noch erweisen. Hier wird es darauf ankommen, dass es dem möglichen Erziehungsbeistand gelingt, sich an die wirklichen Nöte und Bedürfnisse beider anzukoppeln.

Die *Kraft zur Veränderung der Situation* steht nicht in Frage. Die Familie ist trotz aller Schwierigkeiten und Belastungen der Vergangenheit mit großer Kraft ausgestattet.

Allerdings muss abgewartet werden, ob der *Wille zur Veränderung der Situation* über den Weg einer Erziehungsbeistandschaft zu neuen Lösungen führt.

Als zeitlicher Rahmen werden vorerst maximal sechs Stunden pro Woche angesetzt, die zumindest am Anfang wohl kaum ausgeschöpft werden, da sich Klaus und der Beistand erst einmal beschnuppern müssen. Für diese Schnupperphase werden etwa drei Monate veranschlagt. Die Gesamtdauer der Hilfe wird auf zwei, wenn nicht gar drei Jahre geschätzt.

Nachdem auch im Zusammenwirken mit der wirtschaftlichen Jugendhilfe die Kostenzusage erteilt ist, bespricht der Sozialarbeiter im Sachgebiet Ambulante Hilfen, wer für die Übernahme dieses Falles in Frage käme. Der Vorschlag fällt auf einen Studenten der Psychologie, Herrn F., der schon eineinhalb Jahre in einer der Beratungsgruppen für Sozialpädagogische Familienhilfen und Erziehungsbeistandschaften ist, schon in zwei Familien arbeitet und dabei ist, eine Beistandschaft mit gutem Erfolg abzuschließen.

Dieser Beistand wird auch deswegen ausgewählt, da er bisher ein gutes Gespür für die von ihm betreuten Menschen und für die Geschichten hatte, die hinter dem akut Gezeigten verborgen waren. Vor allem auf die Großmutter bezogen werden schicksalhafte Geschichten vermutet, die sie auf der einen Seite daran zu hindern scheinen, familiäres Glück zulassen zu können, und auf der anderen Seite dazu zu zwingen scheinen, immer wieder Verantwortung zu übernehmen und nicht aus der Hand geben zu können.

Der Sozialarbeiter macht daraufhin mit dem vorgeschlagenen Beistand einen Termin aus, bei dem er ihm die voraussichtliche Arbeit in der Familie erläutert. Herr F. kann sich gut in die Lage von Klaus versetzen und sich vorstellen, dass es ihm möglich sein könnte, langsam und behutsam bei ihm anzukoppeln. Er geht davon aus, dass Klaus ein tiefes Misstrauen in Personen haben muss, die vorgeben, für ihn eine Autorität sein zu wollen.

In Bezug auf die Großmutter entwickeln der Sozialarbeiter und der Erziehungsbeistand die Vorstellung, dass es begrüssenswert wäre, wenn sie die Gelegenheit auch für sich nutzen würde. Beide haben das Gespür, dass es der Großmutter helfen könnte, im Gespräch mit dem Beistand etwas an ihrer Lebensbilanz zu arbeiten. Das Leben der Großmutter wird als eine schwere Last eingeschätzt. Eine Entlastung durch die Reflexion wäre ihr zu wünschen.

Drei Wochen nach dem Gespräch mit dem Hilfeantrag findet die Vorstellung des Beistandes in der Familie statt.

Sowohl die Großmutter erklärt, sie könne sich vorstellen, Herrn F. als Beistand zu akzeptieren. Klaus gibt sich gleichgültig und unbeteiligt.

Der Beistand vereinbart mit Klaus die ersten vier Termine. Sie werden zweimal die Woche mit zwei oder drei Stunden beginnen.

Das einzige, was Klaus sagt, ist, dass er nicht mit dem Beistand zusammen draußen gesehen werden will. Er zeigt sich damit einverstanden, sich zweimal wöchentlich dienstags und freitags jeweils um 3 Uhr in seiner Wohnung mit dem Beistand zu treffen.

Der Erziehungsbeistand will, dass diese Vereinbarung für vier Wochen gelten soll, um ein Gespür dafür entwickeln zu können, ob sie Sinn macht oder nicht.

Falls es nötig sein sollte, Termine abzusagen, werden die Telefonnummern ausgetauscht.

Beim ersten Besuch wird dem Erziehungsbeistand von der Großmutter geöffnet, die ihn sofort mit Klagen überschüttet.

GM: Gut, dass Sie kommen! Der Klaus war wieder so frech! Gestern wollte er wieder 20 Mark von mir. Ich wollte sie ihm nicht geben. Ich sagte: „Du kriegst kein Geld. Du hast gestern schon was bekommen." Und so. Wissen Sie, was er gemacht hat? Er hat die Zuckerdose vom Tisch genommen und in die Ecke geschmissen. Dann hat er mich unflätig beschimpft: „Du Krüppel!" Und so. Ich kann Ihnen gar nicht sagen, was der alles gesagt hat. Ich müsste mich schämen. Es ist furchtbar mit dem Kerl. Womit habe ich das bloß verdient?!
EB: Ist Klaus zu hause?

GM: Er sitzt drüben in seinem Zimmer. Eigentlich wollte er gar nicht hier bleiben. Da habe ich ihm gesagt: „Du bleibst hier! Heute kommt doch der Mann!"
EB: Haben Sie Klaus das Geld dann gegeben?

GM: Was sollte ich anderes machen? Wer weiß, was der noch alles durch die Gegend geschmissen hätte. (*Lächelnd*) Dann ist er wieder ganz freundlich. Wenn ich ihm kein Geld geben will, dann beschimpft und bedroht er mich furchtbar, und wenn ich ihm dann Geld gegeben habe, ist er lieb. Wie früher. Verstehen Sie das? Ich nicht.
EB: Ich würde gern zu ihm gehen. Können Sie mir sein Zimmer zeigen?

GM (*zeigt in den Flur*): Die zweite Tür links. Gehen Sie nur hin und sagen Sie ihm, dass das so nicht weitergeht. Vielleicht hört er auf Sie.
EB: Sie haben ihm das bestimmt schon oft gesagt.

GM: Ich sage ihm das ständig.
EB: Dann weiß ich nicht, wie ich mehr Erfolg haben kann als Sie. Ich bitte Sie: Haben Sie keine zu hohen Erwartungen an mich. Welche Bedeutung habe ich denn im Leben von Klaus? Zum Beispiel im Vergleich zu Ihnen? Jetzt erst einmal null. (*Pause*) Ich muss die Zeit haben, die Klaus braucht. Sonst klappt gar nichts.

Der Erziehungsbeistand klopft an die Tür von Klaus' Zimmer. Obwohl er keine Antwort hört, öffnet er nach einer Weile die Tür. Das Zimmer ist düster, schmal und lang. Große Wandflächen sind dunkelgrau, fast schwarz gestrichen. Am hinteren Ende ist ein kleines Fenster. Das Zimmer sieht aus, als sei es früher eine Abstellkammer gewesen. Rechts steht ein Etagenbett. Die obere Etage scheint als Bett unbenutzt. Auf ihr türmen sich Kleidungsstücke und Kartons wild durcheinander. Vor dem Bett steht ein Stuhl voll Kleidung. Hinten links steht ein Schrank. Eine Tür steht offen, eine andere scheint ausgehängt.

Im Zimmer riecht es unangenehm nach verschwitzter, ungewaschener Wäsche und nach kaltem Zigarettenrauch.

Klaus sitzt zusammengekrümmt auf der hinteren Kante der unteren Bettetage. Er würdigt den Erziehungsbeistand keines Blickes.

EB (nachdem er die Tür hinter sich zugemacht und das Zimmer in Augenschein genommen hat): Tag, Klaus.
Klaus (rührt sich nicht und starrt vor sich auf den Fußboden).

EB (nachdem er eine Weile gestanden hat): Kann ich mich irgendwo setzen?
Klaus (steht nach einem Zögern auf, nimmt die Sachen vom Stuhl und wirft sie auf sein Bett. Setzt sich wieder).

EB (setzt sich): Danke. *(Schaut auf seine Uhr: Es ist 20 Minuten nach 15 Uhr. Nach einer längeren Phase des Schweigens)*: Klaus, Entschuldige. Kann man mal Dein Zimmer etwas lüften? Mir ist das etwas peinlich, das zu sagen. Aber mir macht die Luft hier zu schaffen. Ich bin die nicht gewohnt.
Klaus (schaut den Erziehungsbestand zum ersten Mal in dieser Situation an. Mit einer lässigen Handbewegung weist er auf das Fenster. Schaut wieder auf den Boden).

EB (zögert. Steht auf, geht zum Fenster und öffnet es. Atmet einmal tief die einströmende frische Luft ein und setzt sich wieder auf den Stuhl. Er schaut sich noch einmal im Zimmer um und nimmt zwei große blassrote Hakenkreuze gegenüber dem Bett von Klaus, also schräg hinter seinem eigenen Rücken wahr. Schaut nach einer Weile wieder auf seine Uhr: Es ist zwei Minuten nach halb vier) Jetzt sitze ich hier bei Dir. Wie ist das für Dich? Findest Du das bedrohlich? Oder langweilig? Oder ärgerlich?
Klaus (zuckt ohne aufzuschauen mit den Schultern).

EB (schaut nach einer Weile zur eigenen Orientierung auf seine Uhr: Es sind wieder sechs Minuten vergangen): Du kannst mit mir nichts anfangen. *(Pause)* Das kann ich verstehen. Aber. *(Mit leichtem Lachen in der Stimme)*: Ich kann mit Dir auch nichts anfangen.
Klaus (schaut kurz auf).

EB: Wozu bin ich überhaupt da?
Klaus (grinst abfällig wirkend).

EB: Klar. Was soll ich hier? (*Längere Pause*) Ist ja auch nicht einfach. Wenn ich das richtig verstehe, bist Du in einer blöden Situation. Du kommst mit Deiner Oma nicht mehr so richtig klar. Oder die nicht mir Dir. Die Schule schmeckt Dir nicht mehr. Hast keine Lust mehr zu lernen. Dann hast Du ein Verfahren am Hals. Und jetzt mich hier sitzen. Am liebsten wärst Du ganz woanders.
Klaus (schweigt).

EB (schaut nach einer Weile wieder auf seine Uhr. Er hält das Schweigen nur mit Mühe aus. Es ist 15 Uhr 46. Schweigen).
Klaus (scharrt ein wenig mit dem rechten Fuß auf dem Fußboden. Schaut den Erziehungsbestand eine kurze Weile an. Schaut wieder auf den Boden).

EB: Was sollst Du mir schon sagen? Ich habe leider kein Programm für uns beiden. Aber, das wird wohl noch entstehen. (*Schweigt*)
Klaus (schweigt).

EB (Schaut auf seine Uhr: Es ist fünf vor 16 Uhr. Er nimmt sich vor, noch fünf Minuten auszuhalten)
Klaus (steht kurz auf, ohne den Erziehungsbestand anzuschauen. Scheint etwas hinter seinem Bett zu suchen. Setzt sich wieder hin. Schaut auf den Boden).

EB (schaut auf seine Uhr: Es ist zwei Minuten nach 16 Uhr): O.K. Ich war jetzt fast eine Stunde bei Dir. Ich glaube, das ist genug für heute. Ich finde es toll, dass Du so lange ausgehalten hast. (*Pause. Steht auf*) Ich werde jetzt gehen.
Klaus (schaut den Erziehungsbeistand überrascht wirkend an. Steht auch auf, bleibt auf seinem Fleck stehen).

EB: O.K. (*Pause*) Tschüs, Klaus. Bis Freitag, zur verabredeten Zeit. (*Schaut Klaus eine Weile an*).
Klaus (erwidert schweigend den Blick).

EB (nickt und verlässt das Zimmer).

Der Erziehungsbeistand geht zur Großmutter, um sich zu verabschieden.

GM: Was, schon fertig?
EB: Das reicht für heute. Man soll's ja nicht überstürzen.

GM: Und was ist? Ich habe gar nichts gehört.
EB: Wir beginnen, uns kennen zu lernen.

Der nächste Besuch beginnt ähnlich: Die Großmutter öffnet und über-
häuft den Erziehungsbestand mit Anklagen gegen Klaus. Wieder spielt
das Thema Geld eine wichtige Rolle beziehungsweise die Art, wie
Klaus bei der Großmutter Geld erpresst.

Klaus sitzt wieder auf der unteren Bettkante. Im Unterschied zum ersten
Besuch räumt er gleich zu Anfang den Stuhl für den Erziehungsbeistand
frei. Nach einer Weile des schweigenden Sitzens steht er sogar von sich
aus auf und öffnet das Fenster. Als er sich wieder schweigend auf die
Bettkante setzt, schaut er den Erziehungsbeistand kurz an.

EB: Danke. (Nach einer längeren Phase des Schweigens): Übrigens:
Eins zu Null für Dich.
Klaus (schaut den Erziehungsbeistand überrascht und fragend an).

EB (nach einer Weile): Du hast letztes Mal gewonnen.
Klaus (schaut den Familienhelfer fragend an).

EB: Ja, Du hast es geschafft, kein Wort zu sagen.
Klaus (hebt den Kopf als würde er überlegen, grinst und schweigt).

EB: Schöner Sieg, gell? (*Pause*) Aber. (*Kratzt sich am Kopf*) Den Kampf
gewinnst Du immer. Da habe ich gar keine Chance. Da bist Du stärker
als ich.
Klaus (schaut überrascht wirkend).

EB: Klar. Dazu gehört Kraft, so eine Stunde schweigend auszuhalten.
(*Pause*) Die scheinst Du zu haben. (*Längere Pause*) Gewinnst ja schon
wieder. (*Pause*) Ich bin schließlich der Einzige, der hier redet. Wenn Du
das wieder durchhältst, woran ich nicht zweifle, dass Du das kannst,
steht es am Ende heute Zwei zu Null. (*Lacht*) Ich habe ja keine Chance
mehr. Ich hab' ja schon geredet.
Klaus (schüttelt den Kopf, grinst und schweigt).

*EB (schaut nach einer längeren Pause auf die Uhr: Er sitzt schon elf Mi-
nuten bei Klaus)*: O.K., ich gebe mich geschlagen. (*Pause*) Und jetzt?

Wie weiter? (*Pause*) Da ich ohnehin schon verloren habe, kann ich ja etwas reden. Fällt mir sowieso leichter. (*Pause*) Also. Ich sitze bei Dir. Du hast mich nicht gebeten. Man hat mich Dir aufgedrückt. Ich verdiene mein Geld damit. (*Pause*) Verrückte Situation, gell? (*Pause*) Ach ja, Du redest ja nicht. Du sammelst immer noch Punkte. (*Pause*) Also, Du brauchst keine Angst zu haben. Ich werde Dich nicht über den Tisch ziehen. Hätte sowieso keine Chance. Wenn Du schweigen willst, kannst Du schweigen. Du kannst das ganze hier totschweigen. Irgendwann ist dann Ende. (*Pause*) Nur, die Frage ist, ob Du dann wirklich gewonnen hast oder nicht doch verloren. (*Längere Pause.*) Vielleicht bin ich ja auch eine Chance für Dich. (*Zuckt die Schultern.*) Aber nur, wenn D u eine draus machst. (*Pause*) Du bist der Herr hier. Du hast alle Macht.
Klaus (*schaut die ganze Zeit über den Erziehungsbestand an. Senkt den Kopf und schweigt weiter*).

EB (*schaut nach einer langen Schweigephase auf seine Uhr: Es ist 24 Minuten nach 15 Uhr*): Ich will es Dir nicht schwerer machen, als es ist. Es ist ohnehin eine blöde Situation für Dich. Was sollst Du mit mir reden?
Klaus (*schaut den Erziehungsbeistand an*).

EB: O.K. (*Pause*) Ich mach' Dir ein paar Vorschläge. (*Pause*) Weil Du willst, dass wir uns hier verstecken, sind unsere Möglichkeiten natürlich sehr begrenzt. Ich kann mir nicht vorstellen, dass Du mit mir „Mensch ärgere Dich nicht" spielen willst. (*Pause*) Aber warum nicht? (*Hebt die Schultern*) Alles ist möglich. Die Hauptsache ist doch, wir kommen in ein Tun. (*Pause*) Wir könnten uns ja auch ganz woanders verabreden. In Saarbrücken. Wo uns so schnell keiner kennt. Wir könnten ja mal Billard spielen. (*Pause*) Hast Du schon mal Billard gespielt?
Klaus (*schüttelt den Kopf*).

EB (*schaut nach einer Weile auf seine Uhr: Es ist 15 Uhr 43. Er entscheidet sich, noch einige Minuten zu warten. Um 10 vor 16 Uhr*): O.K. Zwei zu Null für Dich. (*Pause*) Ich werde jetzt gehen. (*Steht auf*) Du kannst es Dir ja überlegen. „Mensch ärgere Dich nicht", Billard spielen, Schulaufgaben gucken. (*Pause*) Vielleicht fällt Dir noch was ganz anderes ein. (*Pause*) Also, bis Dienstag. Ein Drei zu Null schaffst Du bestimmt auch. Wenn es Dir Spaß macht. (*Pause*) Also. Tschüs, Klaus. (*Verlässt das Zimmer*).

Der Erziehungsbeistand verabschiedet sich kurz von der Großmutter. Es ist zu erschöpft, um sich noch einmal ihre Klagen anzuhören.

Beim nächsten Termin zeigt sich die Großmutter überrascht, dass der Erziehungsbeistand kommt. Klaus sei nicht da. Er sei vor etwa zehn Minuten gegangen, nachdem er ihr wieder Geld abgepresst habe. Auf die Frage, ob sie meine, ob es Sinn mache, auf Klaus zu warten, antwortet die Großmutter, dass sie glaube, dass auch Klaus den Termin vergessen habe. Der Erziehungsbeistand bittet sie, Klaus an den nächsten Termin zu erinnern. Die Großmutter weiß allerdings nichts mehr von dem vereinbarten Rhythmus.

Auch beim darauf folgenden Termin ist Klaus nicht da. Die Großmutter beteuert, dass sie Klaus erinnert habe. Er sei aber mit den Worten gegangen, dass das sowieso nichts bringen würde.

Die Großmutter bittet den Erziehungsbeistand zu einem Kaffee in die Küche.

Der Erziehungsbestand nutzt diese Gelegenheit, mit der Großmutter darüber zu sprechen, welchen Auftrag sie als die Sorgeberechtigte ihm gebe und wie sie glaube, dass Klaus besser erreichbar sei.

GM: Sagen Sie dem Klaus, dass er lernen soll. Wenn der so weiter macht, wird nichts aus ihm.
EB (zuckt die Schulter): Auf welchem Weg könnte ich nach Ihrer Erfahrung Klaus am besten erreichen?

GM: Sie müssen ihm sagen, was er zu tun hat.
EB: Das geht nicht. Wieso soll er auf mich hören, wenn ich ihm sage, was er zu tun hat? Er hört nicht auf Sie. Er hört nicht auf seine Lehrerin. Wieso soll er auf mich hören? Ich habe doch gar keine Bedeutung für ihn. Auch keine Macht.

GM: Sie sind doch der Fachmann! (*Verunsichert wirkend*): Oder nicht?
EB: So nicht. (*Pause*) Wenn Sie ihm nicht sagen, dass er da sein muss, wenn ich mit ihm verabredet bin, warum soll er da auf mich hören? Wenn ich ihm das sagen soll, geht das schief. Dann liegt der Konflikt falsch. Dann liegt er zwischen Klaus und mir. Und da gehört er nicht hin. Wenn überhaupt, dann gehört er zwischen Klaus und Sie. Ich kann Ihnen den nicht nehmen. (*Pause*) Wenn Sie das von mir erwarten, werden Sie bald enttäuscht sein. Nicht, weil ich das nicht wollte. Es geht nicht. Deshalb will ich es erst gar nicht versuchen.

GM: Er hört aber nicht mehr auf mich.
EB: Ich glaube nicht, dass Sie die Hilfe wollten. Sie haben bisher alles ohne Hilfe geschafft. Und jetzt soll das nicht mehr gehen? Das können

Sie vermutlich gar nicht einsehen. Fällt Ihnen schwer. Nicht wahr? Könnte ich verstehen.

GM: Ja. Ich wollte das nicht.
EB: Herr M. hat Ihnen das nahe gelegt.

GM: Ja.
EB: Frau B., Sie müssen die Hilfe nicht annehmen. Sie können sagen, dass Sie sie nicht wollen.

GM: Nein. Ich will's ja jetzt. Mir leuchtet's ja ein. Tut mir ja auch gut. Ich merke das. Mit mir hat schon ewig keiner mehr gesprochen.
EB: Überlegen Sie sich das noch einmal. Ich glaube, wenn Sie Klaus klarmachen, dass Sie das wollen, dass er sich Hilfe nimmt, dann klappt das auch. Nur: Ich kann ihm nicht sagen, was er zu tun und zu lassen hat. Das will ich auch nicht und werde ich auch nicht. (*Pause*) Aber ich glaube, das hat er schon kapiert.

GM: Ich rede noch mal mit ihm. Vielleicht, wenn ich ihm Geld gebe? Vielleicht macht er's dann.
EB: Das müssen Sie wissen, wie Sie das machen. Ich denke, es ist auch in Ihrem Interesse, dass Klaus noch mal die Kurve nimmt. Er muss erst einmal zugreifen, dann geht das schon seinen Weg.

Der Erziehungsbeistand bespricht die Situation mit dem Sozialarbeiter. Der bestärkt ihn, noch eine Weile durchzuhalten. Wenn es nicht bald klappen sollte, werde er selbst noch einmal mit der Großmutter und Klaus über den Sinn der Hilfe sprechen.

Der Erziehungsbeistand entschließt sich, für Klaus einen Brief zu schreiben, den er ihm hinterlassen werde, falls er auch den nächsten Termin durch Nichtanwesenheit platzen lassen sollte.

Hallo Klaus,
heute war unser fünfter Termin. Zum dritten Mal habe ich Dich nicht angetroffen. Die ersten beiden Male haben wir in Deinem Zimmer gesessen und Du hast geschwiegen.
Ich habe Dir deutlich zu verstehen gegeben, dass ich nicht glaube, irgendwelche Macht über Dich zu haben. Alle Macht liegt bei Dir.
Ich kann Dein Verhalten noch nicht richtig einschätzen, vor allem, wenn Du nicht da bist.
Wir haben uns für die Zeit von vier Wochen verabredet, jeden Dienstag und Freitag um 15 Uhr bei Dir. Ich werde die Termine einhalten, wenn

ich nichts anderes von Dir höre. Wenn Du auch die nächsten Termine (es sind nur noch drei) nicht da bist, werde ich den Auftrag an den Sozialarbeiter zurückgeben.

Ich kann Dir versichern, dass ich gerne mit Dir was machen würde. Es hat mich zwar sehr angestrengt, bei den ersten beiden Terminen Dein Schweigen auszuhalten. Es hat mir aber auch imponiert. Ich denke, wer so viel Willenskraft hat, so etwas durchzuhalten, mit dem kann man auch was anderes machen.

Ich werde Dir keine Vorschläge mehr machen. Ich könnte mir den Mund fusselig reden. Ich bin sicher, dass Du weißt, was Du brauchst und was Dir Spaß machen könnte.

Überleg es Dir noch einmal. Wenn Du weder mich noch sonst einen zu Deiner Begleitung und Unterstützung willst, dann sag es Deiner Großmutter oder Herrn M., dem Sozialarbeiter.

Ich komme nicht gerne umsonst. Das kannst Du sicher verstehen.

Also, mach's gut, F.

Er fertigt auch eine Zweitschrift für die Großmutter an, damit sie den Inhalt des Schreibens kennt.

Beim nächsten Termin eröffnet ihm die Großmutter, dass Klaus wieder nicht da sei. Sie zeigt sich aber verlegen. Klaus sei beim Arzt. Er sei schon um 10 Uhr aus der Schule gekommen und habe über starke Schmerzen in der Magengegend geklagt. Er habe sich ins Bett gelegt. Jetzt habe sie ihn zum Arzt geschickt.

Sie habe nach dem letzten Gespräch noch einmal mit Klaus über die Beistandschaft gesprochen und ihm gesagt, dass sie wolle, dass er zu den Terminen da sei. Klaus habe ihr auch versprochen, die nächsten Termine einzuhalten. Er hätte dieses Mal nur zum Arzt gemusst.

Der Erziehungsbeistand ist sehr verärgert und macht aus seinem Ärger keinen Hehl. Man hätte ihn schließlich anrufen können. Schließlich hätten sowohl Klaus als auch die Großmutter seine Telefonnummer. Er fahre wirklich nicht gerne umsonst raus.

Die Großmutter zeigt sich betrübt und entschuldigt sich. Sie werde dafür sorgen, dass Klaus zum nächsten Termin da sei.

Der Erziehungsbeistand hinterlässt trotz dieser Begründung der Großmutter den Brief an Klaus.

Beim nächsten Termin ist Klaus zu Hause. Zur Überraschung des Erziehungsbeistandes entschuldigt er sich, dass er ihn dreimal versetzt habe.

Der Erziehungsbeistand wiederholt Klaus gegenüber seine Erwartung, dass er angerufen wird, wenn bei einem vereinbarten Termin etwas dazwischen kommen sollte. Auf Anfrage stellt sich jedoch heraus, dass die Großmutter die Telefonnummer verlegt und Klaus die Telefonnummer des Erziehungsbeistandes weggeworfen hat.

EB: Ich glaube, Du bist ganz schön sauer, dass da jemand wie ich zu Dir kommen soll.
Klaus: Mir stinkt's, wenn meine Oma Sie gleich zulabert, was ich gemacht habe und so. Mit dem Geld und so. Da vergeht mir gleich die Lust.

EB: Also nicht so sehr wegen mir besonders oder Erziehungsbeistand allgemein?
Klaus: Gegen Sie habe ich ja nichts. Wozu auch? Ich kenne Sie ja nicht. (*Grinst*) Das mit dem Eins zu Null fand ich cool. (*Nickt mit runtergezogenen Mundwinkeln*) Und auch, dass Sie mir keine Vorschläge machen und sich irgendwie einschleimen wollen.

EB: Hast Du so etwas erwartet?
Klaus (*grinst*): Wie die Lehrerin und so. (*Mit nachäffender Stimme*): Klaus, wir können doch mal das machen – oder das. Du kannst das doch.

(*Ernst*) Das geht mir auf den Geist. Und die Oma! (*Die Großmutter nachäffend, sehr treffsicher*) Klaus, mach doch mal was. Früher warst Du doch so lieb. Warum machst Du das denn nicht? (*Pause. Ernst weiter*) Ich hätte nicht gedacht, dass Sie durchhalten würden.

EB: Hat Deine Großmutter noch mal mit Dir geredet?
Klaus: Wegen Ihnen? (*Pause*) Ja. (*Schüttelt den Kopf.*) Aber das ist es nicht. Die hätte mir viel sagen können. Die peilt doch nichts mehr so richtig. (*Pause*) Nein. Mein Kumpel hat gesagt, ich soll das mal probieren. Vielleicht ist es ja gar nicht so schlimm.

EB: Du hast also mit Deinen Freunden darüber gesprochen?
Klaus: Ja.

EB: Und wie war das? Du wolltest doch gar nicht, dass die was davon wissen.
Klaus (*gedehnt*): Jaa. Aber es war in Ordnung. (*Schaut nach unten*) Irgendwie blöd war's schon. Aber. Was soll's. (*Pause*) Ich habe ja auch selbst noch drüber nachgedacht. (*Pause*) Stimmt schon. Ich bin in einer doofen Situation. Da kann mir das nur nützen.

EB: Du meinst bei Gericht?
Klaus (*gedehnt*): Jaa, auch.

EB: Das heißt nicht nur.
Klaus (*gedehnt*): Jaa. Mal sehn.

EB: Hast Du Dir was überlegt, was wir heute machen können?
Klaus (*gedehnt*): Jaa. (*Pause*) Wir können ja mal was von der Schule machen. Ich verstehe da was nicht. In Mathe und Deutsch. Überhaupt. Ich komme da nicht richtig mit.

Dieser und die folgenden drei Termine sind schwerpunktmäßig schulischen Fragen gewidmet. Da im Zimmer von Klaus keine zwei Stühle und schon gar kein Tisch richtig Platz finden würden, erlaubt die Großmutter auf Nachfrage des Erziehungsbeistandes, das Klaus seine schulischen Aufgaben im Wohnzimmer erledigt.

Es zeigt sich, dass Klaus einige Lücken hat, aber auf ein recht stabiles Grundwissen zurückgreifen kann. In Mathematik lernt er sehr schnell. Klaus schreibt schon nach zwei Wochen eine Arbeit mit einer ausreichenden Note.

Trotz dieses Erfolges spürt der Erziehungsbeistand eine zunehmende Lustlosigkeit bei Klaus. Der zeigt vor allem keinerlei Bereitschaft, sich auf irgendwelche Gesprächsthemen einzulassen, die seinen Freundeskreis betreffen. Vielmehr nehmen Schmierereien von Nazi-Symbolen und ausländerfeindlichen Parolen in seinen Schulmaterialien zu.

Ende November trifft der Erziehungsbeistand Klaus zur verabredeten Zeit an, als er der Großmutter auf brutale Weise DM 20,– entreißt und dann wegrennt. Das geht so schnell, dass er gar nicht eingreifen kann.

Klaus (*in aggressivem Ton zur Großmutter*): Ich brauche Geld! 50 Mark.
GM (*wütend zurück*): Du bist wohl verrückt?! Woher soll ich denn das Geld nehmen? He?

Klaus: Ist mir egal. Ich brauche Geld und Du hast Geld!
GM: So viel? Was willst Du denn damit?

Klaus: Was geht Dich das an?! (*Geht an die Schublade vom Küchenschrank.*)
GM (*mit zwei Schritten neben Klaus. Droht*): Du bleibst von dem Schrank weg!

Klaus (*zieht die Schublade auf und entnimmt ihr einen größeren Geld-beutel*)
GM: Gib den Geldbeutel her!

Klaus: Halt's Maul, Du Krüppel!
GM (*will Klaus den Geldbeutel entreißen*).

Klaus (*drängt sie ab und dreht ihr den Rücken zu, öffnet den Geldbeutel und entnimmt ihm einen 20-Mark-Schein*): 20 Mark, Alte. Den Rest kannst Du behalten. (*Wirft den Geldbeutel in die Schublade*).
GM: Gib das Geld her!

Klaus (*steckt die 20 Mark in die Jeanstasche*): Lass mich in Ruh. (*Geht zur Tür*).
EB (*zu Klaus*): Ay, Klaus. Wir haben heute Termin!

Klaus (*ohne den Erziehungsbeistand anzuschauen*): Leck mich doch am Arsch!
EB (*energisch*): So sprichst Du nicht mit mir!

Klaus (*dreht sich kurz um*): Entschuldigung. (*Verlässt die Wohnung*).
GM (*setzt sich an den Küchentisch und stützt ihr Gesicht in die Hände. Nach langem Schweigen*): Das hat man nun davon! Bestohlen wird man! Von dieser Brut! (*Zum Erziehungsbeistand*): Und Sie? Was machen Sie? Es hat doch keinen Sinn! Das hilft doch alles nichts! (*Stützt ihr Gesicht in die Hände. Schüttelt den Kopf*).
EB: Entschuldigen Sie bitte. Ich bin total aufgewühlt. Ich weiß nicht, was ich sagen soll. Diese Szene eben. Wenn Klaus immer so ist? Ich kann Ihre Empörung gut verstehen. Auch Ihre Ratlosigkeit.

Nach längerem Schweigen zeigt die Großmutter dem Erziehungsbei-stand einen Brief, den sie von der Schule bekommen hat. Dem Brief sind zwei Blätter beigefügt, die mit Hakenkreuzen, SS-Runen, Totenköpfen und antisemitischen sowie ausländerfeindlichen Parolen beschmiert sind. Blätter unter der Unterschrift: *Unsere Nachbarn sind Türken. Was denken die über uns? Überlegungen zur Ausländerfeindlichkeit. 3. Klassenaufsatz.* Die Lehrerin schreibt, sie hätte im Deutschunterricht mehrere Stunden über die derzeitigen Ausschreitungen gegen ausländi-sche Mitbürger gesprochen. Schon da sei Klaus durch ungehöriges Ver-halten und mit mehreren bösen Parolen aufgefallen. Die von Klaus ab-gegebenen Blätter eines Klassenaufsatzes schlügen dem Fass den Bo-den aus. Sie bittet die Großmutter, Klaus auf das Ungehörige seines Verhaltens aufmerksam zu machen. Bei einer Wiederholung derartiger Unverschämtheiten werde sie sich weigern, Klaus weiter an ihrem Unterricht teilnehmen zu lassen. Die „Arbeit" sei natürlich mit einer sechs zu bewerten, was Klaus sich beim Stand seiner schulischen Leistungen kaum erlauben könne.

GM: Von wem er das bloß hat, möchte ich wissen. Von mir nicht. Diese Hakenkreuze! Der weiß doch gar nicht, was das bedeutet. (*Pause*) Aber das hat man davon. (*Pause. Zum Erziehungsbeistand*) Und Sie? Was machen Sie?
EB: Ich verstehe nicht, wieso er so etwas schreibt.

GM. Was hat denn das genützt, dass Sie kommen. Es wird nicht besser. Es wird immer schlimmer.
EB: Klaus war bisher nicht bereit, mit mir über die Themen Ausländer und Neonazis zu sprechen. Seine Hefte sind voll mit diesen Zeichen. Aber er wiegelt ab. Er weiß ganz genau, wie ich dazu stehe.

GM: Und warum macht er das?
EB: Das weiß ich nicht. Anscheinend ist ihm diese Art mit Menschen umzugehen, zurzeit sympathisch, weil es die Leute tun, mit denen er zusammen ist. Die sind ihm vermutlich zurzeit sympathisch. (*Pause*) Rational mit ihm darüber zu sprechen, bringt nichts. Die Lehrerin hat das getan. (*Pause*) Was mich betrifft: Ich habe noch nicht den Platz im Leben von Klaus, dass ich auf ihn wirken kann. Ich muss warten. (*Pause*) Ich glaube, unsere Beziehung muss noch einige Proben überstehen. Vielleicht werde ich ihm mal sympathisch. Dann ist er vielleicht aus Sympathie bereit, mir aufmerksamer zuzuhören. (*Pause*) Vielleicht dauert das alles aber auch so lange, bis er selber die Ungerechtigkeit seiner Handlungsweisen erkennt. Auf lange Sicht wird das schon klappen.

Exkurs über das Andocken an Jugendliche

Meine persönliche therapeutisch/beratende Arbeit mit Jugendlichen sowie meine Erfahrung aus der Beratung von HelferInnen, die mit Jugendlichen zu tun haben, hat mir bisher gezeigt, dass sich die Arbeit mit ihnen in wichtigen Punkten von der mit Eltern unterscheidet. Grundsätzlich erlebe ich sie wesentlich brüchiger und stark von spontanen Eingebungen seitens der Jugendlichen bestimmt.

Die Arbeit mit Eltern schließt durch Elternschaft in den meisten Fällen ein höheres Maß an Kontinuität der Hilfen ein, da die Eltern sich selbst am Rande ihrer Möglichkeiten sehen, auf Dauer zusammen mit ihren Kindern förderlichere Formen ihres familiären Zusammenlebens zu entwickeln. Allein schon in dem Wunsch von Eltern, ihre Kinder auf Dauer bei sich zu haben, erkenne ich einen wesentlichen Grund dafür, Hilfen auf längere Zeit zu wünschen und zuzulassen.

Jugendliche haben eher den Wunsch, sich aus ihrem Elternhaus zu lösen, wobei der Bedarf an „Hilfen zur Erziehung" nach dem SGB VIII bei ihnen in der Regel mehrfaches Scheitern erzieherischer Bemühungen seitens der Eltern oder auch der Schulen zur Voraussetzung hat.

Die Folge hiervon sehe ich in einem gesteigerten Misstrauen all denen gegenüber, die sich erneut erzieherisch an den ihnen versuchen wollen.

Eine wichtige Vorraussetzung für das Andocken an Jugendliche leite ich aus meiner Überzeugung ab, dass die Verantwortung für ihr Erwachsenwerden letztendlich bei den Jugendlichen selbst liegt. Eltern können zwar das gedeihliche Heranwachsen ihrer Kinder durch die Gestaltung eines förderlichen familiären Zusammenlebens begünstigen. Sie können es auch erheblich erschweren. Sie haben aber keine Verfügungsmacht darüber, wie ihre Kinder sie emotional und kognitiv verarbeiten. Sie können es noch so gut meinen; wie ihre Kinder auf sie reagieren, liegt nicht in ihrer Macht. Ebenso wenig können Eltern das Erwachsenwerden ihrer Kinder veranlassen. Dies wäre eine paradoxe Situation. Die Aufforderung, „Sei (endlich) erwachsen!", setzt keine(n) Erwachsene(n) voraus, sondern ein gehorsames Kind.

Erschwerend kommt für die Arbeit mit Jugendlichen im Rahmen der Öffentlichen Jugendhilfe hinzu, dass sie in der Regel aus stark belasteten Familien kommen, aus kompliziert zusammengesetzten Stieffamilien, aus Restfamilien, in denen ein Elternteil nicht (mehr) präsent ist, oder aus Pflegefamilien (einschließlich denen mit der Adoption als Rechtsform), in denen beide Eltern durch andere ersetzt worden sind.

Im hier dargestellten Fall handelt es sich um eine Pflegefamilie, in der die Großmutter die Pflege einiger ihrer Enkelkinder übernommen hat; in meinen Augen immer eine besonders schwierige Aufgabe, da der Umgang mit der Zwischengeneration (aus der Perspektive der Großmutter: ihre Tochter/aus der Perspektive von Klaus: seine Mutter), die die Erziehung des eigenen Kindes (aus welchen Gründen auch immer) nicht übernommen hat, die Situation zusätzlich erschwert.

Da sich Jugendliche im Alter um die 15 emotional und kognitiv ohnehin mehr an Gruppen Gleichaltriger orientieren, hielte ich es schon aus grundsätzlichen Überlegungen für völlig unangemessen, von ihnen die Akzeptanz von HelferInnen zu erwarten, die ihnen sagen, was sie zu tun und zu lassen haben.

Gemäß meiner oben dargestellten Theorie der Entwicklung der kognitiv-emotionalen Kompetenz (s. S. 116) orientieren sich Jugendliche im Alter von Klaus eher am Erleben des Gefallens, des Geschmacks und der Sympathie. Für das Andocken an Jugendliche in diesem Alter halte ich es deshalb für erforderlich, sich die Sympathie der Jugendlichen zu erwerben.

Zwei Wege sehe ich hierfür als besonders ungeeignet: Der eine basiert auf der erzieherischen, kontrollierenden Ambition, der andere auf Bemühungen, sich bei den Jugendlichen anzubiedern.

Ich gehe immer davon aus, dass die HelferInnen für die ihnen anvertrauen Jugendlichen zu Beginn der Hilfe keinerlei Bedeutung in dem Sinne haben, dass die Jugendlichen ihnen die Eigenschaft der Autorität ihnen gegenüber zusprechen. Die Bedeutung, dass die helfende Person von den Jugendlichen tatsächlich als für sie in diesem Sinne bedeutungsvoll, d.h. auch als sympathisch angenommen werden kann, muss erst erarbeitet werden. Dies geschieht m.E. am ehesten dadurch, dass die HelferInnen auf die eigenen Grenzen achten und zugleich die Grenzen der Jugendlichen respektieren.

Hilfreich scheint mir, die Verhaltensweisen der Jugendlichen, die den Bedarf an Hilfe begründen, nicht primär defizitär sonders prinzipiell als kreative Leistung in ihrem situativen Kontext zu verstehen, als eine adäquate Reaktion auf ihre familiäre und soziale Situation.

Was Wilhelm Rotthaus in diesem Zusammenhang für einen therapeutischen Prozess schreibt, gilt in meinen Augen gleichermaßen für die ungleich offenere Situation einer aufsuchenden Ambulanten Hilfe in Form einer Erziehungsbeistandschaft: „Eine derartige Sichtweise des Symptoms im familiären Kontext hat zweifellos

Folgen: Zunächst einmal hat sie Wirkung auf den Therapeuten, weil sie ihm ermöglicht, den Jugendlichen nicht als Versager (...) zu sehen, (...) . Gleichzeitig muss diese Sichtweise des Therapeuten entscheidende Wirkung auf den Jugendlichen haben, der gerade in dieser Lebensphase ganz besonders aufmerksam registriert, was ihm sein Gegenüber zutraut und wie er ihn einordnet. In seiner Suche nach Identität provoziert der Jugendliche ständig Rückmeldungen und registriert sehr sensibel in jeder Kommunikation die Beziehungsdefinition. Die positive Deutung seines symptomatischen Verhaltens wird deshalb mit Sicherheit gerade vom Jugendlichen sehr wach wahrgenommen und wird ihn ermutigen, sein *Entwicklungspotenzial freizusetzen*. Somit schafft diese Sichtweise des präsentierten Symptoms *Freiheit für den therapeutischen Prozess:* Sie löst alle Beteiligten aus der Gebundenheit an die beklagte Behinderung und eröffnet *Freiheit für neues, kreatives Handeln"* (Rotthaus 1985, S. 48f. Hervorhebung d.d. Autor.).

Das heißt für mich aber nicht, jedes Tun und Lassen der Jugendlichen akzeptierend hinzunehmen. Zumindest dort, wo es gegen die Rechte Dritter, z.B. durch Gewaltanwendung verstößt, scheint es mir wichtig, eindeutig Position zu beziehen und gegebenenfalls die angemessene öffentliche Sanktion nicht zu behindern. Das heißt auch, dass sie von den HelferInnen klare Rückmeldungen über ihre Wirkung auf sie bekommen.

Ebenso wichtig scheint mir aber auch, nicht in die Belange steuernd einzugreifen, die die Jugendlichen selbst betreffen.

Wenn ich will, dass der oder die Jugendliche seinen oder ihren Weg findet, dann muss ich ihm oder ihr auch Wege zubilligen, deren Wahl ich nicht begreife, weil sie nicht die meine wäre. Ich stehe aber als eine Person zur Verfügung, mit der sich der oder die Jugendliche von sich aus über die Wahl seines oder ihres Weges auseinandersetzen kann.

In der Klarheit der Mischung von Lassen und unmittelbarem Reagieren erkenne ich die Grundlage dafür, dass die Jugendlichen ihre HelferInnen als Personen anerkennen, denen sie gestatten, ihnen die Orientierung zu geben, die sie aufgrund verwirrender familiärer und sozialer Zustände bisher nicht erhalten oder annehmen konnten. Hierin sehe ich die Voraussetzung dafür, dass Sympathie entsteht, die es den Jugendlichen erst möglich zu machen scheint, Orientierungshilfen anzunehmen.

> Ein derartiger Prozess des Ankoppelns braucht Zeit. Es gilt, das mit Sicherheit anfangs vorhandene Misstrauen zu ertragen bis die Authentizität der HelferInnen für die Jugendlichen glaubhaft geworden ist.

Klaus sagt die nächsten beiden Termine von sich aus ab. Er habe zurzeit keine Lust. Den nächsten Termin ist er nicht da, ohne abgesagt zu haben.

Die Großmutter beklagt sich ständig über Klaus. Der komme nach Hause, wann er wolle. Morgens bekomme sie ihn nicht aus dem Bett. Er schwänze die Schule. Sie schreibe ihm zwar noch Entschuldigungen, aber die nehme ihr wohl niemand wirklich ab.

Erst nach drei Wochen trifft der Erziehungsbeistand Klaus wieder an. Klaus liegt in seinem Bett. Im Zimmer ist es muffig und dunkel. Der Erziehungsbeistand öffnet von sich aus das Fenster, um einigermaßen durchatmen zu können.

Er setzt sich neben das Bett von Klaus und wartet eine Weile. Dieses Mal fängt Klaus selbst an zu sprechen: Er klagt über seine Großmutter, die ihm auf den Geist gehe. Ebenso klagt er über die Schule. Er findet die Lehrerin blöd. Die wolle ihnen ihre Meinung aufdrücken. Die sage zwar, dass jeder seine Meinung sagen dürfe, wenn die dann aber anders ausfalle, als sie für richtig finde, sei sie beleidigt.

Klaus: Ich finde das Scheiße! (*Pause*) Ich hab' grad gar keine Lust mehr! (*Lacht hämisch*) Ich wollte gar keinen Aufsatz schreiben! Ich wollt's der Tussi mal zeigen, was los ist. Die hat doch keine Ahnung. Türken, unsere lieben Nachbarn. Dass ich nicht lache! Die wird von denen nicht angemacht.
EB: Ich weiß ja, dass das alles nicht so gut klappt, wie sich manche das erhoffen. Viele sind wahrscheinlich wirklich blauäugig.

Klaus: Hmm.
EB: Ich kann Dir mal erzählen, wie das so war, als ich so alt war wie Du. Soll ich?

Klaus (zuckt die Schultern).
EB: Vor 15 Jahren, da war ich so alt wie Du jetzt, da haben wir uns mit den Kids aus einem anderen Stadtviertel geschlagen, wo wir uns nur trafen. Auf der Kirmes. Im Schwimmbad. Das waren unsere Feinde. Das war aufregend und machte Spaß. Das gehörte irgendwie dazu. (*Pause*) Was meinst Du? Kloppen wir uns noch?

250

Klaus (motzend): Natürlich nicht.

EB: Ich finde es nicht schlimm, wenn es jetzt z.T. Gruppen verschiedener Nationalitäten sind, die sich kloppen. Aber wenn es nur das wäre. Doch es ist nicht nur das. Da stehen heute andere dahinter. Erwachsene, denen diese Entwicklung in ihren Kram passt. Da sehe ich das Problem. Wenn dann Häuser angezündet werden und Menschen verbrennen.

Klaus: Das finde ich ja auch Scheiße.

EB: Und Körperverletzung?

Klaus (schaut verlegen wirkend zur Seite).

EB: Klaus, ich will Dir ehrlich sagen: Ich finde es nicht gut, wenn man jemandem, der auf dem Boden liegt, noch so in den Unterleib tritt, dass er ins Krankenhaus muss.

Klaus (gedehnt): Jaa, ich weiß. (*Pause*) Aber, was soll ich machen? Meine Clique. Ich gehör halt dazu. Da ist das so. Versteh'n Sie?

EB: Klar. Ich kenn' das. Das war bei uns nicht anders. (*Pause*) Aber trotzdem. Darauf steht Strafe und die wirst Du bekommen. Blöd finde ich nur, dass das immer so lange dauert, bis das Verfahren bei Gericht beginnt. Nach einer längeren Schweigephase entscheidet sich der Erziehungsbeistand, die Hakenkreuze an der Wand von Klaus' Zimmer anzusprechen.

EB: Du hast hier Hakenkreuze an der Wand. (*Pause*) Willst Du mal hören, wie es mir damit geht?

Klaus (schaut den Erziehungsbeistand überrascht wirkend an).

EB: Ja oder Nein?

Klaus (zögernd, sich wiegend): Jaa, schon.

EB: Die machen mir Angst.

Klaus (überrascht wirkend): Angst? Vor mir?

EB: Nein. Vor Dir nicht. (*Pause*) Die machen mir Angst. (*Die Hände vor sich haltend*) Soo, eh. Tief innen. (*Pause*) Mein Großvater ist vor ein paar Jahren gestorben. Weißt Du. Der hat ja damals gelebt. In der Nazi-Zeit. (*Pause*) Interessiert Dich das?

Klaus (sich wiegend): Jaa. Irgendwie schon.

EB: Du magst nicht, wenn man Dir was aufdrücken will.

Klaus (nickt langsam).

EB: Das hat aber jetzt mit Deinen Hakenkreuzen hier zu tun. Ich will Dir nur erklären, wie die auf mich wirken und warum.
Klaus: Ist o.k.

EB: Also mein Großvater hat viele Jahre überhaupt nicht über die Zeit gesprochen. Wenn ich ihn gefragt habe, wollte er nie was erzählen. Erst die letzten Jahre vor seinem Tod hat er einiges erzählt. Und das war nicht so toll. Heldentum und so. Mein Großvater war am Anfang begeistert von Hitler. Wie so viele. Aber dann? Ich weiß nicht, warum so viele die Jahre danach nichts erzählen wollten. Vielleicht konnten sie es selbst nicht fassen. Vielleicht haben sie sich geschämt. Aber wenn ich Hakenkreuze sehe, wie bei Dir, wird mir immer unheimlich und ich bekomme eine tiefe Angst.
Klaus (*zuckt die Schultern*).

Nach einer abermaligen Schweigezeit spricht der Erziehungsbeistand noch die Situation an, in der er miterlebte, wie Klaus seiner Großmutter DM 20,– entwendet hatte.

EB: Klaus. Da ich gerade dabei bin, Dir meine Meinung zu einigen Dingen zu sagen. (*Pause*) Kannst Du noch zuhören?
Klaus: Kommt darauf an.

EB: Mir ist das wichtig. (*Pause*) Neulich hast Du in meiner Gegenwart Deiner Großmutter Geld entrissen. Ziemlich brutal, wie ich fand.
Klaus (*schaut dem Erziehungsbeistand ins Gesicht*).

EB: Das tat mir weh.
Klaus (*überrascht wirkend*): Ihnen?!

EB: Ja, mir. (*Pause*) Ich weiß zwar nicht, welche Vorgeschichte hinter Deinem Verhalten steckt. Du wirst Deine Gründe haben, vielleicht auch welche, die Du selber nicht verstehst. (*Pause*) Aber ich bin sicher, dass Du selber spürst, dass das so nicht o.k. ist.
Klaus (*gedehnt*): Schon. (*Pause*) Aber die geht mir auf den Geist!

EB: Ja. Wird so sein. Aber vielleicht geht Dir noch viel mehr auf den Geist. (*Pause*) Deine gesamte Situation. (*Pause*) Ich wünsche Dir, Du fändest einen Weg, mit Deiner Situation besser klar zu kommen, ohne Deine Großmutter oder andere verletzen zu müssen.
Klaus (*zuckt die Schultern*).

Der Erziehungsbeistand und Klaus verabreden bis Weihnachten noch fünf Termine, die Klaus auch einhält. Allerdings hat er keine Lust, irgendetwas mit der Schule zu machen. Er zieht es vor, mit dem Erziehungsbeistand in die Stadt zu fahren oder sich dort zu treffen. Zweimal spielen sie Billard zusammen. Ansonsten gehen sie durch die Stadt, durch die Kaufhäuser. Klaus erklärt dem Erziehungsbeistand ständig, was er gut findet und was nicht.

Zudem zeigt er viel Interesse an den jugendlichen Trebegängern in der Fußgängerzone. Er betont von sich aus aber immer wieder, dass er so nicht leben möchte. Das seien für ihn Schlaffis, die sich alles gefallen ließen.

Drei Wochen vor Weihnachten geht Klaus mit dem Erziehungsbeistand in die CD-Abteilung eines Kaufhauses, wo er sich vor allem für deutsche Rockgruppen interessiert. Auf dem Weg zum Bus äußert der Erziehungsbeistand sein Erstaunen, dass Klaus sich für Musik interessiert. Er habe bei ihm noch nie Musik gehört.

Klaus: Geht auch nicht. Mein Radio mit Cassetten-Player ist kaputt. (*Grinsend*): Hab' ich an die Wand gedonnert.
EB (*überrascht*): He?

Klaus (*den Erziehungsbeistand von der Seite anguckend*): Aus Wut.
EB (*ungläubig*): Du hast selbst Dein Radio aus Wut an die Wand geschmissen?

Klaus: Ja. (*Pause*) Manchmal kann ich nicht anders. Da habe ich so eine Wut, da könnte ich alles um mich herum kaputt schlagen.
EB: Kannst Du sagen, wann diese Wut kommt?

Klaus: Wenn ich mit meiner Oma Krach habe. (*Nach einer Pause*): Ich hätte gerne einen CD-Player mit guten Boxen. So richtig knallhart.
EB: Du könntest Dir ja eine zusammensparen.

Klaus: Wovon denn?
EB: Wie ich mitkriege, knöpfst Du Deiner Großmutter 'ne ganze Menge Geld ab.

Klaus: Das Geld brauch ich für die Clique. Gemeinschaftskasse. Da zahlen wir alle rein. Davon kaufen wir unser Bier und so. Was wir brauchen.
EB (*nach einer Pause*): Dann hast Du natürlich kein Geld für einen CD-Player. Klar. (*Pause*) Du kannst Dir ja einen von Deiner Großmutter zu Weihnachten wünschen.

Klaus (verärgert wirkend): Die schenkt mir nichts. Das hat die schon gesagt.
EB: Und Dein Großvater.

Klaus (verächtlich): Der?! – Der hat mir noch nie was geschenkt.
EB: Und Deine Mutter? Kriegst Du von der nichts?

Klaus: Doch. (*Spöttisch:*) Aber nur immer Sachen, die ich nicht brauchen kann.
EB: Hast Du Deiner Mutter mal geschrieben, was Du Dir wünschst?

Klaus (trotzig): Ne!
EB: Warum?

Klaus (zornig): Die hat mir auch nie geschrieben.
EB: Wie? Die hat Dir Geschenke geschickt, aber nie geschrieben?

Klaus: Die hat die nicht geschickt. Die hat die mir gegeben, wenn sie bei meiner Tante war. Ihrer Schwester. Hildegard. (*Pause*) Wenn meine Mutter bei der ist, kriege ich immer was geschenkt.
EB: Und wenn Du ihr mal schreibst, dass Du Dir einen CD-Player wünschst?

Klaus (ungläubig schauend): Der schreiben? Hab' ich noch nie gemacht.
EB: Kannst es Dir ja mal überlegen. Vielleicht schenkt sie Dir einen.

Klaus: Da müsste ich schon genau sagen, was ich will.
EB: Wir können uns ja mal in der Abteilung im Kaufhaus umschauen, was es so gibt. Wenn Du willst.

Klaus: Ich hab genau im Blick, was ich will. Aber das kann meine Mutter nicht bezahlen.
EB: Na ja. Vielleicht geht es auch ein bisschen bescheidener. Ich weiß nicht.

Klaus scheint in der Vorweihnachtszeit wieder regelmäßiger zur Schule zu gehen. Lernen will er mit dem Erziehungsbeistand aber nicht.

Nach Weihnachten wird der Erziehungsbeistand zum ersten Mal von Klaus mit Musik in seinem Zimmer empfangen. Klaus hat zu Weihnachten ein Kofferradio mit CD-Player bekommen, wie sich herausstellt, von seiner Mutter. Auf Nachfrage erzählt er, dass er seine Tante Hildegard gebeten habe, seiner Mutter seinen diesbezüglichen Wunsch zu vermitteln. Auf die Frage, ob er mit dem Geschenk eher zufrieden sei oder eher enttäuscht, antwortet Klaus leicht geringschätzig: „Besser als gar nichts." Das sei das erste Geschenk von seiner Mutter, das er gebrauchen könne. Es sei zwar nicht die Qualität, die er sich vorstelle, aber seine Mutter könnte die sowieso nicht bezahlen.

Im Januar 1993 erhält Klaus schließlich für den Februar seine Vorladung zum Gerichtstermin. In den Wochen vor dem Termin besucht Klaus die Schule regelmäßig und nimmt alle Termine mit dem Erziehungsbeistand wahr. Es gibt auch einen gemeinsamen Termin mit dem Sozialarbeiter, bei dem der Sozialarbeiter Klaus auf den Gerichtstermin vorbereitet. Er zeigt ihm seinen Bericht, den er für das Gericht verfasst hat. Darin stellt er in groben Zügen die Lebensgeschichte von Klaus sowie seine derzeitige Lebenssituation dar. Er verweist auf die Tatsache, dass Klaus vor etwa einem halben Jahr Hilfe in Form einer Erziehungsbeistandschaft angenommen hat.

Auf Bitten von Klaus nimmt außer dem Sozialarbeiter auch der Erziehungsbeistand an der Gerichtsverhandlung teil.

Die Verhandlung verläuft für Klaus enttäuschend, da er 40 Stunden gemeinnützige Arbeit ableisten muss. Er hatte gehofft, mit höchstens einer Ermahnung davon zu kommen. Der Richter hob die Körperverletzung des Türken hervor, die er in den Zusammenhang mit den derzeit in der Bundesrepublik zunehmenden ausländerfeindlich motivierten Verbrechen stellte. Klaus meinte, mit diesen Taten nicht in Zusammenhang gesehen werden zu können.

Der Vorwurf der Rädelsführerschaft wurde gegen Klaus jedoch fallen gelassen, nachdem sich herausgestellt hatte, dass Paul, der älteste der Gruppe, ein 25jähriger Schlossergeselle, mit mehreren neo-nationalistischen Gruppen in Verbindung steht, denen er Geld aus der Gemeinschaftskasse der Clique überwiesen hat, wovon die anderen Gruppenmitglieder allem Anschein nach nichts wussten.

Die Zusammenarbeit mit Klaus gestaltet sich nach dem Verfahren äußerst schwierig. Es gibt mehrere Termine, an denen Klaus zur verabredeten Zeit nicht anzutreffen ist.

Wenn Klaus und der Erziehungsbeistand sich treffen, zeigt sich Klaus sehr verschlossen und abweisend. Die Treffen sind oft nur kurz und von Schweigen bestimmt.

Vom Sozialarbeiter erfährt der Erziehungsbeistand, dass die Clique von Klaus sich wieder mehrere Schlägereien mit Jugendlichen anderer Nationalität geliefert, und auch antiausländische Parolen vor einem Asylbewerberheim skandiert habe. Eine Anzeige gegen Klaus liege jedoch (noch?) nicht vor.

Bei einem der nächsten Besuche wird der Erziehungsbeistand von der sehr aufgebrachten Großmutter empfangen. Sie zeigt ihm sogleich einen Brief von der Schule. Klaus hat in den letzten Wochen die Schule nur selten besucht und dann ein äußerst aggressives Verhalten gezeigt. Auch habe er seit einigen Monaten jede schulische Leistung verweigert. Die Gesamtschule sehe sich deshalb nicht mehr in der Lage, Klaus bei sich zu behalten. Klaus wird in die Hauptschule zurückverwiesen.

GM: Ich habe ja immer gesagt, aus Klaus wird nichts. (*Pause*) Der kommt noch ins Gefängnis! (*Pause*) Dabei ist er wirklich nicht dumm. (*Schaut dem Erziehungsbeistand ins Gesicht*) Die Lehrer haben immer gesagt, dass er mindestens Mittlere Reife machen kann. (*Pause*) Und jetzt? (*Pause*) Vielleicht schafft er noch nicht einmal den Hauptschulabschluss. (*Pause. Wütend werdend:*) Weil er einfach nichts macht! Weil er nichts macht! Er lernt nicht. Drückt sich in der Stadt rum. Trifft sich mit diesen Kerlen da, diesen (*Mit viel Wut und Verachtung in der Stimme:*) Nazis! (*Pause*) Oh. Ich könnte verrückt werden! (*Schweigt*).
EB (*nach längerer Pause*): Frau B., Ich kann Ihre Verzweiflung verstehen. Oder ist es mehr Wut? Oder Enttäuschung?

GM (*nach einer Pause*): Ich weiß auch nicht. Alles zusammen. Aber erst mal bin ich wütend.
EB: Auch auf mich.

GM (*den Erziehungsbeistand anschauend:*) Auf Sie? (*Schüttelt den Kopf*): Nein. Nicht wütend. (*Pause*) Ich weiß auch nicht. Sie können wohl auch nichts machen. (*Pause*) Ich habe ja immer gesagt, aus Klaus wird nichts. Das liegt in ihm. Klaus hat ganz alleine Schuld an allem. (*Nach einer längeren Pause*): Hab' ich denn alles falsch gemacht?
EB: Nein. Sie haben das Notwendige getan. Sie haben die Verantwortung auf sich genommen, als die Eltern von Klaus sie nicht angenommen haben. (*Pause*) Was ich jetzt sage, kann Klaus selbst nicht aussprechen. Sie vielleicht auch nicht. Aber ich bin sicher: Klaus spürt, dass hier etwas mit den Verantwortlichkeiten nicht stimmt.

GM: Wie meinen Sie das?
EB: Es ist eigentlich nicht Ihre. Sie haben sie übernommen, weil jemand einspringen musste und Sie nicht wollten, dass das außerhalb der Familie geschehe. Und jetzt haben Sie noch Aufgaben zu erfüllen, die gar nicht mehr Ihrem Alter entsprechen. Sie sind Großmutter und müssen die Aufgaben der Mutter erfüllen.

GM (*schnaubt. Nach einer Weile*): Ich musste das tun.

EB: Aber Sie merken selbst, dass das so mit den Verantwortlichkeiten und Zuständigkeiten nicht der Ordnung entspricht. Und das merkt auch Klaus. Der ist nämlich sehr sensibel.

GM: Das stimmt. Früher hat er mir jeden Wunsch von den Augen abgelesen.

EB: Deswegen wäre es auch sehr schade, wenn Klaus die Kurve nicht kriegen würde. Er hat sehr angenehme Eigenschaften. Ich mag ihn gerne. Aber er ist verzweifelt. Wie Sie. Das blockiert seine Kräfte. (*Pause*) Und: Ich kann gar nichts verändern. Die Frage ist, ob Klaus etwas verändern kann. Was ich machen kann, ist für ihn da zu sein, damit er jemanden hat, der ihn aus seiner Not versteht. Der ihn so annimmt, wie er ist. Das kann seine guten Fähigkeiten stärken, die dann aus ihm heraus die Dinge zum Besseren wenden.

Der Erziehungsbeistand geht zu Klaus in sein Zimmer. Es ist still drinnen. Er klopft an die Tür. Es kommt keine Antwort. Er öffnet die Tür und schaut in das Zimmer. Klaus sitzt zusammengekauert auf der Bettkante und starrt auf den Fußboden. Das Zimmer sieht wüst aus. Es liegen mehrere CD's herum und zerbrochene CD-Covers.

Klaus zieht nach einer Weile den CD-Player unter dem Bett hervor. Der Deckel vom Player ist abgerissen.

Klaus (*nach langem Schweigen, gedehnt*): Jaa. Ich war das. (*Unruhig werdend*): Ich halt's nicht mehr aus!

EB (*nach langem Schweigen*): Du bist ganz schön fertig. (*Pause*) Bist Du wütend? Bist Du verzweifelt? Enttäuscht?

Klaus (*verächtlich*): Was interessiert's mich?

EB: Gibst Du auf?

Klaus (*zuckt die Schultern*): Was soll's? Hat doch keinen Sinn. (*Schaut den Erziehungsbeistand an*): Was soll ich machen? Ich kann nicht mehr! Alles Scheiße!

EB: Deine Großmutter hat mir natürlich das gleich gezeigt, das mit der Schule.

Klaus (*abwehrend*): Die Schule ist mir sowieso egal. Die interessiert mich gar nicht. Die sollen doch machen, was sie wollen! Die können mich gerade alle am Arsch lecken, diese Wichser!

EB (nach einer längeren Pause): Das nehme ich Dir nicht ab, dass Dir das so egal ist. Aber. (*Pause*) Darum geht es jetzt wohl auch nicht. (*Pause*) Du bist verzweifelt. (*Pause*) Du schmeißt Dich weg. (*Pause*) Schade. (*Pause*) Du hast 'ne Menge gute Fähigkeiten. Bist im Grunde Deines Herzens o.k.

Klaus (verächtlich): Hören Sie auf zu schwallen!
EB (betont lässig): Heute mal nicht. Heute ist ein besonderer Tag.

Klaus: Was soll das denn heißen?
EB: Na ja. Du bist heute weiter unten angekommen.

Klaus: Wollen Sie mich verarschen?
EB: Keineswegs. Ich meine das ernst. Gerade jetzt will ich Dir sagen, was ich denke.

Klaus (aggressiv herausfordernd): Und was denken Sie?
EB: Das Du im Grunde Deines Herzens ein guter Kerl bist.

Klaus: So'n Quatsch!
EB: Ne, ne. Kein Quatsch. (*Pause*) Aber, ich weiß ja, dass Du das nicht annehmen kannst. Schon gar nicht von mir.

Klaus (überrascht wirkend): Wieso nicht von Ihnen?
EB: Weil ich kaum eine Bedeutung habe in Deinem Leben. (*Pause*) Und weil ich denke, dass es für Dich viel bedeutsamer wäre, dass Du diese Rückmeldung von Deinem Vater bekommen hättest.

Klaus (verächtlich): Von meinem Vater? Den kenne ich doch gar nicht!
EB: Das ist das Traurige. (*Pause*) Du verdankst Deiner Mutter und Deinem Vater Dein Leben. Zumindest hat er diese Bedeutung für Dich.

Klaus: Nur weil der meine Mutter gebumst hat?
EB: Genau. Das ist das Traurige in Deinem Leben. Es hat schon damit angefangen, dass Dein Vater nicht zu seinem Tun gestanden hat. Er hat die Konsequenzen seines Handelns nicht angenommen. Und jetzt weißt Du nicht, wohin Du gehörst. Du weist nicht, wonach Du Dich richten sollst.

Klaus (nach längerem Schweigen): Und jetzt? Wozu das?
EB: Zwei Fragen, zwei Antworten: Und jetzt? (*Pause*) Weiß ich auch nicht. (*Pause*) Ich weiß nicht, was Du aus Deinem Leben machen wirst. (*Pause*) Die Frage wird sein, ob und wann Du die Verantwortung für Dich selbst übernimmst und zu den Folgen Deines eigenen Tuns stehst.

Ich kann das nicht für Dich tun. Niemand kann das. Wenn Du es tun willst und Hilfe dabei brauchst, werde ich Dich begleiten. Und ich sage Dir ehrlich und offen: Ich werde es gern tun.

Klaus (verächtlich): Phh.

EB: Du kannst es nicht annehmen. Tausend Stimmen sind in Dir, die widersprechen. Und eine davon sagt Dir, dass Du es nicht wert bist. (*Pause*) Aber diese Stimme hat Unrecht. (*Pause*) Hör gut zu! Ich sage es noch einmal: Wenn Du meine Hilfe und Unterstützung wünschst, werde ich Dich begleiten. Und ich werde es gern tun.

Zu seinem eigenen Bedauern ist der Erziehungsbeistand in der folgenden Woche krank und muss selbst die Termine absagen. Er kann sich erst für einen Termin 14 Tage später wieder anmelden.

Er trifft Klaus an. Der äußert den Wunsch, dass der Erziehungsbeistand ihm dabei helfen möge, sein Zimmer neu zu streichen und einzurichten. Vor allem wolle er das Etagenbett zu einem Hochbett umbauen, um darunter mehr Platz für sich zu haben.

Auf die Frage, ob er schon mit seiner Großmutter darüber gesprochen habe und ob sie mit seinen Vorhaben einverstanden sei, antwortet er mit „Ja“. Sie sei auch bereit, die nötige Farbe zu bezahlen. Klaus will eine Wand grün, die anderen hellgelb streichen.

Es zeigt sich, dass Klaus sich diese Arbeit wesentlich leichter vorgestellt hat, als sie wird. Vor allem hat er nicht mit schwierigen Vorbereitungsarbeiten gerechnet. Die schwarze Farbe gegenüber seinem Bett ist Ölfarbe, die nur mit großer Mühe entfernt werden kann. Der Arbeitsprozess geht nur sehr langsam voran, da Klaus schnell die Lust verliert und alleine fast gar nichts tut. So zieht sich diese Arbeit über Wochen hin.

Erstes Auswertungs- und Verlängerungsgespräch

Für Ende April wird nach dem ersten halben Jahr der Erziehungsbeistandschaft ein Auswertungs- und Verlängerungsgespräch veranschlagt. Der Sozialarbeiter und der Erziehungsbeistand treffen sich hierzu mit der Großmutter und Klaus in deren Wohnung.

Bei der Auswertung wird zu Beginn die schulische Rückstufung von Klaus mit Bedauern festgestellt. Allein Klaus zeigt sich gegenüber dieser Entwicklung betont gleichgültig, was die Großmutter in Zornesausbrüche versetzt.

Als weiterer Punkt wird das Ergebnis der Gerichtsverhandlung besprochen. Dabei stellt sich heraus, dass sich Klaus noch nicht darum gekümmert hat, das Ableisten seiner Arbeitsstunden aufzunehmen. Er hat den Auftrag, in der Kirchengemeinde Arbeiten im Garten um das Gemeindehaus zu übernehmen. Klaus verspricht, sich umgehend darum zu kümmern, um eine Erhöhung seiner Strafe zu vermeiden. Er erklärt gegen den Willen seiner Großmutter, hierzu keine Hilfe seitens des Erziehungsbeistandes zu benötigen.

Man kommt überein, die Entwicklung abzuwarten. Die Großmutter sagt, sie werde kontrollieren, ob Klaus seine diesbezügliche Aufgabe erledige. Sie werde noch am nächsten Tag mit der Gemeinde telefonieren.

Auch wird festgestellt, dass Klaus nach wie vor intensiven Kontakt zu der Clique hält, obwohl sich deren Verbindung zur rechtsradikalen Szene herausgestellt hat. Dies nimmt die Großmutter wieder zum Anlass, heftig über Klaus zu schimpfen. Sie wiederholt ihre Prophezeiung, dass Klaus ins Gefängnis kommen werde, wenn er so weitermache. Er solle sich gefälligst aus solch politischen Sachen heraushalten.

Obwohl festgestellt werden muss, dass sich die Situation von Klaus in dem vergangenen halben Jahr zumindest in schulischer Hinsicht und damit auch in Hinblick auf seine beruflichen Möglichkeiten verschlechtert hat, wollen sowohl die Großmutter als auch Klaus die Fortsetzung der Hilfe.

Die Großmutter bekennt, dass sie noch vor wenigen Wochen die Hilfe aus Wut am liebsten abgebrochen hätte. Sie sehe aber ein, dass eine Wende zum Positiven wohl mehr Zeit brauche. Außerdem habe sie feststellen können, dass ihr die Gespräche mit dem Erziehungsbeistand gut tun. Die wirken sehr beruhigend auf sie und gäben ihr die Möglichkeit, ihre eigene Situation neu zu betrachten.

Klaus erklärt, dass er die Hilfe fortsetzen wolle, weil er sich inzwischen an den Erziehungsbeistand gewöhnt habe. Auf die Frage, was er für die Zukunft von ihr erwarte, erklärt er, das nicht so genau sagen zu können. Auch er meint, dass ihm die Gespräche gut tun. Er könne mit dem Erziehungsbeistand über alles reden, ohne gleich zur Sau gemacht zu werden. Wenn der Erziehungsbeistand mal anderer Meinung sei als er, könne er manches annehmen, weil er spüre, dass ihm nichts aufgedrückt werde.

Der Sozialarbeiter erklärt, dass er nach wie vor den Bedarf an Hilfe in dieser Familie sehe. Für ihn sei es ein gutes Zeichen, dass die Hilfe nach einem halben Jahr noch Bestand habe. Das sei nicht selbstverständlich bei Jugendlichen im Alter von Klaus. Er habe den Eindruck, dass sich inzwischen Ansätze einer tragfähigen Arbeitsbeziehung herausgebildet haben.

Der Erziehungsbeistand bekundet abschließend seine Bereitschaft, mit Klaus und seiner Familie weiterzuarbeiten. Er habe den Eindruck, dass Klaus gute Potenziale in sich trage.

Auch sei er gerne bereit, mit der Großmutter Gespräche zu führen. Er sei von ihrem Leben, ihrem Schicksal und ihren Leistungen tief beeindruckt. Allerdings gebe es für ihn noch viele Geheimnisse über die Kräfte, die hinter der konkreten Entwicklung stünden.

Fortsetzung der Arbeit

Die nächsten Wochen der Erziehungsbeistandschaft laufen unproblematisch. Der Erziehungsbeistand hat mit Klaus einen Plan für sein Hochbett erarbeitet.

Als es um die Beschaffung von Material geht, fragt der Erziehungsbeistand Klaus, ob er wisse, ob sein Großvater Material oder Zugang zu Material habe. Klaus wehrt diese Frage anfangs entschieden ab. Es zeigt sich, dass er sich gar nicht vorstellen kann, seinen Großvater in irgendeiner Angelegenheit anzusprechen, obwohl der, wie sich herausstellt, vieles für die Familie erledigt.

Nach einiger Zeit zeigt sich Klaus doch bereit, seinen Großvater zu fragen, ob er ihm helfen kann, Holz für sein Hochbett zu besorgen.

Schon beim nächsten Termin erzählt Klaus, dass sich der Großvater zwar verständnislos für das Vorhaben geäußert habe, ein Hochbett zu bauen. Er habe sich aber den Plan zeigen lassen und von sich aus einige Verbesserungen vorgeschlagen. Noch in der nächsten Woche werde er mit Klaus zu einem Bekannten gehen, der Balken und Bretter verschiedener Art bei sich liegen habe. Der Großvater werde das Holz mit ihm zusammen genau nach dem Plan zurechtschneiden. Darüber hinaus habe er im Keller Eisenwinkel, mit denen das Bett zusammengebaut und an der Wand befestigt werden kann.

Klaus zeigt sich erstaunt und erleichtert darüber, dass er mit seinem Großvater so unkompliziert umgehen konnte.

In der nächsten Woche begegnet der Erziehungsbeistand dem Großvater zum ersten Mal etwas länger als nur grußlos zwischen Tür und Angel.

Er kommt dazu, wie Klaus und sein Großvater Dübel in die Wand bohren, an denen das Bett festgemacht werden soll.

Hier spürt der Erziehungsbeistand, dass der Großvater ein weicher, wohl leicht verletzlicher Mann zu sein scheint, der zudem unter den Folgen seiner Kehlkopfoperation leidet.

Klaus zeigt sich sichtlich froh, dass ihm sein Großvater geholfen hat und er auf diese Weise mal was mit ihm machen konnte. Er sagt, eigentlich sei sein Großvater ein patenter Mann. Der habe vorgeschlagen, erst einmal das Hochbett einzubauen, und dann die Wände zu streichen.

Klaus sagt von sich aus, dass der Großvater sehr angewidert auf die Hakenkreuze an der Wand reagiert habe. Er sagt, er werde sie noch am gleichen Tage abkratzen.

Nachdem die Stimmung drei Wochen lang gut war, erscheint sie dem Erziehungsbeistand Mitte Mai plötzlich wie umgeschlagen. Klaus zeigt sich ihm gegenüber wieder abweisend und lustlos. Er scheint mehrere Tage nicht mehr an seinem Zimmer gearbeitet zu haben.

Es stellt sich heraus, dass seine Mutter da gewesen ist. Sie habe wieder bei ihrer Schwester Hildegard gewohnt. Er habe das nur durch Zufall erfahren. Er habe keinen Kontakt zu ihr gesucht, weil er sich geschämt hätte einzugestehen, dass das Radio mit dem CD-Player kaputt ist.

Offenbar habe es aber einen Kontakt zwischen ihr und der Großmutter gegeben, bei dem die beiden vermutlich über Klaus gestritten hätten. Zumindest habe die Großmutter ihm gegenüber ihre Wut geäußert und gesagt, seine Mutter solle ihn zu sich nach Schleswig-Holstein holen. Da wolle er nun überhaupt nicht hin.

Es dauert eine ganze Weile, bis der Erziehungsbeistand mit Klaus reden kann. Dabei stellt sich zum einen heraus, dass Klaus inzwischen die Hälfte seiner Arbeitsstunden abgearbeitet, die Termine in den vergangenen Tagen aber schleifen gelassen hat. Er erklärt das damit, dass er seit dem Streit mit der Großmutter und ihrer Drohung, ihn zu seiner Mutter „abzuschieben", zu nichts mehr Lust habe. Ihm sei alles egal. Er sei wieder öfters zu seiner Clique gegangen, dort habe er sich wohler gefühlt.

Zum anderen stellt sich heraus, dass Klaus die Schule nur sporadisch besucht hat. In den letzten Tagen sei er gar nicht mehr gegangen. Die Schule stinke ihm. In der Klasse seien die „letzten Assis", mit denen er überhaupt nichts am Hut habe. Dort seien zwar auch zwei Jungen aus seiner Clique, die aber auch nicht mehr zur Schule gingen.

Der Erziehungsbeistand spricht die schulische und damit verbunden die berufliche Perspektive von Klaus an und bekommt nur ausweichende Antworten. Klaus erscheint ihm in diesem Zusammenhang wie blockiert.

Die nächsten beiden Termine lässt Klaus platzen. Die Großmutter überschüttet den Erziehungsbeistand wieder mit Klagen. Es sei ein Brief vom Gemeindeamt gekommen, in dem Klaus an den Rest der Stunden erinnert werde. Wenn er die Stunden nicht bis Ende Juni ableiste, werde das Gericht davon informiert werden. Klaus habe diesen Brief zerrissen.

Auch sei ein Schreiben von der Schule gekommen, dass er jede Leistung verweigere und zudem die letzte Zeit der Schule unentschuldigt gefehlt habe. Auch diesen Brief habe er zerrissen.

Der Erziehungsbeistand fragt die Großmutter, ob es stimme, dass sie mit der Mutter von Klaus gestritten und gedroht habe, Klaus zu ihr nach Schleswig-Holstein zu schicken. In dem daraus folgenden Gespräch zeigt die Großmutter noch einmal ihre volle Verzweiflung. Ein Gespräch über ihre eigene Geschichte und ihre Kindheit würgt sie im Ansatz ab.

BERATUNG IN DER GRUPPE

Der Erziehungsbeistand entschließt sich, die Arbeit in der Familie B. in seine Beratungsgruppe einzubringen. Er bittet den Sozialarbeiter, an der Sitzung teilzunehmen.

Der Sozialarbeiter berichtet zu Beginn der Sitzung, woher er die Familie kenne und wie es zur Einrichtung der Erziehungsbeistandschaft gekommen ist.

Als Fragestellung für die Gruppenberatung nennt der Erziehungsbeistand Hilfe beim Herausarbeiten der in der Familie wirkenden Kräfte, die den Entwicklungsprozess zu lähmen scheinen.

Zusammen mit dem Erziehungsbeistand nennt er die Daten zur Erstellung des Genogramms der Familie, soweit sie ihm bekannt sind. Beide geben dabei ihr Wissen über die Familiengeschichte wieder. Der Erziehungsbeistand berichtet zudem über seine Erfahrungen mit dem Umgang der Familienmitglieder miteinander und mit ihm selbst.

1 Das Genogramm der Familie B.

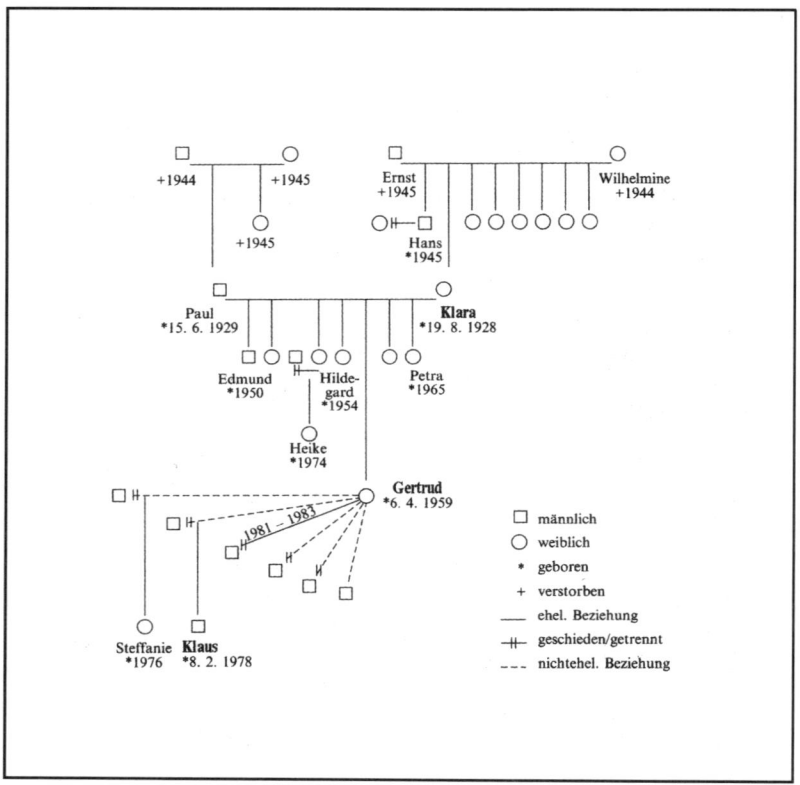

1981 – 1983

Legende:

□ männlich
○ weiblich
* geboren
+ verstorben
―― ehel. Beziehung
―╫― geschieden/getrennt
--- nichtehel. Beziehung

264

2 Das Aufstellen der Skulptur

Der Gruppenleiter fragt den Erziehungsbeistand, wie er an der Fragestellung arbeiten möchte: Durch ein Gespräch anhand des Genogramms
oder durch das Aufstellen einer Skulptur. Der Erziehungsbeistand bekundet, dass er vorhatte, eine Skulptur aufzustellen.

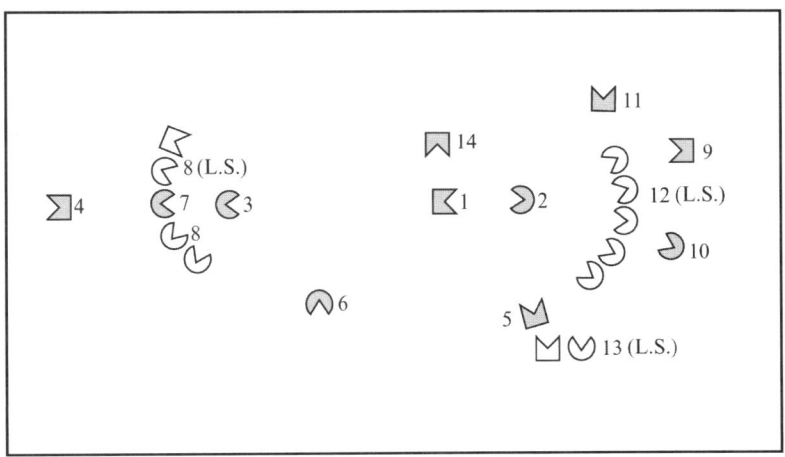

1 *Klaus*
2 Die Großmutter *Klara*
3 Die Mutter *Gertrud*
4 Der *Vater von Klaus*
5 Der Großvater *Paul*
6 Halbschwester *Steffanie*
7 Die Tante *Hildegard*
8 übrige *Geschwister der Mutter*
   (L.S.)

9 Der Urgroßvater (m) *Ernst*
10 Die Urgroßmutter (m)
    Wilhelmine
11 Der Großonkel *Hans*
12 Die *Geschwister der
    Großmutter* (L.S.)
13 Die *Urgroßeltern (v)* (L.S.)
14 Der *Erziehungsbeistand*

Er sagt jeder Einzelnen von ihm ausgewählten Person in der Anrede-
form seine Rolle und gibt ihm einige Daten seiner Lebenssituation und
Lebensgeschichte.

Der Erziehungsbeistand geht auf eigenen Wunsch selbst in seine Rolle.

3 Fragen nach den Wirkungskräften

Der Gruppenleiter bittet die Teilnehmerinnen und Teilnehmer in der
Skulptur, sich Zeit zu nehmen, um sich in dieser Skulptur zu fühlen. Sie

mögen sich auch einmal umschauen, um ihren Platz in der Skulptur zu erfassen.

– *Klaus* beginnt: Er fühle sich seiner *Großmutter* gegenüberstehend wie gelähmt. Er wolle wütend auf sie sein, könne es aber nicht. Erstens, da er sich ihr gegenüber in Dankbarkeit verpflichtet fühle, zweitens, weil sie so krank sei. Für diesen Zwiespalt räche er sich an ihr, zum Beispiel, indem er ihr Geld abpresse und ihr nicht gehorche, vor allem in schulischen Dingen. Das mache ihm gleichzeitig ein schlechtes Gewissen. Er habe dann Wut auf sich, die er gegen sich selber richte.
Er habe auch große Wut auf seine *Mutter*, die er in seinem Nacken spüre, die er aber nicht sehen könne. Er fühle sich von seiner *Mutter* als Opfer missbraucht. Es gebe eine Geschichte, für die er gerade stehen müsse, von der er aber nichts wisse.
Den Erziehungsbeistand an seiner Seite erlebe er als Druck, aber nicht bedrohlich. Der sei der Einzige, der nichts von ihm wolle. Der Druck gehe auch nicht von ihm aus, sondern er spüre den Druck in sich selbst, wenn der Erziehungsbeistand ihn anschaue. Es spüre dann selbst, was falsch an dem sei, was er mache. Er könne aber dennoch nicht anders. Er würde ihm aber gerne einen Gefallen tun. Deshalb habe er die Hakenkreuze in seinem Zimmer wegmachen wollen. Es sei ihm auch nie um die Hakenkreuze als solche gegangen. Mit denen wollte er seine *Oma* ärgern.

– Die *Großmutter* fühle sich überfordert, könne das aber niemandem sagen. Der Einzige, dem sie es vielleicht sagen könnte, sei der Erziehungsbeistand.
Von *Klaus* fühle sie sich gebannt. Sie wisse nur nicht, wer das Kaninchen sei und wer die Schlange.
Gertrud könne sie nicht sehen. *Klaus* verdecke sie ihrem Blick. Aber sie fühle Hass von dort auf sich zukommen. Sie habe das Gefühl, *Klaus* sei das Instrument des Hasses.
Überhaupt fühle sie sich bedroht. Hinter ihr stehen ihre *Geschwister* und ihre *Eltern*? und brennen wie ein Parabolspiegel in ihren Rücken.
Vor ihr stehen ihre *Kinder*? wie ein Parabolspiegel und brennen ihr vorwurfsvoll in den Leib.
Da steht noch *Steffanie*, die mit der ganzen Sache, um die es zu gehen scheint, offenbar nichts zu tun hat.

– Die *Mutter* fühle einen großen Hass auf die *Großmutter*. Sie fühle auch eine große Macht, denn sie kenne das Geheimnis, das hinter allem wirke.

– *GM*: „Wehe Dir, Du sprichst es aus!"

266

– *M*: „Warum tust Du es nicht selbst?"

– *GM*: „Ihr werdet mich nicht verstehen."

– Die *Mutter* sagt, sie fühle, dass es eine große Erleichterung wäre, wenn die *Großmutter* endlich ihr Geheimnis preisgeben würde. Dann wäre ihr die fatale Macht genommen, die sie zwingt, die *Großmutter* zu quälen. Sie tue das mit Klaus*. *Klaus* tue ihr leid, aber sie könne ihn nicht erlösen. Nur die *Großmutter* könne es.

– Die *Großmutter* beteuert, sie werde auf ihrem Platz stehen bis zum Ende. Und wenn sie kein Bein mehr hätte, sie würde stehen bleiben.

– Der *Großvater* meldet sich zu Wort: Ihn interessiere das Geheimnis nicht. Diese Geschichten gingen ihn auch nichts an. Er habe seine eigenen. Er wünsche der *Großmutter* dennoch, sie könnte über ihre Geschichte sprechen. Vielleicht würde ihr dann leichter.
Er selbst fühle sich in seiner Familie wohl. Er habe einen Platz am Rande, mehr stünde ihm nicht zu.
Der Gruppenleiter fragt die *Urgroßmutter* und den *Urgroßvater*, wie sie die Situation aus dem Grab heraus erlebten.

– Der *Urgroßvater* fühle sich nicht ausreichend geachtet, wenn über sein Schicksal nicht gesprochen werden dürfe. Er sei auch todunglücklich darüber, dass seine Nachkommen durch sein Unglück unglücklich seien. Das sei ihm nicht recht. Dadurch werde sein Unglück nicht aufgehoben, sondern verdoppelt und verdreifacht. Das quäle ihn.

– Die *Urgroßmutter* bestätigt dieses Erleben. Sie fühle, dass sie und ihr Mann gemeinsam gelitten hätten. Sie hätten sich sehr geliebt. Was nach ihnen komme, sei dieser Liebe nicht würdig. Sie meine, ihre Tochter, die *Großmutter* brauche sich ihrer Eltern nicht zu schämen.
Der Gruppenleiter fragt den *Vater von Klaus*, wie es ihm in der Skulptur gehe.

– Der *Vater* antwortet, er weiß nicht, ob er wisse, dass er der *Vater von Klaus* ist. Aber wenn er es sei, dann sei er irgendwie stolz, einen Sohn zu haben und er wünsche ihm alles Gute. Er könne gar nicht sehen, was da los sei, aber es fühle sich nicht gut an.

– *Steffanie* fühle sich außerhalb des Geschehens. Sie sei froh, dass *Klaus* die Last trage. Wenn *Klaus* nicht wäre, müsste sie es wohl tun. *Klaus* tue ihr leid.
Stellvertretend für alle *Geschwister der Großmutter* fragt der Gruppenleiter Hildegard? nach ihrem Erleben in der Skulptur.

– *Hildegard* fühle sich nicht wohl. Sie sei unfrei, wie alle ihre *Ge-schwister*. Sie seien alle nicht glücksfähig, weil die *Großeltern* nicht glücklich sein konnten. Der *Großvater* habe sich wohl mit seinem Unglück als Kind arrangiert. Er habe davon erzählen können. Die *Großmutter* habe aber immer so ein „Geschiss" um ihre Geschichte gemacht. ‚Das sei nichts für uns.' Sie werde wohl ihr Geheimnis mit ins Grab nehmen. So lange könne das ja nicht mehr dauern. (*Zur *Mutter**) „Kannst Du es uns dann wenigstens erzählen?"

– *M*: „Wenn die *Mama* tot ist? Vielleicht. Vorher auf keinen Fall."

– Der Großonkel *Hans* meldet sich zuletzt zu Wort: Ihm gehe es schlecht. Er habe starke Schuldgefühle, wisse aber nicht, warum.

4 Fragen in Richtung möglicher Veränderungen zum Heilsamen

Der Gruppenleiter fragt *Klaus*, wohin er am liebsten gehen möchte.

Klaus: Am liebsten würde ich abhauen. Irgendwohin.
GL: Mit wem?
Klaus (*weist auf den Erziehungsbeistand*): Mit dem.

GL (*nimmt beide und führt sie etwas abseits*): Wie geht es den anderen?
GM: Schlecht. Ich habe keinen Halt. Ich weiß nicht, wohin.
M: Das halte ich nicht aus! Ich kann meine *Mutter* nicht ansehen. Aber ich weiß nicht, wohin. Mir geht's total schlecht. (*Dreht sich herum und schaut in alle Richtungen*) Ich weiß nicht, wohin. (*Schüttelt den Kopf. Wird immer unruhiger*).

GL (*zu *Klaus**): Und wie geht es Dir, wenn Du dort stehst und die anderen hörst, wie schlecht es ihnen damit geht?
Klaus: Das halte ich nicht aus.

GL (*stellt *Klaus* und den Erziehungsbeistand an ihre ursprünglichen Plätze zurück*): Es muss wohl noch sein. (*Pause. Zur *Großmutter**) Möchten Sie etwas ändern an dieser Skulptur:
GM: Ich hätte den Erziehungsbeistand gerne etwas näher bei mir.
GL (*stellt den Erziehungsbeistand etwas näher zur *Großmutter**): So?

GM: So ist es mir wohler.
GL (*zu *Klaus**): Und wie ist das für Dich?

Klaus: Ist in Ordnung.
GL (*zur *Mutter**): Wie geht es Ihnen?
M: Das ist gut so.

GL (*zur *Mutter**): Glauben Sie, dass *Ihre Mutter* ihr Geheimnis dem Erziehungsbeistand anvertrauen kann?
M: Das wäre gut.

GL: Sie könnte dann leichter sterben?
M: Ich glaube schon.
GL: Und Sie wären befreit.
M (*lacht*): Und Klaus auch.
GL: Na ja. Das wäre wohl noch nicht die Lösung. Aber ein Schritt zur Lösung. Vielleicht die Voraussetzung. Aber die Folgen all der Jahre wären noch aufzuarbeiten. Und sie werden ihre Spuren hinterlassen.

Der Gruppenleiter beendet an dieser Stelle die Arbeit mit der Skulptur. Er löst sie auf und leitet die Pause ein. Der Kaffee ist vorbereitet.

5 Auswertung der Arbeit mit der Skulptur

Nach der Pause sitzt die Gruppe wieder im Kreis. Der Gruppenleiter fordert die TeilnehmerInnen der Skulptur auf, nicht mehr aus den Personen, in deren Rollen sie sich befunden haben, zu sprechen, sondern über sie. Die TeilnehmerInnen, die im Außenkreis geblieben waren, werden gebeten, ebenfalls ihre Eindrücke einzubringen.

Einleitend werden der Erziehungsbeistand und der Sozialarbeiter gefragt, was sie schwerpunktmäßig bearbeitet haben und was sie für ihre weitere Arbeit in der Familie mitnehmen möchten.

Der Erziehungsbeistand sagt, dass er erstaunt sei, wie sich die Aussagen aus den Rollen der Personen, die er kenne, mit dem decke, was er selber mit den Originalpersonen erlebe. Zudem sei er beeindruckt, wie deutlich es geworden sei, dass wichtige Fakten aus der Familiengeschichte fehlen. Er habe gehofft, dass sich auch ohne die Kenntnis jener Ereignisse Lösungsmöglichkeiten abzeichnen könnten. Dies sei aber nicht der Fall gewesen.

Ermutigend sei für ihn, dass er in der Skulptur von *Klaus* und der *Großmutter* angenommen worden sei. Auch dass die *Großmutter* seine Nähe wünsche, entspräche seinem Eindruck. Er habe sich aber nicht getraut, diesem Eindruck nachzugehen.

Der Sozialarbeiter erklärt, dass es nicht damit gerechnet habe, dass das Familiengeheimnis in der Skulptur eine derart starke Wirkung haben würde. Das erklärte Ziel der Erziehungsbeistandschaft für Klaus sei dessen Verselbstständigung. Die Skulptur habe jedoch darauf aufmerksam gemacht, von welch kurzer Wirkung die Hilfe des Jugendamtes sein könne, wenn Klaus nicht aus der ihn bannenden Achse herausgenommen werde. Das Jugendamt müsse die Zeit haben, die die Familie für die Lösung ihrer Spannungen braucht.

Er fragt die Teilnehmerin, die in der Rolle der Großmutter war, was sie glaube, wie das Geheimnis in der Großmutter wirke und ob sie es jemals einer Person anvertrauen könne.

Die Teilnehmerin bekundet, dass die Rolle noch sehr auf ihr laste. Sie habe einen schrecklichen Druck verspürt. Dabei habe sie von sich aus das Gefühl, dass die Ereignisse selbst zwar für die damals Beteiligten schrecklich gewesen sein müssen, vor allem für die damals kleine Klara. Sie vermute, dass es aber nicht Ereignisse gewesen seien, über die heute nicht gesprochen werden könne. Was schlimm gewesen sein mag, sei wohl die Verarbeitungsgeschichte. Und da das Geheimnis nicht gelüftet sei, blähe es sich ins Ungeheuerliche auf.

Hier meldet sich der Teilnehmer zu Wort, der in der Rolle des Vaters der Großmutter gewesen war. Es habe das gleiche Gefühl gehabt. Obwohl er in der Rolle nicht gewusst habe, was gegen Kriegsende mit ihm und seiner Frau wirklich passiert war, habe er gespürt, dass es mit dem, was aus ihm gemacht worden ist, wenig zu tun hat. Er habe in der Rolle nur innerlich den Kopf schütteln können und sei sehr traurig gewesen, dass seine Nachkommen offensichtlich seinetwegen nicht glücklich werden könnten.

Die Teilnehmerin, die in der Rolle der Großmutter war, erklärt, die habe gefühlt, dass sie von damals bis jetzt überfordert gewesen sei. Sie habe zwar eine starke Kraft in sich gespürt. Die sei aber nur zur Aufrechterhaltung des Status quo gewesen, wobei sie nicht wisse, was der ist.

Auf die Frage des Sozialarbeiters, ob die Großmutter jemand das Geheimnis anvertrauen werde, könne sie nur spekulativ antworten. In der Rolle habe sie ein starkes Verlangen gespürt, diese Last loszuwerden. Sie habe große Angst davor gehabt, Schuldvorwürfe zu bekommen oder gar ausgelacht zu werden.

Sie habe auch gefühlt, dass sie von den Personen in der Skulptur nur dem Erziehungsbeistand die Geschichte erzählen könnte. Der würde anständig und fair damit umgehen. Sie glaube aber, dass das noch nicht so weit sei. Sie habe das Gefühl, die Großmutter werde es erst offenbaren, wenn es ihr noch schlechter gehe. Als Person wünsche sie es ihr. Sie glaube, die Großmutter werde leichter sterben könne, wenn sie ihre Geschichte losgeworden ist.

In der weiteren Auswertung der Skulptur wird festgestellt, wie wichtig das Wissen um die Ereignisse sei. Ohne konkretes Wissen tappen die Helfenden wie die Familien selbst im Dunkeln. Als *Klaus* mit dem Erziehungsbeistand aus der Schusslinie herausgenommen wurde, hat sich gezeigt, dass die Rolle von Klaus in seiner Familie die Funktion habe, ein mühsam aufrecht gehaltenes Gleichgewicht zu bewahren. An der Reaktion von *Klaus* sei erlebbar, dass der Junge wohl ein sehr feines Gespür für die Empfindungen der Personen um ihn herum habe. Offenbar ist Klaus der emotional begabtere, der sensiblere von den Enkelkindern. Das Gleiche wird auch bei der Mutter vermutet. Sie sei wahrscheinlich diejenige, die am deutlichsten gespürt habe, was die Großmutter zur Stabilisierung ihres Gleichgewichts brauche. Sie verhalte sich in diesem Sinne am loyalsten. Dafür habe sie nicht nur ihre Kinder, sondern vor allem ihre Rolle als Mutter geopfert. Es scheint, als gebe ihr dies Macht über die Großmutter und speise wiederum den Hass auf sie.

Insgesamt besteht der Eindruck, dass das eine sehr traurige Geschichte sei. Nur fänden die Familienmitglieder nicht zu ihrer Trauer, weil sie nicht wüssten, wen oder was sie betrauern sollen.

Der Erziehungsbeistand erklärt, er fühle sich in seiner Haltung bestärkt, sich Zeit zu nehmen. Auf der konkreten Ebene sei Klaus auf einem guten Weg, auch wenn die schulische Situation sich verschlechtert habe. Er habe das sichere Gefühl, dass sich im Inneren von Klaus viel bewegt.

Dass die Großmutter inzwischen Wert auf die Gespräche mit ihm legt, habe sie selbst schon bekundet. Er werde abwarten, wann sie ihn in ihre Geschichte einweihen werde. Sie wisse, dass er etwas ahne und dass er auch bereit sei, ihr zuzuhören.

Fortsetzung der Arbeit in der Familie B.

Die nächsten beiden Begegnungen mit Klaus verlaufen wieder schleppend. Der Impuls, sein Zimmer zu verschönern, scheint bei Klaus zumindest vorerst erloschen. Er hat den unteren Teil des Doppelbettes wieder provisorisch aufgestellt. Ansonsten sieht es in seinem Zimmer aus wie in einer Baustelle. Farbeimer, Pinsel, Holz, Werkzeug liegen in dem kleinen Zimmer herum. Da auch der Schrank abgebaut ist, stapelt sich seine Kleidung auf dem Stuhl und auf der Erde dahinter.

Die Schule spricht Klaus von sich aus nicht an. Nur von der Großmutter erfährt der Erziehungsbeistand, dass Klaus offenbar nach wie vor so gut wie keine Schulaufgaben erledige und die Schule oft schon vor den offiziellen Schulschluss verlasse.

Für den nächsten Termin haben Klaus und der Erziehungsbeistand verabredet, zum ersten Mal gemeinsam mit dem Fahrrad eine Tour zu machen. Es stellt sich dann allerdings raus, dass das Fahrrad von Klaus in keiner Weise für eine Fahrt tauglich ist. Klaus hat es wohl längere Zeit selbst nicht mehr gefahren und zeigt sich über den Zustand des Rades überrascht. Er zeigt sich aber bereit, bei den nächsten Terminen sein Fahrrad zusammen mit dem Erziehungsbeistand wieder instand zu setzen.

BEGINN DER WENDE

Beim nächsten Termin wird der Erziehungsbeistand von der Großmutter aufgeregt empfangen. Offenbar war Klaus wieder in eine Schlägerei verwickelt. Sie dürfe nicht zu ihm rein. Er habe nichts gegessen.

Als der Erziehungsbeistand das Zimmer von Klaus betritt, erschrickt er. Klaus sieht schlimm aus. Sein Gesicht ist verquollen. Aus einem Auge kann er kaum sehen. An der Stirn, am Kinn und an der Schläfe hat er breite Wunden. Das Gesicht ist mit Blut verkrustet. Offensichtlich hat er sich nicht medizinisch versorgen lassen. Klaus sitzt im Unterhemd auf der Bettkante. Auch seine Schultern zeigen Male von Verletzungen.

Der Erziehungsbeistand gibt seinem Erschrecken deutlich Ausdruck, bekommt von Klaus aber keine Reaktion. Auch nicht auf die Frage nach der Ursache der Verletzungen. Klaus sitzt völlig in sich versunken da.

EB: Was ist los, Klaus? Du siehst ja schrecklich aus. Was ist denn passiert?
Klaus (*schweigt*).

EB (*nach einer langen Weile des Schweigens*): Klaus, ich halte das nicht aus! Du bist in Not! Das muss doch weh tun! Du musst Deine Wunden behandeln lassen!
Klaus (*schweigt*).

EB (*nach einer Weile*): Klaus, das geht so nicht! Bist Du benommen? Hattest Du eine Gehirnerschütterung? Sag doch mal was!
Klaus (*schweigt beharrlich weiter. Er schaut durchgehend fest auf den Boden*).

EB: Klaus, ich werde jetzt Verbandszeug besorgen und so.
Klaus (*reagiert nicht*).

EB: Ich gehe jetzt zu Deiner Großmutter und schaue, was die hat, womit Du behandelt werden kannst.

Der Erziehungsbeistand geht zur Großmutter. Die hat allerdings außer ein paar kleinen Pflastern nichts im Hause. Er lässt sich daraufhin Geld von ihr geben, um in einer Apotheke Verbandsmaterial und Material zur Wundbehandlung zu kaufen. Damit geht er zurück zu Klaus. Der sitzt nach wie vor auf der Bettkante und starrt auf den Boden.

EB: So, da bin ich wieder. Ich habe Verbandszeug mitgebracht. Ich denke, dass ich mir Dein Gesicht etwas genauer anschauen sollte.
Klaus (reagiert nicht).

EB (nach einer Weile): Du, Klaus, ich mache mir Sorgen. Bist Du benommen? Wenn Du nicht bald sprichst, hole ich einen Notarzt. (*Längere Pause*) Ich kann auch warten. (*Pause*) Aber vielleicht kannst Du doch mal erzählen, was los ist.
Klaus: Was soll schon los sein? Seh'n Sie doch!

EB: Ja, ich sehe: Du bist verletzt. (*Nach einer Pause*): Also. Es gab wieder eine Schlägerei.
Klaus (zuckt die Schultern).

EB: Habt Ihr Euch wieder mit türkischen Jugendlichen gekloppt?
Klaus (zieht langsam die Schultern hoch als wisse er nichts).

EB: Also Klaus. Hör mal zu. Ich mache hier kein Verhör. Ich habe keine Lust, Dir Würmer aus der Nase zu ziehen. (*Pause*) Du weißt, dass ich es respektiere, wenn Du nicht reden willst. (*Pause*) Das ist jetzt für mich was anderes. Zumindest brauchst Du jetzt Hilfe. Du bist verletzt. Wasch Dir mal die Wunden sauber, damit ich sehen kann, was nötig ist. (*Pause*) Wann war denn das? Gestern?
Klaus: Ja.

EB: Und seitdem sitzt Du hier rum? (*Pause*) Deine Oma sagt, Du hättest nichts gegessen.
Klaus (hebt die Schultern).

EB: Hast Du wenigstens was getrunken?
Klaus (zeigt mit dem Kinn auf zwei leere Sprudelflaschen).

EB: Na, wenigstens etwas. (*Pause*) Pass auf. Ich geh' mal zu Deiner Großmutter und frage sie, ob sie Dir 'n paar Brote schmiert. Kannst Du Dir in der Zwischenzeit Dein Gesicht vorsichtig waschen?
Klaus (nickt und steht auf. Er geht ins Ba.).

Die Großmutter zeigt sich mürrisch, aber sie bereitet für Klaus einige Brote zu und gibt auch eine Flasche Sprudel zu trinken mit. Sie spricht kein Wort mit dem Erziehungsbeistand. Der geht wieder in Klaus' Zimmer. Klaus kommt etwas später. Er hat sich die Blutspuren abgewaschen. Er sieht jetzt nicht mehr ganz so erschreckend aus. Die Wunden sind nicht so schlimm, wie es anfangs schien. Der Erziehungsbeistand desinfiziert sie. Von Pflastern nimmt er erst einmal Abstand.

Klaus isst mit Heißhunger die Brote, die ihm seine Großmutter geschmiert hat.

EB: Irgendwas stimmt doch nicht. (*Pause*) Deine Reaktion kann ich nicht damit in Zusammenhang bringen, dass ihr Prügel von den Türken eingesteckt hättet oder von sonst wem.
Klaus (*schweigt*).

EB: Das ist doch was anderes.
Klaus (*schweigt*).

EB (*nach einer längeren Pause*): Ich bekomme immer mehr den Verdacht, dass es Deine eigenen Leute waren.
Klaus (*macht schweigend eine abwehrende Bewegung*).

EB: Du wolltest irgendwo nicht mitmachen.
Klaus (*schweigt, sein Kinn zittert*).

EB: Dir ist zum Heulen.
Klaus (*wendet sich ab. Wendet sich nach einer Weile dem Erziehungsbeistand wieder zu*): So 'ne Scheiße.

EB: Habe ich recht mit meiner Vermutung?
Klaus (*nickt*).

EB: Oh, Mann! So ein Mist! (*Nimmt Klaus in den Arm*) Das ist schlimm für Dich.
Klaus (*hält sich am Erziehungsbeistand fest. Er zittert leicht*).

EB (*Klaus im Arm haltend*): Das tut mit leid für Dich. (*Pause*) Es waren Deine Freunde.
Klaus: Arschlöcher. (*Ein geräuschloses Schluchzen schüttelt ihn.*)

EB (*mit sanfter, ruhiger Stimme*): Klaus. M?
Klaus (*wird noch einmal stark bewegt, beruhigt sich langsam und lässt die Umarmung los*): Die wollten, dass wir paar Mädchen aus der Gegend hier überfallen, weil die mit Ausländern gehen. Ich wollte da nicht

mitmachen. Ich wollte überhaupt nicht mehr mitmachen. Das war doch alles Scheiße. (*Pause*) Ich wollte nicht mehr. (*Schaut auf den Boden*) Da haben die mich abgefangen und festgehalten. Sie wollten mich zwingen mitzumachen. Ich wollte nicht. Da haben sie auf mich eingeschlagen. „Verräter!"– „Arschloch!" Und so. (*Pause*) Wenn da nicht Leute gekommen wären, die hätten mich kaputt geschlagen. Wie blind.

EB: Hast Du jetzt Angst vor ihnen?
Klaus: Weiß nicht. Die haben gesagt, ich soll mich nicht mehr blicken lassen.

EB (*nach einer längeren Pause*): Jetzt hast Du keine Freunde mehr.

Die nächsten beiden Begegnungen verlaufen zäh. Klaus will sich draußen mit seinem zerschundenen Gesicht nicht blicken lassen. Er habe Angst vor dem Spott der Leute. Aus dem gleichen Grund geht er auch nicht zur Schule, auch wenn die Großmutter sich weigert, ihm Entschuldigungen zu schreiben. Er sagt, das habe sowieso keinen Sinn, die Schule sei für ihn gelaufen.

Nachdem seine Verletzungen im Gesicht abgeklungen sind, kümmert sich Klaus von sich aus darum, seine letzten Arbeitsstunden bei der Gemeinde so schnell wie möglich abzuleisten. Der Pfarrer hatte zum Glück noch keine Mitteilung gemacht.

Klaus zeigt kein Interesse daran, an der Veränderung seines Zimmers weiterzuarbeiten. Er wirkt diesbezüglich wie gelähmt.

Mit der Großmutter ergibt sich folgende Gesprächssequenz:

GM: Sie sehen ja, dass es keinen Zweck hat. Es wird nur noch immer schlimmer. (Schüttelt den Kopf) Ich hab' immer gesagt, aus dem wird nichts.
EB (*nach einer kleinen Pause*): Neulich ging ich durch die Stadt und sah viele Menschen. Ich weiß auch nicht warum. Plötzlich dachte ich an Sie. Ich sah Mütter mit Kindern. Ich sah deren Anstrengung, die Kinder einigermaßen zu bändigen. Da dachte ich an Sie. Ich dachte an all die Mühen, die Sie sich in Ihrem Leben gegeben haben. Auch mit Klaus. Und ich fragte mich, ob es überhaupt gut sein könnte, wenn ich mit Klaus Erfolg hätte. Würden Sie dann ihr eigenes Bemühen nicht als noch erfolgloser erleben?

GM (schaut etwas verwirrt).

EB: Ach, das war nur so ein Einfall. Sie brauchen da gar nichts drauf zu sagen.

GM: Ich weiß nicht. (*Pause*) Aber Sie sehen doch selbst: Es wird nicht besser. Die Schule macht er nicht. Er wird nicht einmal einen Hauptschulabschluss schaffen. Und sein Zimmer. Ich habe gleich gesagt: „Da wird nie was draus." Mein Mann wollte ihm sogar helfen. Da konnte ich nur lachen. Ich habe gewusst, dass Klaus das bald alles liegen lassen wird.

EB: Eigentlich ist Klaus immer noch ein braver Junge.

GM (empört): Wieso?

EB: Na ja. Er macht, was Sie von ihm erwarten.

GM: Wie meinen Sie das?

EB: Ich frage mich manchmal, wie es wäre, wenn Sie Klaus zutrauen würden, dass er sich sein Zimmer schön macht.

GM: Das kann ich mir gar nicht vorstellen!

Im Juni 1993 wird die Großmutter von einem Notarzt ins Krankenhaus eingewiesen. Sie war kollabiert. Ihre Zuckerwerte waren sehr erhöht. Dieses Mal wird zudem ein riskant hoher Blutdruck festgestellt. Auch erweist sich der Zustand des linken Fußes als problematisch. Die Blutversorgung ist schlecht und es besteht die Gefahr, dass das Gewebe bald nekrotisch wird.

Klaus zeigt sich um seine Großmutter besorgt und besucht sie täglich im Krankenhaus. Als der Erziehungsbeistand ihn einmal begleitet, erlebt er, wie die Großmutter die Gelegenheit nutzt, auf Klaus in erzieherischer Absicht einzureden. Der Erziehungsbeistand staunt, wie Klaus das in dieser Situation aushält, ohne aufzubrausen.

Die Großmutter erholt sich erstaunlich schnell. Auf ihr Drängen hin wird sie bereits nach 10 Tagen entlassen. Ihr werden strenge Diät-Auflagen gemacht und ihr geraten, bald eine Kur zu machen.

Es hat den Anschein, dass sich die Großmutter nach diesem Klinikaufenthalt zum ersten Mal an ihre Diätvorschriften hält. Es gibt einige ruhige Wochen. Klaus geht zur Schule, macht aber nach wie vor keine Schulaufgaben. Er sagt, das habe keinen Sinn mehr. Zur Schule gehe er nur, um seine Großmutter zu beruhigen.

Auf seine Kumpel angesprochen, erklärt Klaus, dass er mit ihnen nichts mehr zu tun haben wolle, dass sie ihn aber auch in Ruhe ließen. Es gebe überhaupt keinen Kontakt mehr zwischen ihm und ihnen. Das sei auch gut so, denn die seien vor einigen Tagen bös aufgefallen, als sie einigen türkischen Jugendlichen aufgelauert hätten. Es habe eine böse Schlägerei gegeben und die Polizei habe einige festgenommen. Er sei froh, dass für ihn die Sache ausgestanden sei, nachdem er jetzt auch seine Arbeitsauflage erfüllt habe.

Klaus sagt mit etwas Stolz in der Stimme, der Pfarrer habe sich ihm gegenüber sehr zufrieden gezeigt.

Die familiäre Stimmung verschlechtert sich wieder, nachdem sich im Juli bestätigt, dass Klaus keinen Hauptschulabschluss bekommen wird. Das scheint auch Klaus zu bedrücken. Er fragt selbst, ob es möglich sei, dass er ein neuntes Schuljahr anhängen könnte.

Die Großmutter zeigt wieder ihre Ambivalenz: Auf der einen Seite sagt sie, dass sie nichts dagegen habe, wenn Klaus ein neuntes Schuljahr machen würde. Auf der anderen Seite gibt sie deutlich zu verstehen, dass sie nicht glaube, dass Klaus dann seinen Hauptschulabschluss schaffen würde. Dennoch willigt sie auf Bitten von Klaus ein, dass er zusammen mit dem Erziehungsbeistand ein Gespräch mit den Direktor der Schule führt, um die Möglichkeiten und Bedingungen für die Bewilligung eines neunten Schuljahres abzuklären.

Der Beginn des Gespräches, an dem auch die Klassenlehrerin von Klaus teilnimmt, dient der Darstellung der Lebenssituation von Klaus, die dem Schulleiter nur in Ansätzen bekannt war. Auch kommt das Thema auf die Rolle des Erziehungsbeistandes sowie dessen Auftrag und Möglichkeiten des Helfens.

Der Schulleiter erklärt daraufhin, dass eine Übernahme von Klaus in ein neuntes Schuljahr eigentlich nicht möglich sei, da Klaus keine Versetzung geschafft habe. Auch habe Klaus in den letzten Monaten durch seine Fehltage und seine Leistungsverweigerung keinerlei Bereitschaft gezeigt, sich den notwendigen schulischen Anforderungen zu stellen. Zudem sei sein Verhalten einige Zeit sehr provozierend und störend gewesen. Die Klassenlehrerin bekundet jedoch, dass Klaus in den letzten Wochen eher still gewesen sei, auf keinen Fall den Unterricht mehr gestört habe.

Der Schulleiter zeigt sich am Ende bereit, Klaus eine Chance zu geben. Er wisse, dass Klaus von seiner intellektuellen Begabung her ein guter Schüler sein könnte.

Er erklärt, er werde sich beim Schulrat für die Übernahme von Klaus in ein neuntes Schuljahr aussprechen. Er stelle aber selbst die Bedingung, dass sich Klaus in Zukunft den schulischen Anforderungen stelle. Er setze eine Probezeit bis Weihnachten fest. Wenn Klaus bis dahin kein besseres Leistungsverhalten gezeigt habe, werde er ausgeschult werden.

Mit dieser Lösung zeigt sich Klaus zufrieden. Er beteuert Einsicht und gelobt Besserung.

Die schulische Situation von Klaus scheint die Großmutter derart aufzuregen, dass sie wieder beginnt, heimlich ihre Diätvorschriften zu umgehen. Klaus erzählt dem Erziehungsbeistand, dass es zwischen ihm und der Großmutter deswegen immer wieder zu Auseinandersetzungen komme. Die seien dann sehr heftig, weil die Großmutter Klaus anklage, dass sie nur seinetwegen Süssigkeiten essen müsse. Klaus scheint unter diesen Rechtfertigungen der Großmutter sehr zu leiden, zumal er sich Sorgen um ihr Wohl zu machen scheint.

Bis zur Sommerpause der Erziehungsbeistandschaft gibt es noch drei Treffen. Da Klaus auf der Suche nach Möglichkeiten ist, seine Freizeit sinnvoll zu gestalten, überlegen der Erziehungsbeistand und Klaus zusammen, welchem Verein Klaus beitreten könnte. An Fußball zeigt er kein Interesse. Tischtennis scheint ihn zu interessieren. Klaus zeigt jedoch Hemmungen, den örtlichen Verein aufzusuchen. Er meint, er sei überall bekannt und werde wegen seiner familiären Situation schief angesehen.

Der Erziehungsbeistand begleitet Klaus daraufhin zu zwei Trainings. Klaus trifft dabei auf einen Jugendtrainer, der offenbar ein gutes Gespür für Jungs wie Klaus hat und ihn schnell in eine Gruppe zu integrieren vermag. Da Klaus Talent für diesen Sport zeigt, fällt es ihm leicht, schnell in der Gruppe Fuß zu fassen. Er zeigt sich sehr zufrieden und motiviert.

Die Großmutter gibt ihm das Geld für die notwendige Sportkleidung. Sie verbindet dies allerdings wieder mit ihrer grundsätzlichen Verachtung all seiner Vorhaben und mit ihrer Erwartung, er werde das sowieso nicht lange durchhalten.

Als der Erziehungsbeistand Ende August aus seinem Urlaub zurückkommt, erfährt er, dass Petra ganz zu ihrem Freund gezogen sei. Steffanie sei so gut wie nie mehr zu Hause. Klaus äußert den Wunsch, dass er das größere Zimmer der beiden Mädchen gekommen wolle. Steffanie könne ja die wenigen Nächte, die sie überhaupt noch da sei, in dem kleineren Zimmer schlafen.

Die Großmutter äußert sich gegen diesen Wunsch von Klaus, weil er nicht einmal sein vorheriges Zimmer fertig umgestaltet habe. Auch als Klaus anbietet, sein altes Zimmer für Steffanie fertig zu streichen, zeigt sich die Großmutter nicht bereit, Klaus das größere Zimmer zuzusprechen.

Klaus reagiert wieder wie gelähmt. Er geht nicht zum Tischtennistraining, und als die Schule wieder beginnt, geht er auch nicht dorthin. Er sitzt meistens in seinem Zimmer.

Der Erziehungsbeistand redet ihm gut zu: Er könne doch erst mal seine jetziges Zimmer so gestalten, wie er es vorgehabt habe. Dann könnte er auch seine Schulaufgaben in Ruhe machen. Schließlich gehe es doch um s e i n e Zukunft und nicht um die der Oma.

Klaus sagt, dass er das alles wisse, dass er eigentlich zur Schule gehen wolle, dass er das aber nicht könne. Er schaffe es emotional nicht.

Der Erziehungsbeistand bespricht diese Situation mit dem Sozialarbeiter. Er habe den Eindruck, dass im Augenblick alles festgefahren sei. Was vor einem halben Jahr hoffnungsvoll ausgesehen habe, sei wie erloschen. Klaus habe sich zwar aus der Gruppe der rechtsradikalen Jugendlichen gelöst und die Chance bekommen, seinen schulischen Abschluss zu machen. Die Spannungen mit der Großmutter scheinen ihn aber derart zu lähmen, dass er nicht die Kraft aufbringe, das zu tun, was er selber für richtig halte.

Zweites Auswertungs- und Verlängerungsgespräch

Der Sozialarbeiter vereinbart daraufhin mit der Großmutter einen Termin, den er auch als Auswertungsgespräch für das erste Jahr der Erziehungsbeistandschaft nutzen wolle.

Der Sozialarbeiter spricht die augenblickliche Situation mit der Großmutter und Klaus durch. Er bietet der Großmutter dieses Mal eine weiterführende Form der Hilfe an. Da sich das Zusammenleben beider immer schwieriger gestalte, Hilfe für Klaus aber unbedingt erforderlich sei, schlägt er die Unterbringung von Klaus in einer betreuten Jugendwohngruppe vor.

Die Großmutter spricht sich sofort gegen diese Form der Hilfe aus. Sie sei zwar auch manchmal nicht mit der Erziehungsbeistandschaft zufrieden, aber eine Wohngruppe komme überhaupt nicht in Frage.

Klaus zeigt ebenfalls keine Bereitschaft, sich auf diese Form der Hilfe einzustellen. So bleibt nur, die Erziehungsbeistandschaft zu verlängern. Das Problem sei allerdings, dass Klaus in letzter Zeit keine Bereitschaft gezeigt habe, irgendetwas Sinnvolles mit dem Erziehungsbeistand zu entwickeln. Dass er nicht zur Schule gehe, müsse er inzwischen selbst verantworten. Der Erziehungsbeistand könne ihn ja nicht in die Schule tragen. Aber auch sonst seien alle guten Ansätze nicht erfolgreich umgesetzt worden. Nicht unterschätzen wolle der Sozialarbeiter jedoch, dass Klaus sich von der rechtsradikalen, ausländerfeindlichen Gruppe losgesagt hat.

Er werde die Hilfe in der Hoffnung verlängern, dass sich die positiven Ansätze der letzten Zeit wiederholen und zu einem stabileren Ende kommen werden. Die Stundenzahl wird vorerst auf vier Stunden pro Woche reduziert, da zurzeit weder Klaus noch die Großmutter einen Bedarf an mehr Gesprächen oder Aktivitäten anmelden.

Am Ende des Gespräches äußert sich Klaus bereit, von nun an die Schule zu besuchen.

FORTSETZUNG DER ARBEIT

Klaus besucht in den nächsten Wochen die Schule. Er nimmt auch das Training beim Tischtennis wieder auf.

Im Oktober trifft der Erziehungsbeistand Klaus sehr bedrückt an. Er erfährt, dass die Großmutter wieder ins Krankenhaus eingeliefert werden musste. Sie sei wieder kollabiert und musste medikamentös neu eingestellt werden. Der Zustand ihres Beines habe sich verschlechtert, eine Amputation könne jedoch zumindest vorerst vermieden werden.

Klaus zeigt sich in der Zeit wieder sehr besorgt um die Großmutter. Er besucht sie aber seltener. Er sagt, es gebe sowieso immer Streit mit ihr. Wenn er bei ihr sei, streite sie mit ihm und mache ihm ihre Erkrankung zum Vorwurf. Und wenn er nicht gehe, streite sie mit ihm, weil er sie nicht besucht.

Nach zwei Wochen wird die Großmutter wieder entlassen. Ihr Erscheinungsbild ist besorgniserregend. Sie wirkt blass und eingefallen. Dennoch zeigt sie sich voller Energie. Für sie wird eine Kur beantragt, in der sie sich erholen soll, um neue Kräfte zu sammeln. Nur sehr widerwillig stimmt sie einem möglichen Kuraufenthalt zu, nachdem der Großvater zugesichert hat, dass er sich um alles, insbesondere um Klaus, kümmern werde.

Einen alternativen Vorschlag des Sozialarbeiters, dass Klaus zumindest vorübergehend in eine Wohngruppe ziehen könnte, hat die Großmutter entschieden abgelehnt. Eher wolle sie auf die Kur verzichten.

Daraufhin wird entschieden, dass die Stundenzahl der Erziehungsbeistandschaft bei Bedarf erhöht werden kann.

Die Geschichte der Großmutter (3)

Eine Woche vor dem Antritt ihrer Kur trifft der Erziehungsbeistand die Großmutter alleine an. Sie wirkt bedrückt. Es stellt sich heraus, dass es nicht Sorgen um Klaus sind, die sie sich für die Zeit ihrer Abwesenheit macht.

GM: Ich weiß nicht genau, was das ist. So ein ungutes Gefühl. (*Nach einer Weile des Schweigens*): Ich weiß ja, dass das was anderes ist. Aber ich muss immer an meine Mutter denken.
EB: An Ihre Mutter? (*Pause*) Sagten Sie nicht, dass Ihre Eltern im Krieg umgekommen sind?

GM (*nickt langsam*): Ja. Das war im Krieg. (*Pause*) Ich habe noch mit niemandem darüber geredet. Nicht einmal mit meinem Mann. (*Pause*) Aber vielleicht sollte man mal darüber reden. (*Pause*) Ich glaube, Ihnen kann ich das erzählen.

Sie erzählt, dass ihre Eltern aus der Pfalz und aus streng katholischen Familien stammten. Sie waren Gegner der Nazis und sind noch 1932 in das Saarland gezogen. Bei der Abstimmung haben sie 1935 gegen den Anschluss an das Reich gestimmt.

Die Großmutter kann nicht genau sagen, wie es dann weiter gegangen sei. Auf jeden Fall sei der Vater oft weg gewesen und seine Frau habe viel mit ihm gestritten, ohne dass die Kinder wirklich zuhören konnten. Sie hat im Nachhinein den Eindruck, dass der Vater gegen die Nazis gearbeitet und dass die Mutter sich der Kinder wegen Sorgen gemacht hat.

Der Vater war nie Soldat. Er war Jahrgang 02 und hatte seine acht Kinder zu versorgen.

Sie selber war, als der Krieg ausbrach, 11 Jahre alt. Sie war beim BDM, was ihr Freude gemacht habe. Die Aktivitäten hätten ihr gefallen.

Die Großmutter erinnert sich genau, wie ihr Vater am 12. Juli 1944, also nach der Invasion der Alliierten Truppen in der Normandie, abends nicht mehr nach Hause kam. Die Mutter sei sehr aufgeregt gewesen, sie sei zum Bürgermeister gegangen und habe dort erfahren, dass ihr Vater verhaftet worden sei.

GM: Ich habe das damals überhaupt nicht verstanden. Mein Vater! Verhaftet! Warum? (*Pause*) Das war schrecklich! Man konnte ja nichts sagen. Aber alle haben's gewusst. Ich wurde von den anderen schief angesehen und manche haben mich heimlich getreten und so. (*Pause*) Und ich hab' mich so geschämt!
EB: Geschämt?

GM: Ja. Geschämt. Vor all den anderen. Ich gehörte auf einmal nicht mehr so richtig zu denen. Das hat man mich fühlen lassen.
EB: Und ihre Mutter?

GM: Ach ja.

Die Großmutter erzählt weiter, dass zwei Monate später zwei Frauen und ein Mann von der Gemeinde gekommen seien, die den Kinder erklärten, ihre Mutter werde in eine Kur geschickt. Die Kinder kämen für die Zeit in ein Heim. Ihr älterer Bruder in ein Jungenheim und sie mit ihren Schwestern in ein Mädchenheim. Dies war, wie sich herausstellte, ein Heim voller Kriegswaisen, das von Nonnen betreut wurde. Kurz vor Weihnachten 1944 kam dann die Oberschwester zu ihr und erklärte ihr, sie habe eine Mitteilung erhalten, dass die Mutter gestorben sei.

Die Großmutter sagt, sie vermute, dass man ihre Mutter in ein Gefängnis gebracht hatte, um ihren Mann unter Druck zu setzen. Dort sei sie sicher vergiftet worden. Kurz danach kam dann noch die Mitteilung, dass auch der Vater gestorben sei. Sie sei sich heute gewiss, dass er in einem KZ umgekommen ist. Sie habe aber nie danach geforscht.

EB: Schrecklich. Sie waren da ganz alleine mit ihren kleinen Schwestern. Und dann diese Nachricht. Das ist so unendlich traurig.
GM: Traurig. (*Pause*) Ich weiß nicht. (*Pause*) Ich war nicht traurig. Ich war wie Stein.

EB: Wie haben denn die Nonnen reagiert?
GM: Ich glaube, das war schlimm für die, mir oder uns das sagen zu müssen. Aber wissen Sie: Da waren nur solche Geschichten. Was sollten die machen?

EB: Kein Trost?
GM: Die Kleinen haben geweint. Die haben sie Nonnen getröstet. Aber was half das? Da war nur Elend. All die anderen Kinder hatten auch keine Eltern mehr.

EB: Müssen Sie oft daran denken?
GM: Immer vor Weihnachten.

EB: Aber Sie sprechen nicht darüber.
GM: Wen interessiert das schon? Und was sollen die damit anfangen? Das versteht doch keiner. (*Nach längerem Schweigen*): Das Schlimmste war, dass ich mich an dem ganzen schuldig fühlte.

EB: Hatten Sie dafür einen Grund?
GM: Was heißt Grund? (*Pause*) Damals gab es tausend Gründe. Ich war beim BDM. Weiß ich, was ich erzählt habe? Ich kann mich zwar nicht erinnern. (*Pause*) Aber die Vorstellung, ich könnte was gesagt haben, quälte mich sehr.

EB: Und Sie hatten niemanden, mit dem Sie sprechen konnten.
GM: Es hatte niemand Zeit für einen. Es gab so viel Not! Und manche von den Kindern waren noch schlimmer dran. Die hatten erlebt, wie ihre Eltern oder Mütter neben ihnen von Bombensplittern getötet wurden. Die waren alleine lebend aus dem Höllenfeuer gekommen. Manche haben erlebt, wie ihre Eltern und Geschwister umkamen. Mein Mann zum Beispiel. (*Pause*) Ich war ja immer in Obhut. Verstehen Sie?

EB: Und nach dem Kriege?
GM: Wissen Sie: Nach dem Kriege hat einem auch keiner geholfen. Da war das immer noch eine Schande, wenn der Vater im KZ umgekommen war und die Mutter im Gefängnis. Die Gegner der Nazis wurden damals nicht gefeiert. Denken Sie das ja nicht! Es konnte einem passieren, dass einem das sogar vorgeworfen wurde. Als sei man Schuld an der Niederlage und so.

EB: Das heißt, sie mussten damit alleine fertig werden.
GM: Ja. (*Pause*) Sie sind der erste, dem ich das erzähle. Können Sie sich das vorstellen?

EB: Nein. (*Pause*) Unfassbar, dieses Unglück! Wie haben Sie das alles ausgehalten?
GM: Sie sind naiv! Was blieb einem anderes übrig?

Die Großmutter erzählt noch einmal, dass sie in dem Waisenheim ihren Mann kennen gelernt hat, der ja auch seine Eltern verloren hatte. Sie haben sich zusammengetan. 1949 wurde sie dann schwanger. Sie haben geheiratet. Sie hatte direkt nach dem Krieg das Glück gehabt, Schneiderin werden zu können. Das hätte ihnen viel geholfen. Ihr Mann konnte eine Stelle als Bergarbeiter finden. Damals war die „Franzosenzeit", und es sei ihnen nicht schlecht gegangen. Auch ihre Geschwister haben sich einigermaßen durchschlagen können. Nur die beiden jüngsten seien bald nach dem Krieg an Tuberkulose gestorben.

EB: Ich bewundere Ihre Energie.
GM: Die habe ich von meinem Vater.

EB: Was Sie geleistet haben! Bis jetzt. Das ist unglaublich!
GM: Das war damals normal.

Der Erziehungsbeistand hat in den Tagen nach diesem Gespräch den Eindruck, dass die Großmutter leichteren Herzens in ihr Kur gehen kann. Sie bat ihn übrigens am Tag darauf, alles für sich zu behalten. Sie wolle nicht, dass Klaus davon erfahre. Jedenfalls nicht, bevor sie aus der Kur zurückkomme.

In den Wochen, in denen die Großmutter in der Kur ist, gestalten sich die Begegnungen mit Klaus konstruktiv. Es gibt einige gute Gespräche über seine Lebenssituation. Er berichtet eines Tages mit Freude, dass er beim Tischtennis von einigen Mitspielern gelobt worden sei. Er solle auf jeden Fall bei den Vereinsmeisterschaften Anfang des nächsten Jahres mitmachen. Vielleicht käme er dann schon in eine feste Mannschaft.

Das Hauptproblem von Klaus ist jedoch immer noch die Schule. Es erweist sich, dass Klaus in der Zeit vor der Kur der Großmutter die Schule so selten besucht hat, dass seine Ausschulung nicht mehr zu vermeiden sein wird. Klaus zeigt sich darüber bedrückt. Er ärgert sich über sich selbst. Er sagt, er könne jetzt gar nicht verstehen, weshalb er die Schule nicht regelmäßig besucht habe. Er schäme sich, dem Schulleiter zu begegnen, der ihm eine so gute Chance eingeräumt hatte.

Auf Anraten des Erziehungsbeistandes nimmt Klaus all seinen Mut zusammen, um diese Situation mit der Klassenlehrerin zu besprechen. Er will dieses Gespräch allein, ohne den Erziehungsbeistand führen. Klaus berichtet dann bedrückt wirkend, dass die Klassenlehrerin recht ungehalten mit ihm gesprochen habe. Er habe seine Chance gehabt. Sie habe ohnehin nicht geglaubt, dass Klaus es dieses Mal schaffen werde, die

Schule regelmäßig zu besuchen. Sein Verhalten sei zwar wesentlich besser geworden, seine Leistungen seien aber wegen seiner Abwesenheit nicht messbar.

Klaus entscheidet sich daraufhin, gar nicht mehr zu Schule zu gehen. Das habe sowieso keinen Sinn mehr. Der Erziehungsbeistand rät ihm zwar, seinen guten Willen zu bekunden und doch noch zur Schule zu gehen. Klaus zeigt sich über sein eigenes Verhalten jedoch so beschämt, dass er sich nicht mehr überwinden kann. Er zeigt sich auch fest davon überzeugt, dass er an der Schule keine Chance mehr bekommen wird.

Er ist es dann selbst, der den Erziehungsbeistand bittet, sich mit ihm beim Arbeitsamt zu erkundigen, welche Wege jetzt für ihn noch offen sind.

Als der Erziehungsbeistand nach einer Weihnachtspause Familie B. wieder aufsucht, erfährt er, dass die Großmutter zwei Tage vor Weihnachten aus ihrer Kur zurückgekommen war. Er trifft sie erholt an.

Klaus hat zu Weihnachten von seiner Mutter ein neues Radio mit CD-Player geschenkt bekommen. Er sagt, er habe sie nicht darum gebeten. Er meint, dass seine Mutter wohl längst vergessen hatte, dass sie ihm schon voriges Jahr eins schenkte. Es sei schon öfter vorgekommen, dass seine Mutter ihm mehrere Male das gleiche Geschenk gemacht habe. Dieses Mal sei das zum ersten Mal für ihn in Ordnung.

Einen schweren Rückschlag erlebt die Entwicklung, als im Januar der Beschluss über die Ausschulung von Klaus schriftlich eingeht.

Die Großmutter wie auch Klaus fallen auf ihre alten Muster zurück: Die Großmutter auf ihre zänkischen und verletzenden Angriffe auf Klaus und der auf seine Lähmung. Er vernachlässigt wieder sein Tischtennistraining, obwohl er dort nicht nur sportlich, sondern auch kameradschaftlich Fuß zu fassen begann. Er zeigt auch wieder weniger Interesse an seiner beruflichen Zukunft.

Bei allen Versuchen des Erziehungsbeistandes, an den Stand seiner Entwicklung anzuknüpfen, weicht Klaus mürrisch aus. Er wisse es, was erforderlich sei, aber er könne es nicht umsetzen.

Der Erziehungsbeistand bespricht diese neueste Entwicklung, die er als Rückfall erlebt, mit dem Sozialarbeiter. Beide verabreden, wieder einmal mit der Großmutter und Klaus über die Möglichkeiten einer Unterbringung von Klaus in eine Wohngruppe zu sprechen.

Zu ihrem Erstaunen zeigen sich beide dieses Mal bereit, positiv über diese Möglichkeit nachzudenken. Klaus sieht darin für sich die Chance, Abstand zu gewinnen, um sich anders orientieren zu können.

Die Großmutter verbindet allerdings diese mögliche Perspektive wieder mit Vorwürfen an Klaus, dass es allein an ihm liege, wenn sie immer kränker werde und er in ein Heim müsse.

Dennoch scheint Klaus sich innerlich auf diesen Schritt in eine betreute Wohngruppe einzustellen. Er äußert eines Tages selbst den Wunsch, sich einige Gruppen anschauen zu können. Das geschieht dann auch zusammen mit dem Sozialarbeiter. Zuletzt wird vereinbart, dass auf einen freien Platz gewartet wird.

Die Großmutter scheint diese Entwicklung weniger positiv aufzunehmen. Sie baut wieder gesundheitlich rapide ab. Im Februar 1994 wird sie wieder vom Notarzt ins Krankenhaus gebracht, wo sich herausstellt, dass ihr linkes Bein nicht mehr zu retten ist. Auch dieses Bein muss unterhalb des Knies amputiert werden.

Klaus ist durch diese Situation wieder stark berührt und erklärt, dass er jetzt auf keinen Fall in eine Wohngruppe gehen werde. Er müsse bei seiner Großmutter bleiben. Auf alle Einwände, die sich auf die Vergangenheit berufen, erklärt er, dass dieses Mal alles anders sein werde. Er werde mit seiner Großmutter nicht mehr streiten, auch wenn sie ihm noch so sehr zusetze.

Vier Wochen nach der Operation lässt sich die Großmutter wider alles Zureden aus der Klinik entlassen. Und acht Wochen nach der Operation übt sie mit großer Energie das Gehen auf zwei Prothesen.

DRITTES AUSWERTUNGS- UND VERLÄNGERUNGSGESPRÄCH

In diese Zeit fällt das dritte Auswertungs- und Verlängerungsgespräch der Erziehungsbeistandschaft.

Der Erziehungsbeistand hat das Gespräch mit der Großmutter vorbereitet und ihr geraten, dass Klaus von der Geschichte ihrer Familie erfährt, da er glaube, dass in der Geschichte neben den schlimmen Folgen auch viel Kraft liege, die Klaus übernehmen könnte, wenn er von ihr erführe.

Die Großmutter hat den Erziehungsbeistand gebeten, er möge die Geschichte Klaus in ihrer und des Sozialarbeiters Gegenwart erzählen. Sie glaube nicht, dass sie ihm ihre Geschichte auf eine Weise erzählen könnte, dass Klaus ihr in Ruhe zuzuhören vermöge.

Auf diese Weise wird aus dem Auswertungs- und Verlängerungsgespräch der Beistandschaft die Inszenierung eines Rituals.

EB: Klaus, ich möchte Dir an dieser Stelle unseres Gespräches heute etwas Besonderes mitteilen. Deine Großmutter hat mich darum gebeten, dies für sie zu tun.
Klaus (schaut erstaunt auf).

EB: Es geht um das Schicksal Deiner Familie beziehungsweise Deiner Vorfahren. (*Pause*) Du weißt wahrscheinlich nicht, was mit den Eltern Deiner Großmutter geschehen ist und wie sich daraufhin das Leben Deiner Großmutter gestaltet hat.
Klaus: Die Eltern meiner Oma? (*Pause*) Also meine Urgroßeltern? (*Pause*) Waren die im Gefängnis?

EB: Hör mir nur mal zu. Vielleicht kannst Du der Geschichte keine Bedeutung für Dich abgewinnen. Vielleicht ist es aber auch wichtig für Dich, zu erfahren, welches Schicksal Deine Großmutter hatte, als sie etwa so alt war wie Du jetzt bist. (*Pause*)
Klaus (nickt mit einer auffordernden Geste).

Klaus hört sich die Geschichte ruhig und ohne Kommentar an. Er scheint von ihr innerlich berührt, will aber nicht darüber sprechen. Dies scheint auch dem Wunsch der Großmutter zu entsprechen, die gleich danach das Thema auf die nächsten konkreten Schritte lenkt.

Klaus fragt erneut an, ob er endlich das Zimmer seiner Halbschwester beziehen könne. Die Großmutter geht dieses Mal darauf ein und greift das Angebot von Klaus als Bedingung auf, dass er vorher das kleine Zimmer in Ordnung bringe.

Die Großmutter und Klaus artikulieren ihren jeweiligen Bedarf an weiterer Hilfe, Unterstützung und Begleitung. Die Großmutter betont wieder, dass ihr die Gespräche mit dem Erziehungsbeistand gut täten. Klaus macht deutlich, dass er die Unterstützung des Erziehungsbeistandes suche, um sich langsam von seiner Großmutter lösen zu können.

Auch der Sozialarbeiter und der Erziehungsbeistand erleben den weiteren Bedarf an Hilfen in dieser Familie.

Der Sozialarbeiter stimmt einer Verlängerung der Hilfe mit der Perspektive zu, dass die Ablösung von Klaus in Richtung seiner Verselbstständigung nun verstärkt in den Vordergrund treten solle.

Wider das Erwarten des Erziehungsbeistandes gestaltet sich die Atmosphäre zwischen Großmutter und Klaus in den kommenden Wochen wesentlich konstruktiver als in den Wochen vor der zweiten Beinamputation.

Klaus knüpft erneut an seine Interessen an. Er besucht das Tischtennistraining regelmäßig dreimal die Woche. Er macht dort offensichtlich gute Fortschritte. Eines Tages äußert er den Wunsch, mit dem Erziehungsbeistand auf einer öffentlichen Platte in einem Park ein Spiel zu machen. Der Erziehungsbeistand, der nach seiner eigenen Einschätzung selber kein schlechter Tischtennisspieler ist, hat keine Chance, gegen Klaus zu gewinnen. Nach der Revanche, die der Erziehungsbeistand ebenfalls verliert, zeigt sich Klaus ihm gegenüber auf eine sehr liebenswerte Weise annäherungsbedürftig. Der Erziehungsbeistand erlebt die Situation so, als habe Klaus jetzt mit ihm ein Bündnis geschlossen.

Im April kann Klaus endlich sein größeres Zimmer beziehen, das er mit Hilfe seines Großvaters neu tapeziert und gestrichen hat. Klaus hat sogar den Mut, eine kleine Einweihungsfeier in dem Zimmer zu geben, wozu er einige Mitspieler aus seinem Tischtennisverein einlädt.

Vor dem Termin zeigt er sich sehr aufgeregt. Er will mehrere Male wieder absagen, weil er befürchtet, dass doch niemand kommen werde. Als dann aber fast alle von ihm eingeladenen Gäste erscheinen und ihm zusammen eine Doppel-CD schenken, zeigt er sich zufrieden und begeistert.

Im Mai spricht der Erziehungsbeistand bei Klaus noch einmal die Geschichte seiner Herkunftsfamilie an und fragt ihn, ob er Interesse daran habe, zusammen in ein Museum zu gehen, das die Zeit des Nationalsozialismus und auch des Widerstandes gut dokumentiere. Klaus scheint innerlich zu zögern, spricht sich aber nicht dagegen aus.

So verabreden beide einen Besuch des Regionalgeschichtlichen Museums des Saarlandes in den Kellern des Schlosses von Saarbrücken. Sie besuchen gezielt die Abteilung „12 statt 1000 Jahre", die zum Teil in den Räumen eingerichtet ist, die von der Gestapo genutzt worden sind. Klaus verweilt längere Zeit still in der erhaltenen Gefangenenzelle, an deren Wänden immer noch die eingeritzten Namen von Gefangenen zu erkennen sind.

Der Erziehungsbeistand begleitet Klaus durch diese Ausstellung. Er hat sich vorgenommen, nur auf Fragen von Klaus zu antworten. Der fragt aber gar nichts, sondern liest in aller Ruhe die ihn interessierenden Erklärungen. Von den Bereichen, wo der Widerstand, das Kriegsende und die Not der aus Osteuropa verschleppten Zwangsarbeiter dargestellt werden, scheint Klaus besonders berührt.

Nach dem Museumsbesuch gehen beide zu einem Eis auf den St. Johanner Markt. Klaus zeigt keine Neigung, ein Gespräch über das Gesehene zu führen.

Eines Tages im Juni sagt Klaus von sich aus, dass er sich sehr über sich selbst ärgere, weil er die Schule verpatzt habe. Wenn er sich Mühe gegeben hätte, könnte er bald die Mittlere Reife machen. Er erzählt, dass es sich erkundigt habe, wie er wenigstens den Hauptschulabschluss machen könne. Er habe sich vorgenommen, nach der Sommerpause einen Hauptschulabschlusskurs zu besuchen. Er sei sicher, dieses Mal den Abschluss zu schaffen. Wenn er danach eine Lehre gemacht habe, könne er immer noch die Mittlere Reife nachholen, wenn er es dann noch brauche oder wolle.

Klaus meldet sich selbstständig bei einem Hauptschulabschlusskurs an, der von einem Freien Träger angeboten wird.

Der Sommer verläuft ohne Probleme. Klaus macht von sich aus eine Menge Vorschläge, was er mit dem Erziehungsbeistand machen will. So reparieren sie zusammen das Fahrrad von Klaus und machen einige kleinere Radtouren. In den Ferien nimmt Klaus an einer Freizeitmaßnahme in der Eifel teil, die vom Jugendamt angeboten wird.

Der gesundheitliche Zustand der Großmutter wirkt nicht zufrieden stellend. Nach außen zeigt sie sich zwar voller Energie. Sie hat es inzwischen gelernt, recht sicher auf zwei Prothesen mit einem Stock als Hilfe zu gehen. Manchmal lässt sie sogar den Stock stehen. Aber Klaus berichtet, dass ihr oft schwindelig sei, dass sie über Kopfschmerzen klage. Auch sei er sicher, dass sich die Großmutter nur unzureichend an die ärztlich verordneten Diätvorschriften halte.

Klaus scheint das nicht zu beeinträchtigen. Es geht seine Wege. Besucht regelmäßig das Training vom Tischtennis und nimmt zum ersten Mal an einem regionalen Pokal-Turnier teil. Seine Mannschaft gewinnt zwar nicht den Pokal, Klaus hat in seinen Spielen jedoch beachtliche Leistungen gezeigt.

Immer wieder wird der Erziehungsbeistand auch von der Großmutter in Anspruch genommen. Es hat sich so eingependelt, dass er die ersten 15 oder 20 Minuten bei der Großmutter ist, mit ihr einen Kaffee trinkt und sich mit ihr unterhält. Offensichtlich tut es ihr gut, dass sie viel Anerkennung für ihre Leistungen in ihrem Leben bekommt. So erfährt der Erziehungsbeistand immer wieder Einzelheiten aus ihrer Kindheit, von der sie inzwischen leichter sprechen zu können scheint.

Auch holt sie sich einige Entlastung, was ihren Umgang mit Klaus betrifft. Dabei scheint sie ihre eigenen Wege zu suchen. Sie lässt sich Ratschläge geben, wie sie dies oder das regeln solle. Es stellt sich jedoch heraus, dass sie sich an diese Ratschläge nicht hält, sondern ihre eigenen Vorstellungen umzusetzen sucht.

Wichtige Themen, die Klaus einbringt, sind die Fragen nach mehr Geld und die Frage nach einem eigenen Wohnungsschlüssel. In beiden Punkten zeigte sich die Großmutter bisher unnachgiebig.

Im September beginnt Klaus wie geplant mit dem Hauptschulabschlusskurs. Er zeigt sich recht zufrieden, da er eine Menge guter Rückmeldungen bekommt. Er sagt, dass die meisten im Kurs TeilnehmerInnen seien, die den Hauptschulabschluss aus Mangel an Begabung nicht geschafft hätten. Denen fühlt sich Klaus bald überlegen. Er scheint den Eindruck zu haben, dass er von einigen Lehrkräften bevorzugt behandelt wird.

Viertes Auswertungs- und Verlängerungsgespräch

Im Oktober findet nach zwei Jahren der Erziehungsbeistandschaft erneut ein Auswertungsgespräch zwischen Großmutter, Klaus, Sozialarbeiter und Erziehungsbeistand statt.

Die Großmutter äußert sich mit der Situation von Klaus nicht zufrieden. Er gehe zwar wieder zur Schule, hätte nach ihrer Meinung den Abschluss aber längst haben können. Auch sei sie damit nicht zufrieden, dass Klaus ihr finanziell immer noch auf der Tasche liege. Es sei zwar nicht mehr so schlimm wie früher, aber er erpresse immer noch Geld von ihr.

Der Sozialarbeiter fragt, wie viel festes Taschengeld Klaus bekomme. Darauf erklärt die Großmutter, dass sie Klaus kein Taschengeld gebe, er würde es sowieso sofort ausgeben.

Klaus zeigt sich bei diesem Gesprächsabschnitt verlegen. Er gibt seiner Großmutter grinsend Recht und meint selbst, dass er Geld, das er habe, sofort ausgebe.

In Anbetracht der Tatsache, dass die Erziehungsbeistandschaft in den vergangenen Monaten sehr ruhig und komplikationslos gelaufen sei und dass Klaus inzwischen seinen Weg zu gehen scheint, stellt der Sozialarbeiter an die Großmutter und Klaus die Frage, ob die Begleitung von Klaus durch den Erziehungsbeistand noch als erforderlich erachtet werde.

Klaus zeigt sich sofort sehr beunruhigt und schaut ängstlich zwischen dem Erziehungsbeistand und dem Sozialarbeiter hin und her. Er möchte auf jeden Fall, dass die Beistandschaft erhalten bleibe. Er habe endlich jemanden für sich, mit dem er alles bereden könne und der mit ihm auch etwas unternehme. Hier verweist er zum ersten Mal auf den Besuch des Landesgeschichtlichen Museums. So etwas habe ihm noch niemand gezeigt. Er glaube, dass er auf diese Begleitung noch eine Weile angewiesen sei, auch wenn er jetzt schon einiges alleine schaffe.

Auch die Großmutter wünscht die Fortsetzung der Hilfe. Auch sie sei froh, mit dem Erziehungsbeistand vieles bereden zu können, was sie sonst immer alleine mit sich ausmachen musste.

Der Sozialarbeiter, Klaus und die Großmutter verständigen sich in der Richtung, dass die Erziehungsbeistandschaft etwa so lange andauern soll, bis Klaus eine Entscheidung in beruflicher Richtung getroffen und eine Lehrstelle gefunden habe. Vielleicht sei er dann in der Lage, seinen Weg ohne den Beistand gehen zu können.

Fortsetzung der Arbeit

Klaus geht in den folgenden Monaten regelmäßig zur Schule und geht seinem Sport nach. Auf der Vereinsmeisterschaft hat er gut abgeschnitten, sodass er jetzt einen festen Platz in der Jugendmannschaft bekommt. Das hat zur Folge, dass er an Wochenenden häufig zu Wettkämpfen unterwegs ist.

Im Februar 1995 macht der Erziehungsbeistand eine urlaubsbedingte Pause von zwei Wochen. Als er zurückkommt, schickt ihn die Großmutter aufgeregt sofort zu Klaus.

Der Erziehungsbeistand findet Klaus deprimiert und aufgelöst in seinem Zimmer wieder. Klaus zeigt sich aggressiv und erklärt, er habe zu nichts mehr Lust. Er sei in den vergangenen Tagen nicht zum Kurs gegangen. Zum Training sei er zwar gewesen, habe aber schlecht gespielt. Er traue sich nicht zum nächsten Mannschaftsspiel.

Es stellt sich heraus, dass seine Mutter unerwartet aufgetaucht ist. Sie wohne bei ihrer Schwester Hildegard. Dieses Mal sei sie nicht zu Besuch gekommen, sondern wolle sich hier eine Wohnung suchen. Sie habe ihren neuen Partner auch mitgebracht, den sie heiraten wolle.

Auf diesen Mann zeigt sich Klaus besonders wütend. Der wolle sich bei ihm „einschleimen", indem er auf Vater mache. Er wolle ihm ständig reinreden, was vernünftig sei und was nicht.

Dieser Typ stinke Klaus total. Darüber sei er mit seiner Mutter in Streit geraten, denn die habe erklärt, dass Klaus zu ihr ziehen solle. Er solle doch froh sein, dass er endlich einen Vater habe. Klaus könne darüber nur lachen. Er werde auf keinen Fall zu seiner Mutter ziehen.

Auf die Frage, ob er seiner Mutter etwas von ihm, dem Erziehungsbeistand erzählt habe, berichtet Klaus, dass sich der so genannte Stiefvater völlig abfällig über das Jugendamt ausgelassen und erklärt habe, dass er von so einer Jugendamtssache gar nichts halte. Das könne er besser. Die Mutter habe sich zwar nicht geäußert, habe aber auch nicht widersprochen. Ziemlich angewidert meint Klaus, die wage wohl nicht, ihrem Typ zu widersprechen.

Klaus bleibt in den nächsten Tagen aufgelöst und aggressiv. Er sei tatsächlich nicht zum Match vom Tischtennis gegangen. Er habe auch Ärger deswegen bekommen, weil er nicht rechtzeitig abgesagt habe. Die anderen hätten Mühe gehabt, noch schnell einen Ersatzspieler zu finden. Der Mannschaftsleiter habe erklärt, so etwas dürfe Klaus kein zweites Mal vorkommen lassen.

Außerdem sei die Sozialarbeiterin vom Hauptschulabschlusskurs aufgetaucht, um sich zu erkundigen, was los sei. Er hätte sich entschuldigen müssen, habe es aber nicht getan. Ihm sei alles egal, wenn er zu seiner Mutter und diesem Typ da ziehen müsse. Er werde ihnen die Hölle heiß machen. Die würden schon sehen.

Die Großmutter äußert sich bezüglich der Wohnperspektive von Klaus widersprüchlich: Auf der einen Seite erklärt sie, sie sei froh, dass sich ihre Tochter endlich mal um ihren Sohn kümmern wolle. Auf der anderen Seite schimpft sie, sie wolle nicht anerkennen, was sie, die Großmutter, geleistet habe. Sie wolle jetzt auf einmal alles besser machen. Aber sie werde schon sehen, dass sie mit Klaus überhaupt nicht klarkommen werde.

Klaus lässt in diesen Tagen alle Aktivitäten schleifen. Nach außen zeigt er das gleiche Bild, wie am Anfang der Erziehungsbeistandschaft. Da aber inzwischen viel Neues geschehen ist, möchte der Erziehungsbeistand herausarbeiten, ob und inwiefern sich die Situation von damals und die Situation von heute unterscheiden.

EB: Klaus, was ist los mit Dir? Ich verstehe nicht, dass Du alles liegen lässt: Die Schule, das Tennis.
Klaus (vor sich hinstarrend): Ich weiß ja. (*Pause*) Ich verstehe das auch nicht. (*Längere Pause*) Ich weiß, dass ich das alles machen sollte. Aber ich kann nicht. Ich sitze hier und kann nicht. (*Pause*) Ich will – und kann nicht.

EB: Das ist ja so, wie am Anfang, als ich zu Dir kam. Da hast Du auch nichts machen können.
Klaus: Da wollte ich auch nicht.

EB: Es gibt also einen Unterschied.
Klaus: Ja.

EB: Dir geht es nicht gut. Ich sehe, wie Du leidest. Wie ist das für Dich? Hast Du am Anfang, so vor eineinhalb Jahren mehr gelitten? Oder leidest Du heute mehr.
Klaus: Heute.

EB: Du spürst den Konflikt in Dir?
Klaus (nickt).

EB: Vor eineinhalb Jahren bist Du nicht zur Schule gegangen und wolltest es auch nicht. Jetzt willst Du eigentlich zur Schule gehen, aber sagst, Du kannst Dich nicht überwinden, es zu tun. Obwohl Du weißt, dass es gut für Dich wäre.
Klaus (nickt).

EB: Ich erlebe das wie eine Lähmung. (*Pause*) Ich weiß, dass es wenig Sinn für mich haben wird, gegen diese Lähmung anzureden. Du weißt selbst, was für Dich gut ist und was Du tun müsstest. Darüber muss ich nicht mit Dir reden.
Klaus (nickt und atmet tief durch).

EB: Ich sehe da einen wichtigen Unterschied.
Klaus (schaut fragend auf).

EB: Wie war es denn früher? Wie haben die anderen, zum Beispiel die Lehrer auf Dich reagiert? Konnten sie Dich verstehen?
Klaus (schüttelt den Kopf).

EB: Du hättest ihnen damals nur sagen können, dass Du keine Lust hast. Heute könntest Du ihnen etwas anderes sagen.

Klaus: Was denn? (*Pause*) Dass ich eigentlich kommen will, aber es nicht schaffe?

EB: Angenommen, Du würdest das den Lehrern oder der Sozialarbeiterin vom Kurs sagen. Was wäre anders?

Klaus (*nach einer Pause*): Sie würden mich fragen, was los ist.

EB: Und Du? Was würdest Du antworten?

Klaus: Ich würde sagen, was los ist.

EB: Was wäre anders?

Klaus: Die würden mehr verstehen.

EB: Und was wäre anderes, was Dich betrifft?

Klaus: Ich würde sagen, was mit mir ist.

EB. Hm.

Klaus: Aber ich weiß nicht, ob das klappt.

EB: Wie kannst Du das erfahren?

Klaus (*nach einer Pause*): Wenn ich mit denen rede. (*Pause*) Ich weiß nicht.

EB: Was weißt Du nicht?

Klaus: Ob ich das schaffe? (*Nickt. Nach einer Pause*): Wenn Sie mitgehen?

EB: Ist in Ordnung. Ich kann Dich begleiten, wenn Du willst.

Klaus (*nickt*).

EB: Wohin willst Du zuerst gehen: Zur Schule? Oder zum Tischtennis?

Klaus: Zur Schule. (*Pause*) Zum Tischtennis kann ich dann vielleicht doch alleine.

Wie verabredet, sucht Klaus in Begleitung des Erziehungsbeistandes die Sozialarbeiterin beim Hauptschulabschlusskurs auf. Die zeigt sich erleichtert, dass Klaus kommt. Sie sagt aber, Klaus müsse wieder in den Unterricht kommen, wenn er diesen Kurs beenden wolle. Er habe nun schon einen Monat gefehlt. Wenn er nicht bald wieder regelmäßig am Unterricht teilnehme, werde man ihn ausschließen müssen, allein schon aus Rücksicht auf die anderen Teilenehmerinnen und Teilnehmer.

Die Sozialarbeiterin würde das sehr bedauern, da Klaus eindeutig zu den Begabteren im Kurs gehöre. Außerdem habe er sich als integrierender Faktor erwiesen.

Das Gespräch gebe der Sozialarbeiterin aber die Möglichkeit, Klaus für den nächsten Kurs vorzumerken, falls er diesen nicht zu Ende führen könne.

Nach einigen vergeblichen Anläufen schafft es Klaus, auch mit dem Trainer vom Tischtennis zu sprechen. Dort scheint er auf wenig Verständnis gestoßen zu sein. Allerdings wurde seine Entschuldigung angenommen und einer möglichen Rückkunft in seine Mannschaft nicht widersprochen.

Klaus bekundet dem Erziehungsbeistand gegenüber, dass er sich nach diesen beiden Gesprächen wohler fühle. Er meint, diese Gespräche würden ihm seinen Wiedereinstieg bestimmt erleichtern.

Der Erziehungsbeistand spricht des Öfteren an, dass er die Mutter von Klaus kennen lernen möchte. Weder die Großmutter noch Klaus zeigen eine Bereitschaft, auf eine derartige Begegnung hinzuwirken. Vor allem scheint Klaus davor Angst zu haben. Er erklärt seine ablehnende Haltung damit, dass seine Mutter ohnehin nichts von der Erziehungsbeistandschaft halte und nur wolle, dass Klaus zu ihr ziehe, sobald sie eine Wohnung gefunden haben werde.

FÜNFTES AUSWERTUNGS- UND VERLÄNGERUNGSGESPRÄCH

Im April steht wieder die halbjährige Auswertung der Erziehungsbeistandschaft an sowie die Frage nach deren möglichen Verlängerung. Der Sozialarbeiter besteht der Großmutter gegenüber darauf, dass die Mutter an dem Gespräch teilnehmen soll. Ohne sie seien keine vernünftigen Absprachen für die nächste Zukunft möglich. Wenn die Mutter wolle, dass auch ihr Partner dabei sei, habe er nichts dagegen.

An dem Gespräch nehmen dann die Großmutter, die Mutter, Klaus, der Sozialarbeiter und der Erziehungsbeistand teil. Dabei zeigt sich schnell, dass die Mutter keine Einwände gegen die Beistandschaft zu haben scheint. Vielmehr beteuert sie, dass sie die Hilfe des Jugendamtes begrüsse. Ohne die wäre die Entwicklung von Klaus nach ihrer Überzeugung vollends den Bach hinunter gegangen. Bei allen momentanen Schwierigkeiten sehe sie eine Verbesserung bei Klaus, da er keine Anlässe mehr für gerichtliche Verfahren liefere.

Die Großmutter wirft der Mutter vor, sich jahrelang nicht um Klaus gekümmert und ihr die Aufgabe der Erziehung überlassen zu haben.

GM: Nun ist aber eine neue Situation eingetreten. (*Zur Mutter und zu Klaus gewandt*): Die zukünftige Entwicklung von Klaus ist von mir aus jetzt Eure Sache. (*Pause*) Ich habe innerlich abgeschlossen. Oder bin dabei, es zu tun. (*Pause*) Ich kann auch bald nicht mehr.
Klaus: Oma, das glaube ich Dir nicht!

GM (*auf ihre Beine zeigend*): Und das? (*Pause*) Auch ich muss langsam begreifen, dass ich nicht immer alles leisten kann und muss. (*Pause*) Aber eines möchte ich noch sagen. (*Mit Blick auf den Erziehungsbeistand*): Heute weiß ich, Dass Sie Klaus wirklich geholfen haben. Ich konnte mir das am Anfang gar nicht vorstellen. (*Pause. Leicht rot im Gesicht werdend*) Aber auch mir haben Sie geholfen. (*Zum Sozialarbeiter*) Zum ersten Mal in meinem Leben hatte ich jemanden, dem ich meine Geschichte erzählen konnte. Der mir zugehört hat. (*Pause. Mit Blick zum Erziehungsbeistand und mit Rührung in der Stimme*): Das hat mir gut getan. (*Pause*) Ich sehe jetzt mein Leben anders. Als hätte sich die ganze Mühe auch wirklich gelohnt. (*Pause. Mit einem Anflug von Tränen in den Augen*) Und dass wir über meine Eltern gesprochen haben. Ich weiß ja nicht einmal, wo die begraben sind. (*Langes Schweigen*) Danke.
EB: Ich freue mich, das von Ihnen zu hören. Aber ich danke Ihnen für das Geschenk Ihres Vertrauens. Und ich sage es noch einmal: Ich finde es beeindruckend und auch für mich vorbildhaft, wie Sie Ihr Leben gemeistert haben.

(*Es folgt eine lange Phase des Schweigens.*)

Exkurs über eine Theorie der Weiterentwicklung der kognitiv-emotionalen Kompetenz im Erwachsenenalter in Rhythmen von Lebensentwürfen und Lebensbilanzen

Dieser Exkurs knüpft an den Exkurs über meine Theorie der Entwicklung kognitiv-emotionalen Kompetenz im Kindes- und Jugendalter an (s. S. 97 ff.) und setzt ihn in Hinblick auf die entsprechende Entwicklung im Erwachsenenalter fort.

1. Abschnitt: Erfahrungen mit Eltern, die Kinder- und Jugendhilfe beanspruchen, und die daraus folgende Fragestellung

Die Fragestellung nach der weiteren Entwicklung der kognitiv-emotionalen Kompetenz stellt sich m.E. allein schon deshalb für die MitarbeiterInnen Kinder- und Jugendhilfe, weil sie immer auch mit Erwachsenen, seien es mit Eltern oder mit anderen Erziehungsberechtigten arbeiten müssen, die ihren Erziehungsaufgaben nicht gerecht werden.

Wie schon das Erklärungsmodell der Entwicklung der kognitiv-emotionalen Kompetenz in Kindes- und Jugendalter hilft mir das folgende Modell,

(1) das Verhalten (biologisch) Erwachsener bezogen auf den Umgang mit Kindern besser einzuordnen und nachzuvollziehen, so unangemessen es bezogen auf einen förderlichen und stützenden Umgang mit ihnen in vielen Fällen auch scheint.

(2) Es hilft mir, meine Erwartungen diesen Personen gegenüber deren Situationen und deren Erleben der Situationen anzugleichen.

(3) Es verdeutlicht mir einerseits die Grenzen der Lösungsmöglichkeiten innerhalb der Familien

(4) und gibt mir andererseits Hinweise auf mögliche Lösungswege im Leben der Betroffenen.

(5) Es hilft mir zudem, als Therapeut und Berater von Menschen in Krisen gezielt Fragen zu stellen.

Es ist heutzutage eine Binsenweisheit zu sagen, dass Lernen ein lebenslanger Prozess ist, das heißt dass die Entwicklung der kognitiv-emotionalen Kompetenz mit dem Eintritt in das Erwachsenenalter mit etwa 20 Jahren keineswegs abgeschlossen ist. Das menschliche Gehirn modifiziert sich lebenslang fort (Lipton 2007, S. 14f), es muss sich ständig Situationen anpassen, sei es, dass sie aus dem altersgemäßen Wandel der Person selbst resultieren, sei es, dass sie durch Einflüsse von außen bewirkt werden.

Dies geschieht, wie mehrfach betont, unter der Bedingung der Strukturdeterminierung oder Autopoiese. „Zuunterst und tief verankert liegen die während der Kindheit vorgefundenen und übernommenen Haltungen und Überzeugungen mit all den mehr oder weniger deutlichen Spuren im Denken und Fühlen, die Elternhaus und Schule zurückgelassen haben, mit den von Altersgenossen, von Erwachsenen und den Medien übernommenen Vorstellungen davon, worauf es im Leben ankommt. Auf dieses Fundament werden alle weiteren Erfahrungen gepackt, die ein heranwachsender Mensch in der Auseinandersetzung mit der ihm übergebenen Welt machen kann, während der Ausbildung und im Berufsleben" (Hüther 2002, S. 137). Das private Leben möchte ich als wichtige Ergänzung hinzufügen.

Meine Frage ist, wie sich das lebenslange Lernen fortsetzt, ob es wie bei der Entwicklung der kognitiv-emotionalen Kompetenz im Kindes- und Jugendalter auch nach dem Eintritt in das Erwachsenenalter einem nachvollziehbaren Aufbau folgt, der bei aller individueller Verschiedenheit eine gemeinsame Grundstruktur erkennen lässt.

Es gibt mehrere Darstellungen, die die Entwicklung des menschlichen Lebens im Erwachsenenalter in Phasen begreifen und dabei schwerpunktmäßig auf die „seelische Entwicklung" der Menschen als ihr „Reifen" oder ihr „Wachstum" in ihrem Lebensprozess abstellen (z.B. Moers 1953, Lievegoed 1988).

B. Lievegoed unterscheidet hierbei „die *biologische*, die *psychische* und die *geistige* Entwicklung". Nach seiner Sicht verlaufen sie „jeweils nach einem eigenen Schema, beeinflussen sich aber gegenseitig" (Lievegoed 1988, S. 21).

Diese Wechselwirkung der Ebenen wird auch kognitionswissenschaftlich so gesehen, wenn es heißt, dass alles, was wir erleben und erfahren in Nervenzell-Netzwerken des Gehirns gespeichert wird (Bauer 2004, S. 7).

In der Literatur über Grundlagen biographischer Entwicklungen gibt es verschiedene Muster der Einteilung von Entwicklungsschritten. Die der Anthroposophie zuneigenden Autoren wir Bernard Lievegoed (Lievegoed 1988) und Mathias Weis (Wais 1992) bevorzugen die Einteilung in Lebensjahrsiebte oder nach dem so genannten „Mondkoten-Rhythmus". Martha Moers begnügt sich mit fünf Phasen, der „Kindheit und Jugend als Aufbauzeit des Lebens" (Moers 1953. S. 23ff.), der vier „Erwachsenenphasen" folgen (ebda, S. 34ff.). Interessanter Weise kommen diese Autoren auf ähnliche Ergebnisse in den Charakteristika der Lebensabschnitte wie ich sie hier vorstelle, wobei sie die von mir bevorzugte kognitionswissenschaftliche Perspektive nicht berücksichtigen konnten, da die zur Zeit ihrer Publikationen noch nicht ihren heutigen Stand erreicht hatte.

Bei meiner Einteilung halte ich mich an die Zeiträume, die das Gehirn zur Entwicklung der kognitiv-emotionalen Kompetenz des Erwachsenen benötigt: neun bis zehn Jahre Kindheit und neun bis zehn Jahre Jugendzeit.

Die Entwicklung zur kognitiv-emotionalen Kompetenz des Entwachsenen braucht, wie bereits im vorherigen Exkurs ausgeführt, 18–20 Jahre, das heißt, erst in diesem Alter ist die Entwicklung abgeschlossen, die ich als Voraussetzung für eine eigenverantwortliche und gemeinschaftsfähige Lebensgestaltung ansehe.

Auf dem halben Wege dahin, mit neun bis zehn Jahren, hat das heranwachsende Kind den „Rubikon" seiner Wahrnehmungsstruktur von der Vorstellungswelt zur sozial abzugleichenden Welt als notwendigen Schritt in Richtung erwachsen Werdens überschritten.

Erst mit dem Erreichen der kognitiv-emotionalen Kompetenz des Erwachsenen zwischen 18 und 20 Lebensjahren kann eine Person die Summe seiner bisherigen Erfahrungen in einer Art Bilanz ziehen und daraus ableiten, wie sie sich als Erwachsene in die Welt stellen will. Ich nenne dies Zeit der „ersten großen Lebensbilanz" und des „ersten großen Lebensentwurfs".

In Fortsetzung dieses Rhythmus, gehe ich davon aus, dass das menschliche Gehirn alle 18 bis 20 Jahre eine bedeutsame Lebensbilanz zieht und mit weiteren Stufen von Lebensentwürfen verbindet.

Die dazwischen liegenden neun bis zehn Jahre erachte ich als „Zeiträume der Dringlichkeit" auf dem Wege zu einer möglichst positiven bedeutsamen Lebensbilanz.

Meine Darstellung bezieht sich wie schon bei der Entwicklung der kognitiv-emotionalen Kompetenz im Kindes- und Jugendalter auf Makro-Prozesse der Lebensentwicklung, die ich als einem Rhythmus von Lebensbilanzen und Lebensentwürfen sehe. Innerhalb dieser Makro-Prozesse gibt es unendlich viele Mikro-Prozesse, die großenteils unreflektiert ablaufen: nahezu tägliche Entscheidungen werden getroffen und je nach Gelingen der Umsetzung bilanziert. Ich erlebe aber, dass sich die Entscheidungen und Bilanzen in den von mir herausgestellten Zeiträumen in Richtung biographisch geballter Form verdichten.

Auf Basis dieser Grundvorstellung teile ich den Lebensrhythmus in Zeiträume von 18 bis 20 Jahren ein, wobei ich den halben Zwischenzeiten meine besondere Aufmerksamkeit widme.

Diese vorgegeben Jahre verstehe ich als Zeiträume, die individuell unterschiedlich ausfallen können. Wesentlich scheint mir der Aufbau der Entwicklung in Schrittfolgen.

Die folgende Skizze meiner Überlegungen basiert wie schon im Exkurs über eine Theorie der Entwicklung der kognitiv-emotionalen Kompetenz im Kindes- und Jugendalter auf der Verarbeitung kognitionswissenschaftlicher Literatur, auf meiner eigenen Lebenserfahrung und auf dem Austausch über die Erfahrungen zahlreicher anderer Personen im privaten Bereich und bei Fortbildungen, auf meinen Erfahrungen in meiner Rolle als Therapeut und Berater sowie auf Intuition.

2. Abschnitt: Abriss meiner Theorie der Entwicklung der kognitiv-emotionalen Kompetenz im Erwachsenenalter

Wie ich schon in dem Exkurs über meine Theorie der Entwicklung der kognitiv-emotionalen Kompetenz im Kindes- und Jugendalter ausgeführt habe, verstehe ich unter der kognitiv-emotionalen Kompetenz Erwachsener die Fähigkeit

(1) Anforderungen zur Alltagsbewältigung zu erkennen und weitgehend umzusetzen,

(2) von diesen Anforderungen und ihrer Voraussetzungen einigermaßen situationsangemessene Vorstellungen („Theorien") zu haben,

(3) über diese Vorstellungen kommunizieren und Perspektiven anderer in die eigenen Perspektiven einbeziehen zu können,

(4) mit eigenen Ambivalenzen und denen anderer sowie mit eigenen Widersprüchlichkeiten und denen anderer sowie mit Grenzerfahrungen und Zweifeln umgehen zu können

(5) sowie Zusammenhänge und Unterschiede von Theorie und Handeln und zu erkennen

Idealerweise haben junge Erwachsene die Grundlagen und Voraussetzungen für diese Kompetenzen bis zum Alter von 18 bis 20 Jahren erworben. In diesem Zeitraum wird das bisher Gelernte geordnet und in den persönlichen Lebensentwurf umgewandelt.

Idealerweise entscheidet sich der heranwachsende Mensch unseres Kulturkreises in diesem Altersabschnitt, welchen Platz er mit seiner Wesensart, seinen Neigungen und Fähigkeiten sowie mit dem, was er sich lernend angeeignet hat, in der Gesellschaft einnehmen will. Ich nenne diese Zeit, wie schon oben gesagt, die Zeit der „ersten großen Bilanz" und des „ersten großen Lebensentwurfs" bezogen auf die anzustrebende berufliche und familiäre Orientierung.

Bei vielen Menschen erlebe ich neun bis zehn Jahre später also um das 28. Lebensjahr herum das Umsetzen des Lebensentwurfes abgeschlossen: Die Berufswahl ist getroffen, die Ausbildung in den meisten Fällen abgeschlossen oder (z.B. bei Studierenden) kurz vor dem Ende. Auch ist die Entscheidung für den Lebenspartner oder die Lebenspartnerin gefallen. Viele haben bereits ihr erstes oder zweites Kind.

Bei denen, die in diesem Lebensabschnitt derartige Grundentscheidungen noch nicht getroffen haben oder die vom Umsetzen dieser Entscheidungen noch weit entfernt sind, erkenne ich häufig einen stark zunehmenden inneren Druck in Richtung von Entscheidungen beziehungsweise dem Erreichen des für die Zielsetzung Notwendigen.

Dies gehört für mich zu den Zeiten im lebenslangen Lernprozess, die ich die „Zeiten der Dinglichkeit" nenne. Aus der Perspektive der kognitiv-emotionalen Kompetenz-Entwicklung verdichtet sich in diesem Lebens-Zeitraum das Abgleichen von der Vorstellung der Lebensentwürfe und ihres Umsetzens in Realität. Je mehr die bisherige praktische Verwirklichung von der ursprünglichen Vorstellung des Lebensentwurfes abweicht, desto größer wird in dieser Zeit der Druck, den Lebensentwurf (endlich) umzusetzen und desto krisenhafter kann diese Zeit durchlebt werden (Auf die Krisen werde ich im nächsten Abschnitt innerhalb dieses Exkurses tiefer eingehen, s. S. 307ff.).

Weitere 9 bis 10 Jahre später, also um das 37. Lebensjahr herum sehe ich bei den meisten Menschen die Lebensentwicklung in ihren äußeren Formen so gut wie abgeschlossen. Die berufliche Position ist gefestigt. Es ist abzusehen, welche Möglichkeiten der Karriere noch erreichbar erscheinen. Die familiäre Situation ist weitgehend festgelegt, sowohl was die Zahl der evtl. vorhandenen Kinder als auch was die Wohnsituation betrifft. Die Kinder selbst sind aus dem Gröbsten heraus, besuchen wahrscheinlich die Schule.

In diesem Altersabschnitt wird nach meiner Wahrnehmung innerlich der ursprüngliche Lebensentwurf aus dem Alter um die 20 Jahre mit dem Stand der Erreichten verglichen. Ich nenne diesen Zeitraum den der „zweiten großen Lebensbilanz".

Diese Bilanz erlebe ich in zahlreichen Beispielen mit starken negativen Anteilen belastet, die ich mir daher erkläre, dass die inzwischen eingetretene Lebensrealität und die Erfahrung mit ihr nüchterner ausfällt, als die Vorstellung, die dem Lebensentwurf zugrunde lag. Was damals nicht in der Vorstellung war und auch aus Mangel an Erfahrung nicht gewesen sein kann, ist die Erfahrung des immer gleichen Klein-Kleins im häuslichen und beruflichen Lebensalltag, egal auf welcher gesellschaftlichen Stufe sie erreicht werden konnte. Diese „Banalität des Alltags" konnte im Lebensentwurf nicht vorweggenommen werden. Die hieraus erfolgende Ernüchterung führt in die häufig beschriebenen Krisen („Midlife-Crisis") während dieses Lebensabschnitts. Sie scheint für viele Menschen nicht leicht oder auch gar nicht zu ertragen zu sein.

Neuesten Berichten zur Folge scheint es ein weltweites Erscheinungsbild zu sein, dass viele Menschen in diesem Lebens-Zeitraum einen emotionalen Tiefpunkt durchleben (Bartens 2008).

Zugespitzt sage ich, dass jetzt das Leben gelaufen sei, was bei der hohen Lebenserwartung in unserer Zeit eher unwahrscheinlich ist. Aber noch vor gut 150 Jahren entsprachen 37 Lebensjahre der durchschnittlichen Lebenserwartung, selbst wenn die hohe Säuglings- und Kindersterblichkeit jener Zeit abgezogen wird (Imhof 1988, S. 62f). Ich denke, dass wir kulturgeschichtlich gesehen erst dabei sind, angemessene Gestaltungsformen für die heute weitaus größere Lebenserwartung zu entwickeln und zu erproben.

Erkenntnistheoretisch gesehen macht das Gehirn in dieser Zeit einen besonderen Lernprozess durch, indem es gegenüber der Lebenserwartung und Lebensplanung um das 20. Lebensjahr herum, die im Wesentlichen aus Vorstellungen getroffen wurden, einen Realitätsabgleich vornimmt und erkennen muss, dass die erreichte Lebensrealität durch den Faktor der „Banalität des Alltags" gegenüber der dem Entwurf zugrunde liegenden Vorstellung erheblich an Glanz verloren hat. Das heißt auch, dass es diese Grunderfahrung als Regulativ für zukünftige Pläne speichert.

Nun ist aber in unserer Zeit mit diesem Lebensabschnitt im Durchschnitt das Leben noch nicht gelaufen, allenfalls die erste Hälfte.

Die Erfahrung der Banalität des immer Gleichen, bringt für die meisten Menschen mit sich, sich neuen Impulsen zu öffnen und sich neue Lebensbereiche zu erschließen.

Dies kann in einer qualitativen Veränderung des Bisherigen geschehen: Partner und Familien mögen sich neue Tätigkeits- und Erlebnisfelder erschließen. Berufstätige mögen sich durch weitere Qualitäten in Form von Weiterbildungen neue Berufschancen auch im Sinne einer Verbesserung der beruflichen Position erhoffen.

Andere verlassen vielleicht ihre bisherigen Partner, Partnerinnen oder gar Familien, um sich einen neuen Start auf familiärem Feld zu ermöglichen. Berufstätige mögen ihren Beruf wechseln (von der Chemielaborantin zur Sozialarbeiterin z.B.).

Diese Phase nenne ich die Phase des „zweiten großen Lebensentwurfs", wobei auch hier alle Veränderungen auf der Strukturdeterminierung basieren.

Im Vergleich mit der Phase des „ersten großen Lebensentwurfs" sehe ich sowohl eine Parallele als auch einen erheblichen Unterschied. Parallel ist, dass auch dieser Lebensentwurf seine Energie vor allem aus der Vorstellung speist. Einen wesentlichen Unterschied sehe ich darin, dass jetzt das Gehirn auf die Erfahrung der „zweiten großen Bilanz" zurückgreift. Das heißt für mich, dass dieser Entwurf nicht mehr so „blauäugig" sein wird; er wird wohl auch Skepsis enthalten, denn jetzt kann eher vorweggenommen werden, dass die Umsetzung der vorgestellten Ziele wahrscheinlich nicht so brillant ausfallen wird, wie es die Vorstellung vorgibt.

Bei allem ist es von entscheidender Bedeutung, wie weit vor allem nach unten die erreichte Lebensrealität von der Vorstellung im Lebensentwurf abweicht. Je größer die Diskrepanz ist, desto negativer fällt diese zweite große Lebensbilanz aus und desto schwerer wird es, eine in der Vorgestellung positive Anknüpfung an das bisher erreichte zu entwickeln. Hier können schwere Krisen auftauchen und erneute Störungen den weiteren Lebensweg bestimmen.

Wiederum neun bis zehn Jahre später, also um das 46. Lebensjahr herum, sehe ich erneut eine „Phase der Dringlichkeit": Der Druck, die ins Auge gefassten Veränderungen der eigenen Lebenssituation zu verwirklichen, nimmt, sofern es noch nicht geschehen ist, in dieser Zeit zu.

Dieser Abschnitt birgt das Risiko psychischer Krisen, je weiter der Vorsatz von seiner Realisierung sowohl zeitlich als auch qualitativ entfernt ist.

Weitere neun bis zehn Jahre später im Zeitraum um das 56. Lebensjahr wird von vielen Menschen bewusst erlebt, dass die Lebensmitte deutlich überschritten ist. Die berufliche Entwicklung ist abgeschlossen oder in ihren letzten Schritten absehbar. Die familiäre Situation hat tief greifende Zäsuren hinter sich: Die Kinder sind aus dem Hause. Sie sind bereits im Umsetzen der eigenen Lebensentwürfe fortgeschritten. Sie haben ihrerseits ihre Berufswahl sowie ihre Entscheidung in familiärer Hinsicht getroffen. Großelternschaft steht an sowie eine Neuorientierung in der Partnerschaft.

Diejenigen, die sich im Alter um 37 entschieden hatten, noch einmal neu anzufangen, mögen erleben, dass diese Entscheidung, so Glück bringend sie auch gewesen sein mag, nun einen hohen Preis kostet. Bei einem beruflichen Neuanfang stehen sie in der Spannung, nach dem Lebensalter zu den Älteren, nach den Jahren der Tätigkeit im neuen Beruf zu den Jüngeren zu gehören. Dies verbunden mit der Gefahr, in der beruflichen Entwicklung nicht mehr mithalten zu können.

Und diejenigen, die sich für einen familiären Neuanfang entschieden hatten, finden sich in einer Art Anachronismus wieder, indem sie sich noch um kleinere Kinder sorgen müssen, obwohl altersgemäß Großelternschaft und eine Neugestaltung des familiären Alltags anstünden. Vielleicht sind sie auch bereits aus ihrer ersten Familie Großeltern und haben nun die Funktion von Elternschaft und Großelternschaft zugleich zu erfüllen. Ich nenne diesen Altersabschnitt um die 56 Jahre die Zeit der „dritten großen Bilanz". In ihr schauen die Menschen mit der Frage auf ihre Lebensgestaltung zurück, ob es ihnen gelungen sei, den gesellschaftlichen Standort zu erreichen, der ihren Fähigkeiten und Neigungen am ehesten entsprochen hätte.

Im Ausgang dieser Bilanz erkenne ich einen bedeutenden Faktor für die seelisch/geistige Verarbeitung der Lebensgestaltung im Alter. Ich nehme wiederholt wahr, wie Menschen mit einer positiven „dritten großen Bilanz" eher dazu in der Lage scheinen, in dem letzten Drittel ihres Lebens Großmut und Gelassenheit zu entwickeln. Sie erleben, dass sie gute Erfahrungen machen konnten, die sie nun als eine Art reiche Ernte einfahren und von der sie anderen abgeben können.

Erkenntnistheoretisch gesehen hat ihr Gehirn seine kognitiv-emotionale Kompetenz in weiteren Prozessen des lebenslangen Lernens durch ständiges Vergleichen von Plänen und Entwürfen, von Vorstellungen und Ideen und ihrer jeweiligen Umsetzung in erlebte Realität zu einer zunehmend humorvollen Distanz zu sich selbst erweitert.

Wir machen alle die fast alltäglich vorkommende Erfahrung, dass erstens der Schritt von einem vorstellten, geplanten Vorhaben zu seiner Umsetzung schwerer ist, und dass er in der Regel auch mehr Zeit in Anspruch nimmt, als ursprünglich vorgestellt. Mit dieser Diskrepanz lernt das Gehirn umzugehen. Dies betrifft sowohl die Selbstreflexion als auch die Beurteilung anderer Personen.

Zudem machen wir alle die Erfahrungen, wie wenig und ungenau wir uns an frühere Entscheidungsgrundlagen und Schritte erinnern können und müssen feststellen, wie sehr unsere Erinnerung situations- und kontextabhängig ist. Kognitionswissenschaftlich gesehen ist das Vergessen konstitutiv für die Entwicklung der Gehirns (Fried 2004, S. 112f) und somit auch für die Entwicklung der kognitiv-emotionalen Kompetenz eines jeden Einzelnen.

Die Menschen, die in diesem Lebensabschnitt eine positive Bilanz zu ziehen vermögen, haben die Chance, dass ihnen von jüngeren die Qualität der Autorität zugesprochen wird, da von denen erlebt werden mag, dass das, was die Älteren mitzuteilen haben und wie sie sich auf Dinge und Geschehnisse um sie herum beziehen, aus reicher Lebenserfahrung resultiert. Diejenigen, die keine positive „dritte große Bilanz" für ihr bisheriges Lebens zu ziehen in der Lage sind, scheinen in der Gefahr zu sein, in Verbitterung zu geraten, zänkisch und besserwisserisch zu werden.

Parallel zu dieser „dritten großen Bilanz" erfolgt ein neuer „dritter großer Lebensentwurf" für die Gestaltung des Alterns in Richtung Lebensabend. Die kognitiv-emotionale Kompetenz der Menschen in diesem Alter mag bei positiven Voraussetzungen von Distanz und Skepsis den eigenen Möglichkeiten gegenüber bestimmt sein, so dass die Chance weiter erhöht ist, dass die Vorstellungen über mögliche Veränderungen in den kommenden Jahren sich sehr an den real gegebenen Möglichkeiten orientieren.

Möglich ist aber auch, dass ähnlich wie im Zeitraum der „zweiten großen Bilanz" und dem „zweiten großen Lebensentwurf" um das 37. Lebensjahr herum im beruflichen Bereich tief greifende Veränderungen angegangen werden, wenn bisher aus lebenspraktischen Gründen zurückgestellte (z.b. künstlerische) Neigungen jetzt aber verwirklicht werden sollen.

Auch Paare mögen sich in freundschaftlicher Einvernehmlichkeit trennen, wenn sie erleben, dass die Grundlagen ihres Zusammenlebens nicht mehr tragen oder dass sie mit ihren Vorstellungen über die zukünftige Lebensgestaltung zu weit auseinander driften. Dies kann auch weniger einvernehmlich sein, wenn nur einer der Partner (in zunehmendem Maße Frauen) für sich erkennen, dass sie bisher ihre persönlichen Vorlieben (z. B. wegen des Zusammenlebens mit Kindern) zurückstellen mussten und nun dem Eigenen mehr Gewicht verleihen wollen. Wenn der Partner diesen Wandel nicht mittragen kann, sondern eher am Alten festhalten will, mag es durchaus zu Spannungen kommen, die zur Trennung führen.

Neun bis zehn Jahre später, im Alter um das 65. Lebensjahr herum bekommt die Gestaltung dieses „dritten großen Lebensentwurfes" eine verstärkte Dringlichkeit, wenn das Berufsleben abgeschlossen ist und für die meisten Menschen das Leben als Rentner oder Rentnerin beginnt. Wer sich bis dahin weder mental noch lebenspraktisch auf keine diesem Lebensabschnitt entsprechende Basis vorbereitet hat, wird er schwer haben, es jetzt noch zu tun.

Wieder nach 9 bis 10 Jahren, also um das 74. Lebensjahr herum nehme ich die Phase einer „vierten großen Bilanz" an, wenn im Rückblick auf die Gegenwart geschaut wird und sich die Frage stellt, ob es gelungen ist, dem Leben im Alter einen als sinnvoll erlebten Inhalt und ihm eine entsprechende Gestalt zu geben.

Die kognitiv-emotionale Kompetenz derjenigen, die die Antwort positiv beantworten können, wird sich zu noch mehr Großmut sich selbst und anderen gegenüber erweitern. Ihnen mag von Jüngeren bei der Weitergabe ihrer Erfahrungen in vielen Fällen die Qualität der Weisheit zugesprochen werden.

Die Vorstellung vom Ideal der von mir einleitend angesetzten Kriterien für die emotional-kognitive Kompetenz des oder der Erwachsenen mag erst jetzt annäherungsweise erreicht sein.

Nach meiner Ansicht mündet der menschliche Lebensweg mit seinen Zwischenbilanzen und seinen jeweiligen Herausforderungen an die Gestaltungsmöglichkeiten der eigenen Biographie letztendlich in die „Schlussbilanz der Todesstunde". Ich denke, dass sich die Personen eher gut verabschieden können, bei denen das Bewusstsein vorherrscht, sich den Anforderungen des Lebens im Rahmen ihrer Möglichkeiten gestellt und die Aufgaben zum eigenen Wohl und zum Wohle der Beteiligten einigermaßen gut bewältigt zu haben.

Dies entspräche den Vorstellungen von und der Sehnsucht nach einem „gelungenen Leben", wie sie allem Leben immanent sind (Weber 2007, S. 85ff).

3. Abschnitt: Erfahrungen im Umgang mit Eltern und anderen Erziehungsberechtigten im Rahmen der Öffentlichen Jugendhilfe

Wie schon gesagt, hat Kinder- und Jugendhilfe über die Arbeit mit Eltern und anderen Erziehungsberechtigten immer auch mit Erwachsenen zu tun, zumindest mit Menschen, die durch ihre körperliche Reife den Stand biologischen Erwachsenenseins und den Status von Eltern erreicht haben. Es sind aber Personen, die nicht in der Lage sind, den Anforderungen familiären Zusammenlebens und insbesondere den Anforderungen eines förderlichen Zusammenlebens mit Kindern zu entsprechen.

Im dritten Abschnitt meines Exkurses über die Entwicklung der kognitiv-emotionalen Kompetenz im Kindes- und Jugendalter bin ich schon ausführlich auf Erfahrungen in der Jugendhilfe mit Eltern und Fragen nach dem Umgang mit ihnen eingegangen, die nicht die kognitiv-emotionale Kompetenz Erwachsener haben (s. S. 119ff.). Diese Gedanken möchte ich im jetzt Folgenden aus der Perspektive der Entwicklung der kognitiv-emotionalen Kompetenz im Erwachsenenalter ergänzen.

Verhaltensformen von Eltern, die nicht der kognitiv-emotionale Kompetenz Erwachsener entsprechen, können aus meiner Sicht aus zwei verschiedenen Erklärungszusammenhängen erfasst werden: auf der einen Seite sehe ich die Möglichkeit, dass Menschen in ihrer Entwicklung auf frühen Stufen „hängen geblieben", auf der anderen Seite sehe ich die Möglichkeit, dass sie in Folge nicht zu bewältigender Herausforderungen im späteren Leben „zurück gefallen" sind. Beide Formen können sich nach meiner Beobachtung vermischen.

Völlig gefestigte kognitiv-emotionale Kompetenz ist für mich nicht vorstellbar. Da keine Eltern und keine über sie hinausreichenden Instanzen Kindern in allen Situationen vollkommen gerecht werden können, gibt es immer einen Rest an Unsicherheit. Der Unterschied bei Personen, die ihren Lebensalltag relativ situationsangemessen zu gestalten vermögen und denen, die dies nicht können, mag in dem Anteil dieser Unsicherheit innerhalb der kognitiv-emotionalen Kompetenz liegen. Je höher der Unsicherheitsfaktor ist, desto eher halte ich es für möglich, dass Erwachsene auf frühere Formen der kognitiv-emotionalen Kompetenz zurückgreifen, wenn sie das Erleben haben, den Herausforderungen und Ansprüchen ihres Lebens nicht gewachsen zu sein. Dies kann sowohl im Hinblick auf bestimmte Situationen (vornehmlich Stresssituationen) als auch generell lebensübergreifend wahrgenommen werden.

Da, wie schon mehrfach betont, die Entwicklung der kognitiv-emotionalen Kompetenz auf der Basis der Strukturdeterminierung erfolgt, muss davon ausgegangen werden, dass die bis zum 18. bis 20. Lebensjahr aufgebauten Sicherheiten oder auch die Unsicherheiten die weitere Entwicklung im Erwachsenenalter mitbestimmen. Störungen in den Entwicklungsschritten im Kindes- und Jugendalter werden eine positive Entwicklung im Erwachsenenalter zumindest beeinträchtigen.

Dies spielt nach meiner Überzeugung schon bei der Konzeption des „ersten großen Lebensentwurfs" mit ca. 20 Jahren eine nicht unerhebliche Rolle. Für das Gelingen im Umsetzen des Entwurfs scheint es für mich bedeutsam, wie nah die dem Entwurf zugrunde liegende Vorstellung an den realen Möglichkeiten der jeweiligen Person orientiert sind.

Aufgrund der zeitlichen Rahmenbedingungen der Schulabschlüsse sind die meisten heranwachsenden Jugendlichen schon vor dem möglichen Erlangen ihrer kognitiv-emotionalen Kompetenz des Erwachsenen gezwungen, sich für eine berufliche Richtung zu entscheiden. Das bedeutet, dass sie eine Entscheidung für ihr Leben treffen, ohne die kognitiv-emotionalen Voraussetzungen hierzu zu haben. In diesem Umstand sehe ich eine der möglichen Ursachen, dass viele Jugendliche keine Kontinuität in ihrem Ausbildungsweg aufweisen, sondern Ausbildungen abbrechen und sich neu orientieren. Diese Orientierung kann nach meiner Theorie der Entwicklung der kognitiv-emotionalen Kompetenz ohnehin erst um das 20. Lebensjahr herum optimal fundiert sein.

Aber auch von außen kommende Störungen durch gesellschaftliche und wirtschaftliche Einschränkungen wie Lehrstellenmangel, Arbeitslosigkeit und Armut oder auch die Bedrohung durch sie können die Entwicklung der jungen Erwachsenen stark beeinträchtigen. Wenn sie zudem in dieser Phase Kinder bekommen, kann davon ausgegangen werden, dass sie für einen förderlichen Umgang mit ihren Kindern recht wenig Kraft und Zeit aufbringen können.

Zu einer gelungenen Umsetzung des Lebensentwurfes gehört auch immer eine Portion Glück: Das Glück, im richtigen Zeitraum die richtige Entscheidung zu fällen und einen Ort zu finden, an dem der Entwurf umgesetzt werden kann.

Um das 27. Lebensjahr herum, in der „Zeit der Dringlichkeit" kann sich der Vergleich vom Lebensentwurf (vor neun bis zehn Jahren) und der erreichten Lebensrealität krisenhaft zuspitzen. Das bedeutet, dass in diesem Zeitraum besonders intensiv erfahren werden kann, wie mühsam und zeitaufwendig das Umsetzen eines Lebensentwurfs in seine reale Gestalt sein kann.

Die Krise kann sich steigern, wenn abermals neun bis zehn Jahre später die Zeit der „zweiten großen Bilanz" um das 36. Lebensjahr herum ansteht.

Dieser Abschnitt birgt das Risiko psychischer Krisen, je weiter der Vorsatz von seiner Realisierung sowohl zeitlich als auch qualitativ entfernt ist. Besonders bei mitgebrachter starker Unsicherheit in der kognitiv-emotionalen Kompetenz mag es verlockend sein, jetzt auf Reaktions- und Bewältigungsmuster zurückzugreifen, die den Entwicklungsstufen der kognitiv-emotionalen Kompetenz des Jugend- oder gar des Kindesalters entsprechen.

Personen, die sich in einer für sie nicht zu bewältigenden Diskrepanz von vorgestellter Lebensentwicklung und realisierter Lebensentwicklung erleben, können sich womöglich am besten vor dem Leiden an dieser Diskrepanz schützen, wenn sie auf „vor-Rubikonhafte" Muster der Realitätskonstruktion zurückgreifen und sich in Vorstellungen über ihre Lebenssituation flüchten.

Diese Entwicklung kann sich fortsetzen über die nächste „Zeit der Dringlichkeit" um das 45. Lebensjahr herum auf dem halben Wege zur „dritten große Bilanz" im 54. Lebensjahr. Wer da nicht in der Lage ist, eine positiv erlebte Bilanz zu ziehen, scheint in der Gefahr zu sein, in Verbitterung zu geraten, zänkisch und besserwisserisch zu werden. Sie greifen dann eher zurück auf die kognitiv-emotionale Kompetenz 15-Jähriger, wo sie aus jeweils nur einer Perspektive die Personen und Geschehnisse um sie herum beurteilen.

Allen hier skizzierten Personen scheint gemeinsam, dass es ihnen offensichtlich schwer fällt, sich in ihre Verantwortung als Erwachsene hineinzufinden. Es gelingt ihnen nicht, ihre eigenen Perspektiven mit denen anderer abzustimmen und so die Vielfalt der Sichtmöglichkeiten in ihr Denken und Handeln zu integrieren. Das wird für die MitarbeiterInnen der Jugendhilfe um so belastender, je weniger diese Eltern auch die Perspektiven und Bedürfnisse ihrer Kinder deren Alter angemessen zu erkennen und zu respektieren und ihr Leben danach einzurichten vermögen.

Ich habe jedoch mehrfach beobachten können, dass die Wahl der Art der Realitätskonstruktionen selten eindeutig und gleichbleibend ist. In der Regel stehen den betroffenen Personen mehrere Formen zur Verfügung, auf die in bestimmten Situationen, vor allem unter Druck, bevorzugt zurückgegriffen wird.

So möchte ich als Beispiel das Bild einer etwa 35-jährigen Mutter vorstellen, die sich mit der Bewältigung ihrer Aufgaben als Mutter von sieben Kindern (bei fünf verschiedenen Vätern) völlig überfordert zeigte. Ihre Art, mit ihrer Situation umzugehen, wechselte immer wieder auf verschiedene Ebenen der Wirklichkeitskonstruktion: Zeitweise erschien sie wie eine 7-Jährige, die sich beflissen zeigte, alle Ausgaben zu erfüllen und dies zu tun den Helfern immer wieder versicherte, wobei aber deutlich wurde, dass sie eben wie eine 7-Jährige dies wohl in ihrer Vorstellung, aber nicht in die Realität umsetzen konnte. Diese Art ordne ich dem „vor-Rubikonhaften" Verhalten zu. In anderen Situationen konnte diese Mutter in einer sehr bedrückten Stimmung erlebt werden, wo sie im Schmerz um die Sinnlosigkeit all ihres Bemühens zu versinken drohte, wo sie also erkannte, welchen Forderungen sie gegenüber stand und gleichzeitig spürte, dass sie ihnen zu Zeit nicht gewachsen war. Dieses Erscheinungsbild ordne ich dem „nach-Rubikon-haften" einer 10- bis 11-Jährigen zu. In wiederum anderen Phasen erlebte man die Mutter wie eine 13-Jährige, wenn sie mit ihren älteren Kindern und deren Freunden wie mit Gleichaltrigen nahezu hemmungslos in den Tag beziehungsweise die Nacht hineinlebte.

Es gehört zu den schwersten Herausforderungen im Kontakt mit derartigen Personen und Situationen die Gelassenheit zu bewahren und sich konstruktiv auf die Ebene zu beziehen, mit der am ehesten gearbeitet werden kann. Das war bei dieser Mutter die Arbeit mit der „7-Jährigen" in Richtung ihrer „Nachreifung", wobei die „10-Jährige" als sie hinzugezogen wurde, ihre Realität erkannte. Der „13-Jährigen" wurde gesagt, dass sie wohl selber wisse, dass sie älter ist als die Jugendlichen, mit denen sie „die Nacht auf den Kopf gehauen" habe.

Es gibt auch das Beispiel, wo eine Mutter nur zwischen zwei Polen pendelte, dem Verhalten aus einer „vor-Rubikon-haften" Realitätskonstruktion aus Vorstellungswelten und dem unmittelbar „nach-Rubikon-haftem" Verhalten der tiefen Verzweiflung über sich selbst und die Grenzen ihrer Möglichkeiten. Dieses Erscheinungsbild wird psychiatrisch als „manisch-depressives" oder als „bipolares" Verhalten benannt. Aus meiner Sicht des Wechsels der Realitätskonstruktion am Übergang der kognitiv-emotionalen Kompetenz von der des Kindesalters zu der des Jugendalters pendeln Personen mit dieser Art Störung über dem „Rubikon": auf der einen Seite leben sie aus zum Teil völlig übersteigerten Vorstellungen über ihre Möglichkeiten und Kompetenzen, auf der anderen erleben sie sich in einem abgrundtiefen Loch des Sinnlosigkeitserlebens, der Verzweiflung an sich selbst voll von Schuldgefühlen.

Insgesamt handelt sich auf diesem Feld um Störungsbilder unterschiedlicher Ausprägung. In den Fällen, mit denen die Öffentliche Jugendhilfe arbeiten kann und bei denen „Hilfen zur Erziehung" sinnvoll erscheinen, scheinen die Störungen relativ moderat ausgeprägt. Bei Personen, die letztendlich psychiatrischer und therapeutischer Behandlungen bedürfen, die aus systemischer Sicht die Chance begünstigen mögen, dass „Entstörungen" möglich werden (Schweitzer/von Schlippe 2006), stößt die „Hilfe zur Erziehung" bald an ihre Grenzen.

Ausgeprägter Alkohol- und Drogenmissbrauch, keine Fähigkeit, gesellschaftliche Regeln zu erkennen und zu respektieren, verzerrte Wirklichkeitskonstruktionen bis hin zu wahnhaften Vorstellungen, schwere Depressionen oder psychotische Panikattacken, wo alles im Erleben zu viel wird, das alles sind Störungsbilder, die die Grenzen der Möglichkeiten der Jugendhilfe aufzeigen. Dann muss entschieden werden, ob der Schutz der Kinder Vorrang bekommt und getrennte Formen der Hilfen für die Kinder und die Eltern auch gegen deren Willen über § 1666 BGB einzurichten sind.

Dies sind die schwierigsten Entscheidungs-Situationen für die MitarbeiterInnen der Öffentlichen Jugendhilfe, wo die Einschätzung des Verhältnisses von Risiken und Ressourcen für das Wohl von Kindern gefordert wird, wie ich es in der Einleitung zu diesem Buch aus der rechtlichen Perspektive dargestellt habe.

Abschließend möchte ich aus meiner Sicht erklären, dass ich es zum ganz „normalen" Leben gehörend erlebe, auch immer wieder auf Realitätsbewältigungsstrategien der „Vor-Rubikon-Zeit" zurückzugreifen. Ich halte den Rückgriff auf Vorstellungswelten im Sinne einer spontanen Lebendigkeit sogar für notwendig. So denke ich, dass viele Lebensbereiche wie Kreativität, oder Wachträume, auch Formen des Verliebt-Seins, ihre Kraft aus diesen Zugängen zur Realität beziehen.

Die Frage ist, ob ich den Zugang zur kognitiv-emotionalen Kompetenz des Erwachsenen bewahren beziehungsweise ihn wiederfinden werde und aus welcher Grundlage heraus ich wichtige Entscheidungen im Alltag treffe.

Ich gehe davon aus, dass alle Menschen ein starkes Verlangen in sich spüren, sich altersgemäß zu entwickeln und sich den Aufgaben ihres Lebens situationsangemessen zu stellen. Bei denen, denen das nicht oder nur eingeschränkt gelingt, nehme ich grundsätzlich an, dass sie in den verschiedenen Lebensabschnitten an Zuwendung, Unterstützung und Orientierungshilfen nicht „satt" geworden sind, und/oder dass ein Weitergehen auf dem Wege des Erarbeitens der altersgemäßen kognitiv-emotionalen Kompetenzen zu risikobeladen war. Sie haben also immer „gute Gründe" oder besser „traurige Gründe" dafür, bei wichtigen Entscheidungen auf Formen der kognitiv-emotionalen Kompetenz zurückzugreifen, die nicht ihrem Lebensalter entsprechen.

In diesem Gedanken finde ich die Grundlage zu einem konstruktiven Bezug zu den Personen, deren Realitätskonstruktionen mit denen der HelferInnen in wesentlichen Bereichen familiären Zusammenlebens und elterlicher Verantwortung nicht konvertibel sind.

Die Diskrepanz zwischen Lebenssituation und kognitiv-emotionaler Kompetenz beruht für mich immer auf einer individuellen und/oder familiären Leidensgeschichte. Es sind Belastungen, die die Entwicklung der kognitiv-emotionalen Kompetenz in ihren jeweiligen Phasen verstörten. Und so längerfristig zu gestörtem Verhalten führten.

In der Würdigung der Geschichte dieser Belastungen und Verstörungen aber auch ihrer bisher gezeigten Fähigkeiten, mit Notlagen umzugehen, sehe ich eine wesentliche Chance für ein „Nachreifen" dieser Personen als Voraussetzung für die Herausbildung der kognitiv-emotionalen Kompetenz, die dem Erwachsenenalter entspricht.

4. Abschnitt: Anwendung des Denkmodells auf die in diesem Hauptteil angesprochenen Personen

Bezogen auf die hier dargestellte Familie B. sehe ich, dass die Lebensbedingungen und die Lebensgestaltungsmöglichkeiten sowohl der Großmutter als auch der Mutter von Klaus durch äußere Gegebenheiten von vornherein stark eingeschränkt waren.

Deutlich scheint mir, dass sowohl die Großmutter als auch die Mutter von Klaus bis zu ihrem 20. Lebensjahr nur begrenzte Möglichkeiten vorfanden, die Entwicklung ihrer kognitiv-emotionalen Kompetenz einigermaßen gedeihlich zu durchleben. Je auf ihre Weise mussten beide früh Verantwortungen übernehmen, die sie überforderten und große Teile der Kraft für die Entfaltung ihrer altersgemäßen Entwicklung absorbierten.

Die Großmutter befand sich mit neun Jahren in einer bedrohten Situation: Das Saarland war von den Nationalsozialisten übernommen und ihre Eltern standen in einem Spannungsverhältnis in Hinblick auf ihre Reaktion auf die politischen Ereignisse.

Nach dem Überschreiten ihres „Rubikon" fand sie sich hilflos in einer ungewissen Situation wieder, in der sie eine Spannung zwischen ihren Eltern spürte, die sie nicht verstehen und einordnen konnte, da ihre Eltern in Gegenwart ihrer Kinder nicht offen über ihre politischen Einstellungen und die Aktivitäten des Vaters sprechen durften, wenn sie sich und ihre Kinder nicht gefährden wollten.

Diese Situation spitzte sich in den 2 1/3 Jahren vor ihrer „ersten großen Bilanz" im Alter um das 20. Lebensjahr herum zu, nachdem zuerst der Vater und später auch die Mutter verhaftet und die Kinder in ein Kinderheim untergebracht worden waren.

Als sie 19 Jahre alt war, waren beide Eltern auf ungeklärte Weise zu Tode gekommen, der Krieg war zu Ende und sie selbst lebte mit ihren Geschwistern an einem Ort geballter Not. Dieser Zeitraum ihrer „ersten großen Bilanz" und der in dieser Zeit erfolgende „erste große Lebensentwurf" standen somit unter extrem belastenden Belastungen.

Dies war keine Zeit, in der sie sich hätte Gedanken machen können, welche Berufswahl ihren Neigungen und Fähigkeiten am besten entsprochen hätte. Sie lernte ihren späteren Mann kennen, den sie bald heiratete und von dem sie bald ihr erstes Kind bekam. Sie war Schneiderin geworden. Damals ein Beruf, der sie und ihre Angehörigen über Wasser halten konnte.

Im Alter von 37 Jahren war sie verheiratet und hatte einen Sohn und fünf Töchter, die jüngste etwa ein Jahr alt war.

Dies mag in ihrem Erleben ihrer „zweiten großen Bilanz" eine gute Zeit gewesen sein: Sie hatte die Not der Kriegs- und Nachkriegszeit bewältigt. Sie hatte eine Familie mit ihren Kindern. Ihr Mann hatte bisher als Bergarbeiter zumindest in der „französischen Zeit" gut verdient.

Im Alter von 46 Jahren hätte sie schauen können, wie sie nach dem schrittweisen Ablegen ihrer Pflichten als Mutter Anschluss an ihre persönlichen Neigungen finden könnte. Sie geriet aber in neue Zwangssituationen: Ihren Töchtern war es z.T. nicht gelungen, für sich und ihre Kinder stabile familiäre Situationen herzustellen. So sah sie sich als Großmutter veranlasst, sich ihrer Enkelkinder in Mutterstellvertretung anzunehmen.

In dieser Situation war sie auch noch mit 55 Jahren, wobei sich ihre Lebenssituation erschwerte, indem sie an Diabetes erkrankte.

Ihre Belastung wurde sicher dadurch erhöht, dass sich der Großvater zunehmend zurückzog. Er war arbeitsunfähig geworden und hatte sich infolge der Belastung von Kohlenstaub seinen Kehlkopf entfernen lassen müssen.

Die für diesen Lebensabschnitt anzusetzende „dritte große Bilanz" fühlt sich eher negativ an. Bis dahin scheint ihr Leben mehr fremd- als selbstbestimmt verlaufen zu sein. Im Ausgleich von Geben und Nehmen ist sie wohl immer eher die Gebende gewesen, hat also mehr in das Leben anderer investiert als sie je für sich bekommen konnte.

Nach dem, was sie ihren Neigungen und ihren Wesen gemäß aus ihrem Leben hätte machen können und wollen, hat niemand, auch sie selbst nicht gefragt. Vielmehr hat sie sich ihr Leben lang den Pflichten gestellt und Verantwortungen übernommen, unabhängig davon, ob diese Verantwortungen ihrem Alter oder ihrer Rolle als Kind, als Mutter oder später als Großmutter entsprachen.

Ich vermute, dass ihre in letzter Zeit zu beobachtende zänkische und auch verächtliche Art sich selbst und ihrer Familie gegenüber aus der Negativbilanz ihres Lebens resultiert. An ihr erkenne ich einen Zug von Selbstverachtung, den ich auch im schlechten Umgang mit ihrer Gesundheit sehe.

Die Erziehungsbeistandschaft setzt in ihrem Alter um 65 Jahren ein. Selbst in diesem Lebensabschnitt stand sie noch in Verpflich- tungen ihren Kindern und Enkeln gegenüber, die einer Mutter von etwa 45 Jahren entsprochen hätten. Hinzu kam ein zunehmender Abbau ihrer körperlichen Konstitution, was sich am eklatantesten in der Amputation eines ihrer Unterschenkel niederschlug.

In dem Lebensabschnitt, in dem sie ihrer Bilanz noch einen letzten Schub ins Positive hätte geben können, kehrte sich vieles weiter ins Negative, was vermutlich ihre Entwicklung zur Verbitterung gestärkt hat.

In diesem Zeitraum bekam die Erziehungsbeistandschaft für die Großmutter eine ganz besondere Bedeutung. Dem Erziehungsbei- stand aus ihrem Leben erzählen zu können, erlebe ich als Möglich- keit, ihr Leben aus einer anderen Perspektive anzuschauen und somit einen neuen Bezug zu ihm zu entwickeln. Die Würdigung ihrer besonderen Belastungen z.B. in der Kriegs- und Nachkriegs- zeit und die Anerkennung der Bewältigung ihrer schweren Aufga- ben mag begünstigt haben, dass die Großmutter selbst ihre Bilanz neu und den geschichtlichen Gegebenheiten angemessener in Rich- tung einer versöhnlicheren Einschätzung zu ziehen vermochte.

Dies könnte dann auch für Klaus die Chance begünstigen, dass ihn seine Großmutter aus der Verstrickung mit ihr leichter entlassen könnte.

Ich sehe beide durch zwei Bereiche des Bilanzierens verbunden: Auf der einen Seite hängen wichtige Anteile der Bilanz der Großmutter von der Entwicklung von Klaus ab. Auf der anderen Seite könnte die negative Bilanz der Großmutter für Klaus aus Loyalität ihr gegenüber ein Hemmnis sein, selbst schon jetzt Grundlagen für eine eigene bessere „erste große Bilanz" zu legen. Mit einer besseren eigenen Bilanz würde Klaus in seinem Erleben die Bilanz seiner Großmutter noch einmal schlechter abschneiden lassen.

Auch die Mutter scheint in ihren Möglichkeiten schon früh wenig begünstigt, die Grundlagen für positive Lebensbilanzen aufzubauen.

Sie wurde 1959 als fünftes von sieben Kindern geboren. Die wirtschaftliche Situation der Familie war zu dieser Zeit relativ gut. Es spricht aber einiges für die Annahme, dass Gertrud in ihrer Geschwisterreihe eher ein schwieriges Kind in dem Sinne war, dass sie sich eigensinniger und willensstärker als ihre Geschwister zeigte. Sicherlich war die Großmutter mit der Erziehung von sieben Kindern stark gefordert, wenn nicht gar überfordert.

Die Mutter hat allem Anschein nach ihren „Rubikon" im Alter um die neun Jahre überschritten. Sie wurde dann aber im Alter von elf Jahren zu ihrem Onkel, dem älteren Bruder ihrer Mutter in Pflege gegeben. Vom Aufbau ihrer „kognitiv-emotionalen Kompetenz" her gesehen war dieser Zeitraum für eine Weggabe besonders ungünstig, da sie nach meiner Theorie in die Lebenszeit des ersten ungeschützten Ausgeliefertseins nach dem Überschreiten des „Rubikon" fiel.

Vermutlich konnte die Mutter in dem Dorf, in dem sie von da an leben musste, keine tragfähigen Bezüge zu Gleichaltrigen aufbauen. Sie blieb dort wahrscheinlich eine Fremde.

Tragischerweise wurde sie mit 17 Jahren schwanger, in einem Lebensalter, in dem Jugendliche sich in der Gruppe Gleichaltriger orientieren. Durch ihre Schwangerschaft konnte sie sich nicht mehr uneingeschränkt als Jugendliche erleben.

Mit 18 Jahren bekam sie ihr zweites Kind, Klaus.

Über diesen Ereignissen liegt ein Schatten, da über die Väter oder den Vater der Kinder geschwiegen wird.

Nach den Geburten der Kinder stand die Mutter allein, da sich die Väter nicht entschließen konnten, zu den Folgen ihres Handelns zu stehen und in die väterliche Verantwortung für die von ihnen gezeugten Kinder zu treten. Sie musste nach allen Geburten auf die Unterstützung ihrer Mutter zurückgreifen, der sie letztendlich in Pflege der beiden Kinder überließ.

Parallel zu den frühen Mutterschaften war es ihr zudem verwehrt, sich in ausreichendem Maße um die Entwicklung ihrer schulischen und beruflichen Fertigkeiten zu kümmern. Mit 18 Jahren war sie in ihrer Lebensentwicklung einerseits bezüglich einer Entscheidung für Mutterschaft der altersgemäßen Entwicklung ihrer kognitiv-emotionalen Kompetenz weit voraus, in Hinblick auf die Aneignung von Voraussetzungen einer positiven beruflichen Entwicklung eher weit zurück. In dieser Zeit der „ersten großen Bilanz" war ihr Leben bereits von Ereignissen bestimmt, die den Rahmen eines „normalen" altersgemäßen Lebensentwurfes sprengen.

Ihre weitere Entwicklung bis zum 27. Lebensjahr, einem Alter, in dem sich „normalerweise" der Entscheidungsbedarf für eine familiäre sowie die soziale Einbindung verdichtet, war bei ihr durch einen häufigen Wechsel von Partnerschaften sowie davon gekennzeichnet, dass sie nicht in der Lage schien, ihre Mutterrolle wahrnehmen zu können.

Wenn sie in der Zeit der Erziehungsbeistandschaft für ihren Sohn Klaus auf das Alter von 36 Jahren zusteuert, kann davon ausgegangen werden, dass ihre in diesem Alter fällige „zweite große Bilanz" überwiegend negativ ausfallen wird. Sie ist Mutter, ohne ihre Mutterrolle leben zu können. Ihr war bisher nicht vergönnt, ein verlässliches familiäres Zusammenleben aufzubauen. Auch in ihrer beruflichen sowie gesellschaftlichen Einbindung hat sie sicherlich nicht den Stand erreicht, den sie unter günstigeren Lebensbedingungen wohl hätte erreichen können.

Wenn sie sich jetzt Klaus in ihrer Mutterrolle nähert, könnte das als unbewusster und hilfloser Versuch angesehen werden, etwas für die Verbesserung ihrer „zweiten großen Bilanz" zu tun.

Nach meiner Sicht könnte die hier zusätzlich zu den negativen Bilanzen der Großmutter aufgezeigte negativ Bilanz der Mutter für

Klaus Hypotheken bilden, die seine Möglichkeiten erschweren mögen, sein eigenes Leben seinen Fähigkeiten und Neigungen entsprechend zu gestalten. Dies sehe ich vor allem in dem möglichen Wirkungszusammenhang der Loyalität der Kinder ihren Eltern beziehungsweise Vorfahren gegenüber, nach der sie für ihr eigenes Leben keine wesentlich bessere Bilanz zulassen können, als sie die Eltern und Vorfahren für sich erarbeiten konnten.

In der Würdigung der schweren Lebenswege der Eltern und Vorfahren durch den Erziehungsbeistand erkenne ich die Chance, dass diese Betroffenen ihre Bilanz neu und positiver bewerten und dass infolge hiervon den Kindern die Chancen für eigene positivere Bilanzen eröffnet werden.

Nach der Erarbeitung derartiger Bilder halte ich es für sinnvoll zu überlegen, wie die Geschichten positiv für die Entwicklung der kommenden Generationen verarbeitet werden können. Es geht bei diesen Überlegungen nicht um die Vergangenheit der Familien, sondern um deren Zukunft. D.h., wie im dargestellten Fall die zukünftige Entwicklung von Klaus gefördert werden könne und wie mögliche Kräfte aus der Vergangenheit dafür fruchtbar gemacht werden könnten.

Mit seinen fast 16 Jahren befindet sich Klaus nach meinem Modell der Entwicklung der kognitiv-emotionalen Kompetenz am Beginn des Alters, in dem die Form der Realitätsaneignung von der Ebene des Geschmacks und der Sympathie zur Ebene der Gerechtigkeit wechselt.

Bei der Schilderung von Klaus' Verhalten habe ich den Eindruck, dass er den „Rubikon" seiner Wahrnehmungsstruktur zwischen dem neunten und zehnten Lebensjahr überschritten hat. Obwohl seine Lebensgeschichte und auch seine derzeitige Lebenssituation als sehr belastend einzuschätzen gewesen ist, hat er vermutlich durch die Verlässlichkeit seiner Großmutter so viel an Zuwendung und Selbstsicherheit bekommen, dass er den Schritt aus der Vorstellungswelt in die Realwelt zu gehen vermochte.

Allerdings scheint er dann in seiner eher verwirrenden familiären Situation keine gute Orientierung aus seinem hilflosen Zustand des Alters zwischen dem neunten und elften Lebensjahr gefunden zu haben.

In der zweiten Orientierungsstufe der Sympathie und des Geschmacks scheint Klaus Halt bei rechtsradikalen Jugendlichen gefunden zu haben. Gerade die Wahl dieser Orientierung mit den Hakenkreuzen im Zimmer mag ein nicht bewusst reflektierter Anreiz gewesen sein, seine Großmutter an einer besonders empfindlichen Stelle zu treffen.

Wichtig war nach meiner Überzeugung, dass es dem Erziehungsbeistand gelungen war, die Sympathie von Klaus zu gewinnen. Die Abkehr von der Gruppe der sich rechtsradikal gebenden Jugendlichen ist wohl weniger aus Einsicht erfolgt, als aus der Verlagerung der Sympathie von der Gruppe auf den Erziehungsbeistand. Als möglicherweise wesentlich hierfür erachte ich das Verhalten des Erziehungsbeistandes, der sich ganz auf die Wirkung seiner Person und nicht auf irgendwelche erzieherischen Absichten verlassen hatte.

Deutlich ist mir, dass Klaus beginnt, sich selbst als Faktor seiner Entwicklung zu sehen. Dies glaube ich daran erkennen zu können, dass Klaus sich inzwischen über sich selber zu ärgern scheint, dass er die Schule trotz der ihm gegebenen Chance nicht besucht hat.

Dennoch kann der Verlauf der letzten Entwicklung in seinem Leben die Hoffnung nähren, dass er in der Zeit um sein Alter von 18 bis 20 Jahren seine „erste große Bilanz" über das bisher Gelernte ziehen kann, die ihm die Möglichkeit eines positiven Lebensentwurfes gibt.

Durch die Einweihung von Klaus in die Geschichte seiner Familie sehe ich für ihn eine besondere Chance, die Ungerechtigkeiten, die seinen Großeltern widerfahren ist, mit dem für sein Alter besonderen Gerechtigkeitssinn zu verbinden und an den Stolz und die Kraft seines Urgroßvaters anzuknüpfen. Auf diese Weise mag er in die Lage kommen, die verhinderten Lebensentwürfe und die belasteten Lebensbilanzen seiner Vorfahren auf seine Weise positiv auszugleichen.

Die Mutter ergreift schließlich das Wort, und beteuert ihre Absicht, sich jetzt besser um Klaus kümmern und ihn zu sich holen zu wollen.

Klaus zeigt sich nach wie vor von der Absicht der Mutter nicht angetan, ihn zu sich zu holen. Er winkt schweigend ab. Einmal kommt es zwischen ihm und der Mutter zu einem Wortgefecht, als Klaus den Partner seiner Mutter als seinen möglichen Stiefvater lächerlich zu machen versucht.

Am Ende des Gespräches verständigen sich alle darüber, dass eine Beendigung der Beistandschaft für Klaus in der augenblicklichen Situation nicht zu verantworten wäre. Die Arbeit des Erziehungsbeistandes sollte zumindest solange fortgesetzt werden, bis sich die Wohnsituation und die schulisch/berufliche Situation von Klaus geklärt haben wird.

Klaus selbst erklärt, er brauche die Begleitung des Erziehungsbeistandes nach wie vor. Sie helfe ihm immer mehr, zu sich zu finden, seine eigenen Interessen zu erkennen und selber zu vertreten.

FORTSETZUNG DER ARBEIT

Nach diesem Gespräch scheint sich die Situation von Klaus zu beruhigen. Er sagt selbst, dass er große Angst gehabt habe, dass seine Mutter auf eine Beendigung der Beistandschaft drängen würde. Er zeigt sich zufrieden damit, dass sich seine Mutter diesbezüglich ihrem Partner gegenüber durchgesetzt zu haben scheint.

Es kommt im Mai zu mehreren Begegnungen zwischen dem Erziehungsbeistand und der Mutter bei der Großmutter. Die beiden Frauen begegnen sich offenbar immer öfter. Der Erziehungsbeistand vermag sich von der Beziehung der beiden kein klares Bild zu machen. Er erlebt die Mutter der Großmutter gegenüber in einer Mischung von Hass und Sorge. Die Sorge betrifft den gesundheitlichen Zustand der Großmutter. Die Ursachen des Hasses bleiben für den Erziehungsbeistand im Verborgenen.

Die Großmutter baut gesundheitlich in den folgenden Wochen stark ab. Nach außen versucht sie mit aller Mühe, ihre alte Energie zu zeigen. Sie geht mit sichtbarer Anstrengung auf ihren beiden Prothesen. Aber sie zeigt sich zunehmend gereizt und erschöpft.

Anfang Juni wird die Großmutter wieder in die Klinik eingewiesen. Ihr gesundheitlicher Zustand befindet sich auf einem Tiefpunkt. Sie hat in den letzten drei Monaten erheblich abgenommen und wirkte zuletzt sehr geschwächt.

Zehn Tage nach ihrer Klinikeinweisung empfängt Klaus den Erziehungsbeistand mit der Mitteilung, dass seine Großmutter gestorben sei. Den Großvater hat der Tod seiner Frau offenbar sehr erschüttert. Klaus sagt, er habe ihn seit Tagen nicht mehr zu Gesicht bekommen.

Der Erziehungsbeistand bespricht die neue Lage mit dem Sozialarbeiter. Beide vereinbaren eine Aufstockung des Stundenkontingentes nach Bedarf, um eine mögliche Krise abfangen zu helfen.

So sucht der Erziehungsbeistand Klaus wieder am nächsten Tag auf. Er trifft Klaus in dessen Zimmer zusammen mit seiner Mutter an. Sie sitzt schweigend und bedrückt wirkend am Arbeitstisch.

Die Geschichte der Mutter

Die Mutter erklärt, sie habe vor, Klaus bei dieser Begegnung ihre Geschichte zu erzählen, was ihr erst jetzt nach dem Tod ihrer Mutter möglich sei. Sie wünscht hierzu ausdrücklich die Anwesenheit des Erziehungsbeistandes.

Zuerst erzählt sie, dass sie nicht zwei, sondern drei Kinder habe.

Klaus (völlig überrascht): Drei?! Wie das denn?
M (lacht leicht verschämt): Ja. Das weißt du nicht. (*Längere Pause*) Aber irgendwann musst du erfahren, was los ist. (*Nach einer Pause zum Erziehungsbeistand*): Mein erstes Kind hatte ich mit 15 Jahren bekommen. (*Zu Klaus*): Heike, verstehst du?

Klaus (überrascht): Wie? Heike? Die Tochter von Tante Hildegard ist deine Tochter?
M (nickt).

Klaus: Dann ist das ja gar nicht meine Cousine. (*Pause*) Dann ist die ja meine Schwester.
M: Ja. deine Halbschwester. Wie auch Steffanie.

Klaus: Warum hat mir das denn keiner gesagt?
M: Wozu? Das hätte ja nichts geändert. (*Zum Erziehungsbeistand*): Das durfte auch niemand wissen. Meine Mutter hat das alles so geregelt. (*Pause*) Ich hätte das Kind sowieso nicht behalten können. Und da hat meine Mutter der Hildegard gesagt, dass sie die Heike nehmen soll. Die war damals gerade verheiratet. Die haben die Heike dann adoptiert.

Klaus (nach einer längeren Pause): Und Heike? Weiß die das?
M: Wir haben es ihr gesagt, als sie 18 war.

EB: Dass sie adoptiert war?
M: Nein, das wusste sie. (*Pause*) Dass ich die Mutter von ihr bin.

Klaus: Und wie hat die reagiert?

M: Die schien gar nicht überrascht zu sein. Als hätte sie das gewusst. (*Pause*) Ich war ja oft bei ihr. (*Pause*) Vielleicht hat sie's gespürt.

Klaus: Und wer ist der Vater?

M: Das kommt gleich.

Die Mutter erzählt, dass ihre Mutter sie immer habe bevormunden wollen. Dagegen habe sie sich gewehrt, bis sich ihre Eltern entschlossen hätten, sie im Alter von elf Jahren zum ihrem Onkel Hans in Pflege zu geben. Der hatte im Allgäu in einen kleinen Bauernhof geheiratet. Er hatte keine Kinder.

Dieser Wechsel sei furchtbar für sie gewesen: Eine völlig fremde Gegend. Sie kannte niemanden, ihren Onkel auch nur kaum. Und vor dessen Frau habe sie Angst gehabt.

Als sie 13 war, habe sie ihr Onkel immer öfter auf den Schoß genommen und angefangen, an ihr rumzuspielen. Sie habe das nicht gewollt, aber sie habe sonst nie Liebe und Zärtlichkeiten bekommen. Sie habe das auch nicht verstanden, denn sie sei nie aufgeklärt worden.

Mit 14 sei sie schwanger gewesen und habe das gar nicht gewusst. Das habe zuerst niemand gemerkt, zumal sie auf dem Hof pummelig geworden war. Erst ihre Mutter habe es gemerkt, als sie zu Besuch bei ihren Eltern war. Die hat sie dann nicht mehr zu ihrem Onkel hingeschickt. Aber reden durfte niemand darüber.

Klaus: Also, Dein Onkel ist der Vater von Heike?!

M: Ja.

Klaus: Ich fass das nicht!

EB (*nach einer längeren Phase des Schweigens*): Und das tragen Sie die ganzen Jahre mit sich rum? Diese Geschichte? (*Pause*) Und mit niemandem konnten Sie reden?

M: Über so was hat damals niemand geredet. (*Pause*) Meine Eltern wollten auch nichts damit zu tun haben. Die haben mir die Schuld gegeben. (*Längere Pause*) Gut fand ich nur, dass die Heike zu meiner Schwester kam. (*Pause. Energisch*): Ich glaube nicht, dass ich Schuld habe.

EB: Sie trifft keine Schuld. Das hat nur Ihr Onkel zu verantworten, was er mit Ihnen angetan hat. (*Pause*) In gewissen Sinne auch Ihre Eltern.

M (*nach einer Pause nachdenklich*): Seine Frau war ein Biest!

EB: Wollen Sie Ihren Onkel in Schutz nehmen?
M: Ich weiß nicht. Irgendwie tat er mir leid, damals. (*Pause*) Ich wusste nicht, woran ich war. (*Pause*) Ich dachte, ich müsste das zulassen . (*Pause*) Aber ich fühlte, dass es nicht in Ordnung war. Verstehen Sie?

EB: Ja. Sie waren verwirrt.
M: Ja. Ich war noch lange verwirrt.

Die Mutter erzählt weiter, dass sie in den folgenden Jahren immer wieder von zu Hause abgehauen sei. Sie habe ständig die Nähe zu älteren Männern gesucht und sei dann noch zweimal schwanger geworden. Erst in letzter Zeit könne sie sich auf gleichaltrige Männer einlassen, wie ihren jetzigen Freund, den sie heiraten werde.

M: Und das Schlimmste war, dass meine Mutter mich verachtet hat. (*Pause*) Das war das Schlimmste.
EB: Ausgerechnet die Person, von der sie am meisten Hilfe erhofft hätten.

M: Meine Mutter hatte kein Gespür für mich. Die steckte ja selbst voller Probleme.

Sie berichtet, dass sie von ihrem Onkel erfahren hatte, wie ihre Großeltern umgekommen und was danach mit ihrer Mutter und deren Geschwistern passiert sei.

EB: Wusste Ihre Mutter, dass Sie ihre Geschichte kannten?
M: Ich weiß nicht. Aber ich glaube, sie hat das geahnt. Darüber reden konnte man nicht. Das war ein Thema, über das nicht gesprochen werden durfte.

EB (*nach einer Pause*): Ich bin zutiefst erschüttert von der Geschichte, die Sie mir anvertraut haben. (*Pause*) Ich könnte mir vorstellen, dass es gut wäre, wenn Sie mit einem Therapeuten oder einer Therapeutin diese Vergangenheit durchgehen könnten. Ich sehe mich da überfordert.
M: Was soll ich lange darüber reden? (*Pause*) Es war gut, das mal auszusprechen. Sie sind der erste, dem ich das erzählen konnte. Das tat gut. Und ich bin erleichtert, dass Klaus nun diese Geschichte weiß. Ohne Ihre Gegenwart hätte ich ihm das nicht erzählen können.

Klaus (*nach einem langen Schweigen*): Ich verstehe überhaupt nichts mehr. Jetzt ist meine Cousine meine Schwester. Was ist denn mein Onkel, also der Onkel meiner Mutter? Großonkel? Mein Großonkel ist auch mein Onkel. Stimmt das?
EB: Ja.

Klaus: Das ist alles ganz schön verrückt. Ich glaube, das dauert noch eine Weile, bis ich das begreife. (*Pause*) Aber diesen Onkel Hans – den muss man doch anzeigen!

M: Der ist gestraft genug. Ich habe ja lange nichts mehr von ihm gehört. Aber ich weiß, dass er mit seiner Frau nicht mehr zusammenlebt. Sie hat ihn wohl rausgeschmissen. (*Pause*) Soviel ich weiß, ist der total verarmt. (*Pause*) Ich glaube, wenn ich den heute treffen würde, er täte mir leid.

EB: Ich möchte Ihnen sagen: Wenn Sie das Gefühl haben, Ihre Geschichte beziehungsweise Ihre Geschichten genauer anschauen zu wollen oder zu müssen, dann kann ich Ihnen nur raten, dies auch zu tun. Es gibt ja heute einige Beratungsstellen, die sich besonders intensiv mit dem Thema der sexuellen Ausbeutung von Kindern befassen und auch mit Erwachsenen arbeiten, die als Kinder sexuell ausgebeutet wurden.

M (*schüttelt den Kopf*) Ich glaube nicht, dass mir das noch hilft. Verstehen Sie? Ich bin Mutter von drei Kindern und doch keine Mutter. Daran kann niemand mehr was ändern.

EB (*nickt bedächtig und hebt die Schultern*).

M: Klaus will ja auch nicht zu mir kommen. (*Pause*) Irgendwie kann ich das verstehen. (*Pause*) Ich werde wahrscheinlich wieder nach Schleswig-Holstein ziehen. Ich bin da doch mehr zu Hause als hier. Und mein Freund wollte sowieso nicht hierher ziehen. (*Nickt und schaut Klaus an*): Vielleicht kommst du mich ja mal besuchen.

Klaus: Klar, Mama.

M (*mit Tränen kämpfend*): Ich muss gehen.

Exkurs über „gute Gründe", keine Hilfe anzunehmen

Ich möchte mit diesem Buch nicht die Illusion nähren, Öffentliche Jugendhilfe könne durch ein Vorgehen wie dem hier entwickelten in allen Fällen erfolgreich Hilfe auf der Lösungsebene zweiter Ordnung leisten. Meine Überlegungen münden nicht in ein Erfolgsrezept, sondern beschreiben lediglich ein Begünstigungskonzept.

Ich sehe in Familien und ihren Mitgliedern zwei Grundkräfte wirken: Die Loyalität zur Herkunftsfamilie und die eigene Lebenskraft. Beide können sich zugunsten einer geglückten biographischen Entwicklung miteinander verbinden. Das sehe ich besonders dann gegeben, wenn es auch den Eltern und Großeltern glückte, ihr Leben aus den ihnen gegebenen Möglichkeiten heraus positiv zu gestalten.

Dort, wo dies nicht gelungen ist, erlebe ich oft, dass die Loyalität zur Herkunftsfamilie Energien bindet, die dann der Lebenskraft fehlen, die die Entfaltung der eigenen Fähigkeiten trägt. In dieser *Treue zum Unglück* der Herkunftsfamilie erkenne ich einen der wichtigsten „guten Gründe", Hilfe der Art nicht anzunehmen, die letztlich die Einstellung der Personen zu sich und ihrer Herkunftsfamilie in Richtung eines positiveren Bildes verändert. Das bedeutet, für sich selbst keine bessere Lebensbilanz zulassen zu können als die, die die Eltern für sich erarbeitet haben, weil durch die bessere Bilanz der Kinder die weniger gute Bilanz der Eltern als noch schlechter erlebt werden könnte.

Die Treue zu den Eltern beziehungsweise die Liebe zu ihnen kann stärker sein als die Kraft, das eigene Leben den eigenen Fähigkeiten gemäß positiv zu gestalten. Dies kann sich umfassend auf alle Lebensbereiche beziehen, wie es nach meiner Wahrnehmung in stark belasteten Familien der Fall ist. Es kann aber auch nur Teilbereiche wie berufliche Erfolge, Partnerschaft oder Elternschaft betreffen.

Einen weiteren „guten Grund" sehe ich in engem Zusammenhang mit dem vorherigen darin, dass das Erarbeiten einer besseren Lebensbilanz als Untreue den Eltern beziehungsweise Vorfahren gegenüber erlebt werden mag, was wiederum Schuldgefühle ihnen gegenüber auslösen kann. Aber auch sich selbst und dem eigenen Leben sowie den eignen Kindern gegenüber mögen Schuldgefühle aufkommen, wenn die in den Personen liegenden Fähigkeiten nicht ausgeschöpft werden.

Nach meiner Sicht erbringen diese Menschen ein Opfer: Sie opfern die Gestaltung ihres Lebensglücks der schlechten inneren Bilanz der Eltern, die durch den Erfolg und das Glück der Kinder noch schlechter würde.

Die Annahme der Hilfe wäre jedoch mit der Erkenntnis verbunden, dass das eigene Unglück das Unglück der Vorfahren nicht aufhebt, sondern ihm nur neues Unglück hinzufügt. Das hieraus möglicherweise resultierende Gefühl der Sinnlosigkeit des bisherigen Bemühens ist in meinen Augen ein weiterer „guter Grund", Hilfe dieser Art nicht anzunehmen.

Das Erkennen der Sinnlosigkeit des bisherigen Bemühens mag wiederum Schamgefühle auslösen, die den bisher genannten „guten Gründen" einen weiteren hinzufügen mögen.

Und: So sehr die Menschen auch an ihren Situationen leiden mögen; sie bewegen sich mit ihrem Leiden auf gewohntem Terrain. Das allein ist ihnen vertraut, andere Zustände sind ihnen fremd und mögen erst einmal bedrohlich erscheinen.

Ich nehme hierfür das Bild eines großen Brombeergebüsches auf freiem Feld. Die Menschen haben sich in diesem weiten Gestrüpp Wege getrampelt, die sie gut kennen. Zwar reißen sie sich, wenn sie nicht aufpassen, immer wieder schmerzhafte Wunden in die Haut, aber sie leben sicher und auch geschützt in ihrer „Burg". Es gibt ja auch angenehme Zeiten in diesem Gestrüpp. Im Herbst gibt es Beeren und manchmal verirren sich Hasen und andere kleine Tiere im Dickicht, von denen man einen schönen Braten haben kann. Von oben scheint die Sonne, von oben kommt Regen, und wenn Hilfe erwartet wird, so wird so von oben kommend erhofft.

Es kommt aber keine Hilfe von oben. Um aus dem Gestrüpp herauszukommen, müssten sich die Menschen tief bücken und unten durch die Hecke hindurchkriechen, was ihnen noch einmal Schmerzen bereiten würde, denn die trockenen Triebe am Grund sind besonders hart und dornig.

Und wenn die Menschen tatsächlich draußen ankämen, sie kämen sich vorerst verloren vor. Was sie bisher als nützlich und hilfreich gelernt hatten, wird ihnen draußen nichts nützen. Und die Fertigkeiten für draußen hätten sie nicht gelernt.

In dieser Macht des Gewohnten sehe ich zumindest einen Grund, nicht allzu schnell von der einen Welt in die andere zu wechseln. Ich denke, die Menschen legen Gelerntes erst ab, wenn neu Gelerntes schon vertraut ist.

Besonders deutlich erlebe ich das Wirken der „guten Gründe" in Familien und bei Personen, die den „Rubikon" ihrer Realitätskonstruktionen nicht überschritten und bislang ihre Realitätsbewältigung ganz oder überwiegend nach Mustern ihrer Vorstellungen geleistet haben. Die Vorahnung des Erschreckens beim „Aufwachen" nach einem späteren Überschreiten des „Rubikon" kann selbst wiederum ein „guter Grund" sein, die Welt der Erwachsenen nicht zu betreten.

Dies gilt für mich insbesondere bei Menschen mit schweren psychischen Störungen wie Suchtverhalten oder auch Psychosen, die ich als Ausdruck eines Rückgriffs auf „vor-Rubikon-hafte" Wahrnehmungskonstruktionen verstehe.

Wenn die Diskrepanz zwischen den in den Personen liegenden Möglichkeiten und ihrer Lebensrealität sehr groß ist und wenn das inzwischen erreichte Lebensalter ein reales Anknüpfen an die bisher verpassten Möglichkeiten nahezu ausschließt, wäre der Preis für das Annehmen der Hilfe, d.h. für eine realistische Sicht auf das eigene Leben mit einem bewussten Blick in ein großes „biographisches Loch" verbunden, das als unüberwindbarer Abgrund erscheinen könnte. In dieses Loch schauen zu müssen, würde ich niemandem raten oder empfehlen. Dies hielte ich für unverantwortlichen Hochmut. Ich müsste in derart extremen Fällen sogar eher vor Hilfe in diesem Sinne warnen.

Den Weg zur Heilung in diesem Sinne könnte ich nur begleiten, wenn ihn jemand gehen will, wobei die Person vorerst gar nicht abschätzen könnte, worauf sie sich einlässt.

Diese „guten Gründe" zu respektieren und sie in das Bewusstsein während der Arbeit mit den stark belasteten Familien aufzunehmen, mag HelferInnen vor Ungeduld und Tendenzen bewahren, kontrollierenden Druck auf die Familien auszuüben.

Leistbar ist, die möglichen Folgen eines Aufgebens der „guten Gründe" antizipatorisch zu bearbeiten, indem Gefühle der Untreue, der Schuld, der Sinnlosigkeit und der Scham vorweggenommen und als „gute Gründe" gewürdigt werden (z.B. mit „Was wird sein, wenn"-Fragen). Dies mag wiederum die Chance erhöhen, dass sich Familien an Veränderungen auf der Lösungsebene zweiter Ordnung herantrauen.

Dort wo die Hilfe auf der Ebene von Lösungen zweiter Ordnung nicht angenommen wird und wo dennoch ein Hilfe- und Schutzbedarf zum Wohle der Kinder besteht, wird geschaut werden müssen, wie die Hilfe für die Kinder im Rahmen ihrer Familie durch Entlastung von Eltern oder gar durch Ersetzen elterlicher Kompetenzen erfolgen mag.

Eine Trennung der Kinder aus ihren Familien sollte meines Erachtens nur dann in Erwägung gezogen werden, wenn Eltern trotz

Hilfe massive Gefährdungen ihrer Kinder nicht einzudämmen vermögen.

Die MitarbeiterInnen der Kinder- und Jugendhilfe, die dem Schutz von Kindern verpflichtet sind, sollten sich stets darüber bewusst sein, dass auch ihr Handeln Schicksal bestimmend ist. Deshalb erachte ich es nicht als eine reine Wortspielerei, wenn ich nicht von der „Herausnahme" von Kindern aus ihren Familien spreche, sondern davon, sie an einen „guten Ort" zu bringen, wo sie die Hilfe bekommen, die für ihre Genesung und für ihre weitere förderliche Entwicklung geeignet erscheint. Über diese Wortwahl scheint es mir leichter, auch in diesem Zusammenhang das Elternwohl im Blick zu behalten und anzusprechen, was wiederum dem Kindeswohl am ehesten dienen mag.

Wenn es mir nicht gelingt, in diesen zugespitzten Fällen die Akzeptanz für die getrennte Form der Hilfe zu gewinnen und somit dieser Hilfe erst eine wirkliche Chance zu geben, laufe ich Gefahr, selber zu einer weiteren Verschlechterung der Bilanz im Leben aller Betroffenen und damit zu einer Verlängerung der Belastungen in die nächste Generation beizutragen.

WECHSEL DES HILFEKONZEPTES ZUR FORM DES BETREUTEN WOHNENS

Nach der Beerdigung der Großmutter bestellt der Sozialarbeiter die Mutter und den Großvater zu sich ein, um mit ihnen über die Regelung des Sorgerechts über Klaus zu sprechen.

Der Großvater kommt nicht zu dem Gespräch. Er hat seiner Tochter gegenüber geäußert, dass es mit diesen Dingen nichts zu tun haben wolle. Er habe noch nie das Sorgerecht von Klaus haben wollen. Das sei damals auf seine Frau und ihn übertragen worden, auf ihn aus rein formalen Gründen.

Die Mutter bringt von sich aus Klaus zu dem Gespräch mit. Sie bekundet, dass sie das Sorgerecht nicht wolle, wenn Klaus nicht zu ihr ziehen will. Dann solle das Jugendamt das Sorgerecht nehmen.

In Anbetracht der Tatsache, dass schon die Großmutter das Sorgerecht für Klaus innehatte und dass nach Erfragen niemand aus der Familie das Sorgerecht übernehmen will und die Mutter die Personensorge für ihren Sohn von Schleswig-Holstein aus nur schwer ausüben könnte, verspricht der Sozialarbeiter, diesem Vorschlag der Mutter beim Familiengericht zu unterstützen. Außerdem müsse Klaus in dieser Frage angehört werden.

Auch wenn die Mutter das Sorgerecht nicht übernehmen werde, hält es der Sozialarbeiter für angebracht, mit ihr über die angemessene Form der Hilfe für Klaus sprechen.

Die erste Frage sei jetzt, wo Klaus leben könne.

Da Klaus mit 17 Jahren keine Langzeitperspektive in einer Jugendwohngruppe mehr habe, bliebe nach seiner Sicht nur die Hilfe in der Form des Betreuten Wohnens.

Rechtliche Definition der Hilfeform „(sonstiges) Betreutes Wohnen"

§ 34 SGB VIII regelt die Grundlagen der Heimerziehung und Formen „sonstigen betreuten Wohnens". Ich zitiere aus diesem Paragraphen nur den Anteil, der Betreutes Wohnen als die dritte Form aufsuchender Ambulanter Hilfen definiert:

> „Hilfe zur Erziehung (...) in einer sonstigen betreuten Wohnform soll durch eine Verbindung von Alltagserleben und pädagogischen und therapeutischen Angeboten (...) Jugendliche in ihrer Entwicklung fördern und entsprechend ihrem Alter und Entwicklungsstand (...) die Verselbstständigung des Jugendlichen fördern und begleiten.

> Die Jugendlichen sollen auf ein selbstständiges Leben vorbereitet und in Fragen der Lebensführung, der Ausbildung und Beschäftigung beraten und unterstützt werden."

Bei dieser Hilfeform steht die Förderung der Entwicklung zur Eigenverantwortlichkeit jugendlicher Heranwachsender im Zentrum. Die Hilfe erfolgt räumlich getrennt vom Elternhaus und die Zusammenarbeit mit den Eltern tritt in den Hintergrund.

Ich empfehle in meiner Beratung jedoch, das Elternhaus beziehungsweise die Herkunft der Jugendlichen nicht aus dem Auge zu verlieren und die Hilfe in der inneren Einstellung nicht gegen das Elternhaus auszurichten.

Das heißt, Klaus könnte eine eigene Wohnung anmieten. Die Miete und der Lebensunterhalt werde von der Jugendhilfe übernommen.

Die Rolle des Betreuers könne der bisherige Erziehungsbeistand übernehmen.

Eine wichtige Voraussetzung für die Gewährung dieser Hilfe sei auf längere Sicht allerdings die Bereitschaft von Klaus, sich den Anforderungen seines schulischen und beruflichen Werdegangs zu stellen.

Dieser Sichtweise schließen sich sowohl die Mutter als auch Klaus an.

Die Mutter klärt sich bereit, mit dem Großvater abzusprechen, dass Klaus noch so lange in seinem Zimmer wohnen kann, bis eine geeignete Wohnung für Klaus gefunden ist.

Anfang August zieht Klaus schließlich mit Hilfe seiner Mutter und seines Großvaters in eine angemessene Wohnung.

Was die Versorgung mit Essen betrifft, kümmert sich anfangs die Mutter um Klaus. Vor allem zeigt sie ihm, wie er sich einfache, gesunde Speisen zubereiten kann.

Ende August beginnt Klaus zum zweiten Mal den Hauptschulabschlusskurs.

Im September entschließen sich seine Mutter und deren Partner, wieder zurück nach Schleswig-Holstein zu ziehen.

In den folgenden Monaten erweist sich die Hilfe für Klaus stabil. Er besucht regelmäßig seinen Kurs. Auch hat er sich wieder dem Tischtennis-Spiel zugewandt. Er hält von sich aus vermehrten Kontakt zu seinen Schwestern.

Dem Erziehungsbeistand erzählt er, dass es für ihn sehr komisch gewesen sei, als er Heike gesagt habe, dass er nun wisse, dass sie eine Halbschwester von ihm sei. Allerdings habe er den Eindruck, dass sie nicht wisse, wer ihr Vater sei. Er habe ihr das aber nicht sagen wollen. Er meint, das sei Sache seiner Mutter oder seiner Tante, die Heike adoptiert habe.

SECHSTES AUSWERTUNGS- UND VERLÄNGERUNGSGESPRÄCH UND
AUSLAUFEN DER HILFE

Im Oktober jährt sich die Hilfe für Klaus zum dritten Mal. Das Auswertungsgespräch ergibt, dass der Bedarf an Betreuungsstunden erheblich geringer geworden ist. Die Betreuung hat sich auf zweimal zwei Stunden in der Woche eingependelt. Auf Wunsch von Klaus wird sie in dieser Größenordnung weitergewährt, zumal er noch nicht volljährig ist.

Am 8. Februar 1996 feiert Klaus den Geburtstag, an dem er volljährig wird. Er gibt eine Party, zu der er einige Freundinnen und Freunde aus dem Hauptschulabschlusskurs und dem Tischtennisverein einlädt. Er hat auch den Erziehungsbeistand eingeladen, der sich für eine Weile zur Feier gesellt.

Bei dieser Feier ergibt es sich, dass der Erziehungsbeistand und Klaus mit einer spontanen Umarmung das wechselseitige Du vereinbaren.

Der Erziehungsbeistand erfährt, dass die Mutter Klaus einen großen Geldbetrag zum Geburtstag geschickt hat, von dem Klaus zumindest zum Teil seinen Führerschein finanzieren kann, den er unbedingt machen will. Auch von den anderen Verwandten, einschließlich des Großvaters wurde Klaus beschenkt.

Im Auswertungsgespräch vom April äußerst Klaus den Wunsch, weiter vom Erziehungsbeistand begleitet zu werden. Er sagt, er werde mit Sicherheit selbst merken, wenn er dessen Unterstützung nicht mehr brauche.

Im Mai macht Klaus ein zweiwöchiges Praktikum in einer größeren Kfz-Werkstatt. Wegen seiner guten Leistungen während des Praktikums wird ihm seine Übernahme in einen Lehrvertrag in Aussicht gestellt.

Bald darauf eröffnet Klaus dem Erziehungsbeistand, dass er eine feste Freundin habe, mit der er zusammenziehen wolle. Es stellt sich heraus, dass das Zusammensein von Klaus mit dieser jungen Heranwachsenden einen stabilisierenden Einfluss auf ihn hat. Sie befindet sich in einer Lehre als Einzelhandelsverkäuferin und scheint von ihren Eltern in einem positiven Sinn gestützt zu werden.

Nachdem Klaus im Juli seinen Hauptschulabschluss gemacht hat und die Freundin von Klaus 17 Jahre alt geworden ist, konkretisiert sich der Wunsch der beiden, zusammenzuziehen. Da die Eltern der jungen Freundin offenbar nichts gegen dieses Vorhaben einzuwenden haben, gehen beide auf Wohnungssuche und haben bald Erfolg.

Klaus hat seine Lehre in der Kfz-Werkstatt antreten können, in der er sein Praktikum gemacht hat.

Mit dem Zusammenzug der beiden erlischt automatisch die Jugendhilfe für Klaus, da die Finanzierung der Wohnung ausschließlich an ihn persönlich gebunden ist. Aber auch ohne diese Automatik zeigt sich Klaus nun in der Lage, sein Leben ohne die Unterstützung durch den Erziehungsbeistand zu meistern. Die Familie seiner Freundin scheint ihn zu mögen und sich des jungen Paares anzunehmen.

Als der Erziehungsbeistand die Frage nach einem besonderen Abschiedstreffen aufwirft, zeigt sich Klaus befangen. Die Freundin jedoch macht den Vorschlag, dass sie den Erziehungsbeistand zusammen in die neue Wohnung einladen könnten. Sie werde Pizza backen.

Auf die Frage, ob sich Klaus zum Abschied etwas wünsche, antwortet er, dass er gerne ein Foto vom Erziehungsbeistand hätte.

Die kleine Feier selbst ist locker. Klaus zeigt kein Interesse, die Zeit mit dem Erziehungsbeistand im Nachhinein noch einmal Revue passieren zu lassen. Für ihn scheint es eine Erleichterung zu sein, dass seine Freundin den größten Teil des Abends mit lustigen Geschichten verplaudert.

Als der Erziehungsbeistand Klaus zum Abschied ein Bild von sich überreicht, zeigt sich Klaus gerührt. Es scheint, dass er Tränen unterdrückt. Stumm Dankbarkeit und Anerkennung signalisierend, nickt der dem Erziehungsbeistand zu.

Zuletzt bedankt sich der Erziehungsbeistand bei Klaus, dass er ihm im Laufe der gemeinsamen Arbeit sein Vertrauen geschenkt hat. Der Erziehungsbeistand erklärt, dass er in der Zeit mit Klaus und seiner Familie vieles gelernt habe, was er nicht vergessen werde.

Die Freundin von Klaus beendet die etwas beklommene Situation, indem sie erklärt, sie und Klaus müssten jetzt noch schnell zu ihren Eltern gehen, um etwas zu besprechen.

Schlussbetrachtung zu Fragen der Ethik in der Arbeit mit stark belasteten Familien

In der nun folgenden Schlussbetrachtung möchte ich mein Wahrnehmungs- und Handlungskonzept in der Arbeit mit stark belasteten Familien aus ethischer Sicht vertiefen und abrunden. Dabei werde ich kein eigenständiges ethisches Konzept entwickeln, zumal es mir bei meinem Bemühen, mich dem Thema zu nähern, wie Heinz von Foerster geht, wenn er zu dem Fragenkomplex Konstruktivismus, Kybernetik und Ethik sagt: „Wenn ich die gigantische Literatur anschaue, die es da gibt – die größten, gescheitesten und vielleicht weisesten Frauen und Männer haben sich mit diesen Problemen beschäftigt und darüber geschrieben, gedacht und gesprochen, wird mir leicht schwummelig" (von Foerster/Bröcker 2002, S. 1).

Es wird mir im Folgenden darum gehen, den mir bekannten Diskurs über Ethik und Systemtheorie dahingehend zu reflektieren, inwieweit er auch für die Arbeit mit stark belasteten Familien in ihren sozialen Schwierigkeiten als verbindlich anzusehen ist. Eine Ethik, die sich vor allem und vielleicht auch ausschließlich auf die therapeutisch/beraterische Arbeit mit besser situierten Familien der Mittelschicht bezieht, hätte für mich keine philosophische Relevanz.

Wenn ich also über eine Ethik im Zusammenhang mit systemischer Therapie und Beratung schreibe, so geht es mir primär darum, diese Ethik und ihren Diskurs auf das Handlungsfeld zu beziehen, das im Mittelpunkt dieses Buches steht, nämlich die Arbeit mit stark belasteten Familien, die in der großen Mehrzahl am (unteren) Rande der Gesellschaft leben, deren Existenzgrundlage von Armut und Verzweiflung, vom Verlust des Sinnerlebens und der häufig auch jeder Hoffnung auf eine wirtschaftliche Verbesserung ihrer Situation gekennzeichnet ist (Conen 2006, S. 34).

Ulrich Pfeifer-Schaupp warnt m.E. zu Recht davor, die gesellschaftspolitische Realität dieser Personen und Familien, die durch zunehmende Verarmung und soziale Ausgrenzung sowie durch Tendenzen kontrollierender Bevormundung gekennzeichnet ist, im systemischen Diskurs auszublenden (Pfeifer-Schaupp 2006).

Vorab möchte ich einen Unterschied zwischen Moral und Ethik aufzeigen, die beide als Begriffe in der Umgangssprache, aber auch in Fachbeiträgen begrifflich nicht immer deutlich voneinander abgehoben werden:

Moral bezieht sich auf die reine Handlungsebene und definiert sich in Setzungen der Form „du darfst …" oder „du darfst nicht …" beziehungsweise „du sollst …" oder „du sollst nicht …". Moral entspricht gesellschaftlicher Konventionen, sie unterliegt einem ständigen Wandel (Kron-Klees 2005b, S. 10).

Ethik dagegen ist eine Disziplin der Philosophie und beschäftigt sich mit der Frage, auf welchem Erkenntnisweg Moralsetzungen ge- oder erfunden werden. Oder, um mit Jürgen Habermas zu sprechen: Bei der Erkenntniskritik von Ethik geht es nicht um die moralischen Postulate als solche, sondern um das Verfahren der Normenbegründung (Habermas 1983, S. 177).

Einen weiterführenden Gedanken finde ich wiederum bei Heinz von Foerster, wenn er zu den Grundlagen der Ethik sagt: „In der Ethik frage ich mich: ‚Wie soll ich mich dem anderen gegenüber verhalten?' Natürlich kann man sich selber verschiedenen Grundsätze setzen; man darf aber nicht erwarten, dass der andere sie übernimmt; denn in dem Moment, wo ich dem anderen sage, wie er sich zu verhalten hat, bin ich ja kein Ethiker mehr, sondern (…) ein Moralist" (von Foerster/Bröcker 2002, S. 335).

Humberto Maturana spricht in diesem Zusammenhang von der „Zerstörung der Liebe, indem Ethik (die Anerkennung des Anderen) durch Moral (die Durchsetzung von Verhaltensnormen (…)) ersetzt wird" (Maturana 1985c, S. 298).

In seinen logisch-philosophischen Abhandlungen schrieb Ludwig Wittgenstein: „Wenn es einen Wert gibt, der Wert hat, so muss er außerhalb alles Geschehens und So-Seins liegen. Denn alles Geschehen und So-Sein ist zufällig. / Was es nicht-zufällig macht, kann nicht *in* der Welt liegen; denn sonst wäre dies wieder zufällig" (Wittgenstein 1921, S. 111f).

Er fährt fort: „Darum kann es auch keine Sätze der Ethik geben. Sätze können nichts Höheres ausdrücken. / Es ist klar, dass sich Ethik nicht aussprechen lässt. / Die Ethik ist transzendental. / (…) / Der erste Gedanke bei der Aufstellung eines ethischen Gesetzes von der Form ‚du sollst (…)' ist: Und was dann, wenn ich es nicht tue? Es ist aber klar, dass die Ethik nichts mit Strafe oder Lohn im gewöhnlichen Sinne zu tun hat. (…) Es muss zwar eine Art von ethischem Lohn oder ethischer Strafe geben, aber diese müssen in der Handlung selbst liegen" (ebda, S. 112).

So möchte Heinz von Foerster „Sprache und Handeln auf einem unterirdischen Fluss der Ethik schwimmen lassen und darauf achten, dass keines der beiden untergeht, so dass Ethik nicht explizit zu Wort kommt und Sprache nicht zu Moralpredigt degeneriert"(von Foerster 1974, S. 68f).

Im gleichen Aufsatz folgert Heinz von Foerster aus der konstruktivistischen Grundidee, dass die Wahrnehmung von Bedingungen befreit ist, die unsere Erkenntnismöglichkeiten festlegen, das Postulat der Freiheit in der Wahl der Perspektiven und somit der Möglichkeiten der Wahrnehmung. „Wir sind frei! Der Gegensatz zu Notwendigkeit ist nicht Zufall sondern Freiheit." Diesen Ausruf verbindet er mit dem Grundsatz: „Mit dieser Freiheit der Wahl haben wir die Verantwortung für jede unserer Entscheidungen übernommen"(ebda, S. 73f).

Im Wort „Verantwortung" sehe ich Ethik implizit, wie auch Hans Jonas, der in seinem Buch „Das Prinzip Verantwortung" auf die Wirkung unseres Handelns in die Zukunft verweist, „*Zukunft* als die unabgeschlossene Dimension unserer Verantwortlichkeit" (Jonas 1984, S. 38).

Das bedeutet für mich, das ein auf systemischer Grundlage definiertes Wahrnehmen und Handeln nichts mit Beliebigkeit zu tun haben kann.

Hierzu möchte ich Gedanken von Horst Siebert aufgreifen, wenn er im Zusammenhang von systemischer Pädagogik als einem Spezialbereich systemischen Handelns schreibt: „Auch wenn sich der Konstruktivismus von einer normativen Pädagogik (d. h. nicht: von einer Reflexion von Normen und Werten) und von einem absoluten Wahrheitsanspruch verabschiedet, sind die Wirklichkeitskonstrukte weder beliebig noch zufällig" (Siebert 2003, S. 71) – „Der Konstruktivismus beinhaltet keine umfassende Ethik (…). Er verzichtet zwar auf metaphysische Letztbegründungen, aber keineswegs auf empirische und argumentative Überprüfungen" (ebda).

Horst Siebert führt eine Liste von Kriterien der Überprüfbarkeit an, darunter die Ergebnisse evolutionsbiologischer Forschung, kulturhistorische Kontexte, Konsensfähigkeit und Viabilität als logische und argumentative Stimmigkeit (ebda).

Auch und gerade in dieser Möglichkeit und Selbstverpflichtung, konstruktivistisches Denken und Handeln zu begründen, erlebe ich Ethik immanent: u.a. auch im Respekt und in der Wertschätzung gegenüber den derzeitigen Erklärungsmöglichkeiten der Lebenszusammenhänge aus biologischer, kognitionswissenschaftlicher und atomphysikalischer Perspektive als Teilen und Grundlagen irdischer Existenz.

Aus ihren Überlegungen kommt auch Marianne Krüll zu dem Schluss, dass systemisches Denken selbst Ethik impliziert: „Wer sich das systemische Denken in aller Konsequenz zu eigen macht, kann nicht umhin, auch die zugrunde liegende Ethik zu akzeptieren. (...) Es ist ein Denkansatz, der eine ethische Haltung voraussetzt, die den Mut hat zur permanenten Reflexion der eigenen Prämissen" (Krüll 1987, S. 255). „Die systemisch-konstruktivistische Sichtweise führt (...) nicht zu beliebiger Willkür, nicht zu totalem Werte-Relativismus. Denn wir sind jeden Moment auf eine bestimmte Wertorientierung verpflichtet, die Maßstab für unser Handeln ist" (Krüll 1991, S. 434).

Einen der Grundbausteine dieser Wertorientierung sehe ich in dem Respekt und der Wertschätzung allen Menschen gegenüber, auch und gerade den Mitgliedern der stark belasteten Familien. Diese Wertschätzung hebt sich ab von jedem Versuch der Bevormundung und der kontrollierenden Disziplinierung.

Jürgen Habermas schreibt im Sinne einer dem Handeln immanenten Ethik: „Die postkonventionelle Entflechtung von Moral und Sittlichkeit bedeutet den Verlust der Deckung moralischer Grundauffassungen durch kulturelle Selbstverständlichkeiten (...) Um das dadurch entstehende Gefälle zwischen moralischem Urteilen und moralischen Handlungen auszugleichen, bedarf es eines Systems von Verhaltenskontrollen, das (...) *Selbststeuerung* ermöglicht" (ebda, S. 194f). „Ob die psychodynamischen Prozesse den Erfordernissen dieser Struktur tatsächlich genügen, zeigt sich (...) nur in der Praxis" (Habermas 1983, S. 195).

Die erkenntnistheoretischen Grundlagen des von mir hier entwickelten Wahrnehmungs- und Handlungskonzeptes der Arbeit mit stark belasteten Familien bilden der systemische Konstruktivismus beziehungsweise die Kybernetik zweiter Ordnung, in denen ich einen Rubikon der Erkenntnistheorie erkenne: einen radikalen Wechsel von der Beobachtung von Gegenständen oder Sachverhalten hin zu der Beobachtung des Beobachters beim Beobachten von Gegenständen und Sachverhalten. Das Beobachten beziehungsweise der Beobachter werden Gegenstand der Beobachtung und Reflexion.

Humberto R. Maturana fasst dies in den folgenden Satz: „*Der Beobachter ist ein lebendes System, und jedes Verständnis der Kognition als eines biologischen Phänomens muss den Beobachter und die von ihm dabei gespielte Rolle erklären*" (Maturana 1985a, S. 72).

Die Möglichkeiten des Beobachtens erweisen sich nach dieser Grundlage in doppelter Hinsicht als begrenzt: Sie sind erstens begrenzt durch die phylogenetisch entwickelten neurologischen Grundvoraussetzungen des Wahrnehmens und zweitens durch die ontogenetisch entwickelten Wahrnehmungs- und Bedeutungsgebungsstrukturen der jeweiligen Beobachter (Bauer 2004, S. 37).

Die Konstruktion von Wirklichkeit als soziale Wirklichkeit beruht nach diesem Modell darauf, dass ein Beobachter seine Beobachtung aus seiner Perspektive anderen Beobachtern mitteilt, die wiederum aus ihren jeweiligen Perspektiven heraus mit den anderen Beobachtern Rückkoppelungsprozesse über die jeweiligen Beobachtungen einschließlich der Selbst-Beobachtung der Beobachter eingehen.

Die individuellen Bedeutungsgebungen der Beobachter behalten zum Beispiel einen entscheidenden Einfluss darauf, welchen Anteilen des Beobachtungsgegenstandes sie die Bedeutung geben wollen, sie in ihre bewusste Beobachtung einzubeziehen.

Dieser Sachverhalt der Selbst-Bezogenheit des Beobachtens wird in der Literatur der Systemtheorien *Strukturdeterminierung, Autopoiese* oder auch *Selbstreferenzialität* genannt. Gemeint ist, dass die Struktur des jeweiligen Beobachters bestimmt, zu welchen Ergebnissen seiner Beobachtung er kommt, und dass seine Struktur bestimmt, wie er auf Einwirkungen der Welt außer ihm reagiert. Oder mit anderen Worten: Jeder schreibt auf der Grundlage seiner bisherigen Entwicklungen und Möglichkeiten seine Biographie als Geschichte seiner Erkenntnisse selbst fort.

Die Ebene der individuellen Bedeutungsgebung, die Paul Watzlawick *Wirklichkeit zweiter Ordnung* nennt (Watzlawick 1978, S. 243) fließt also in jeder Form der Wahrnehmung ein, die über die bloße Faktenfeststellung (*Wirklichkeit erster Ordnung*) hinausgeht.

Die Ergebnisse der Rückkoppelungsprozesse über Beobachtungen sind aufgrund der jeweils individuellen Faktoren der Beteiligten nie deckungsgleich. Auch entspricht die Summe aller Beobachtungen nicht der Wirklichkeit, allenfalls wird sie sich ihr nähern.

Watzlawick kommt zu dem Schluss, „dass die so genannte Wirklichkeit das Ergebnis von Kommunikation" (ebda, S. 7) und dass der Glaube, „dass die eigene Sicht der Wirklichkeit die Wirklichkeit schlechthin bedeute, eine gefährliche Wahnidee" sei. „Sie wird dann aber noch gefährlicher, wenn sie sich mit der messianischen Berufung verbindet, die Welt dementsprechend aufklären und ordnen zu müssen – gleichgültig, ob die Welt diese Ordnung wünscht oder nicht" (ebda, S. 9).

Heinz von Foerster formuliert zugespitzt folgende These: „*Die Umwelt, die wir wahrnehmen, ist unsere Erfindung*" (von Foerster 1973, S. 26).

Er nennt die Kybernetik zweiter Ordnung eine Theorie, „in der der Erkenntnistheoretiker für sich selbst einzustehen hat. Eine solche Epistemologie liefert daher eine Grundlage für Selbstbestimmung, damit auch für Verantwortung und schließlich die Grundlage für eine Ethik, in der es nicht um das Organisieren von Anderen geht" (Ders. 1984, S. 136).

Das Herausarbeiten von Wirklichkeitskonstruktionen ist nach diesen Theorien ein kommunikativer Prozess aller an diesem Prozess Beteiligten. Das heißt, dass es bezogen auf irgendwelche Ergebnisse des Beobachtens, die als Erkenntnisse oder gar als Wahrheiten ausgegeben werden, keinerlei Selbstgewissheiten geben kann.

Wenn ich mir diese Theorie als Ausgangsbasis des Beobachtens zu eigen mache, dann muss sie logischerweise auch in der Arbeit mit stark belasteten Familien gelten. Das heißt, dass jede Beschreibung von „Wirklichkeit" auch hier ein Resultat eines Rückkoppelungsprozesses von Beobachtungen sein muss, an dem auch die Betroffenen als Beobachter ihrer selbst teilhaben müssen, wenn ich nicht in Willkür verfallen will.

Eine der Hauptschwierigkeiten bei der „Wahrheits"-Findung im Bereich der Arbeit mit stark belasteten Familien erkenne ich darin, dass diese Familien und ihre Mitglieder selbst nicht in der Lage scheinen, ihre Selbstbeobachtung in Worte zu fassen. Ihre Mitteilung über sie selbst erfolgt nicht in Worten sondern in Form von Inszenierungen.

Für den Umgang mit diesem Phänomen erscheint mir das *Inszenierungskonzept in der Kognitionswissenschaft* hilfreich, wie es von Francisco J. Varela und anderen entwickelt worden ist, und in dem gezeigt wird, „dass Kognition als verkörpertes Handeln untrennbar mit Lebensgeschichten verknüpft ist" (Varela/Thompson/Rosch 1992, S. 290).

Die Frage ist, inwieweit es gelingen kann, die in der Inszenierung zum Ausdruck kommende Selbst-Kognition der betroffenen Personen in die Sprache zu heben und somit Gegenstand bewusster Reflexion werden zu lassen.

In diesem Zusammenhang sehe ich auch die Wahrnehmung, dass der Prozess des Beobachtens als Rückkoppelungsprozess unter Beobachtern unmittelbar auf das Beobachtete zurückwirkt und als solcher den Gegenstand der Beobachtung permanent verändert. In diesem Zusammenhang spricht Francisco J. Varela vom „hermeneutischen Zirkel der Interpretationstätigkeit, der allen menschlichen Handlungen zu Grunde liegt." Weitergehend spricht er von der „Dynamik, in der schon die Beschreibung des Systems das System verändert. Auf jeder Stufe bezieht sich der Beobachter auf das System durch ein Verständnis, das seine Beziehung zu dem System modifiziert" (Varela 1981, S. 123).

Diese hier nur fragmentarisch wiedergegebenen Grundlagen kybernetisch-konstruktivistischen Denkens haben im Zusammenhang mit der Theorie von Therapie und Sozialarbeit zur Formulierung eines Menschenbildes geführt, das zum Beispiel Wilhelm Rotthaus folgendermaßen zusammengefasst hat: „Systemisch-konstruktivistisch) gesehen ist der Mensch (. . .) ein autopoietisches Wesen, autonom, eigenverantwortlich und von außen nicht gezielt instruierbar, niemals sicher zu einem bestimmten Zielverhalten hin zu beeinflussen. Selbstverständlich kann ihm Gewalt angetan werden in den verschiedensten Formen. Wie er aber die verschiedenen Einflüsse verarbeitet und was bei dieser Person daraus resultiert, wird durch seine augenblickliche Struktur festgelegt und nicht durch die Außeneinflüsse. Das bedeutet beispielsweise für einen Therapeuten, dass er durch seine therapeutische Intervention nicht bestimmt, was der Patient tut und wie er sich entwickelt, sondern dass es vielmehr die Struktur des Patienten ist, die das Schicksal der therapeutischen Intervention bestimmt" (Rotthaus 1993, S. 18).

Oder mit den Worten von Heiko Kleve: „Eine wesentlich pragmatische Konsequenz, die sich aus der konstruktivistischen Kognitionstheorie bezüglich des Autopoiese-Konzeptes ergibt, ist die Absage an den Glauben, Menschen seien von ihrer Umwelt, etwa von TherapeutInnen oder von SozialarbeiterInnen, gezielt beeinflussbar. Die innere Strukturdeterminiertheit jedes autopoietischen Systems bestimmt einzig und allein, wie die Perturbationen aus der Umwelt eines Systems intern weiterverarbeitet und interpretiert werden" (Kleve 1996, S. 64).

Theodor M. Bardmann sagt: „Wenn Sozialarbeiter heute gemeinsam mit ihren Klienten nach neuen Möglichkeiten der Wirklichkeitskonstruktion oder nach einer gemeinsamen Plattform geteilter Normen und Werte suchen, können sie dies *ohne Rücksicht auf eigene Wichtigkeits- und Richtigkeitsansprüche* tun" (Bardmann 1996, S. 23).

Ich teile die Überzeugung von Sandra Hansen, die schreibt: „Wir dürfen nie vergessen, dass wir uns als Personen mit der Teilnahme an Kommunikation an einem für uns nicht kontrollierbaren System beteiligen" (Hansen 1996, S. 86).

Diesem hier kurz umrissenen Menschenbild der systemischen Theorie ist nach meiner Überzeugung der Kern der ethischen Konzeption systemischen Handelns immanent. Dieses Konzept schließt die *Anmaßung von Verfügungsmacht über andere* aus (Watzlawick 1978, S. 9) wie den Glauben, anderen die eigene Vorstellung von Wirklichkeiten und Lösungen aufzwingen zu können oder gar zu müssen.

Die auf diesen Theorien begründete Haltung schließt auch den stark belasteten Familien und ihren Mitgliedern gegenüber die Haltung ein, die Humberto Maturana *Liebe* nennt. „Liebe besteht darin, einem anderen in einem spezifischen Interaktionsbereich Raum für seine Existenz in Koexistenz mit einem selbst zu öffnen" (Maturana 1985b, S. 130).

Mit anderen Worten: Es geht darum, den Personen gegenüber offen zu sein. Offen für das, wer sie sind, was sie uns zeigen und wie sie auf uns wirken.

Diese Haltung erlebe ich dann vor allem gestört, wenn SozialarbeiterInnen oder andere HelferInnen Formen familiären Zusammenlebens und Personen aus moralischen Perspektiven be- oder gar verurteilen und auf dieser Basis versuchen, den Betroffenen andere Verhaltensformen aufzuzwingen.

Ein oben zitierter Gedanke von Ludwig Wittgenstein endete mit dem Satz: „Es muss (...) eine Art von ethischem Lohn oder ethischer Strafe geben, aber diese müssen in der Handlung selbst liegen" (Wittgenstein 1921, S. 112).

Diese Formulierung Wittgensteins erlebe ich anwendbar auf meinen Ansatz, dass Eltern „in ihrem Herzen" wissen, wann sie zum Wohle ihrer Kinder handeln und wann nicht. Den ethischen Lohn, der in der Handlung zum Wohle der Kinder liegt, sehe ich im Erleben von Elternwohl. Und die ethische Strafe für Handlungen, die nicht dem Wohle der Kinder dienen, sehe ich im Erleben von Elternunwohl. Ich gehe also bei Eltern von einer tiefen ethischen Sensibilität für das Erleben Kindeswohl fördernden oder Kindeswohl gefährdenden Handelns aus.

Das Gleiche möchte ich auf die SozialarbeiterInnen-Ebene in der Form anwenden, dass es auch hier gilt, eine ethische Sensibilität für das eigene Handeln zu entwickeln, nämlich ob es einen wechselseitigen Prozess von Beobachten ermöglicht, der für die Förderung von Kindeswohl/Elternwohl geeignet ist oder nicht.

Die Folgen der oben konstruierten moralischen Sätze sehe ich nicht in Reaktionen einer höheren Instanz, sondern auf pragmatischer Ebene:

Wenn Personen moralisch verurteilt werden, werden sie sich aller Voraussicht nach verschließen und die Chance wird verhindert oder zumindest erheblich erschwert, an den Menschen auch das zu sehen, was sie zum Wohle ihrer Kinder zu tun vermögen, und mit den Betroffenen selbst zu erkunden, welche „guten Gründe" sie für alle Facetten ihres Verhaltens haben mögen.

D.h., die Folgen werden dadurch erlebbar, dass der Kommunikationsprozess der Beobachtung unter- oder abgebrochen wird. Dadurch würde im Sinne einer (berufs-)ethischen Strafe das Wohlerleben der SozialarbeiterInnen in ihrer Professionalität beeinträchtigt.

Andererseits läge der ethische Lohn in einem sozialarbeiterischen Handeln, das den HelferInnen ermöglicht, den Kommunikationsprozess durch Offen-Bleiben im Fluss zu halten.

Das alles schließt nicht aus sondern eher sogar ein, die Verhaltensformen zu benennen, die das Wohl der Kinder gefährden (können). Dies allerdings nicht in Form moralischer Urteile sondern als Ausdruck von Erfahrung auf der Basis einer Theorie der Entwicklung der kognitiv-emotionalen Kompetenz von Kindern und Jugendlichen, ihrer Förderung und auch ihrer Beeinträchtigung.

Für Lawrence Kohlberg kommt bei seinen Überlegungen zu dem Schluss, „dass jeder Mensch seinen (End-)-Zweck in sich selbst trägt und entsprechend behandelt werden muss." Er benennt als „universale Prinzipien der Gerechtigkeit: Alle Menschen haben gleiche Rechte, und die Würde des Einzelwesens ist zu achten." Der nach diesen Prinzipien Handelnde zieht „sowohl moralische wie legale Gesichtspunkte in Betracht, anerkennt, dass sie gelegentlich in Widerspruch geraten, und sieht Schwierigkeiten, sie zu integrieren" (Kohlberg 1976, S. 131f.).

In der Arbeit mit stark belasteten Familien sind SozialarbeiterInnen in diesem Sinn ethisch immer gezwungen, zwischen verschiedenen moralischen Ansprüchen auf der Handlungsebene abzuwägen.

Der Begriff *Kindeswohl* enthält eine wertende Kategorie, die juristisch jedoch nicht eindeutig definierbar ist. Vielmehr müssen SozialarbeiterInnen in allen Fällen und allen Situationen an einer neuen Ausgewogenheit verschiedener Ansprüche auf Kindeswohl arbeiten. Ihr Handeln ist zutiefst ethisch, aber ihnen steht kein Kodex moralisch verbindlicher Normvorschriften zur Hilfe.

In der Kommunikation mit den Mitgliedern hoch belasteter Familien geht es immer um die Schwierigkeit, gemeinsame Vorstellungen von den Wirkungszusammenhängen des innerfamiliären Geschehens zu entwickeln, die letztendlich gemeinsam getragene Lösungsvorstellungen ermöglichen. Das heißt, der Problem*lösungs*gedanke steht immer im Vordergrund.

Für die Aufgabe des Problemlösens schreibt der Erkenntnistheoretiker und Kommunikationswissenschaftler K. O. Apel: „Mit dem *ernsthaften* Stellen einer Frage haben wir im Prinzip die *Verantwortung des Problemlösens* in Bezug auf die reale Welt übernommen" (Apel 1986b, S. 201), wobei er die reale Welt als die „*Welt des primär strategischen Handelns der Selbstbehauptungssysteme*" sieht (Apel 1986a, S. 134).

Für mich ist es eine zentrale Frage, wie die Behörden, insbesondere die Jugendämter, auf ihre KlientInnen als Selbstbehauptungssysteme reagieren. Handeln die Behörden moralisierend, strafend, regelnd oder kontrollierend (im Sinne des Oktroyierens von Wahrheits- und Lösungsvorstellungen), werden sich die betroffenen Familien als Selbstbehauptungssysteme wahrscheinlich gegen die Behörden verschließen. Bleiben die Behörden, insbesondere Jugendämter, offen für die Not der Familien, für die „guten Gründe" der derzeitigen Lösungen ihres familiären Zusammenlebens und für die in den Familien selbst liegenden, das Wohl aller fördernder Lösungsmöglichkeiten, werden sich die Familien wahrscheinlich nach Überwindung ihres Misstrauens als Selbstbehauptungssysteme für heilsame Impulse öffnen.

Es liegt also seitens der MitarbeiterInnen der Jugendämter in der Verantwortung ihrer Wirkung in die Zukunft, ob sie die Chance begünstigen, dass sich die betroffenen Familien als Selbstbehauptungssysteme für mögliche Hilfen öffnen oder eben auch nicht.

Immer dann, wenn MitarbeiterInnen der Öffentlichen Jugendhilfe glauben, die einzig richtige Sicht und Bedeutungsgebung über das Geschehen in Familien zu haben, kommt es zu Konflikten über das, was als Wahrheit angesehen werden soll.

Heinz von Foerster weist darauf hin, „dass die Rede von *der Wahrheit* katastrophale Folgen" hat, weil sie „die Einheit der Menschen zerstört" (von Foerster/Pörksen 2001, S. 30). Radikal zugespitzt sagt er, „Wahrheit bedeutet Krieg" (ebda, S. 29). Er möchte „den Begriff der Wahrheit selbst zum Verschwinden (...) bringen, weil sich seine Verwendung auf eine entsetzliche Weise auswirkt. Er erzeugt die Lüge, er trennt die Menschen in jene, die Recht haben, und jene, die (...) im Unrecht sind. Wahrheit ist (...) die Erfindung eines Lügners" (ebda).

Diese konsequente Position leitet er von den kognitionswissenschaftlichen Erklärungsmodellen des Erkennens mit dem Ergebnis, das das Erkennen „nicht zu einem endgültigen Ende" kommt, „sondern (...) vielmehr einen unendlichen und in beständiger Zirkularität ablaufenden Vorgang" darstellt (ebda, S. 18).

Der Glaube, dass man irgendeine Erkenntnis als gültige Wahrheit ausgeben kann, ist irrational und es kann verhängnisvoll werden, auf dieser Wahrheit im Gegensatz zu anderen Möglichkeiten zu beharren.

Ich möchte im Folgenden noch eine weitere Ebene der psychosozialen Arbeit mit stark belasteten Familien ansprechen, die ich insbesondere mit dem Gedanken verknüpfe, dass Ethik dem Handeln immanent sei und den Lohn in sich selbst trage.

Die Immanenz der Ethik im Handeln schließt für mich ein, dass sich Ethik nicht in allen Ebenen dem Bewusstsein erschließt. Vielmehr sehe ich sie über die Ebene der Bedeutungsgebung mit unbewussten Mustern der Wahrnehmung von *Wirklichkeiten zweiter Ordnung* und *Lösungen zweiter Ordnung* in Verbindung.

Das hat für mich zur Folge, dass ich dem Handeln auf dieser Ebene einen starken suggestiven, hypnotischen Charakter zuspreche, wie ihn Milton H. Erickson für die Arbeit mit der Alltagstrance therapeutisch entwickelt hat.

D.h. für mich, dass TherapeutInnen und SozialarbeiterInnen immer, ob sie wollen oder nicht, mit zwei Ebenen arbeiten: der des Arbeitens auf Ebenen des Bewussten und der des Arbeitens auf Ebenen des Unbewussten. Alles was sie tun, geschieht aus diesen beiden Ebenen heraus und erreicht beim Gegenüber beide Ebenen. Die Frage ist, wie sie durch bewussten Umgang mit beiden Ebenen die Entwicklung neuer Lösungsmöglichkeiten zu begünstigen vermögen (Kron-Klees 1994, S. 41ff).

Ich verstehe Milton H. Ericksons Begriff der *therapeutischen Doppelbindung* in dem hier gemeinten Sinn als „Möglichkeit der Kommunikation auf mehr als einer Ebene" (Erickson/Rossi/Rossi 1986, S. 83). „Im Idealfall sind unsere therapeutischen Doppelbindungen milde Zwickmühlen, die dem Patienten eine Möglichkeit zum Wachstum geben. Diese Zwickmühlen sind indirekte hypnotische Formen insofern, als sie darauf abzielen, die gewöhnlichen Haltungen und Bezugsrahmen eines Patienten zu blockieren oder zu unterbrechen, sodass die Wahl nicht leicht auf bewusster, willkürlicher Ebene getroffen wird" (ebda, S. 84).

Milton H. Ericksons diesbezügliche Haltung gipfelt für mich in dem Satz, den er einer Patientin sagt: „Sie brauchen mir nicht einmal zuzuhören, weil ihr Unbewusstes da ist und hören kann, was es benötigt, um genau in der richtigen Weise zu reagieren" (ebda, S. 89).

Joachim Bauer nennt derartige Phänomene ein „intuitives gegenseitiges Verstehen" oder „neurobiologische Resonanz", was bedeutet, „dass wir über eine (...) direkte Möglichkeit verfügen, unmittelbaren Aufschluss über den inneren Zustand unserer Mitmenschen zu erhalten, über ihre Absichten, Empfindungen und Gefühle" (Bauer 2007, S. 146).

Dies führt mich zu einem weiteren Glied meiner Gedankenkette, das mir in seiner Konsequenz die tief greifenden Schwierigkeiten verdeutlicht, die mit einem Verständnis des ethischen Handelns in dem hier gemeinten Sinn verbunden sind.

Das Bewusstsein, dass die systemisch-konstruktivistische Begründung ethischen Handelns den SozialarbeiterInnen die Verantwortung für ihr Handeln letztendlich in die Entscheidung ihrer Selbstbestimmung zurückgibt, lässt den Eindruck aufkommen, dass sie „nicht festen Boden, sondern eher Treibsand unter den Füssen haben" (Varela/Thompson/Rosch 1992, S. 295).

Francisco Varela, Evan Thompson und Eleanor Rosch schreiben in diesem Zusammenhang: „Als wir eine objektive Grundlage suchten, trafen wir eine Welt an, die durch unsere Geschichten der strukturellen Koppelung inszeniert wird" (ebda). „Welten, die durch Geschichten der strukturellen Koppelung inszeniert werden, sind zwar der wissenschaftlichen Analyse zugänglich, haben aber weder ein festes, beständiges Substrat noch eine Grundlage, sind also letzten Endes bodenlos" (ebda).

Varela und seine MitautorInnen sprechen von der *Haltung der Verantwortung*, die sie in Bezug auf ostasiatische Philosophie und Ethik mit dem *spontanen Erbarmen* verbinden (Varela/Thompson/Rosch 1992, S. 339), wobei dies das Erbarmen mit allen Lebewesen auf der gewöhnlichen, bedingten, unbeständigen, leidvollen und bodenlosen Welt meint (ebda, S. 337).

Die Haltung der Verantwortung erwächst nach dieser Theorie „nicht aus dem willentlichen Handeln" und folgt „keinen Regeln (...). Weder leitet sich das Erbarmen von einem axiomatischen ethischen System noch von pragmatischen Moralvorschriften her. Vielmehr antwortet es auf die Anforderung der jeweiligen Situation" (ebda, S. 339). „Wir haben es also (...) mit einer Logik der *Gebote*, nicht der Vorschriften zu tun: Jedes Verhalten des Systems ist erlaubt, solange es dem Gebot nicht zuwiderläuft, dass die Integrität des Systems (...) aufrechtzuerhalten ist" (ebda, S. 280).

Was für das Handeln im Rahmen der Öffentlichen Jugendhilfe nach meiner Erfahrung mit am schwersten zu leisten ist, ist die aus der systemisch-konstruktivistischen Erkenntnistheorie resultierende Konsequenz des Nicht-Wissens. SozialarbeiterInnen wissen weder die Ursachen für das in Familien inszenierte Verhalten noch wissen sie die Lösungen, die die Familien selbst in Richtung von mehr Wohl für alle Beteiligten in sich haben.

Bei Francisco J. Varela gipfelt die Konsequenz aus dieser Einsicht in seinem Satz, „dass nur derjenige frei handelt, der die Leere allen Handelns eingesehen habe, weil er ‚ohne Behinderung im Geiste‘ sei" (Varela 1994, S. 40). „Sich selbst zu vergessen und vollständig etwas zu werden bedeutet auch, sich seiner eigenen Leere und somit des Fehlens eines festen Bezugspunkts bewusst zu werden" (ebda).

Unter *sich selbst zu vergessen* verstehe ich, die eigene Vorstellungen über Wahrheiten und Lösungen loszulassen. Unter *vollständig etwas zu werden* verstehe ich, durch das Handeln Hilfe zu *sein*. Varela nennt ein Handeln aus dieser Haltung eine „Arbeit ohne jede Anstrengung" (ebda, S. 39).

Darunter verstehe ich ein Handeln, das nicht von der ständigen Suche nach Wissen und Sicherheit geprägt ist, sondern sich unmittelbar, spontan und respektvoll auf die Personen in ihren jeweiligen Situationen bezieht. In dem Loslassen des Glaubens an Sicherheit durch Wissen erkenne ich jedoch in der sozialarbeiterischen Praxis die ‚eigentliche‘ Anstrengung.

„Wahre Könner handeln nicht aufgrund allgemein anerkannter Regeln, sondern in der Ausdehnung ihrer Neigungen und vermeiden damit das offensichtliche Problem, dass rein gewohnheitsmäßige Reaktionen für die unendliche Vielfalt der Umstände, mit denen wir uns konfrontiert sehen, nicht hinreichend texturiert sind. Aus diesem Grund kann wahrhaft ethisches Verhalten dem ungeübten Auge manchmal als unauslotbar, mitunter sogar als ‚verrückte Weisheit‘ erscheinen, (...). An dieser Beweglichkeit zeigt sich, dass jemand sein ethisches Können kultiviert hat, denn sie enthält (...) intelligente Wachheit" (ebda, S. 36).

„Was die Achtsamkeit tatsächlich unterbricht, das ist die Unachtsamkeit – also der Zustand des unaufmerksamen Involviertseins, in dem man nicht einmal gewahr ist, *dass* man unaufmerksam ist" (ebda, S. 57).

Dieses Konzept strebt an, „achtsam zu verfolgen, wie der Geist seine eigenen Wege geht. Indem man ihn derart loslässt, tritt seine natürliche Neigung zutage, wach zu beobachten" (Varela/Thompson/Rosch 1992, S. 55).

In diesen Formulierungen erkenne ich eine besonders tief greifende ethische Begründung meines Konzeptes des „wachen Begleitens" im Rahmen der Arbeit mit stark belasteten Familien.

Literatur

(Anderson/Goolishian 1992) Anderson, Harlene u. Harold Goolishian: Der Klient ist Experte: Ein therapeutischer Ansatz des Nicht-Wissens. In: Zeitschrift für systemische Therapie. Jg 10, H 3. 1992. S. 176–189.

(Apel 1986a) Ders.: Kann der postkantische Standpunkt der Moralität noch einmal in substantielle Sittlichkeit „aufgehoben" werden? Das geschichtsbezogene Anwendungsproblem der Diskursethik zwischen Utopie und Regression. In: Ders.: Diskurs und Verantwortung. Das Problem des Übergangs zur postkonventionellen Moral. Franfurt am Main (suhrkamp tbw) 1992. S. 103–153.

(Apel 1986b) Ders.: Verantwortung heute – nur noch Prinzip der Bewahrung und Selbstbeschränkung oder immer noch Befreiung und Verwirklichung von Humanität? ebda, S. 179–216.

(Bardmann 1996) Bardmann, Theodor M.: Eigenschaftslosigkeit als Eigenschaft. Soziale Arbeit im Lichte der Kybernetik des Heinz von Foerster. In: Ders. u. Sandra Hansen: Die Kybernetik der Sozialarbeit. Ein Theorieangebot. Aachen (Kersting) 1996, S. 15–33.

(Bartens 2008) Bartens, Werner: Das traurige Tief in der Mitte. Die Midlife-Crisis betrifft Menschen offenbar weltweit – doch danach geht es meist wieder auswärts. In: „Süddeutsche Zeitung" vom 04.02.2008, S. 2

(Bateson 1967) Bateson, Gregory: Stil, Grazie und Information in der primitiven Kunst. In: Ders.: Ökologie des Geistes. Anthropologische, psychologische, biologische und epistemologische Perspektiven. Frankfurt am Main (Suhrkamp), 5. Aufl. 1983. S. 182–212.

(Bateson 1969a) Ders.: Double bind. ebda, S. 353–361.

(Bateson 1969b) Ders.: Krankheiten der Erkenntnistheorie. ebda S. 614–626.

(Bateson 1970) Ders.: Form, Substanz und Differenz. ebda, S. 576–597.

(Bateson 1971) Ders.: Die Kybernetik des „Selbst": Eine Theorie des Alkoholismus. ebda, S. 400–435.

(Bauer 2004) Bauer, Joachim: Das Gedächtnis des Körpers. Wie Beziehungen und Lebensstile unsere Gene steuern. München (Piper) 2004.

(Bauer 2007) Ders.: Warum ich fühle, was du fühlst. Intuitive Kommunikation und das Geheimnis der Spiegelneurone. München (Heyne) 2007

(Berg/Kelly 2001) Berg, Insoo Kim und Susan Kelly: Kinderschutz und Lösungsorientierung. Erfahrungen aus der Praxis – Training für den Alltag. Dortmund (modernes lernen) 2001.

(Blum-Maurice 1997) Blum-Maurice, Renate: Kindesvernachlässigung als Herausforderung für die moderne Jugendhilfe. Hinweise zur fachlichen Orientierung aus der Sicht der Kinderschutzpraxis. In: (Helfen mit Risiko 1997) S. 191–209.

(Boszormenyi-Nagy 1977) Boszormenyi-Nagy, Ivan: Mann und Frau. Verdienstkonten in den Geschlechtsrollen. In: Familiendynamik. Jg 2, H1. 1977. S. 1–10.

(Boszormenyi-Nagy 1981) Ders.: Kontextuelle Therapie. Therapeutische Strategien zur Schaffung von Vertrauen. ebda, Jg 6, H 2. 1981. S. 176–195.

(Boszormenyi-Nagy 1987) Ders: Der Kontext von Konsequenzen und die Grenzen therapeutischer Verantwortung. In: Familiäre Wirklichkeiten. Der Heidelberger Kongress. Hg. Helm Stierlin, Fritz B. Simon und Gunther Schmidt. Stuttgart (Klett-Cotta) 1987. S. 53–67.

(Boszormenyi-Nagy/Spark 1981) Ders. und Geraldine M. Spark: Unsichtbare Bindungen. Die Dynamik familiärer Systeme. Stuttgart (Klett-Cotta) 1981.

(Bradshaw 1997) Bradshaw, John: Familiengeheimnisse. Warum es sich lohnt, ihnen auf die Spur zu kommen. München (Kösel) 1997.

(Bringewat 1997) Bringewat, Peter: Tod eines Kindes: Soziale Arbeit und strafrechtliche Risiken. Baden-Baden (Nomos) 1997.

(Bringewat 2000) Ders.: Hilfeplanverfahren gem. § 36 SGB VIII und strafrechtlich Fahrlässigkeitshaftung in der Jugendhilfe. In: Zentralblatt für Jugendrecht. Jg. 87, H. 11. 2000. S. 401–408.

(Calvin/Ojemann 2000) Calvin, William H. und George A. Ojemann: Einsicht ins Gehirn. Wie Denken und Sprache entstehen. München (Deutscher Taschenbuch Verlag) 2000.

(Conen 1996) Conen, Marie-Luise : „Wie können wir Ihnen helfen, uns wieder loszuwerden?" „Aufsuchende Familientherapie mit Multiproblemfamilien" In: Zeitschrift für systemische Therapie, Jg. 14. H. 3. 1996. S. 178–185.

(Conen 2004) Dies.: Das Stärken der familialen Resilienz. In: Wo keine Hoffnung ist, muss man sie erfinden. Aufsuchende Familientherapie. Hg. Marie-Luise Conen. Heidelberg (Carl-Auer-Systeme) 2004. S. 17–40.

(Dell 1986) Dell, Paul F.: Klinische Erkenntnis. Zu den Grundlagen systemischer Therapie. Dortmund (modernes lernen) 1986.

(Erickson 1975) Erickson, Milton H.: Vorwort zu (Watzlawick/Weakland/Fisch 1975). S. 7f.

(Erickson/Rossi/Rossi 1986) Ders., Ernest L. Rossi u. Sheila L. Rossi: Hypnose. Induktion – Psychotherapeutische Anwendung – Beispiele. München (Pfeiffer) 1986.

(Ernst 1993) Ernst, Cécile: Sind Säuglinge psychisch besonders verletzlich? Argumente für eine hohe Umweltresistenz in der frühesten Kindheit. In: Frühe Schädigungen – späte Folgen? Psychotherapie & Babyforschung. Bd. 1. Die Herausforderung der Längsschnittforschung. Hg. Hilarion G. Petzold. Paderborn (Junfermann) 1993. S. 67–81.

(Faltermeier 1995) Faltermeier, Josef: Modernisierung der Jugendhilfe durch neue Steuerungsinstrumente. In: „. . . und sie bewegt sich doch." Die Jugendhilfe auf dem Weg zur Modernisierung. Selbstverständnis, Konzepte, Organisationsformen. Frankfurt a.M. (Eigenverlag des Deutschen Vereins für öffentliche und private Fürsorge) 1995, S. 42–63.

(Fischer-Fabian 1978) Fischer-Fabian, S.: Die deutschen Kaiser des Mittelalters. Ottonen, Salier, Staufer. Ihr Leben und ihre Welt in Text und Bild. Eltville (Rheingauer Verlagsgesellschaft) 1978

(Fried 2004) Fried, Johannes: Der Schleier der Erinnerung. Grundzüge einer historischen Memorik. München (C. H. Beck) 2004

(Furmann 1999) Furmann, Ben: Es ist nie zu spät, eine glückliche Kindheit zu haben. Dortmund (modernes lernen) 1999.

(Goldstein/Freud/Solnit/Goldstein 1988) Goldstein, Joseph, Anna Freud, Albert J. Solnit u. Sonja Goldstein: Das Wohl des Kindes. Grenzen professionellen Handelns. Frankfurt am Main (suhrkamp tbw) 1988.

(Gopnik/Kuhl/Meltzoff 2000) Gopnik, Alison, Patricia Kuhl u. Andrew Meltzoff: Forschergeist in Windeln. Wir Ihr Kind die Welt begreift. München (Hugendubel) 2000.

(Görnitz 2008) Görnitz, Peter: Quanten sind anders. Die verborgene Einheit der Welt. Heidelberg (Spektrum) 2008

(Gregoir-van Treek 1990) Gregoir-van Treek, Marie-Josée: Spielend fördern. Integriertes Lernen durch Spielen. Dortmund (borgmann) 1990.

(Habermas 1983) Habermas, Jürgen: Moralbewusstsein und kommunikatives Handeln. Frankfurt am Main (suhrkamp tbw) 1983.

(Hansen 1996) Hansen, Sandra: Motive einer Kybernetik zweiter Ordnung. Ein Beitrag zur theoretischen Reflexion der Sozialen Arbeit. In: Bardmann, Theodor M. u. Sandra Hansen: Die Kybernetik der Sozialarbeit. Ein Theorieangebot. Aachen (Kersting) 1996, S. 35–101.

(Hargens 1993a) Hargens, Jürgen: KundIn, KundigE, KundschafterIn – Gedanken zur Grundlegung eines „helfenden" Zugangs. In: Zeitschrift für systemische Therapie. Jg 11, H 1. 1993. S. 14–20.

(Hargens 1993b) Ders.: Haus und Wohnung der KundIn. – Spielfeld oder Feindesland? Erste Reflexionen über Hausbesuche. ebda, Jg 11, H4. 1993. S. 238–244.

(Helfen mit Risiko 1997) Helfen mit Risiko. Zur Pflichtenstellung des Jugendamtes bei Kindesvernachlässigung. Dokumentation eines Strafverfahrens gegen eine Sozialarbeiterin in Osnabrück. Hg. Thomas Mörsberger u. Jürgen Restemeier. Neuwied, Kriftel, Berlin (Luchterhand) 1997.

(Hüther 2001) Hüther, Gerald: Die Bedeutung emotionaler Sicherheit für die Entwicklung des kindlichen Gehirns. In: Kinder brauchen Wurzeln. Neue Perspektiven für eine gelingende Entwicklung. Hg: Karl Gebauer u. Gerald Hüther. Düsseldorf, Zürich (Walter) 2001, S. 15–34.

(Hüther 2002) Ders.: Bedienungsanleitung für ein menschliches Gehirn. Göttingen (Vandenhoeck & Ruprecht). 3. Aufl. 2002.

(Hüther 2005) Ders.: Die Macht der inneren Bilder. Wie Visionen das Gehirn, den Menschen und die Welt verändern. Göttingen (Vandenhoeck & Ruprecht) 2005

(Imhof 1988) Imhof, Arthur: Die Lebenszeit. Vom aufgeschobenen Tod und von der Kunst des Lebens. München (C. H. Beck) 1988.

(Jonas 1984) Jonas, Hans: Das Prinzip Verantwortung. Versuch einer Ethik für die technologische Zivilisation. Frankfurt am Main (suhrkamp tb) 1984

(Kaiser 1989) Kaiser, Peter: Familienerinnerungen. Zur Psychologie der Mehrgenerationenfamilie. Heidelberg (Roland Asanger) 1989.

(Keeney 1986) Keeney, Bradford P.: Kybernetik des Absurden. In: Ders. (Hg): Konstruieren therapeutischer Wirklichkeiten. Praxis und Theorie systemischer Therapie. Dortmund (modernes lernen) 1987. S. 106–121.

(Kiphard 1975) Kiphard, Ernst J.: Wie weit ist ein Kind entwickelt? Eine Anleitung zur Entwicklungsüberprüfung. Dortmund (modernes lernen) 1975, 8., unveränd. Aufl. 1995.

(Kircher 1992) Kircher, Veronika: Nähe und Distanz im helfenden Prozess. In: Jugendwohl. Jg 73, H 6. 1992. S. 263–271.

(Kleve 1996) Kleve, Heiko: Konstruktivismus und Soziale Arbeit – die konstruktivistische Wirklichkeitsausfassung und ihre Bedeutung für die Sozialarbeit/Sozialpädagogik. Aachen (Kersting) 1996.

(Kleve 2000) Ders.: Die Sozialarbeit ohne Eigenschaften. Fragmente einer postmodernen Professions- und Wissenschaftstheorie Sozialer Arbeit. Freiburg im Breisgau (Lambertus) 2000.

(Kron-Klees 1994) Kron-Klees, Friedhelm: Claudia – oder Öffentliche Jugendhilfe als heilsamer Impuls. Ein systemisches Wahrnehmungs- und Handlungskonzept. Dortmund (borgmann) 1994.

(Kron-Klees 1996) Ders.: Von der Fremdmeldung zur Hilfe. Reflexionen aus der Praxis Öffentlicher Jugendhilfe. In: sozialmagazin. Jg 21, H 7–8. 1996. S. 34–40.

(Kron-Klees 1997) Ders.: Sozialarbeit (Öffentliche Jugendhilfe) als Prozess „wachen Begleitens" oder: Wider den Topos vom „klaren Kontrollauftrag" sozialer Arbeit. In: Zeitschrift für systemische Therapie. Jg 15, H 1. 1997. S. 55–59.

(Kron-Klees 2005a) Ders.: Entwicklung Sozialer Arbeit in der täglichen Praxis – Das Erfinden von Theorien und die Überprüfung ihrer Wirkungen. In: Systemtheorien im Vergleich. Was leisten Systemtheorien für die Soziale Arbeit? Versuch eines Dialogs. Hg. Heino Hollstein-Brinkmann, Silvia Staub-Bernasconi Wiesbaden (Verlag für Sozialwissenschaften) 2005. S. 243–268.

(Kron-Klees 2005b) Ders.: Systemische Therapie und Ethik. In: Zeitschrift für Systemische Therapie und Beratung. Jg 23, H. 1. 2005. S. 10–17.

(Krüll 1987) Krüll, Marianne: Systemisches Denken und Ethik. Politische Implikationen der systemischen Perspektive. In: Zeitschrift für systemische Therapie. Jg 5. 1987. S. 250–255.

(Krüll 1991) Dies.: Psychotherapie und Ethik – in systemisch-konstruktivistischer Sichtweise. In: Ethik und Sozialwissenschaften 2. 1991. S. 431–439.

(Kunz 1986) Kunz, Wolfgang: Zur Rechtsstellung des Kindes. In: Zentralblatt für Jugendrecht. Jg 73, H 5. 1986. S. 187–198.

(Lievegoed 1988) Lievegoed, Bernard: Lebenskrisen – Lebenschancen. Die Entwicklung des Menschen zwischen Kindheit und Alter. München (Kösel) 1988.

(Lipchik 1994) Lipchik, Eve: Die Hast, kurz zu sein. In: Zeitschrift für systemische Therapie. Jg 12, H 4. 1994. S. 228–235.

(Lipton 2007) Lipton, Bruce H.: Intelligente Zellen. Wie Erfahrungen unsere Gene steuern. Burgrain (KOHA) 2007.

(Lüssi 1992) Lüssi, Peter: Systemische Sozialarbeit. Praktisches Lehrbuch der Sozialberatung. Bern (Haupt) 1992.

(Maas 1995) Maas, Udo: Erziehungsberatung und Hilfe zur Erziehung. In: Zentralblatt für Jugendrecht. Jg 82, H 9. 1995. S. 387–391.

(Maas 1996) Ders.: Der Hilfeplan nach § 36 KJHG und das jugendhilferechtliche Verfahren. ebda. Jg 83, H 4. 1996. S. 113–119.

(Manteufel/Schiepek 1995) Manteufel Andreas und Günter Schiepek: Das Problem der Nutzung moderner Systemtheorien in der klinischen Praxis. In: Zeitschrift für Klinische Psychologie, Psychopathologie und Psychotherapie. Jg 43, H 1. 1995. S. 325–347.

(Markowitsch/Welzer 2005) Markowitsch, Hans j. u, Harald Welzer: Das autobiographische Gedächtnis. Hirnorganische Grundlagen und biosoziale Entwicklung. Stuttgart (Klett-Cotta) 2005

(Maturana 1985a) Maturana, Humberto M.: Erkennen: Die Organisation und Verkörperung von Wirklichkeit. Braunschweig/Wiesbaden (Vieweg) 2., durchges. Aufl. 1985.

(Maturana 1985b) Ders.: Reflexion über Liebe. In: Zeitschrift für systemische Therapie. Jg 3, H 3. 1985, S. 129–131.

(Maturana 1985c) Ders.: Biologie der Sozialität. In: Der Diskurs des Radikalen Konstruktivismus. Hg: Siegfried J. Schmidt. Frankfurt am Main (suhrkamp tbw) 1987, S. 287–302.

(Maturana/Varela 1987) Ders. u. Francisco J. Varela: Der Baum der Erkenntnis. Die biologischen Wurzeln des menschlichen Erkennens. Bern, München, Wien (Scherz) 1987.

(McCarthy 1995) McCarthy, Imelda: Der Missbrauch von Normen: Sozialhilfeempfangende Familien und Professionelle Intervention. In: Zeitschrift für systemische Therapie. Jg 13, H 2. 1995. S. 84–89.

(Merchel 1996a) Merchel, Joachim: Hilfeplanung als treibendes Element bei der Modernisierung der Jugendhilfe: Anmerkungen zur jugendhilfepolitischen Bedeutung des § 36 KJHG . In: Hilfeplanung konkret. Praktische und fachpolitische Handlungsstrategien zur Qualitätssicherung in der Jugendhilfe. Hg. Josef Faltermeier u.a. Frankfurt a.M. (Eigenverlag des Deutschen Vereins für öffentliche und private Fürsorge) 1996, S. 97–122.

(Merchel 1996b) Ders.: Befristete Hilfe oder Hilfe auf Dauer: Sozialarbeiter als Architekten von Lebensläufen? In: Zentralblatt für Jugendrecht. Jg 83, H 6. 1996. S. 218–223.

(Moers 1953) Moers, Martha: Die Entwicklungsphasen des menschlichen Lebens. Eine psychologische Studie als Grundlage der Erwachsenenbildung. Ratingen (Aloys Henn) 1953.

(Mörsberger 1997) Mörsberger, Thomas: Stichwort Garantenpflicht. Erläuterungen zu einem schwierigen Rechtsbegriff. In: (Helfen mit Risiko 1997) S. 155–162.

(Omer/von Schlippe 2002) Omer, Haim und Arist von Schlippe: Autorität ohne Gewalt. Coaching für Eltern von Kindern mit Verhaltensproblemen. „Elterliche Präsenz" als systemisches Konzept. Göttingen (Vandenhoeck § Ruprecht) 2002.

(Omer/von Schlippe 2004) Dies.: Autorität durch Beziehung. Die Praxis des gewaltlosen Widerstands in der Erziehung. Göttingen (Vandenhoeck § Ruprecht) 2004.

(Papenheim 1992) Papenheim, Heinz-Gert: Sozialpädagogische Familienhilfe. – Konsequenzen für die Praxis aus dem Kinder- und Jugendhilfegesetz unter besonderer Berücksichtigung der freien Träger. Frechen 1992.

(Pfeifer-Schaupp 1995) Pfeifer-Schaupp, Hans-Ulrich: Jenseits der Familientherapie. Systemische Konzepte in der Sozialen Arbeit. Freiburg im Breisgau (Lambertus) 1995.

(Pfeifer-Schaupp 2006) Ders.: Soziale Arbeit zwischen Polizeistaat, privater Praxis und profitorientierter Dienstleistung. In: Zeitschrift für systemische Therapie und Beratung. Jg. 24 , Heft 2. 2006. S. 98–105.

(Pressel 1981) Pressel, Ingeborg: Modellprojekt Familienhilfe in Kassel. Bericht der wissenschaftlichen Begleitung. Frankfurt/M. (Eigenverlag des Deutschen Vereins für öffentliche und private Fürsorge) 1981.

(Proksch 1994) Proksch, Roland: Verfahrensbestimmungen der Inobhutnahme. Normative Vorgaben des KJHG und rechtliche Rahmenbedingungen. In: Jugendhilfe. Jg 32, H 1. 1994. S. 26–36.

(Röthlein 1999) Röthlein, Brigitte: Schrödingers Katze. Einführung in die Quantenphysik. München (Deutscher Taschenbuch Verlag) 1999.

(Quitmann/Rauch 1987) Quitmann, Joachim u. Petra Rauch: Familiale Lebenswelten als Interventionsort Sozialpädagogischer Familienhilfe – Reflexionen über einen Handlungsansatz ambulanter erzieherischer Jugendhilfe. In: Die sozialpädagogische Ordnung der Familie. Beitrag zum Wandel familialer Lebensweisen und sozialpädagogischer Interventionen. Weinheim und München (Juventa) 1987. S. 143–170.

(Ritscher 2005) Ritscher, Wolf: Systemische Kinder- und Jugendhilfe – Eine Skizze. In: Systemische Kinder- und Jugendhilfe. Anregungen für die Praxis. Hg: Wolf Ritscher. Heidelberg (Carl-Auer-Systeme) 2006. S. 10–44.

(Ritscher 2006) Ders.: Einführung in die systemische Soziale Arbeit mit Familien. Heidelberg (Carl-Auer-Systeme) 2006.

(Rotthaus 1985) Rotthaus, Wilhelm: Das Symptom des Jugendlichen – abnorme Reaktionen oder angemessenes Verhalten? In: Ders. (Hg): Psychotherapie mit Jugendlichen. Dortmund (modernes lernen) 1985, S. 45–58.

(Rotthaus 1993) Ders.: Krankenverständnis und Rollenbild des Therapeuten im therapeutischen System. In: Systemische Ansätze im psychiatrischen Alltag. Perspektiven und Meinungen aus Theorie und Praxis. Hg: Ellebracht Heiner u. Bernward Vieten. Dortmund (modernes lernen) 1993. S. 15–24.

(Rotthaus 1995) Ders.: Das Rollenverständnis der MitarbeiterInnen in der stationären systemischen Kinder- und Jugendpsychiatrie. In: Zeitschrift für systemische Therapie. Jg 13, H 2. 1995. S. 105–110.

(Rotthaus 1999) Ders.: Wozu erziehen? Entwurf einer systemischen Erziehung. Heidelberg (Carl-Auer-Systeme) 1999.

(Rotthaus 2004) Der,: Vorwort zu Omer, Haim und Arist von Schlippe: Autorität durch Beziehung (s. dort). S. 9–13.

(Rotthaus 2006) Ders.: Erziehung – Auf der Suche nach orientierenden Konzepten im Nichtplanbaren. In: Coaching für Eltern. Mütter, Väter und ihr „Job". Hg. Cornelia Tsirigotis, Arist von Schlippe und Jochen Schweitzer-Rothers, Heidelberg (Carl-Auer-Systeme) 2006, S. 36–43.

(Schwarze Pädagogik 1977) Schwarze Pädagogik. Quellen zur Naturgeschichte der bürgerlichen Erziehung. Hg. und eingeleitet von Katharina Rutschky. Frankfurt/M, Berlin, Wien (Ullstein) 1977.

(Schweitzer/von Schlippe 2006) Schweitzer, Jochen u. Arist von Schlippe: Lehrbuch der systemischen Therapie und Beratung II. Das störungsspezifische Wissen. Göttingen (Vandenhoeck & Ruprecht) 2006.

(Siebert 2003) Siebert, Horst: Der Konstruktivismusstreit: Eklektizismus, Realitätsleugnung und Beliebigkeit? In: System Schule. Jg 6. 2003. S. 68–72.

(Simitis 1982) Simitis, Spiros: Kindeswohl – eine Diskussion ohne Ende? In: Joseph Goldstein, Anna Freud u. Albert J. Solnit: Diesseits des Kindeswohls. Frankfurt am Main (suhrkamp tbw) 1982. S. 169–195.

(Simitis 1988) Ders.: Das Kindeswohl als Entscheidungsziel: Von der Euphorie zur Skepsis. In: (Goldstein/Freud/Solnit/Goldstein 1988) S. 191–206.

(Spitzer 2002) Spitzer, Manfred: Lernen. Gehirnforschung und die Schule des Lebens. Heidelberg, Berlin (Spektrum Akademischer Verlag) 2002

(Stern 1993) Stern, Daniel: Die Lebenserfahrung des Säuglings. Stuttgart (Klett- Cotta) 1993.

(Strauch 2004) Strauch, Barbara: Warum sie so seltsam sind. Gehirnentwicklung bei Teenagern. Berlin (Berliner Taschenbuch) 2004.

(Suess/Zimmermann 2001) Suess, Gerhard J. u. Peter Zimmermann: Anwendung der Bindungstheorie und Entwicklungspsychopathologie. Eine neue Sichtweise für Entwicklung und (Problem-) Abweichung. In: Bindungstheorie und Familiendynamik. Hg. Suess, Gerhard J., Hermann Scheuerer-Englisch und Walter-Karl P. Peifer. Gießen (Psychosozial-Verlag) 2001, S. 241–270.

(Tietze-Fritz 1993) Tietze-Fritz, Paula: Elternarbeit in der Frühförderung. Begegnungen mit Müttern in einer besonderen Lebenssituation. Ein Theorie-Praxis-Bericht. Dortmund (borgmann) 1993.

(Tomatis 1990) Tomatis, Alfred A.: Der Klang des Lebens. Vorgeburtliche Kommunikation – die Anfänge der seelischen Entwicklung. Reinbek bei Hamburg (Rowohlt Taschenbuch) 1990.

(Tschira 2004) Tschira, Antje: Wie Kinder lernen – und warum sie es manchmal nicht tun. Über die Spielregeln zwischen Mensch und Umwelt im Lernprozess. Heidelberg (Carl-Auer-Systeme) 2004

(Urteil 1996a) Urteil des Landesgerichts Osnabrück vom 6.3.1996 – 22 NS (VII 124/95) In: (Helfen mit Risiko 1997) S. 109–127.

(Urteil 1997b) Urteil des Oberlandesgerichts Oldenburg vom 2.9.1996 – Ss 249/96. ebda. S. 141–146.

(Varela 1981) Varela, Francisco J.: Autonomie und Autopoiese. In: Der Diskurs des Radikalen Konstruktivismus. Hg: Siegfried J. Schmidt. Frankfurt am Main (suhrkamp tbw) 1987, S. 119–132.

(Varela 1994) Ders.: Ethisches Können. Frankfurt/Main, New York (Campus) 1994.

(Varela/Thompson/Rosch 1992) Ders., Evan Thompson u. Eleanor Rosch: Der Mittlere Weg der Erkenntnis. Die Beziehung von Ich und Welt in der Kognitionswissenschaft – der Brückenschlag zwischen wissenschaftlicher Theorie und menschlicher Erfahrung. Bern, München, Wien (Scherz) 1992.

(van Trommel 1995) van Trommel, Max: Macht, Intimität und Beziehung. In: Zeitschrift für systemische Therapie. Jg 13, H 4. 1995. S. 260–270.

(Verny 1981) Verny, Thomas: Das Seelenleben des Ungeborenen. Wie Mütter und Väter schon vor der Geburt Persönlichkeit und Glück ihres Kindes fördern können. München (Rogner&Bernhard) 1981

(von Foerster 1973) von Foerster, Heinz: Über das Konstruieren von Wirklichkeiten. In: Ders.: Wissen und Gewissen. Versuch einer Brücke. Frankfurt am Main (suhrkamp tbw) 1993, S. 25–49.

(von Foerster 1974) Ders.: Ethik und Kybernethik zweiter Ordnung. In: Ders.: KybernEthik. Berlin (Merve) 1993. S. 60–83.

(von Foerster 1984) Ders.: Erkenntnistheorien und Selbstorganisation. In: Der Diskurs des Radikalen Konstruktivismus. Hg: Siegfried J. Schmidt. Frankfurt am Main (suhrkamp tbw) 1987. S. 133–158.

(von Foerster/Pörksen 2001) Ders. u. Bernhard Pörksen: Wahrheit ist die Erfindung eines Lügners. Gespräche für Skeptiker. Heidelberg (Carl-Auer-Systeme) 2001.

(von Foerster/Bröcker 2002) Ders. u. Monika Bröcker: Teil der Welt. Fraktale einer Ethik – Ein Drama in drei Akten. Heidelberg (Carl-Auer-Systeme) 2002.

(von Schlippe/Schweitzer 1997) von Schlippe, Arist u. Jochen Schweitzer: Lehrbuch der systemischen Therapie und Beratung. Göttingen Vandenhoeck & Ruprecht), 3., durchges. Aufl. 1997.

(Wais 1992) Wais, Mathias: Biographiearbeit Lebensberatung. Krisen und Entwicklungschancen des Erwachsenen. Stuttgart (Urachhaus) 1992

(Watzlawick 1978) Watzlawick, Paul: Wie wirklich ist die Wirklichkeit? Wahn – Täuschung – Verstehen. München, Zürich (Piper) 1978.

(Watzlawick 1987) Ders.: Hypothetische Ansätze in der Familientherapie. In: Familiäre Wirklichkeiten. Der Heidelberger Kongress. Hg. Helm Stierlin, Fritz B. Simon u. Gunther Schmidt. Stuttgart (Klett-Cotta) 1987. S. 68–77.

(Watzlawick/Weakland/Fisch 1975) Ders., John H. Weakland u. Richard Fisch: Lösungen. Zur Theorie und Praxis menschlichen Wandels. Bern, Stuttgart, Wien (Hans Huber) 1975.

(Weber 2007) Weber, Andreas: Alles fühlt. Mensch, Natur und die Revolution der Lebenswissenschaften. Berlin (Berlin Verlag) 2007.

(Wiesner 1991) Wiesner, Reinhard: Das neue Kinder- und Jugendhilfegesetz – Chance und Herausforderung für die Jugendhilfepraxis. In: Zentralblatt für Jugendrecht. Jg 78, H 7–8. 1991. S. 345–352.

(Wiesner 1995) Ders.: Das Kinder- und Jugendhilfegesetz und seine Auswirkungen auf den Jugendhilfealltag. In: „. . . und sie bewegt sich doch". Die Jugendhilfe auf dem Weg zur Modernisierung. Zusammengestellt und bearb. v. Josef Faltermeier. Frankfurt am Main (Eigenverlag des Deutschen Vereins für öffentliche und private Fürsorge) 1995. S. 97–101.

(Wiesner 1997) Ders.: Brauchen wir schärfere Gesetze? Nachwort. In: (Helfen mit Risiko 1997) S. 211–219.

(Wiesner 2004) Ders.: Das Wächteramt des Staates und die Garantenstellung der Sozialarbeiterin / des Sozialarbeiters zur Abwehr von Gefahren für das Kindeswohl. In: Zentralblatt für Jugendrecht. Jg. 91. H. 5. 2004. S. 161–172.

(Wittgenstein 1921) Wittgenstein, Ludwig: Tractatus logico-philosophicus. Logisch-philosophische Abhandlung. Frankfurt am Main (suhrkamp es) 6. Aufl. 1969.

(Wustmann 2006) Wustmann, Corinna: Das Konzept der Resilienz und seine Bedeutung für das pädagogische Handeln. In: Resilienz – Was Kinder aus armen Familien stark macht. Dokumentation der Fachtagung am 13. September 2005 in Fragfurt am Main. Hg. Irina Bohn. ISS-Aktuell 2. 2006.

(Wynne/Wynne 1987) Wynne Lyman C. u. Adele R. Wynne: Das Streben nach Intimität. In: Familiäre Wirklichkeiten. Der Heidelberger Kongress. Hg. Helm Stierlin, Fritz B. Simon u. Gunther Schmidt. Stuttgart (Klett-Cotta) 1987, S. 78–101.

(Zajonc 2001) Zajonc, Arthur: Die gemeinsame Geschichte von Licht und Bewusstsein. Reinbek bei Hamburg (Rowohlt) 2001.

Der Autor

 Friedhelm Kron-Klees, Jahrgang 1939. Studium in den Schwerpunktbereichen Archäologie, Geschichte, Germanistik, Philosophie (Ethik und Erkenntnistheorie) sowie Soziologie (vergleichende Kulturwissenschaften und Literatursoziologie). Dr. phil.

Berufsbegleitende Studien in Psychologie und Beratung. Ausbildungen in Gruppendynamik sowie zum Supervisor und zum Familientherapeuten (nach Minuchin), Fortbildungen in Systemischer Therapie und Beratung.

Arbeitete 25 Jahre als Psychosozialer Berater beim Jugendamt des „Stadtverbandes Saarbrücken" (seit 01.01.08 „Regionalverband Saarbrücken"). Schwerpunkte: Neben der praxisbegleitenden Beratung, Fortbildung und Supervision von SozialarbeiterInnen des ASD und von MitarbeiterInnen der Ambulanten Hilfen EB und SPFH Arbeit mit Jugendamts-KlientInnen (Einzel-, Paar- und Familienberatung, Hilfen bei Fragen der Erziehung, Trennungs- und Scheidungsberatung sowie in Fragen des Umgangsrechts).

Jetzt freiberuflich tätig als Systemischer Therapeut und Berater (Paar-, Einzel- und Familientherapie) und als Referent bei Veranstaltungen und Fortbildungen zum Themenschwerpunkt Kinderschutz und Arbeit im Rahmen der Hilfen zur Erziehung.

Mitglied der „Saarländischen Gesellschaft für Systemische Therapie und Beratung (SGST)", Lehrtherapeut SG. In diesem Zusammenhang beteiligt an Aus- und Fortbildungen in Systemischer Therapie und Beratung.

Autor von Fachbüchern und Fachbeiträgen in Büchern und Zeitschriften.

Zum zweiten Mal verheiratet. Vier Kinder und (bis jetzt) zwei Enkel.